中国少数民族设计全集

The Design Collection of Chinese Ethnic Minorities

俄罗斯族

中国少数民族设计全集编纂委员会 编

山西人民出版社　人民美术出版社

图书在版编目（CIP）数据

中国少数民族设计全集. 俄罗斯族／中国少数民族设计全集编纂委员会编；郭立忠，刘毅著. —太原：山西人民出版社，2019.8
ISBN 978-7-203-10853-5

Ⅰ. ①中… Ⅱ. ①中… ②郭… ③刘… Ⅲ. ①俄罗斯族 – 民族文化 – 研究 – 中国 Ⅳ. ① K28

中国版本图书馆 CIP 数据核字（2019）第 093848 号

中国少数民族设计全集. 俄罗斯族

编　者：	中国少数民族设计全集编纂委员会
著　者：	郭立忠　刘　毅
责任编辑：	吕绘元
复　审：	刘小玲
终　审：	姚　军
装帧设计：	谢　成

出 版 者：	山西人民出版社　人民美术出版社
地　　址：	太原市建设南路 21 号
邮　　编：	030012
发行营销：	0351 - 4922220　4955996　4956039　4922127（传真）
天猫官网：	https://sxrmcbs.tmall.com　电话：0351 - 4922159
E — mail：	sxskcb@163.com　发行部
	sxskcb@126.com　总编室
网　　址：	www.sxskcb.com
经 销 者：	山西出版传媒集团·山西人民出版社
承 印 者：	山西出版传媒集团·山西新华印业有限公司
开　　本：	889mm×1194mm　1/16
印　　张：	22.25
字　　数：	268 千字
印　　数：	1—1 000 册
版　　次：	2019 年 8 月　第 1 版
印　　次：	2019 年 8 月　第 1 次印刷
书　　号：	ISBN 978-7-203-10853-5
定　　价：	310.00 元

如有印装质量问题请与本社联系调换

中国少数民族设计全集编纂委员会

总　主　编　（按年龄排序）
　　　　　　　张夫也　王立端　戴晋明　廖　军　王　琥　李豫闽　过伟敏　顾　平
　　　　　　　王　强　李　岗
执行主编　王　琥
编务统筹　张明山

中国少数民族设计全集编辑工作委员会

主　　任　刘伟冬
编　　委　（排名不分先后）
　　　　　　　王　琥　王　峰　王　强　王立端　王浩滢　白　波　过伟敏　许　星
　　　　　　　许边疆　李　岗　李　丽　李豫闽　成光虎　肖　飞　余　强　汪传跃
　　　　　　　罗　力　杨明朗　陈　述　陈见东　邱　珂　胡万明　顾　平　郑　静
　　　　　　　郭立忠　姬　莹　张夫也　张泽国　张明山　张秋平　张耀引　梁盛平
　　　　　　　樊　进　谢　玮　熊　伟　熊　微　熊建新　蔡克中　葛　芳　鞠　斐
　　　　　　　魏　洁　廖　军　戴晋明

中国少数民族设计全集出版工作委员会

主　　任　胡彦威　周　伟
执行主任　姚　军　欧京海
编务统筹　阎卫斌　周小龙
编　　辑　（排名不分先后）
　　　　　　　王新斐　史美珍　冯　昭　冯灵芝　吉　昊　吕绘元　刘小玲　任秀芳
　　　　　　　孙　琳　孙宇欣　李广洁　李建业　李　靖　员荣亮　张小芳　张志杰
　　　　　　　张书剑　何赵云　陈俞江　吴春华　武　静　周小龙　柳承旭　郝文霞
　　　　　　　赵　玉　赵晓丽　席　青　秦继华　高　雷　郭向南　阎卫斌　崔人杰
　　　　　　　傅晓红　蔡咏卉　翟丽娟　樊　中　薛正存　魏　红　魏美荣
整体设计　谢　成

中国少数民族设计全集·俄罗斯族

本 册 著 者　　郭立忠　　刘　毅
参 与 编 写　　孙邦利　　黄晓蔓　　马　吉
　　　　　　　　　孙　冬（俄罗斯族）　　王　泽（俄罗斯族）
　　　　　　　　　刘　威　　费　冉　　贾伟国

求同存异　和合共荣

刘伟冬

中华民族，是一个由56个民族组成的大家庭。在漫长的文明发展史中，汉族和各少数民族都为中华文明的繁荣发展贡献了自己的聪明才智。纵观中华文明史，其实就是一部各族群之间"求同存异，和合共荣"的文化演进史。

从根子上讲，4000年前的"中国"，仅指北方中原地区，居住在这里的相传是上古时期黄帝部落和炎帝部落的后裔，故而自称"炎黄子孙"。其时的"中国"，不过是黄河中下游（西起陇山，东至泰山）区域。在千年发展与民族融合之后，尤其是晋末"衣冠南渡"，南迁的中原汉族与南方百越民族彻底融合，来自北方的鲜卑等民族融入汉族，使汉族前所未有地壮大发展，逐渐形成后来疆域辽阔、人口众多、物产繁盛、文化昌明的中华民族的主体族群。特别值得强调的是，自从作为一个民族整体之后，中华民族就从未中断过自己的民族发展史——这在世界历史上是硕果仅存、独一无二的。

中华民族具备兼容并蓄、虚心好学的民族天性。仅以设计学范畴的事例讲：在数千年文明发展历史中，中华民族在不断向外输出优秀的文明成果（如烧造之陶瓷砖瓦、营造之榫卯斗拱、织造之丝绸刺绣、锻造之"失蜡"分模等），影响全人类的日

常生活与生产方式的同时，也不断地吸纳域外各民族的优秀文明成果，如汉魏之印度佛教和西域音乐、隋唐之西亚服饰和家具、宋元之东洋印染和漆艺、明清之西洋机器与建筑……在中华民族内部，这样的文化交流更是从未停止过，而且是风生水起、枝繁叶茂，愈发流畅、深入，中华民族各族群之间"求同存异，和合共荣"的文化大演进，共同创造了中华民族极为灿烂辉煌的造物文明历史。仍以设计学范畴为例：原本是匈奴人发明的单足绳圈，被晋代的汉族人设计成铁质双镫；最早是鲜卑人原创的毡毯卷边，被晋代的汉族人改造成"高桥马鞍"，这宗中国式马具设计案例，被誉为"13世纪中国传入欧洲的最重要文化成果"（李约瑟语）。再如，西域（今新疆地区）是全世界最早的皮靴生产地，哈尼族为主的红河地区出现了全世界最早的梯田。再如，全世界最早的"干栏式建筑"和全世界最早的稻米人工育种、栽培，均起源于长江中下游的百越地区；全世界最早的竹藤编结器物起源于闽越地区……由中华民族共同创造、发明，后来又影响了全人类文明进程的优秀造物设计案例很多，不胜枚举。几千年中华民族的文明史，就是各种文化多元融合、共同发展的最好例证。不了解中华民族内部各族群的文明交流史，就无法真正理解中国文化史，也不能理解为什么中华民族总是能在逆境中成长强大。甚至可以说，能否完整地理解中华民族的文化史，是检验每一个当代中国知识分子（特别是文史哲专业的学者）文化立场的"试金石"。

　　随着改革开放的逐渐深入，各民族地区的经济与社会状态已发生了天翻地覆的变化。令人遗憾和担心的是，由于各地区政策执行力度不平衡，保护措施不得力，少数民族的文化特性正在逐步衰退，有些地区的少数民族文化特征甚至已经消失殆尽，仅仅存在于徒具形式，充满口号、标语的民族文化村旅游景点中。有学者预言，再不加快整理抢救工作，中国的少数民族可能在物质形态和文化内涵的特征上，若干年后将不复存在。

从少数民族地区反映古代中国社会某些面貌的文化遗存看，这些少数民族之所以一直与汉族地区差距巨大，存在多方面的原因，其中历代汉族统治者对少数民族的歧视政策是主要原因。此外这些地区本身就处于偏僻荒地，不是沙漠就是山区，自然条件远不及汉族聚集地区，社会发展水平滞后。20世纪50年代，有相当比例的少数民族在当时仍处于原始农耕社会或奴隶制社会，不要说通电、通水、通汽车，不少人一辈子连铁器长什么样都没见过。部分少数民族聚集地的各种自然条件也较差，缺肥少水，基本生活来源，一靠老天爷恩赐的"望天收"农作物；二靠家庭手工作坊制作些竹藤编结物和土织、土陶等土特产来换取粮食；三靠养猪、兔、羊和鸡、鸭、鹅等家禽来换取日用品，如灯油、农具、衣物和油盐酱醋等；四靠为土司、头人和大户们出卖劳力（社会底层奴隶身份），年老即被抛弃。中华人民共和国成立后，党和政府在这些地区实行社会主义改造，打倒以土司、巫师和头人为首的剥削阶级，将土地和生产资料一律收归集体所有，解放了全体少数民族民众，使他们历史上第一次有了自由劳作和生活的权利。

中华人民共和国成立之初，党和政府就高度关注民族事务问题，为如何保护、关心各少数民族制定了一系列方针、政策，也为当代中国社会处理民族问题、保护民族文化树立了光辉典范。中央人民政府政务院于20世纪50年代初发布了《关于民族事务的几项决定》，为新中国民族政策奠定了最初的思想基础，其主要内容是：一、各大行政区军政委员会（人民政府）须指导各有关

省、市、行署人民政府认真推行民族区域自治及民族民主联合政府的政策和制度，并随时向政务院报告推行经验，请示者须事前向政务院请示。二、各大行政区军政委员会（人民政府）须指导各有关省、市、行署人民政府认真并有计划地实行政务院在1950年颁发的《培养少数民族干部试行方案》，并将该项工作进行情况定期加以检查，每半年向政务院报告一次。中央民族学院及西北、西南、中南各军政委员会和新疆省人民政府的民族学院，必须依计划实行，并向政务院报告。三、政务院于1951年下半年适当时间将同时召开有关少数民族的卫生、教育及贸易三个专业会议，责成政务院文教委员会、中财委指导中央卫生部、教育部、贸易部开始筹备，并责成中央民族事务委员会协助进行。有关部门如农业部、文化部也须派人参加。四、责成中央人民政府各委、部、会、院、署、行注意建立有关民族事务的业务。五、在政务院文教委员会内设民族语言文字研究指导委员会，指导和组织少数民族语言文字的研究工作，帮助尚无文字的民族创立文字，帮助文字不完备的民族逐渐充实其文字。六、扩大中央民族事务委员会委员名额，责成中央民族事务委员会提出补充名单的建议，并于1951年下半年召开中央民族事务委员会扩大会议，检查与总结关于推行民族区域自治及民族民主联合政府的经验。

20世纪50年代，中央人民政府和政务院，曾多次组织"中央慰问团""土改工作队"和"普查工作队"等，花费大量人力和物力，深入各少数民族地区，进行了大量较为翔实的社会历史调查。50年代这轮由政府统筹、由中央民委组织行政领导和人类学、社会学专家学者以及民族同志组成工作队与考察队的少数民族大考察活动，1953年正式启动，1956年结束（个别地区延期至1958年才结束）。直接成果之一，就是为1956年国务院公布的55

个少数民族的正式定名和划分，提供了可靠的依据。

从当时考察的资料看，各少数民族的社会发展水平参差不齐，不少民族呈现类似汉族曾经历过的各种历史发展状况，为我们今天考察、了解并研究过去的历史以及各学术分支问题，提供了绝好的活体范本。比如以"设计发生学"研究为例，以山寨（村落）为主的初级社会组织形态，原始手工业在农耕环境中的地位，原始造物的手工技艺与设备、工具等，都是我们极感兴趣的研究对象。

在西北、西南和东北各少数民族聚集地区，有些古时流传下来的本民族手工造物技术，迄今仍保存良好。其吸收了汉族和其他兄弟民族的技术长处之后演变出来的各时段手工造物技术，则印证了各民族互相融合、取长补短的史实。更有些原始手工艺，特别具有艺术和历史研究价值。以维吾尔族人为例，本世纪初，笔者在新疆喀什城艾格孜艾日克老街看到几样手工艺绝活：其一是整条街的维吾尔族乐器店，除了热瓦普、曼陀林和冬不拉等少数维吾尔族知名乐器外，全是些笔者叫不上名来却似曾相识的弹拨乐器和拉弦乐器，于是从心里认可了"西域古乐成就了中国传统民乐"这句话所言不谬。其二是亲眼所见一个拖着鼻涕的个到10岁的维吾尔族小男孩，拿着电砂轮在铜壶上信手飞快地刻着精美细腻的图案，一不要底稿，二没有图纸，真是佩服得五体投地，也相信了"汉族人长于热铸，西域人长于冷锻"这个说法。其三是在喀什近郊著名的大巴扎"金器一条街"上看见近百家金店生意红火，家家门前毡毯上都围坐着一群金店伙计和顾客，正在热烈讨论、共同设计着花样繁多的未来金饰嫁妆，感受到了"中国传统样式的金银首饰工艺，最富有创意的设计和最先进的工艺制作，原来在维吾尔族人手里"这句大实话。还有，笔者

在云南景洪县城集市上,曾亲眼见过景颇族老乡用古老的"焖烧法"烧出的红彤彤的土陶——跟笔者一知半解的仰韶彩陶的烧制工艺几乎一模一样。还有,笔者在大西北甘陕宁各省亲眼所见的回族、保安族、裕固族和东乡族老乡巧手做出的那些花样繁多、样式复杂的面塑造型,真是个个精妙绝伦。这方面的事例实在太多了。

50年代的少数民族地区社会大普查,以及半个多世纪以来社会各界对其丰富而珍贵的考察、研究,意义深远,价值极为重大。这些地区客观上保存的较为完整的、与数千年前中国原始社会最初形态近似的许多社会特征,为我们研究社会的最初形态形成和当时的经济、文化、政治的基本状况以及"设计发生学"的相关课题,提供了珍贵的类型学"活化石"范本,价值非凡。改革开放以来,这些少数民族地区也获得了前所未有的巨大发展,人民生活日新月异;但与此同时,少数民族地区的民族性在不可避免地愈发衰减、退化,甚至消失。如果我们再不采取保护措施,若干年后,各少数民族的许多宝贵民族文化遗产将无法挽救地彻底消亡,这部分同属于全人类精神财富和中华民族集体智慧的宝藏,我们将再也看不到了。

在"设计发生学"问题上,我们一向秉持文化多元论的观点,认为人类文明是全世界人民共同创造的,各国家、地区、民族均做出过大小不一、形态各异的贡献;同理,中华民族的灿烂文明是中国的各族人民共同创造的,每个民族都对中华传统文化做出过贡献,也都应当得到尊敬和肯定。中国的各少数民族在中华文明漫长的演化过程中,都曾经以自己独特而充满智慧的文明成果,补充、完善甚至改良着中华文明。比如,古代西域的龟兹古国各民族创造或引自西亚的弹拨乐器和拉弦乐器以及音律、曲

式，彻底改造了中国古代音乐，新创作出代表中国古乐精髓的江南丝竹；南疆的维吾尔族和北疆的哈萨克、塔塔尔、塔吉克等族首创了制革术，并引进古波斯革皮书籍装帧术和制靴术、制毡术、毛衣编结术；海南岛的黎族率先种植棉花并纺织棉布，传入内地后棉织业逐渐形成中国古代手工行业的"天下第一营生"……保护少数民族的民族文化特性，就是保护我们的历史遗产，就是传承我们的文明。我们应进一步发扬文化兼容的优良传统，把振兴中华的百年民族复兴梦，逐步落实为将大中华建设成为中国各民族共同拥有的美好家园。

由上千名来自全国各高等艺术院校的教授、研究生组成的55支团队参与编撰的《中国少数民族设计全集》（55卷），正是有识之士基于对各少数民族的民族文化特性正在快速衰减、消亡的严重现实问题的深切忧虑而进行的抢救、发掘、整理中国少数民族文化遗产的重要文化工程。经过两年精心筹划，六年努力写作，在国家出版基金管理部门的支持下，在山西人民出版社和人民美术出版社的策划和组织下，目前《中国少数民族设计全集》的书稿编撰工作已基本完成，即将付梓。在长达八年的漫长过程中，全国兄弟院校各团队涌现出的各种可歌可泣的事迹经常感动着笔者，并不时鞭策着全体作者克服千难万险，一路向前。有的分卷作者身患绝症仍不眠不休地忘我工作，有的分卷作者遭遇各种意外仍坚持工作。特别是，很多民族同志公而忘私、不计较个人得失，有人不惜将自己赚钱的企业关张歇业，全身心地投入各自所负责分卷的繁重编撰工作中；有人义无反顾地将自己珍藏多年的本民族实物、资料和研究成果无偿提供给相关分卷作者。大家万众一心，克服各种复杂得难以想象的困难，以确保这部凝聚了众人八年心血的巨著，能按计划如期完成。借此机会，笔者谨

代表本丛书编委会全体成员，向领导、编辑和作者们表示衷心的感谢！

作为一项文化创举，笔者深信《中国少数民族设计全集》必将在未来岁月的长期检验中，愈发显现其非凡的、独特的文化价值。

2017年夏季于南京

前言

俄罗斯族是中国的少数民族之一。18世纪后期,由于战乱,居住在俄国远东和中国接壤地区的俄罗斯人迁入我国北部地区。19世纪末和十月革命期间,由于历史、政治、战争等因素,大量俄罗斯人从西伯利亚涌入我国内蒙古、东三省、新疆等地区并定居下来。现在俄罗斯族聚集地主要分布于内蒙古呼伦贝尔市和黑龙江北部地区、新疆西北部塔城市等地,也有散落在中部和发达地区的少数人群。根据2000年第五次全国人口普查统计,俄罗斯族人口数为15 000人。

在历次人口迁徙过程中,主要有农民、技术工人和东正教传教士等,他们带来了较为先进的造物思想及生产方式。这些俄罗斯族移民与中国其他民族杂居通婚,形成了现在的俄罗斯族。俄罗斯族民风淳朴,乡土气息浓郁,在融合汉族和其他少数民族的许多生活习俗的同时,又基本保持了俄罗斯族传统的生产和生活方式,特别是在建筑、服饰、餐饮、丧葬、宗教信仰等方面,较为完整地传承和保存了下来,具有鲜明的俄罗斯族风格。

俄罗斯族的传统建筑木刻楞,整体用木材制作而成,工艺复杂,坚固耐用,冬暖夏凉。俄式澡堂、火墙、灶台、壁炉等,也基本保留了俄罗斯族的传统风格,适用方便。俄罗斯族传统服饰整洁大方,搭配协调,典型的男性服饰为上穿白色直领绣花衬衫,下着灯笼裤,腰系腰带。冬天穿皮衣、戴皮帽、羊皮手套,脚穿高筒皮靴。典型的女性服饰为上穿绣花衬衫,着长裙,戴头巾、披肩,脚穿高筒皮靴,外罩羊绒大衣,色彩对比强烈。俄罗斯族餐饮在

很多方面依然保留着早期俄国的传统习俗，但又受其他民族影响，既用刀叉又用筷子；既有俄罗斯传统食物列巴、馅饼、苏波汤等，又有奶茶、面食、米饭等其他民族的食物。过重大节日，如巴斯克节时，多为家庭自制的俄式食品，食材丰富，种类繁多。因为俄罗斯族主要聚居区冬季寒冷，降雪量大，俄罗斯族传统交通工具雪橇很好地解决了人们的冬日出行及运输问题。俄罗斯族传统生产工具斧头、扁担、鱼叉、小镰刀、钐刀、锄子、木叉等，取材方便，设计合理，操持舒适，很好地解决了生产所需。生活用具主要有打板刀、悠车、三角琴、炭熨斗、小圆镜等，具有浓烈的俄罗斯族风格和特点，给人们的生活带来了诸多方便。俄罗斯族传统手工艺，如桦树皮果盘、套娃等，纹饰精美，题材表现丰富，制作工艺考究，色彩对比强烈。俄罗斯族人信仰东正教，家庭布置、婚礼、丧葬等民俗，无不带有浓厚的东正教色彩。

俄罗斯族具有悠久的历史和灿烂的传统文化，特别是在器物方面，较完整地保留了俄罗斯族的传统，但是目前关于俄罗斯族传统器物研究的成果极少，而且多是从社会学、民俗学、历史学等角度来进行分析研究，如《俄罗斯族简史》《俄罗斯族百年实录》《俄罗斯族恩和村调查》《中国俄罗斯族》《中国民族村寨调查丛书·俄罗斯族·新疆塔城市二工镇、内蒙古额尔古纳市室韦乡调查》等，而我们编撰本卷的目的，是试图通过具体的案例，从设计学的角度去分析、整理和研究俄罗斯族的传统器物，反映俄罗斯族的社会生产、生活发展状况，为进一步完善我国少数民族传统器物研究提供一个新的思路。

由于历史资料的匮乏及本人对相关知识掌握的局限性，在编撰本卷的过程中，难免有疏漏和错讹之处，敬请专家和读者批评指正。

目录

第一章 俄罗斯族传统建筑
俄罗斯族木刻楞 002
俄罗斯族火墙 018
俄罗斯族铁皮屋顶 024
俄罗斯族灶台 031
俄罗斯族澡堂 040
俄罗斯族壁炉 048

第二章 俄罗斯族传统服饰
俄罗斯族双耳翻毛大皮帽 060
俄罗斯族男式鹿皮靴 069
俄罗斯族男式衬衫 077
俄罗斯族羊皮手套 082
俄罗斯族熊皮大衣 089
俄罗斯族女式长裙 097
俄罗斯族女式绣花衬衫 101
俄罗斯族头巾 107

第三章 俄罗斯族传统餐饮
俄罗斯族苏波汤 114
俄罗斯族土豆肉饼 119
俄罗斯族列巴 123
俄罗斯族捣蒜缸 130
俄罗斯族水壶 135

第四章　俄罗斯族传统生活用具

俄罗斯族打板刀　140

俄罗斯族刮皮刀　146

俄罗斯族悠车　151

俄罗斯族炭熨斗　158

俄罗斯族三角琴　165

俄罗斯族小圆镜　174

俄罗斯族萨马瓦尔　182

俄罗斯族烛台　192

俄罗斯族箱柜　198

俄罗斯族圆桌　203

俄罗斯族靠背椅　209

俄罗斯族铁床　214

第五章　俄罗斯族传统生产工具

俄罗斯族钐刀　222

俄罗斯族锄子　228

俄罗斯族斧头　233

俄罗斯族扁担　238

俄罗斯族爬犁　243

俄罗斯族小镰刀　249

俄罗斯族铁叉　254

俄罗斯族鱼叉　260

俄罗斯族木叉　265

第六章　俄罗斯族传统手工艺

　　俄罗斯族套娃　272
　　俄罗斯族木勺　278
　　俄罗斯族挑花针织桌布　284
　　俄罗斯族针织壁挂　289
　　俄罗斯族桦树皮果盘　295
　　俄罗斯族木雕镶板　301

第七章　俄罗斯族传统民俗和宗教造像

　　俄罗斯族巴斯克节　308
　　俄罗斯族婚庆　314
　　俄罗斯族丧葬　320
　　俄罗斯族神龛　329

第一章 俄罗斯族传统建筑

俄罗斯族木刻楞

图一 俄罗斯族木刻楞主图

木刻楞是俄罗斯族比较典型的一种建筑，最大的特点就是基本用木材修建。把原木经过简单加工后，层层累加建造而成，由于排列整齐规范，外观有棱有角，故得名。本案例采集于内蒙古额尔古纳市恩和村。在空间划分上，木刻楞主要分为卧室、客厅、储藏间、门厅、餐厅、厨房。整体布局结构合理，功能区域划分明确。

本案例修建于近代，长11.1米，宽7.7米，高5.3米，坐西朝东。东立面分为客厅东立面和门厅东立面。客厅东立面区域略大，长6.9米，高约3米，两个窗户均匀分布于此，室内采光充足，窗檐有精美雕刻。门厅长4.2米，高约3米，为木板结构，玻璃门窗镶嵌其中。顶部为铁皮屋顶。西立面整体为墙面，无门窗。北立面主要为门厅和厨房与餐厅的侧立面，门厅侧立面长约3米，窗户较大。厨房与餐厅的侧立面宽4.7米，窗户位于中间位置。整个房顶的侧立面呈等腰三角形，高2.3米，房顶中间留有一扇小门，内部是存储空间，一般放置杂物和农具。厨房的烟道通往室外。南侧立面主要为卧室和客厅的侧立面，卧室宽3.1米，客厅宽4.6米，高2.3米。木刻楞的建造工序较多，工艺复杂。通常有以下几个步骤：一、打地基。早期地基为石块垒砌，现在多用钢筋混凝土整体浇筑。二、制墙体。因为墙体是原木累加而成，所以通常将上层原木砍削成一个U形凹槽，约占整个原木直径的1/4，与下部原木的圆弧正好吻合，并用干苔藓填充木刻楞缝隙。在墙体的四个墙角，采用牙卯结构和燕尾槽结构。本案例采用的就是牙卯结构。三、上房梁。房梁等距离分布于三角形支撑的两边。房梁数量的多少由房屋修建的大小决定，房屋修建的大，房梁的数量就多，反之则少。四、吊顶。先将原木制作成横截面为8厘米左右的长方形木方，然后用特制的钢筋挂件将木龙骨两边分别固定到横梁上。木方按50厘米间隙均匀地纵向排列。五、盖房顶。以前铺设一层劈柴板作为房顶，劈柴板又称为灯笼板，现在多铺设铁皮屋顶。六、铺地板。将横截面宽8厘米，长12厘米，厚4厘米的木方，按照间隔60厘米均匀铺设并固定在这些木龙骨上。七、装门窗。通常是先安装门窗套，再安装门和窗扇，最后装饰完成。

木刻楞充分体现了俄罗斯族独特的建筑文化。作为一种建筑，有其独特的优点：一、环保性。木材是最绿色的材料，无污染，修建木刻楞的下脚料可以做柴火，木屑可以被土壤降解为有机肥。二、宜人性。木材是热的不良导体，有保温的效果。木材还可以根据环境的变化吸收和释放水蒸气，因此木刻楞房冬暖夏凉。三、抗震性。木刻楞具有良好的抗震效果，木材的张力要比钢筋混凝土大，故而有木刻楞歪而不倒的说法。四、耐用性。木材的木质纤维耐腐性较强。木刻楞建筑最大的缺点就是防火性能差。

图片来源
图一、图十、图十四、图十七　郭立忠　摄影
图二至图四、图十八　郭立忠　制图
图五至图九、图十一至图十三、图十五至图十六　郭立忠　摄影、制图

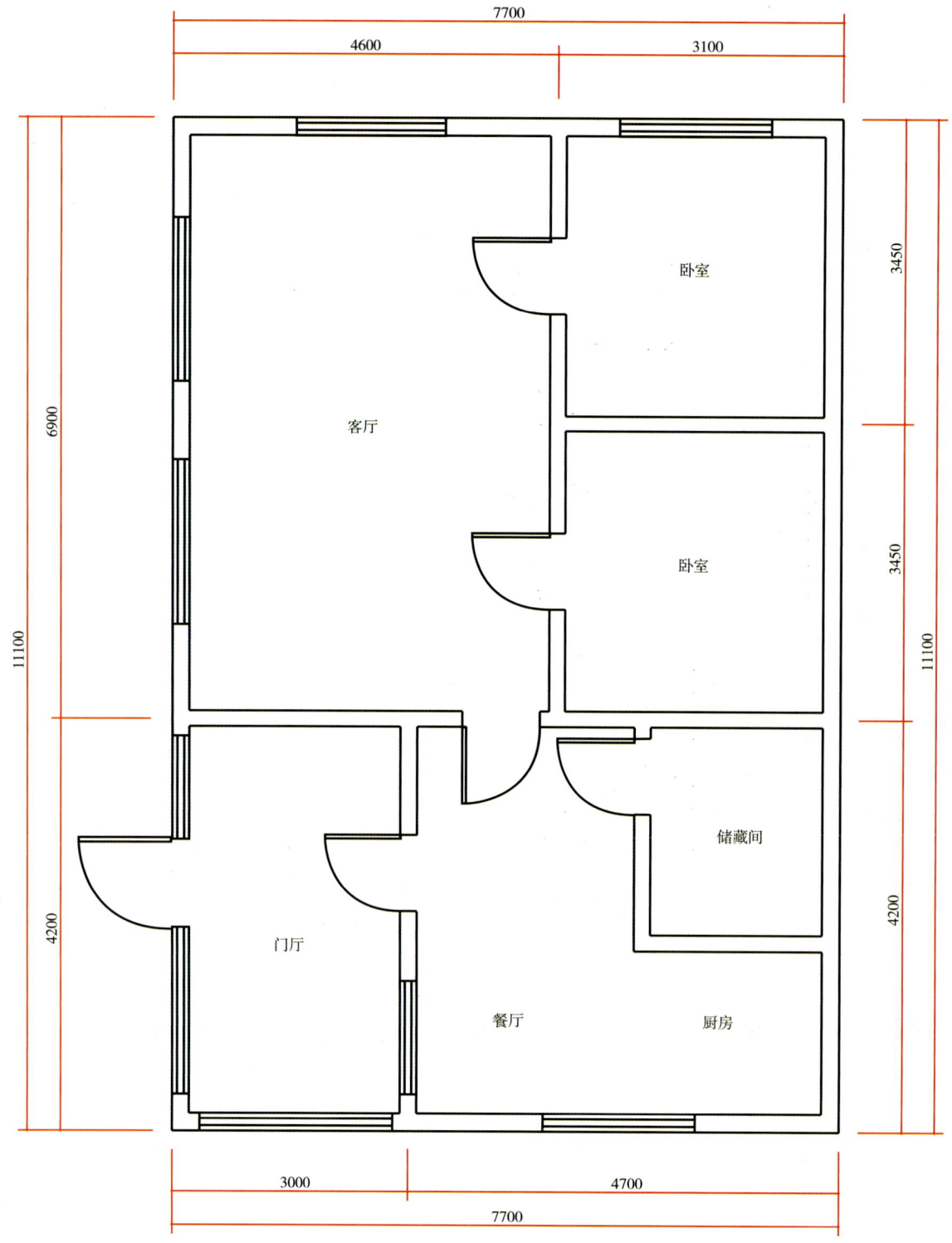

图二 俄罗斯族木刻楞平面、尺寸图（单位：mm）

图三 俄罗斯族木刻楞立面、尺寸图（单位：mm）

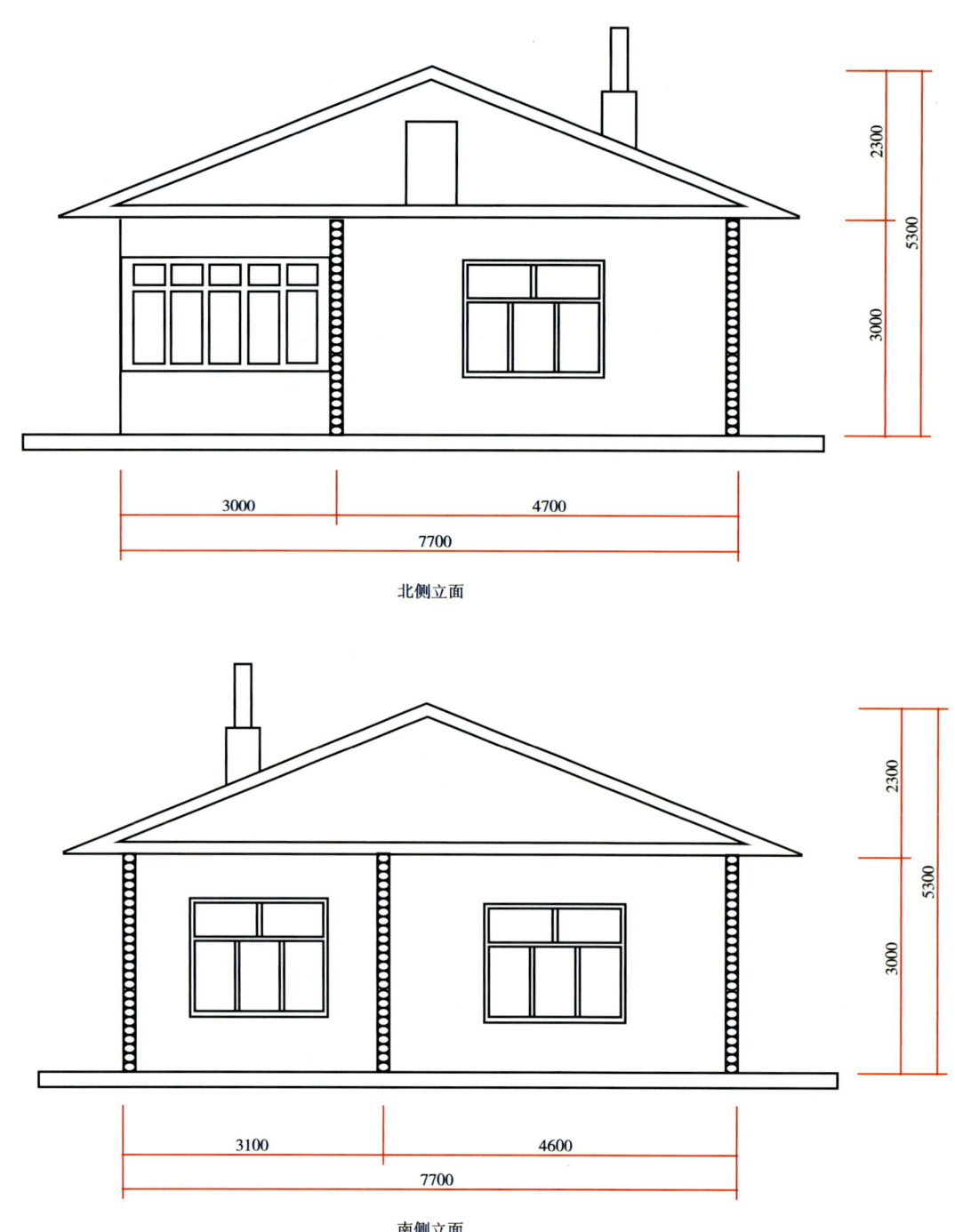

图三（续） 俄罗斯族木刻楞立面、尺寸图（单位：mm）

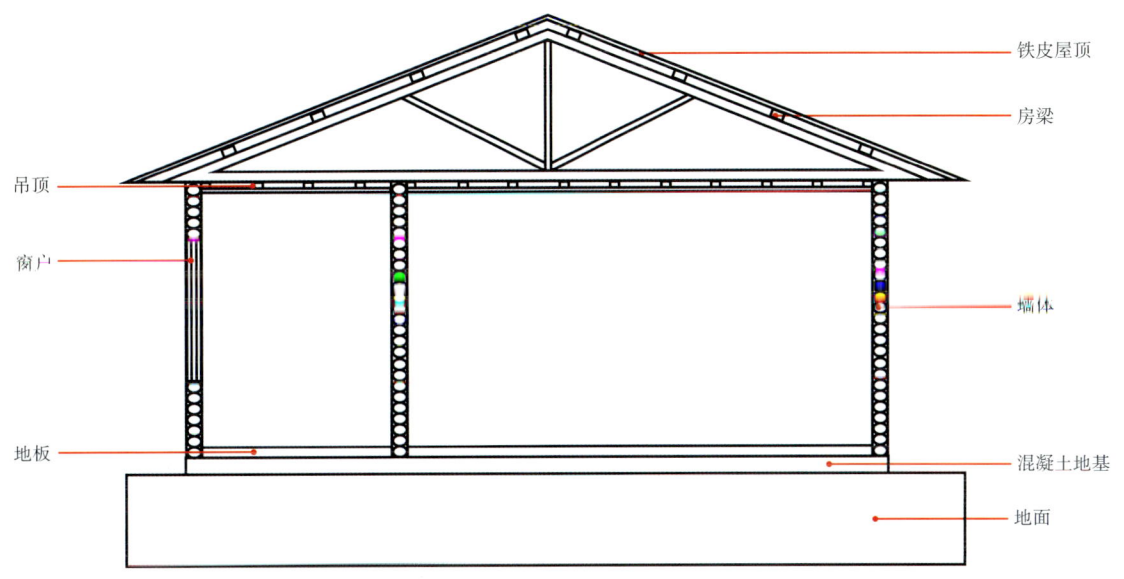

图四 俄罗斯族木刻楞结构名称图

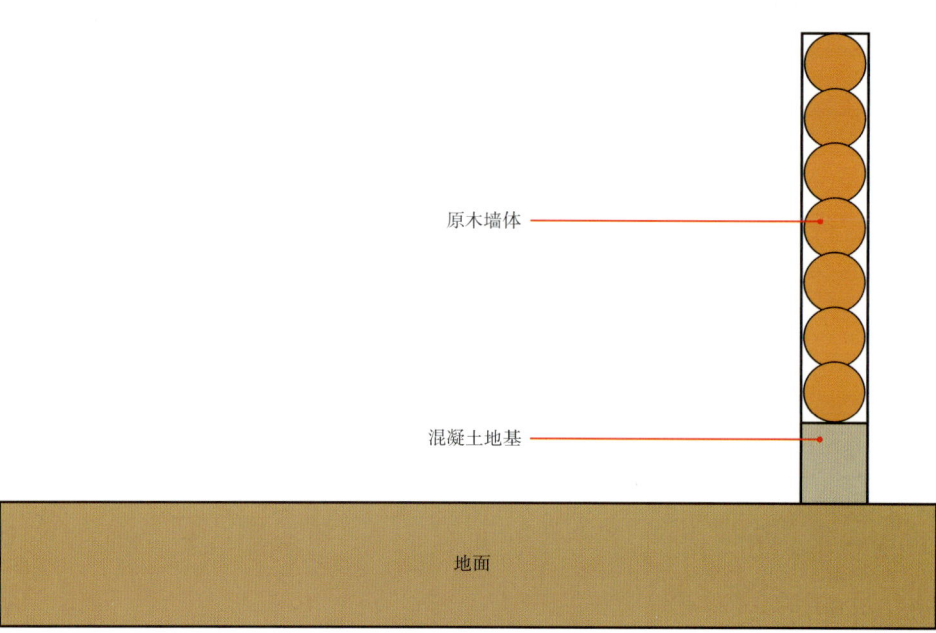

图五　俄罗斯族木刻楞地基结构名称图

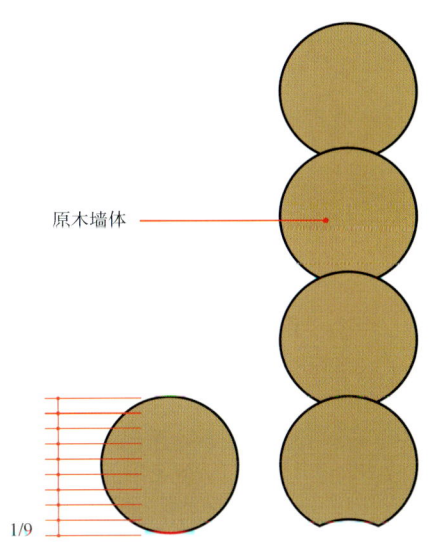

图六　俄罗斯族木刻楞墙体结构名称图

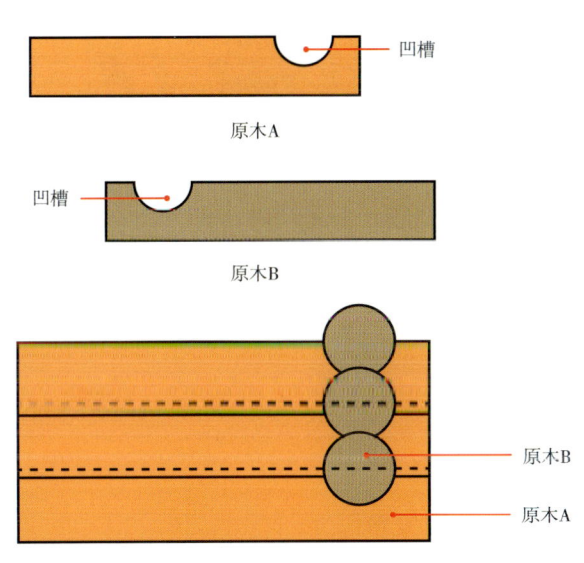

图七　俄罗斯族木刻楞牙卯结构名称图

第一章　俄罗斯族传统建筑

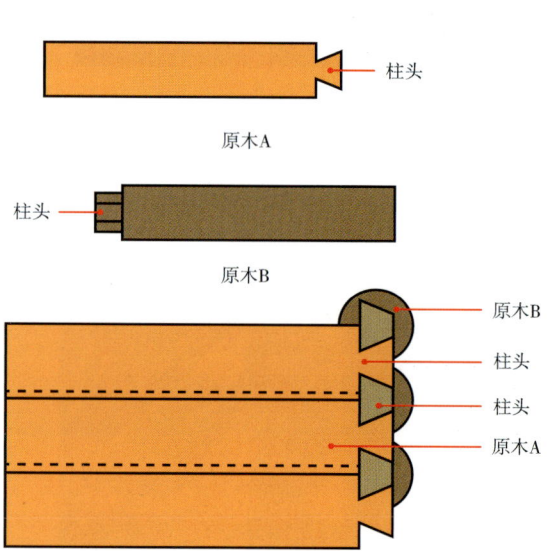

图八　俄罗斯族木刻楞燕尾槽结构名称图

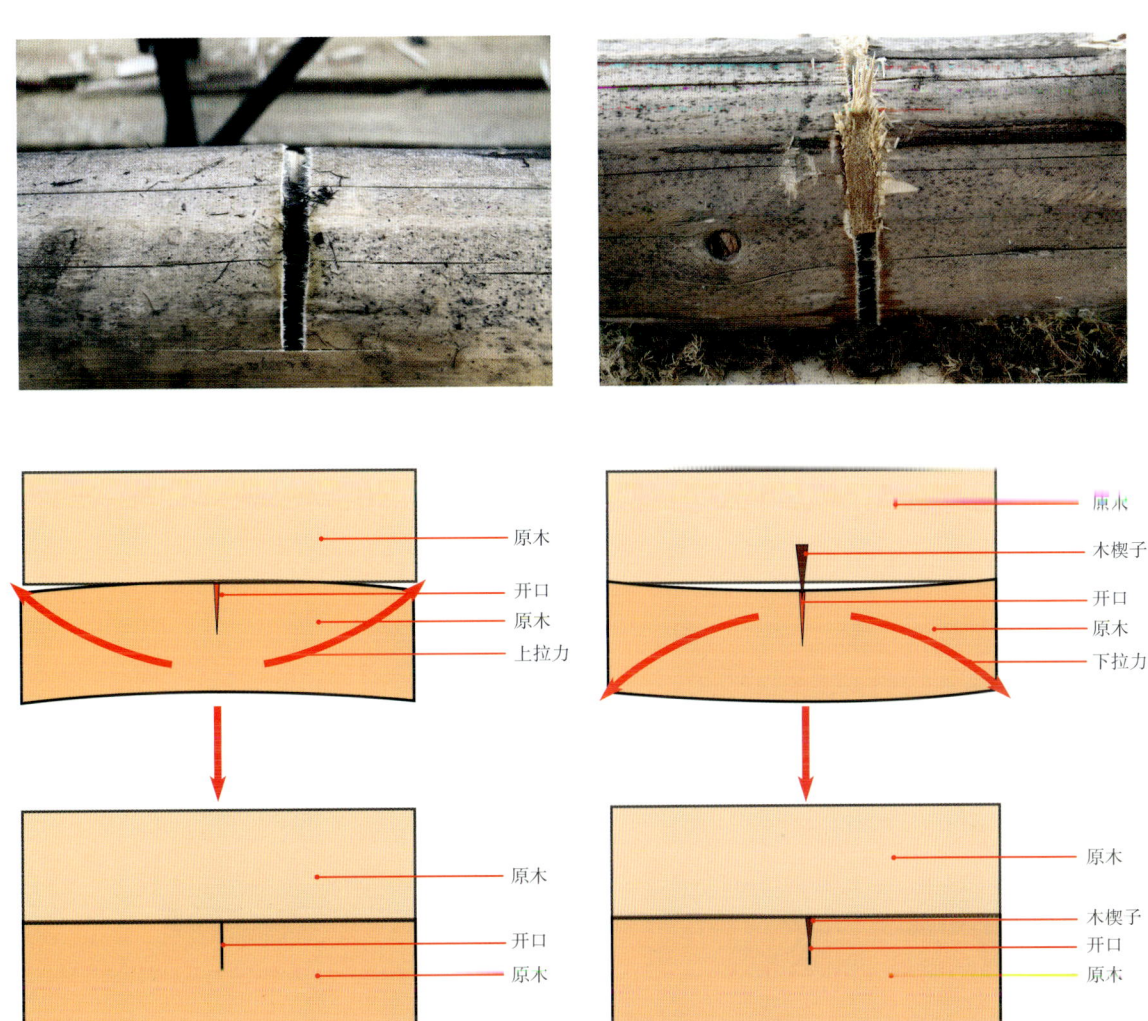

图九 俄罗斯族木刻楞原木裂止工艺分析图

图十　俄罗斯族木刻楞卡钩使用情境图

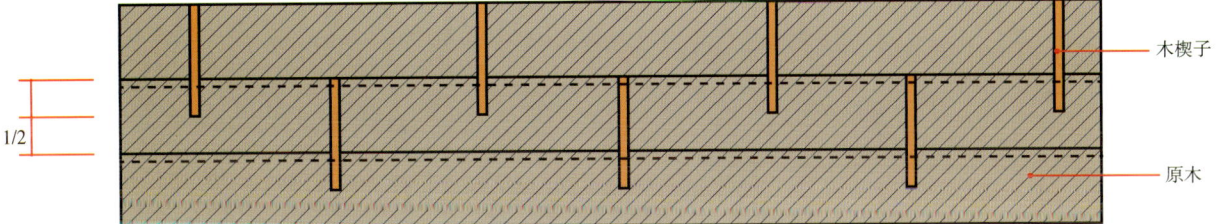

图十一　俄罗斯族木刻楞木楔子分布效果示意图

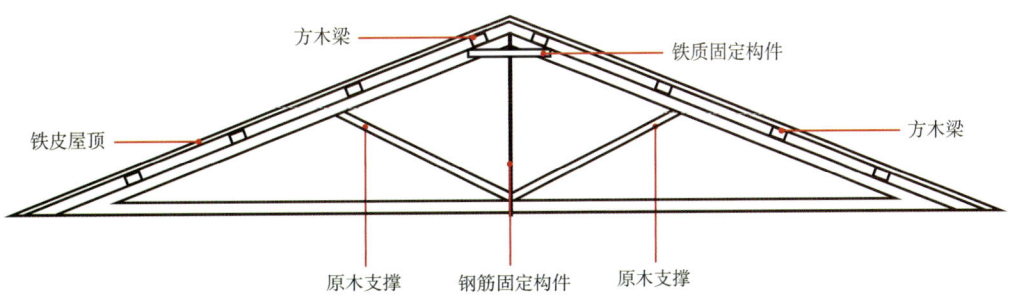

图十二　俄罗斯族木刻楞屋顶结构名称图

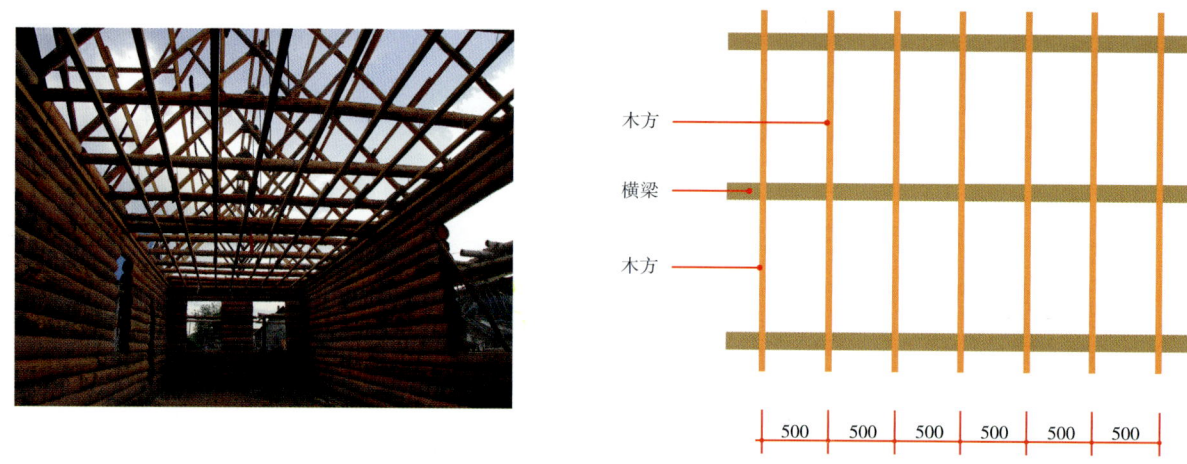

图十三　俄罗斯族木刻楞吊顶木龙骨分布、尺寸图（单位：mm）

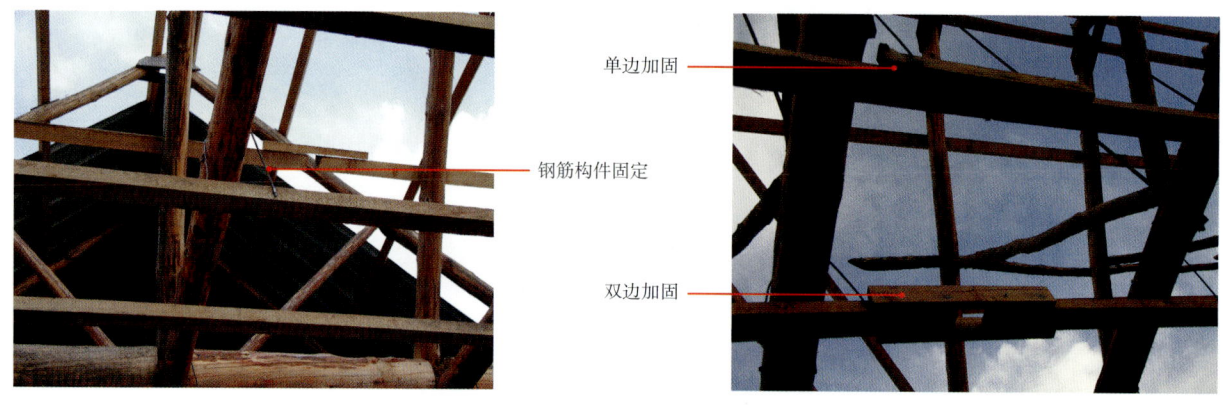

图十四　俄罗斯族木刻楞吊顶工艺分析图

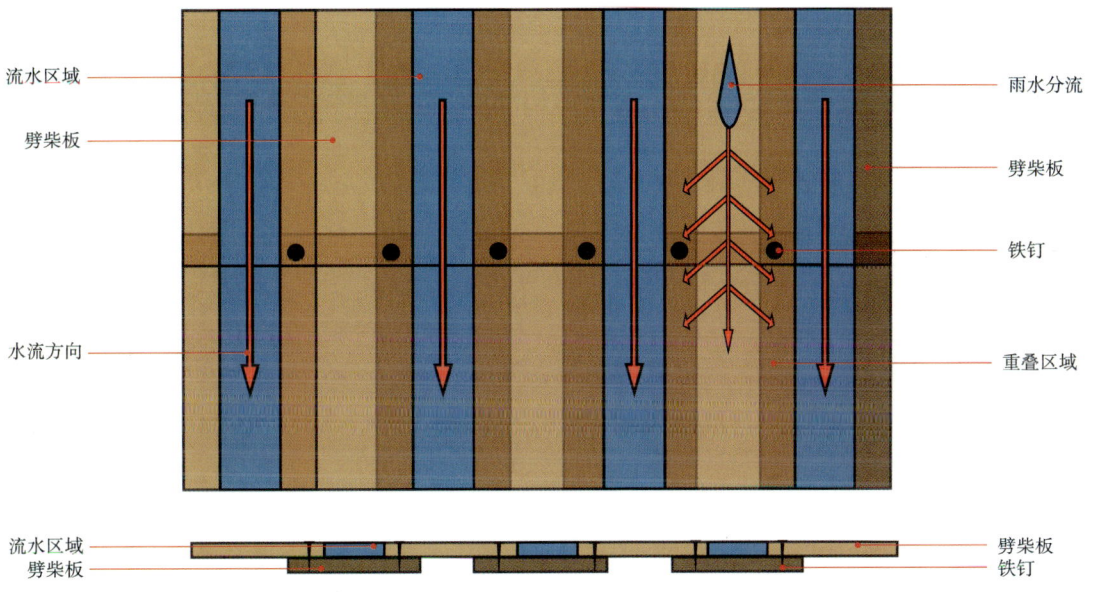

图十五 俄罗斯族木刻楞屋顶雨水流动示意图

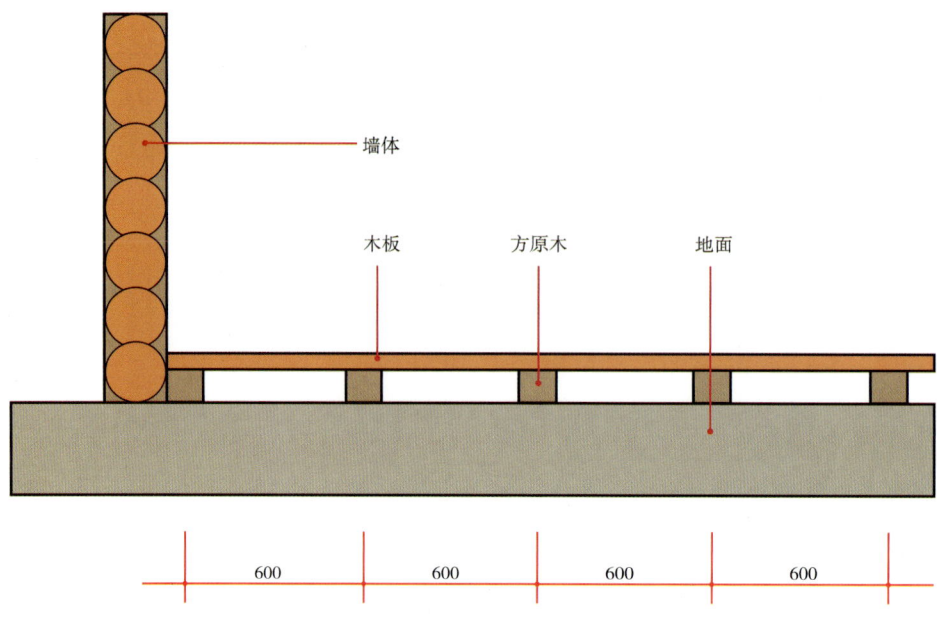

图十六　俄罗斯族木刻楞地板结构名称、尺寸图（单位：mm）

图十七　俄罗斯族木刻楞门窗雕刻效果示意图

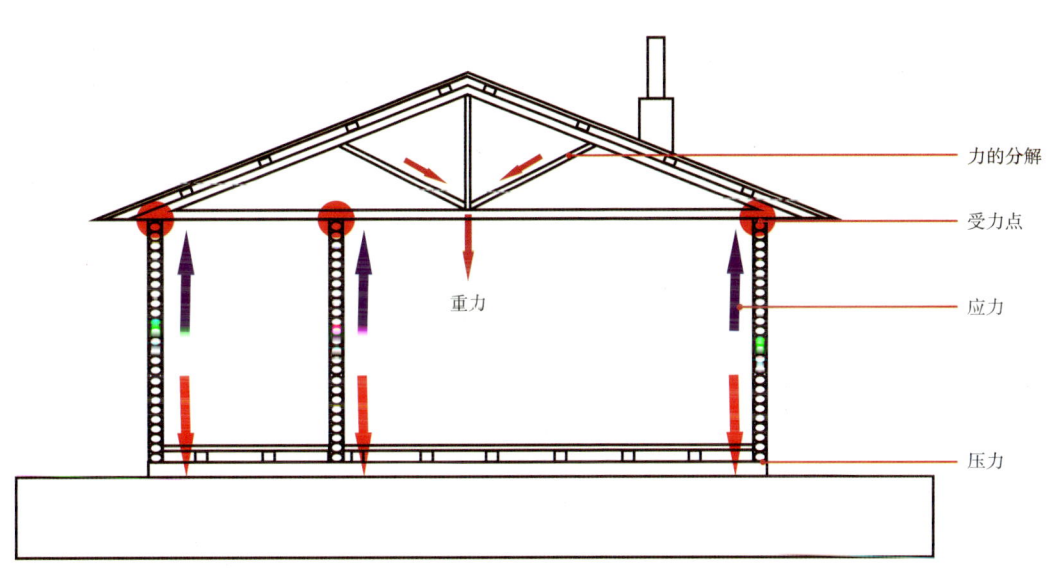

图十八　俄罗斯族木刻楞力学分析图

俄罗斯族火墙

图一 俄罗斯族火墙主图

　　火墙是俄罗斯族传统建筑中的一个重要组成部分，位于卧室和客厅之间，既有分割空间的功能，又可以为室内提供热源。火墙通过在墙体里面生火，让热空气流动，使墙体变热，用于在寒冷的冬季取暖。本案例采集于内蒙古额尔古纳市恩和村，高2.7米，宽2.6米，厚0.3米，火墙顶部与房屋的吊顶和另一面的墙体均留有0.25米的间隙。墙体造型方正，烟道通往室外，结构简单、实用。

　　火墙所用材料主要为砖石、混凝土，表面用白灰粉刷。火墙由烟道、墙体和火墙口三部分组成，整体像一道相互连通的管道网，用砖块围成一个中空的长方形，交错形成相互通连的空心墙，是热空气流动的通道。插板是火墙的一个重要装置，是一块带有把手的长方形铁皮板子。墙体变热后，为了保持温度，用插板将火墙连接烟囱的通道堵死，避免热空气通过烟囱排出，使热空气停留在墙体内，最大限度为火墙提供热能，提高热源的使用效率。当插板移除后，墙体内的烟会通过烟囱直接排到室外，保证了室内的空气清新。在火墙口位置，通常用方形的铁皮将其封住，避免柴火外露，增加了室内用火的安全性。火墙加热过程中，热空气会随着底部烟道上升流动至顶部，慢慢提高了室内温度，而热空气呈网状分布，让墙体受热均匀，解决了两个房间的温差问题。

火墙在俄罗斯族传统建筑中具有典型

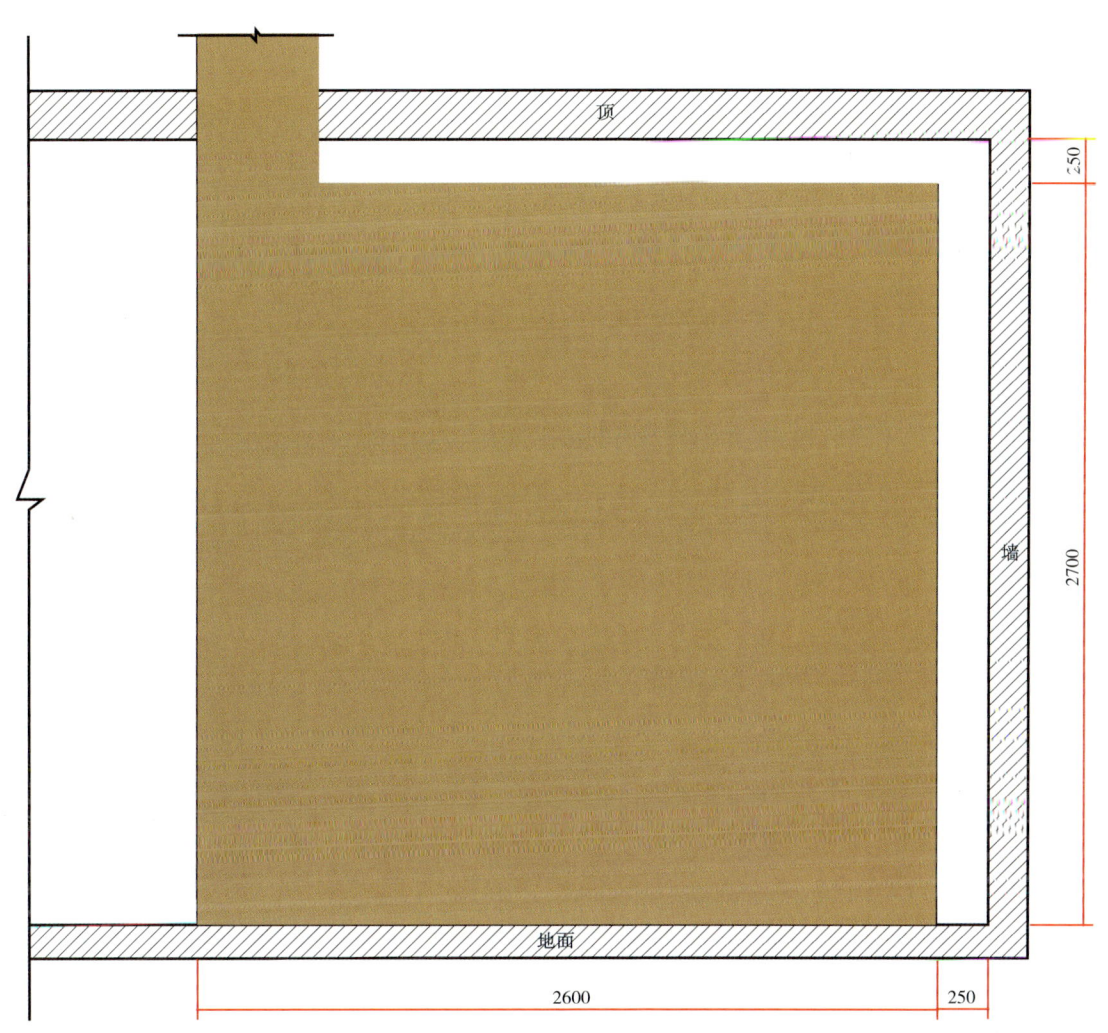

图二　俄罗斯族火墙尺寸图（单位：mm）

性，几乎每个俄罗斯族家庭都在使用，这与北方寒冷的气候有关。俄罗斯族聚集区主要在新疆塔城和内蒙古额尔古纳地区，这两个地区都处于高纬度地区，冬季寒冷漫长。火墙很好地解决了冬季室内取暖的问题，直至今天依然被俄罗斯族人广泛采用。

图片来源

图一　郭立忠　摄影
图二至图七　郭立忠　制图

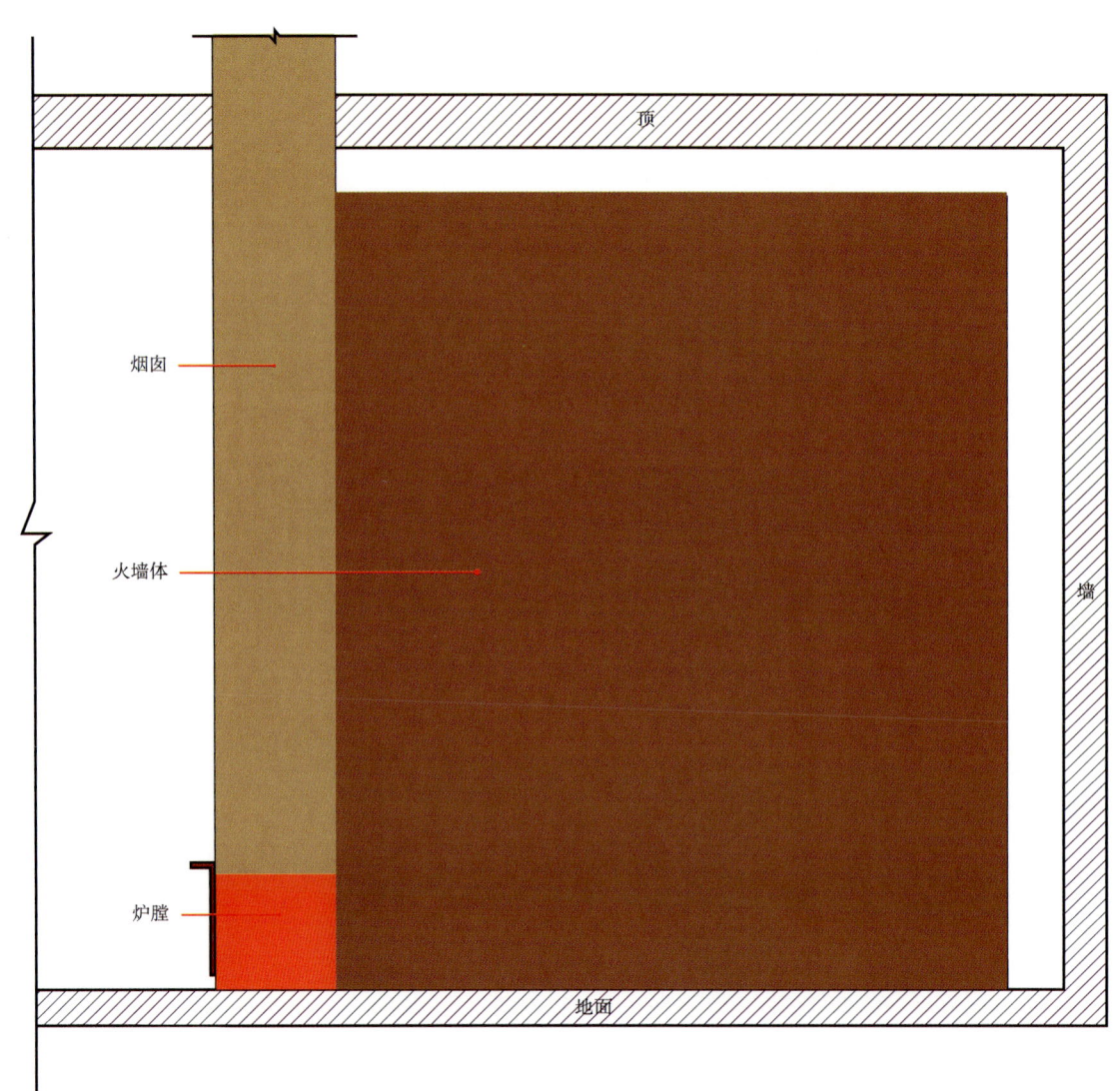

图三　俄罗斯族火墙结构名称图

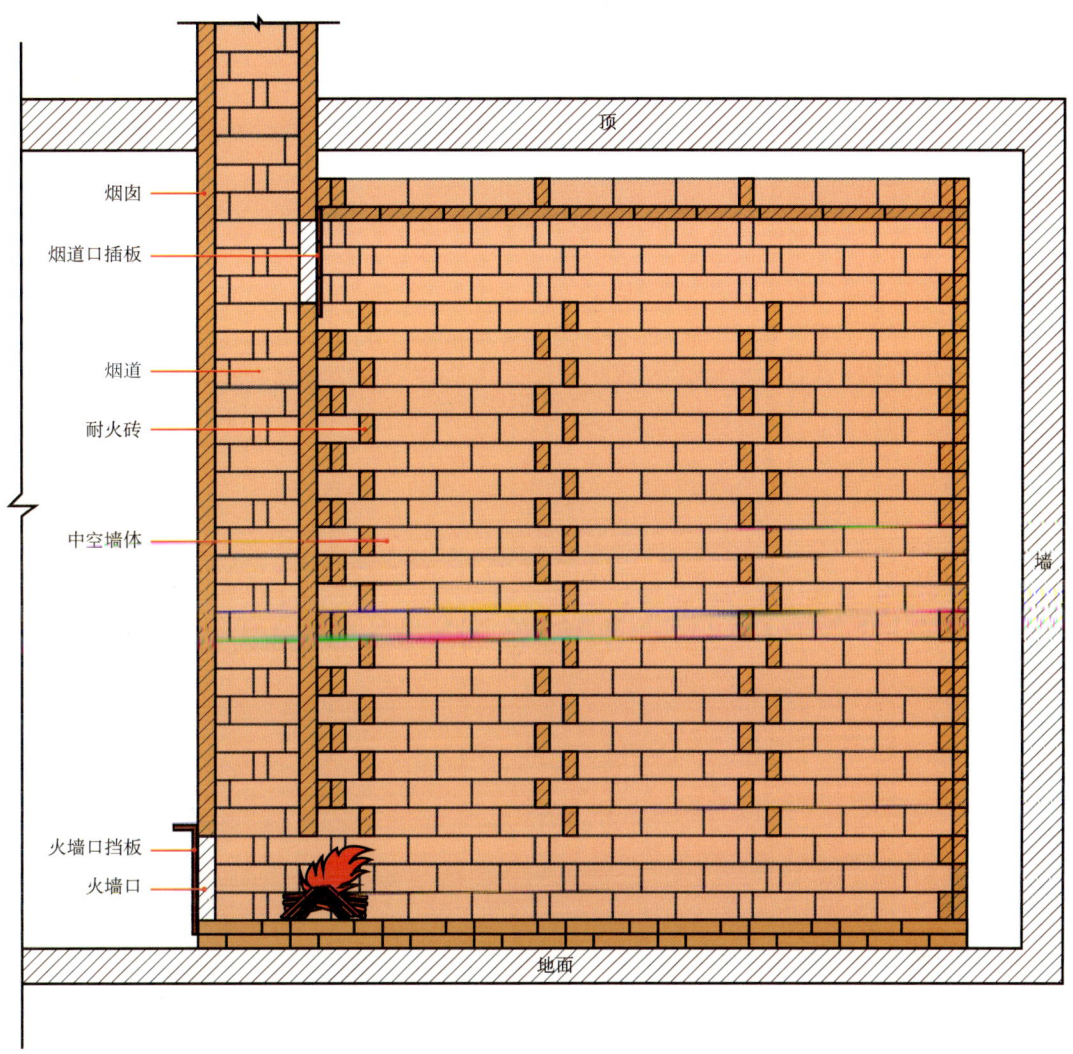

图四 俄罗斯族火墙墙体剖面、结构名称图

图五 俄罗斯族火墙墙体局部分析图

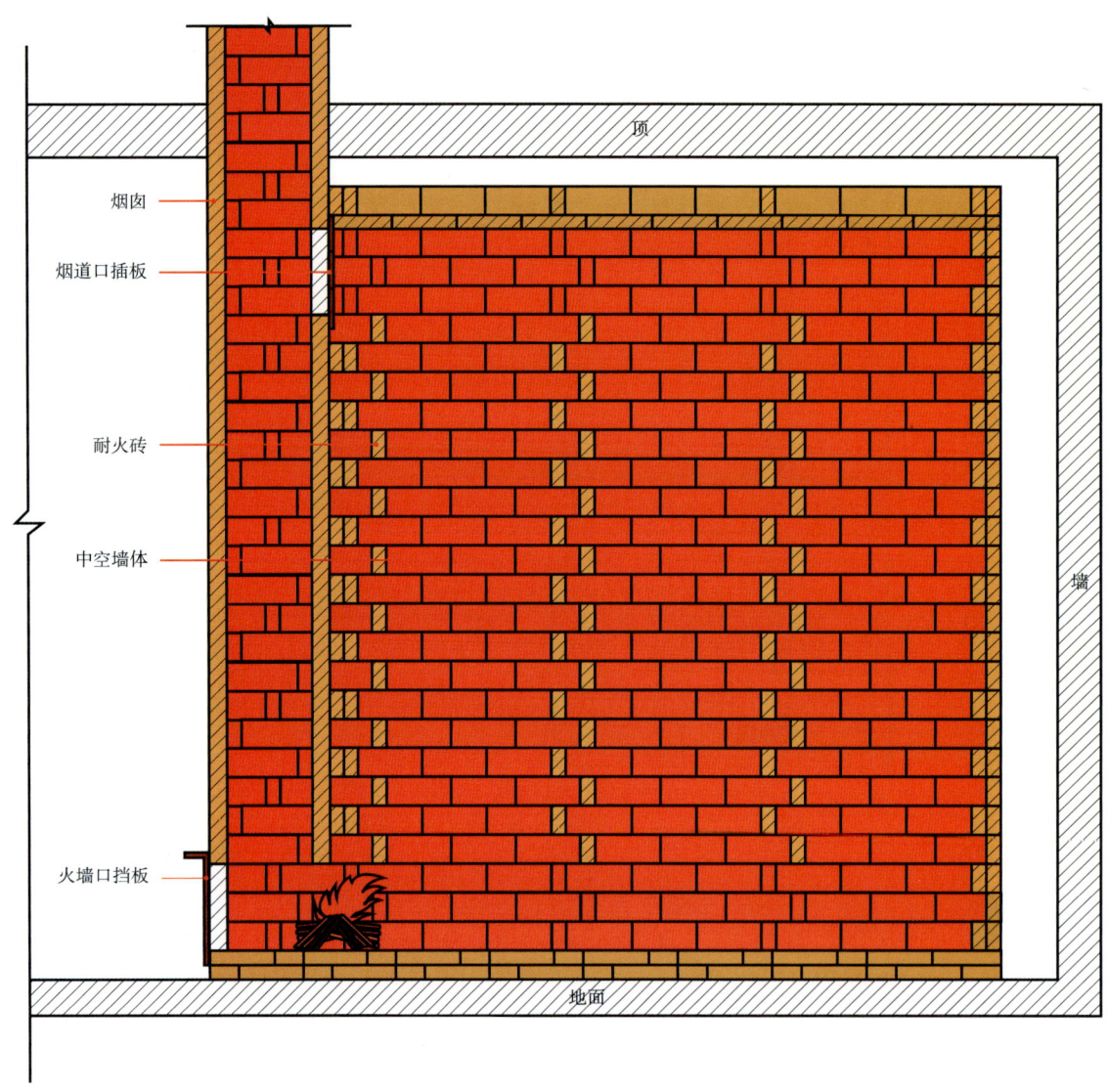

图六　俄罗斯族火墙墙体热空气（红色部分）分布示意图

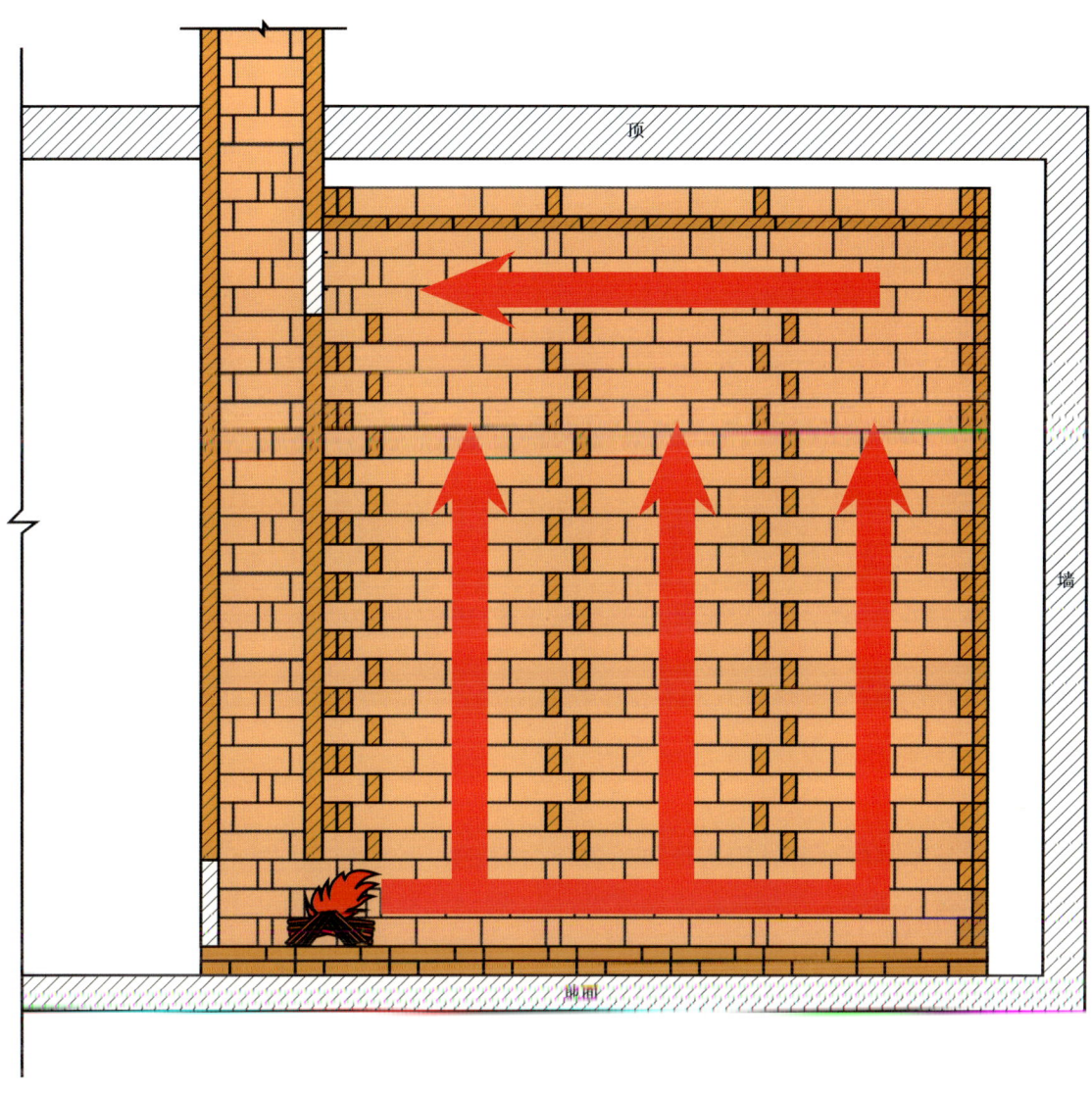

图七 俄罗斯族火墙墙体热空气流动示意图

俄罗斯族铁皮屋顶

图一 俄罗斯族铁皮屋顶主图

  铁皮屋顶是木刻楞顶部结构的重要组成部分之一，由俄罗斯族人在漫长的生活实践中逐步改良而来，主要起分流雨水的作用。本案例采集于内蒙古额尔古纳市恩和村，建造于现代，长约12米，宽约5米。

  铁皮屋顶主要由彩钢瓦组合而成。彩钢瓦又称彩色压型瓦，是用机器将涂层钢板加工成各种波形的压型板。房屋顶部木结构基本完成后开始制作铁皮屋顶，一般有以下几个步骤：一、调整房顶木结构，尽量找平方形梁的倾斜面。二、铺设屋顶，用螺丝固定。在房屋顶部结构变化较多的情况下，一定要在屋顶转折连接处先用表面平整的铁皮铺设一遍，防止漏雨，然后再从两边进行大面积铺设，并根据实际需要进行裁切，直至铺设到转折连接处。三、在铺设屋顶的同时，用裁切平整的铁皮收口，形成屋脊，用螺丝两边固定。四、最后整体调整、完善。从工艺上看，铁皮屋顶主要是通过螺丝在主雨脊和方形梁之间进行固定，一块铁皮压一块铁皮，重叠部分是主雨脊。铁皮屋顶主要有表面平整和呈波浪形两种造型。表面平整造型的铁皮易于弯曲，主要用于铁皮屋顶的转折部分及屋脊，将表面平整的铁皮先根据顶部造型转折处的长度裁切固定，再在上面铺设波浪形的铁皮屋顶。由于造型结构的变化，可以根据实际需要对铁皮进行裁切，以前主要用大剪刀，切割效率较低，现在主要用切割机完成，方便快捷。本案例充分利用了铁皮的特性和造型变化，雨水停留时间短，快速流淌，防漏效果好。

早期的木刻楞屋顶结构，主要是木制板材，通过叠加板材分流雨水，防漏效果较差。随着社会的发展，耐腐蚀的铁皮屋顶逐步取代木制板材。这种色彩艳丽的铁皮屋顶，具有较强的装饰性，深受俄罗斯族人的喜爱。

图片来源
图一、图五、图十　郭立忠　摄影
图二至图四、图六、图八至图九　郭立忠　制图
图七　郭立忠　摄影、制图

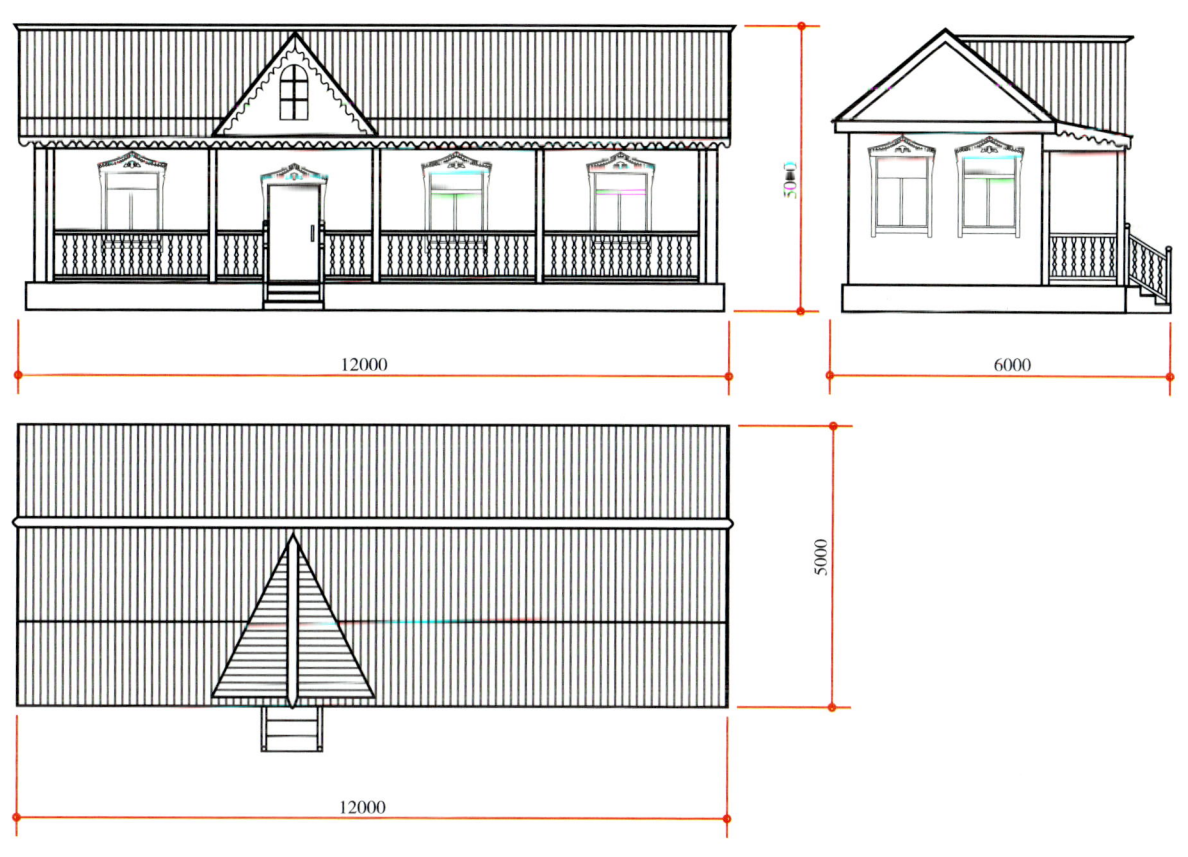

图二　俄罗斯族铁皮屋顶尺寸图（单位：mm）

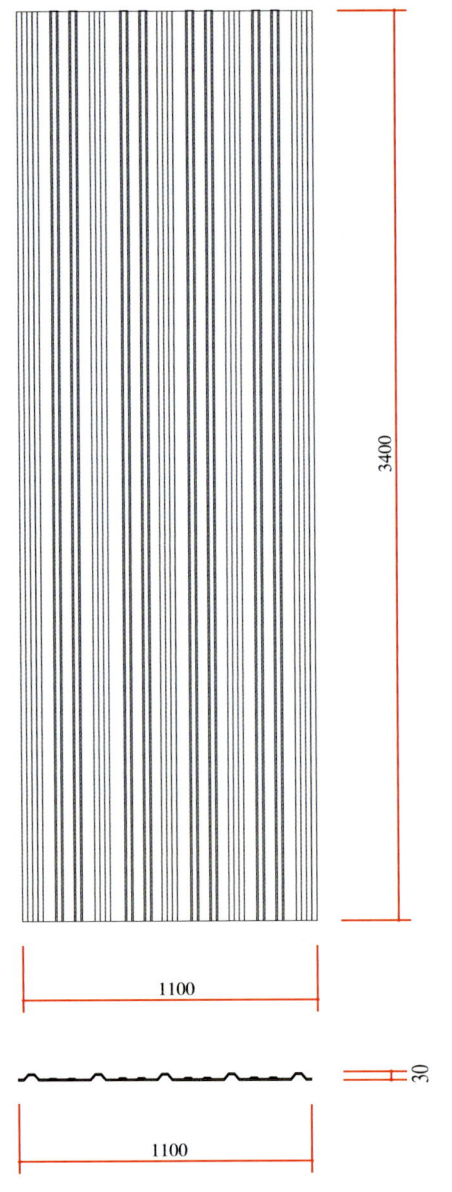

图三 俄罗斯族铁皮屋顶彩钢瓦尺寸图（单位：mm）

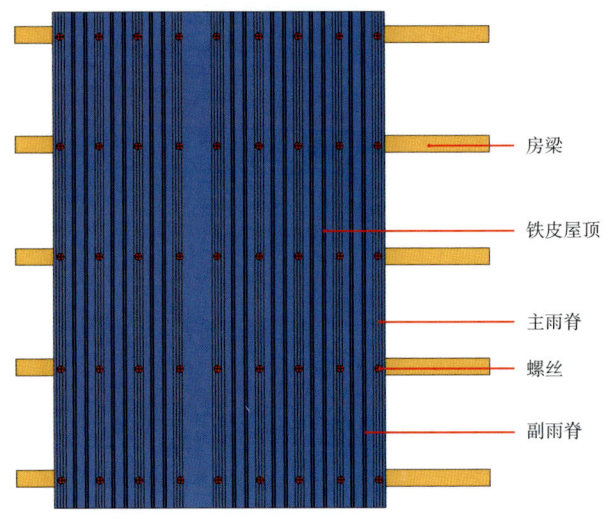

图四 俄罗斯族铁皮屋顶结构名称图

房梁
铁皮屋顶
主雨脊
螺丝
副雨脊

1.房顶木结构调整完成

2.铺设大面积屋顶,用螺丝固定

3.铺设大面积屋顶的同时,用表面平整的铁皮铺设房顶的收口

4.在房顶转折处用表面平整的铁皮先铺设一遍,防止漏雨

5.然后再从两边大面积铺设,根据尺寸需要进行裁切,直至转折连接处

6.最后调整,直到完成

图五 俄罗斯族铁皮屋顶制作流程图

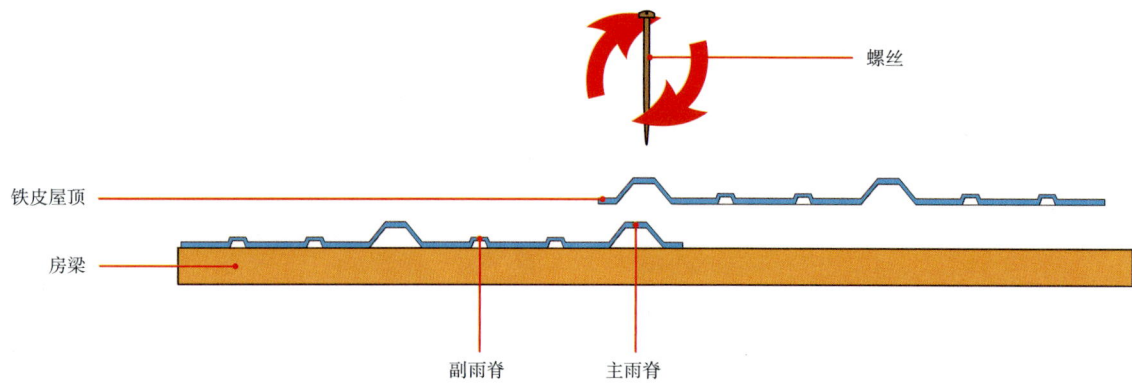

图六 俄罗斯族铁皮屋顶工艺分析图 1

图七 俄罗斯族铁皮屋顶工艺分析图 2

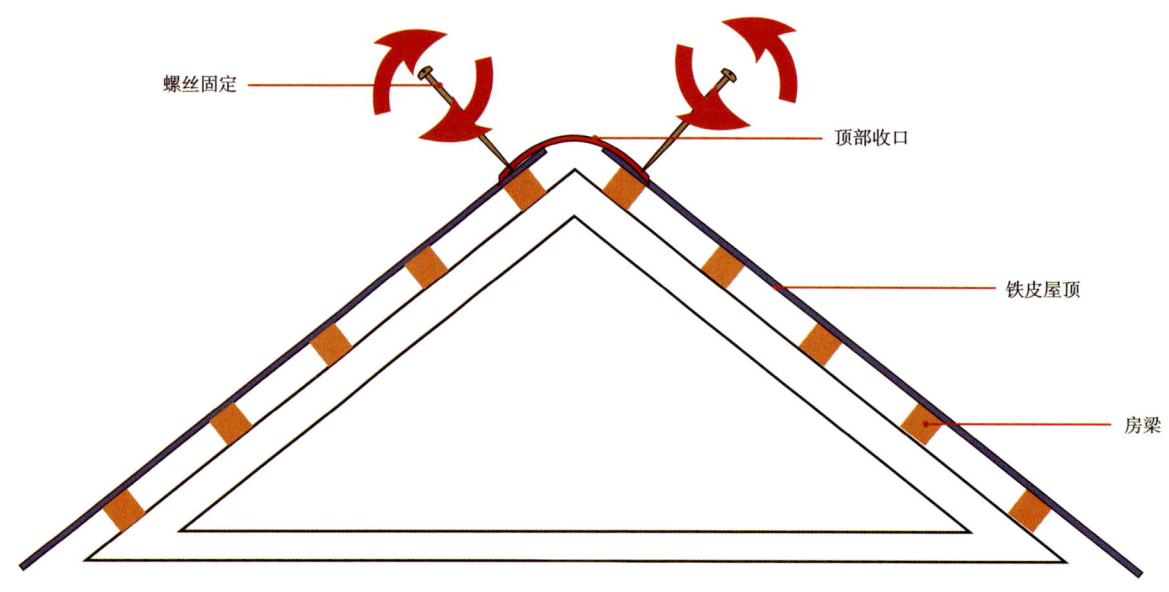

图八 俄罗斯族铁皮屋顶工艺分析图 3

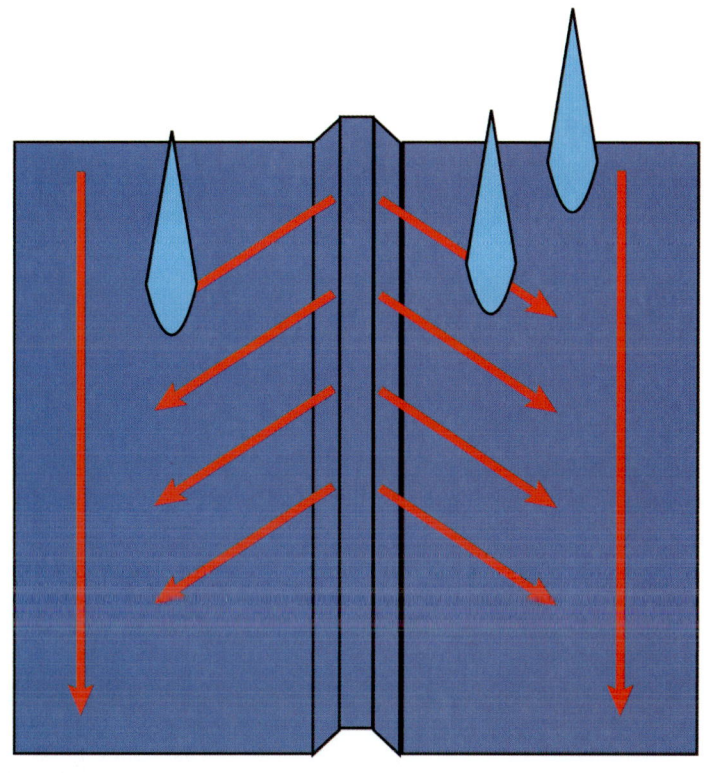

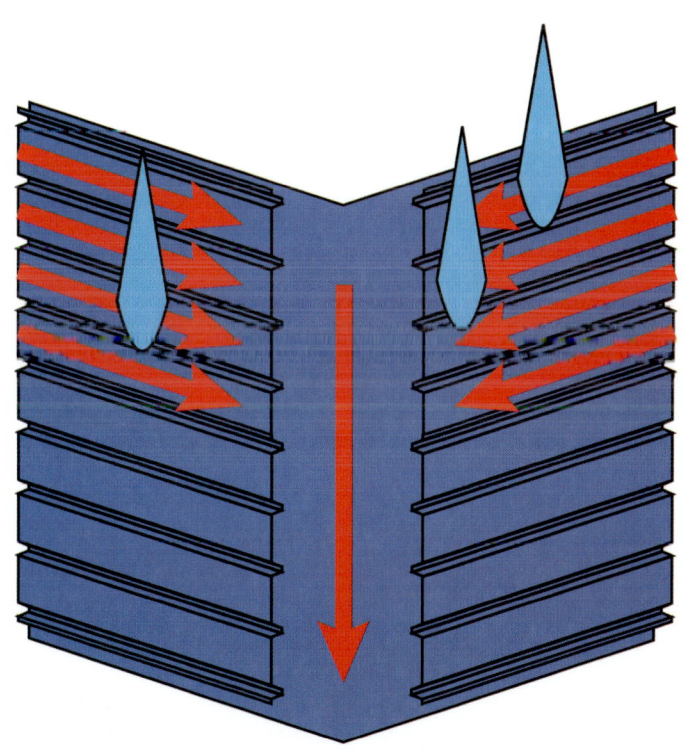

图九　俄罗斯族铁皮屋顶雨水流动示意图

图十　俄罗斯族铁皮屋顶使用情境图

俄罗斯族灶台

图一　俄罗斯族灶台主图

俄罗斯族灶台主要用于取暖和做饭。本案例采集于内蒙古额尔古纳市恩和村。根据厨房大小制作尺寸不同的灶台，通常设计为两眼灶台和三眼灶台。本案例为三眼灶台，长2米，宽0.66米，高0.75米。

灶台主要由烟囱、灶台面、灶门、灶具、

灰膛、火膛等部分组成，其中灶门兼有簸箕的功能，用铁皮制成，具有清扫炉灰、清理垃圾的作用。灶台的主体部分用砖石垒砌而成，耐火保温，上部为铁质台面，导热较快。灰道为铁质网格。灶台墙体用铁皮包裹，便于清洁。建灶台通常有以下几个步骤：首先，用水泥、砖石块做出灶台的主体部分和烟道，预留出火膛、灰膛、灶门、灰膛门、灶口、烟道、储物区等，在灶台面和灶体的连接处及灶口位置要预留出一定的凹槽，在灰道部分也是如此。其次，固定钢筋焊接的网格灰道。再次，安装铁质灶台面，根据不同的灶具选择不同的灶口尺寸。最后，根据需要粉刷成各种颜色，通常粉刷成白、蓝两色，有的则用白铁皮包裹，本案例就是如此。把灶门安好，放置好灶具即可使用。在使用过程中，灶台通常搭配炉钩子使用，炉钩子由钢筋弯曲而成，前端成L形，后部为弯曲的把手。在设计上，灶口有两种尺寸可供选择，可以根据需要做不同的调整。灶口为上大下小的圆形，和灶具的底部正好相反，这样的设计可使灶具放置得更为稳定。三个灶口分为三种火候，一般只在最靠近灶门的灶口烧柴火，通常为猛火，用来炒菜、烧水等。中间的灶口为中火，炖菜、焐菜等通常放在此处。靠近烟囱的灶口为小火或无火保温。灶台的右下角有一块储物区，放置一些备用灶具。整个灶台在通风和排烟上设计科学合理，空气通过灰膛口→灰膛→灰道→火膛进入烟道，灶门的空气通过火膛直接进入烟道，空气流动顺畅。灶膛的烟气可以直接进入烟道，避免了烟气的停留，以致排入室内。

直至今日，俄罗斯族家庭还在使用这种功能的灶台。

图片来源
图一、图十　郭立忠　摄影
图二至图四、图七至图九　孙邦利　制图
图五至图六　郭立忠　摄影　孙邦利　制图

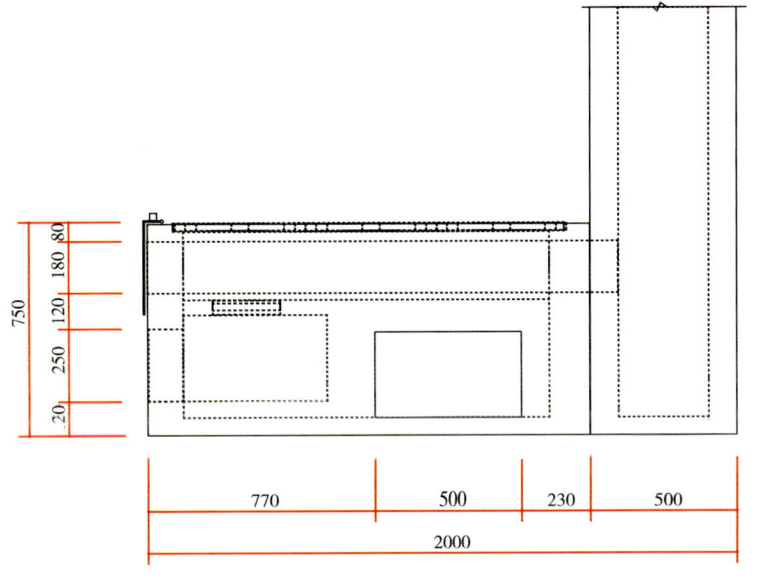
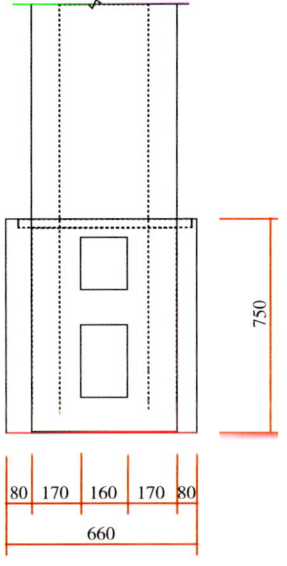
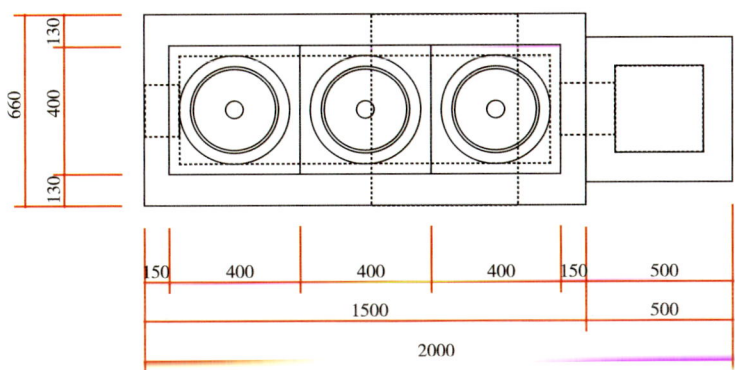

图二　俄罗斯族灶台尺寸图（单位：mm）

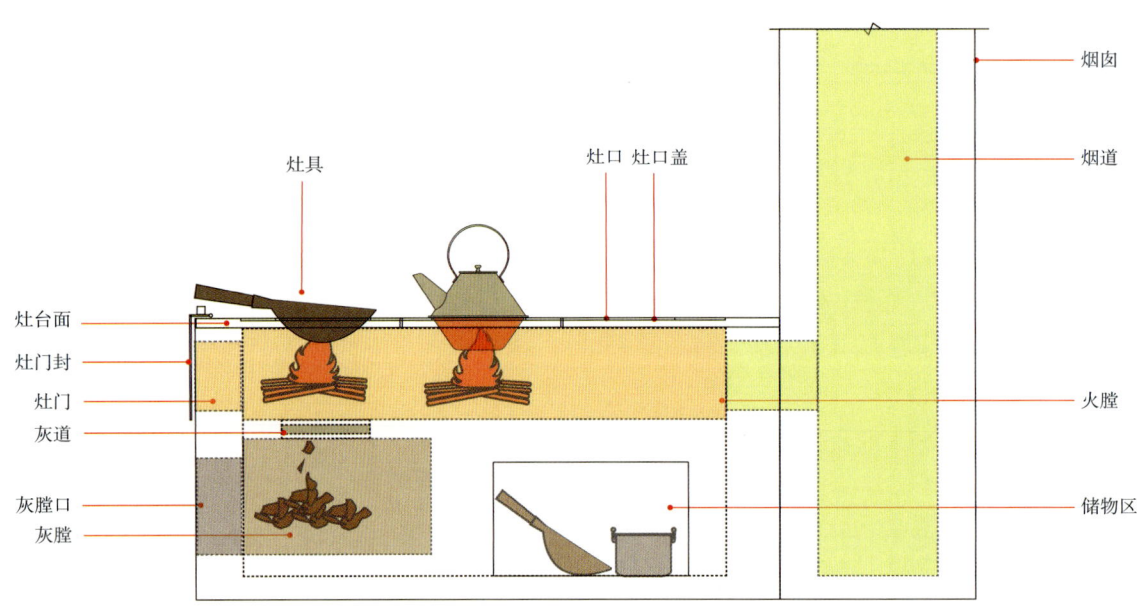

图三　俄罗斯族灶台结构名称图

1.根据设计要求,确定位置和尺寸

2.用水泥、砖块做出灶体部分和烟道,预留出灰膛和储物区。当高度超过灰膛口时,预留出灰道

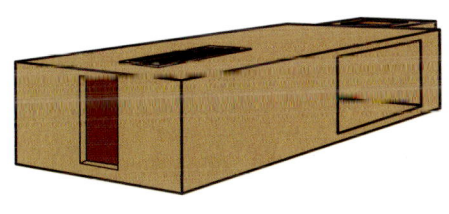
3.安装钢筋焊接的网格灰道

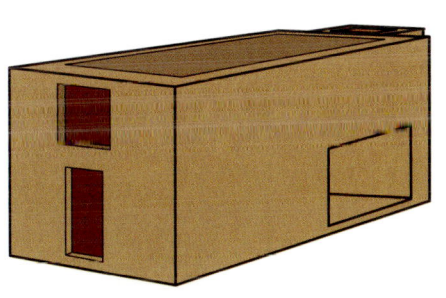
4.预留灶门,留出火膛并与烟道相连

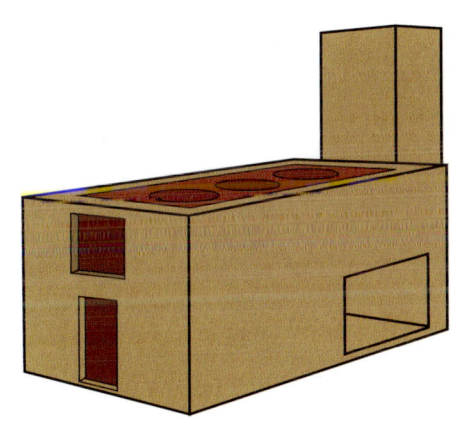
5.安装铁质灶台面,继续修建烟囱

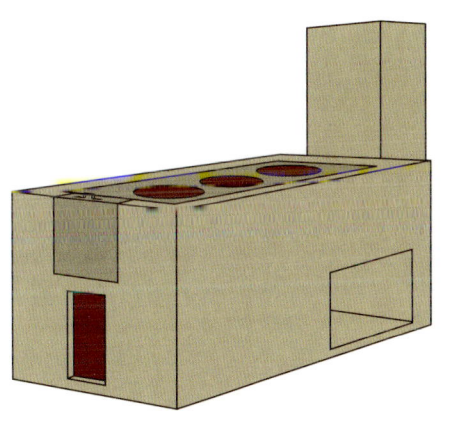
6.包裹白铁皮,加装灶门封等,制作完成

图四 俄罗斯族灶台制作流程图

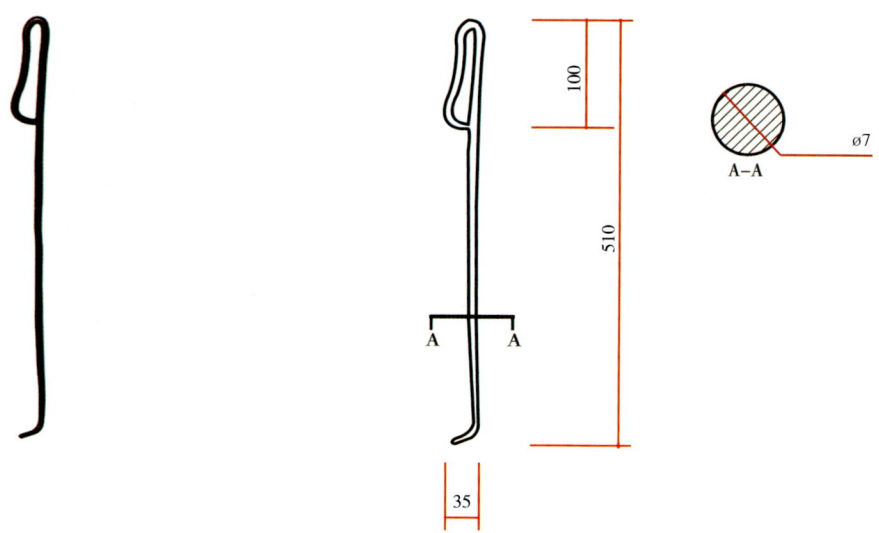

图五　俄罗斯族灶台炉钩子尺寸图（单位：mm）

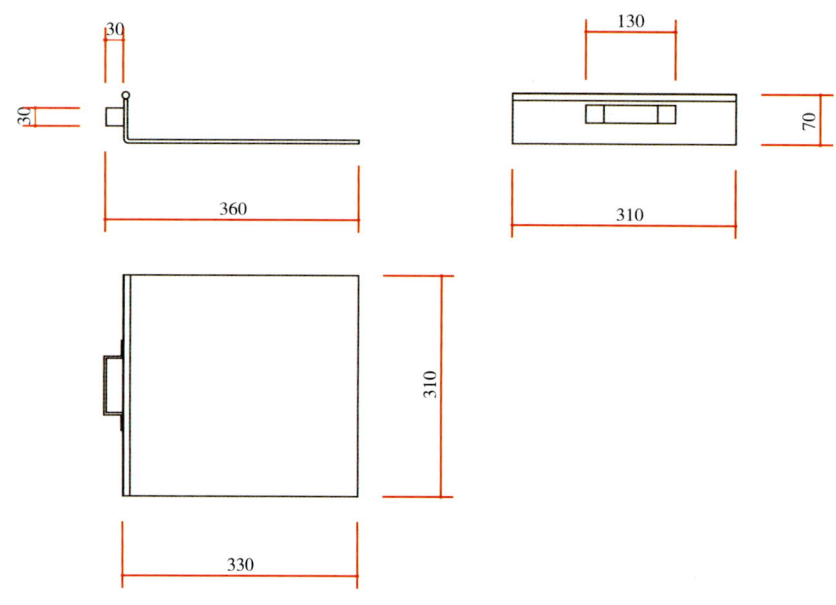

图六　俄罗斯族灶台灶门封尺寸图（单位：mm）

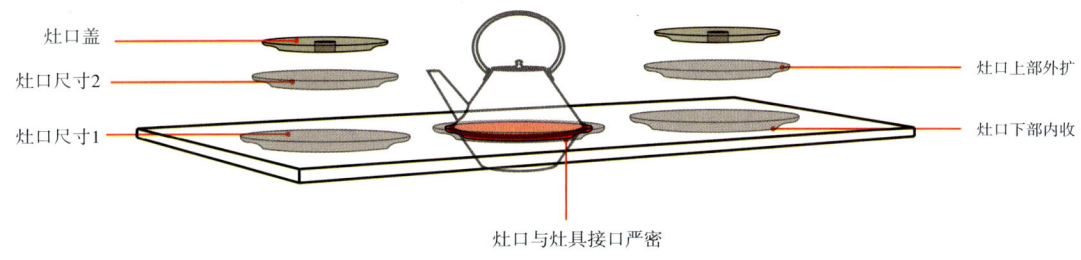

图七 俄罗斯族灶台灶口工艺分析图

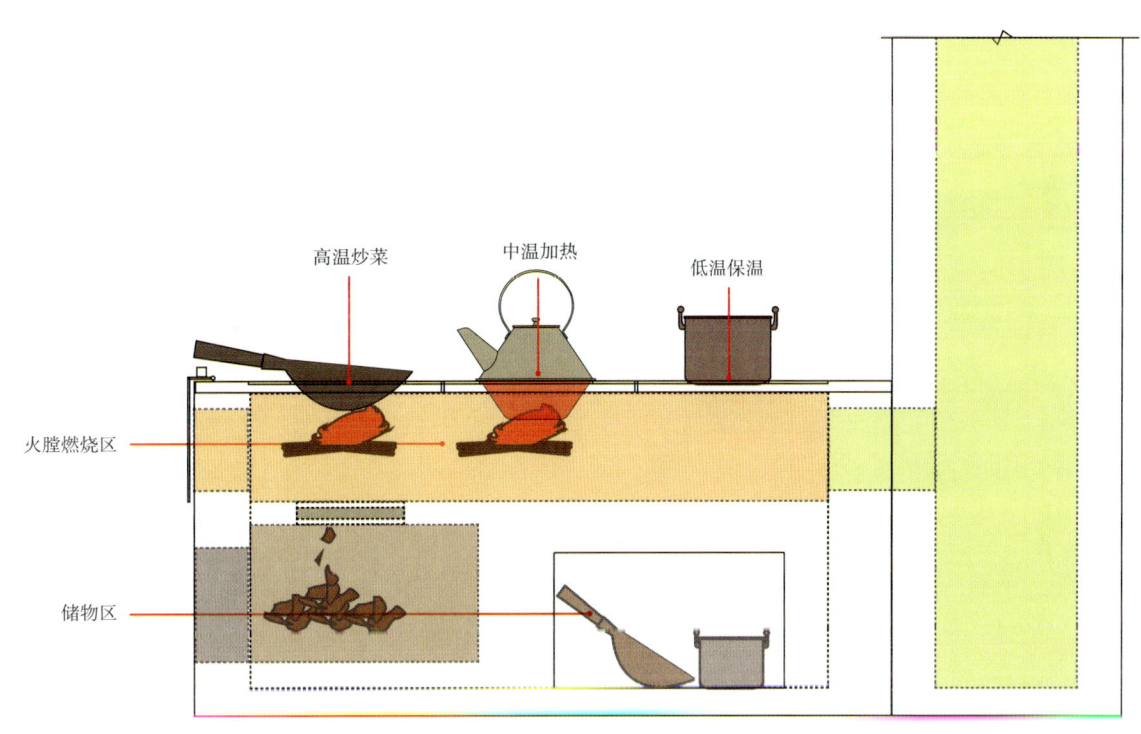

图八 俄罗斯族灶台温度调控示意图

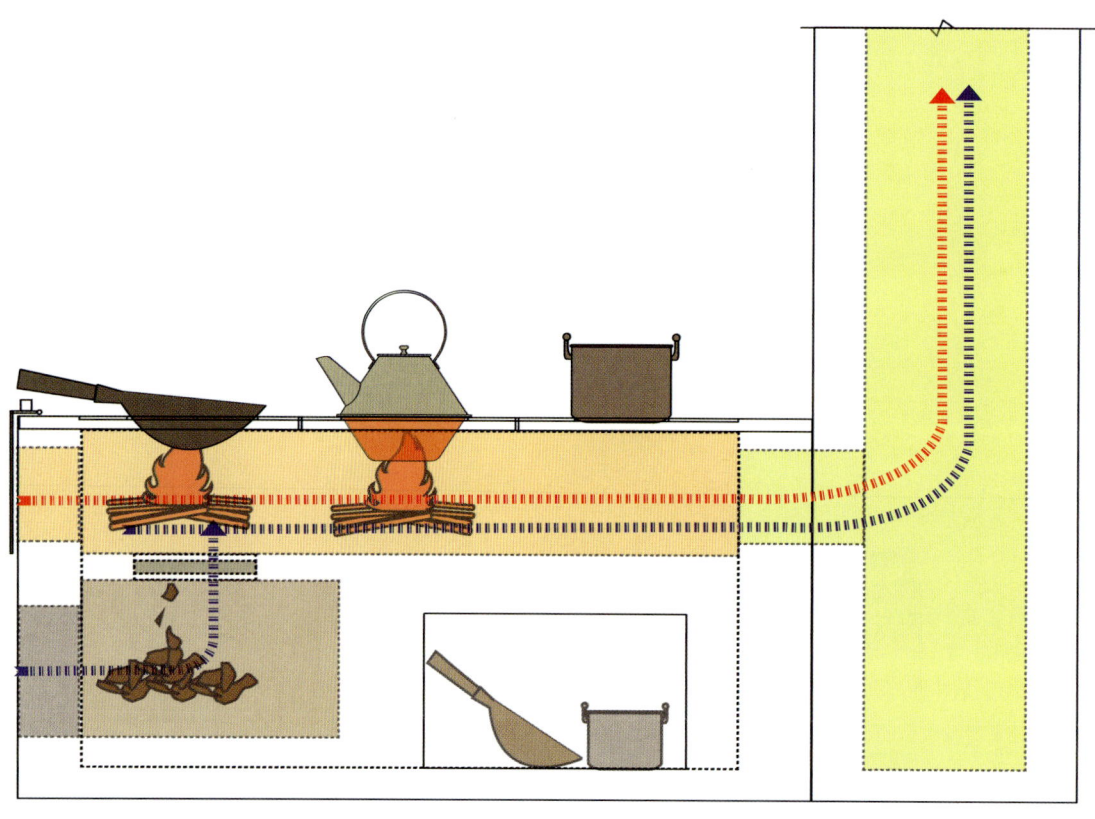

图九 俄罗斯族灶台通风与排烟示意图

1.拿走灶门封,在火膛内生火

2.添加柴火,用炉钩子取走灶口盖

3.放上所用灶具

4.根据需要,蒸炒都可

图十 俄罗斯族灶台操作示意图

俄罗斯族澡堂

图一　俄罗斯族澡堂主图

　　澡堂是俄罗斯族家庭必备的建筑之一。早期的俄罗斯族澡堂一般面积较小、低矮，密封效果较好，室内温度升高较快，保暖性好。由于主要烧木柴，燃烧产生的烟气全部散发在室内，时间较长后，墙体就被烟熏得乌黑，故又名黑澡堂。本案例采集于内蒙古额尔古纳市恩和村，建筑总长4.3米，宽2.8米，高3.1米。

　　俄罗斯族澡堂主要分为更衣区和洗浴区。更衣区主要有衣柜、矮柜等，洗浴区主要由锅炉、水缸、木盆等组成。两个区域由火墙分割而成，这样可为两个区域都供暖。洗浴区的设计比较有特点，在靠近火墙的一侧放置一个锅炉，锅炉由铁皮炉子和大铁锅组成。铁皮炉子高0.68米，直径0.58米，由炉体、灰膛、灰道和火膛组成，炉体的中间为火膛，是添加柴火的地方，有火膛门，下部为灰膛，承接上部柴火燃烧后的灰烬。炉子的上部放置一口大铁锅，外部直径65厘米，内部直径59厘米，高22厘米，用于烧热水。铁皮炉子的两侧有钢筋焊接的网状钢架，主要用于放置石块。钢架上的石块会被火膛内的烈火烧得滚烫，再浇上凉水，热气腾腾，澡堂的室内温度也会快速提升。木盆和木勺也是澡堂里不可缺少的两样用具，木盆上部直径60厘米，底部直径52厘米，高54厘米，主要用来盛放热水，将大铁锅内的热水晾到可以洗浴的温度；木勺长38厘米，宽14厘米，厚8厘米，主要用来添加热水和凉水。炉子的后部，靠近火墙的位置留有连接火墙的通道，在加热的过程中，热空气会顺着通道进入火墙，使整个墙体温度升高，进而提高整个澡堂的温度。由于炉子上部的大铁锅是洗澡过程中的热水来源，也是提高室内温度的方式之一，水蒸气的产生使澡堂的温度快速升高，再加上炉子两侧滚烫的石头，即使在寒冷的冬季，洗澡也不会感觉寒冷。在澡堂中还有供人休息的木质板架，人们可以坐在上面，也可躺在上面。俄罗斯族人在洗浴过程中通常还会用当地盛产的白桦树枝条轻轻抽打全身，直到全身皮肤变成红色，然后在身上打上香皂，再用温水冲洗干净。

俄罗斯族澡堂用木柴燃烧提供热量、大铁锅盛水、石块加热、通道连接火墙等，很好地解决了洗浴过程中的热水、温度等问题，节约环保，至今俄罗斯族家庭中还在大量使用。

图片来源
图一　郭立忠　摄影
图二至图三、图五至图八　郭立忠　制图
图四　郭立忠　摄影、制图

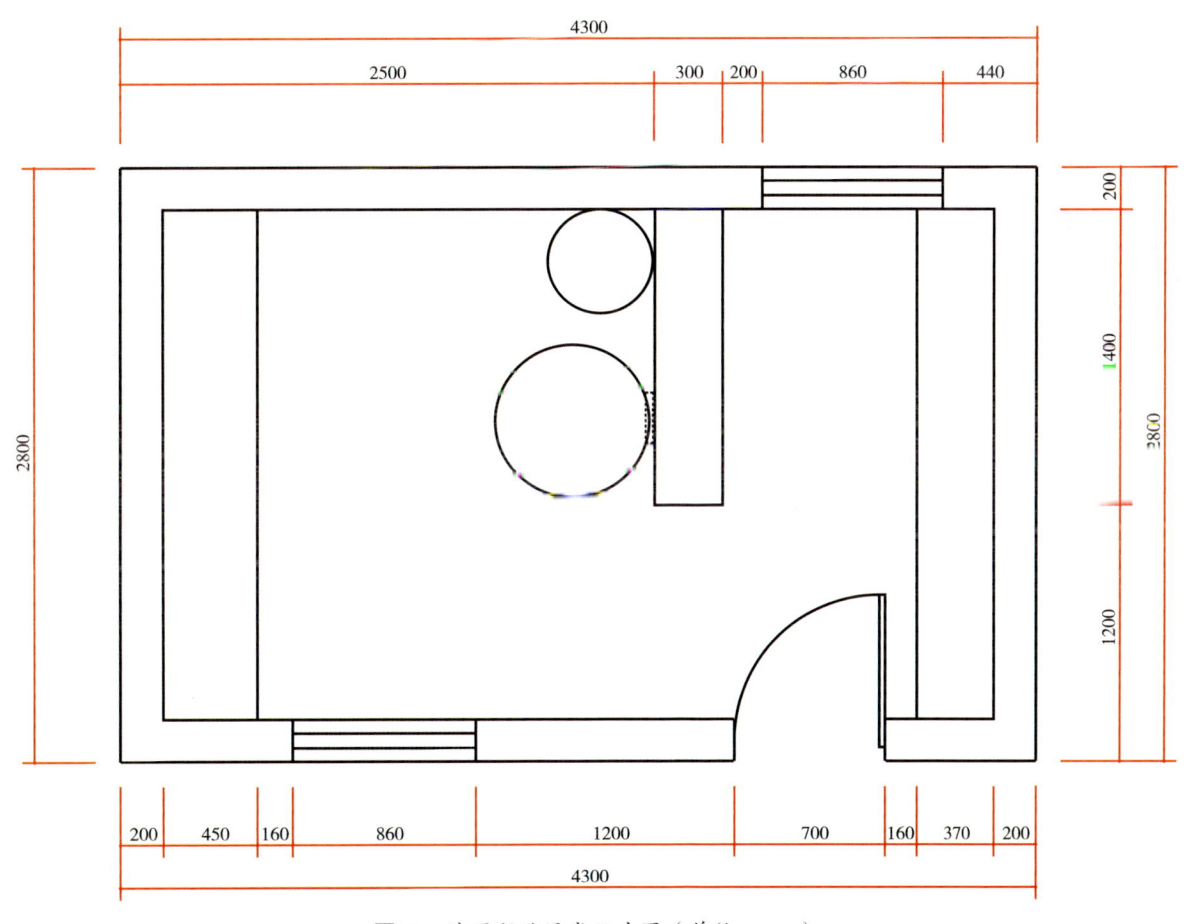

图二　俄罗斯族澡堂尺寸图（单位：mm）

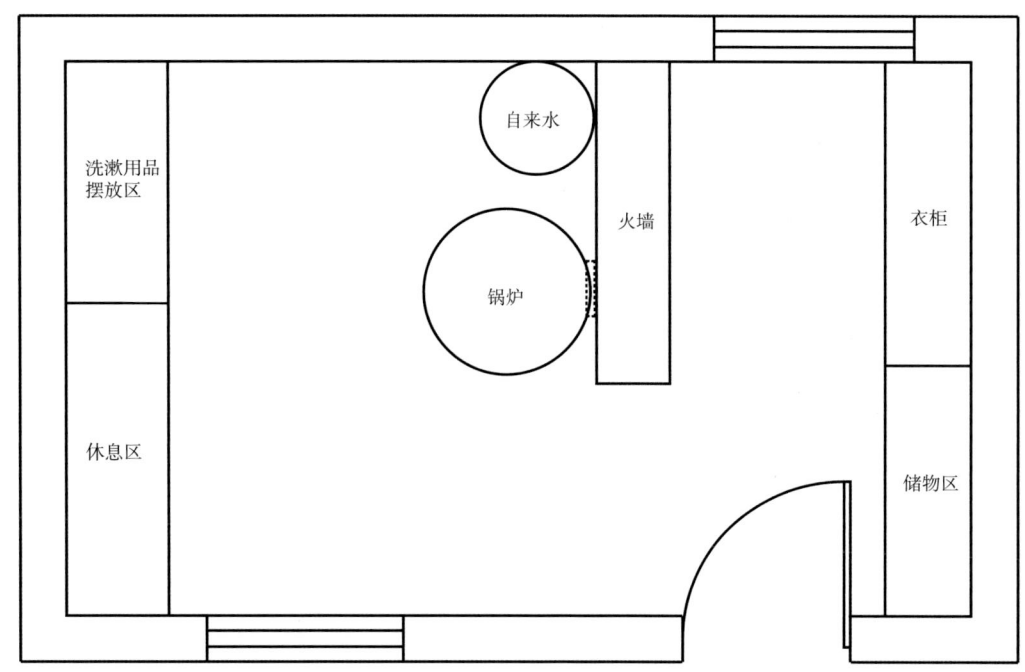

图三　俄罗斯族澡堂结构名称图

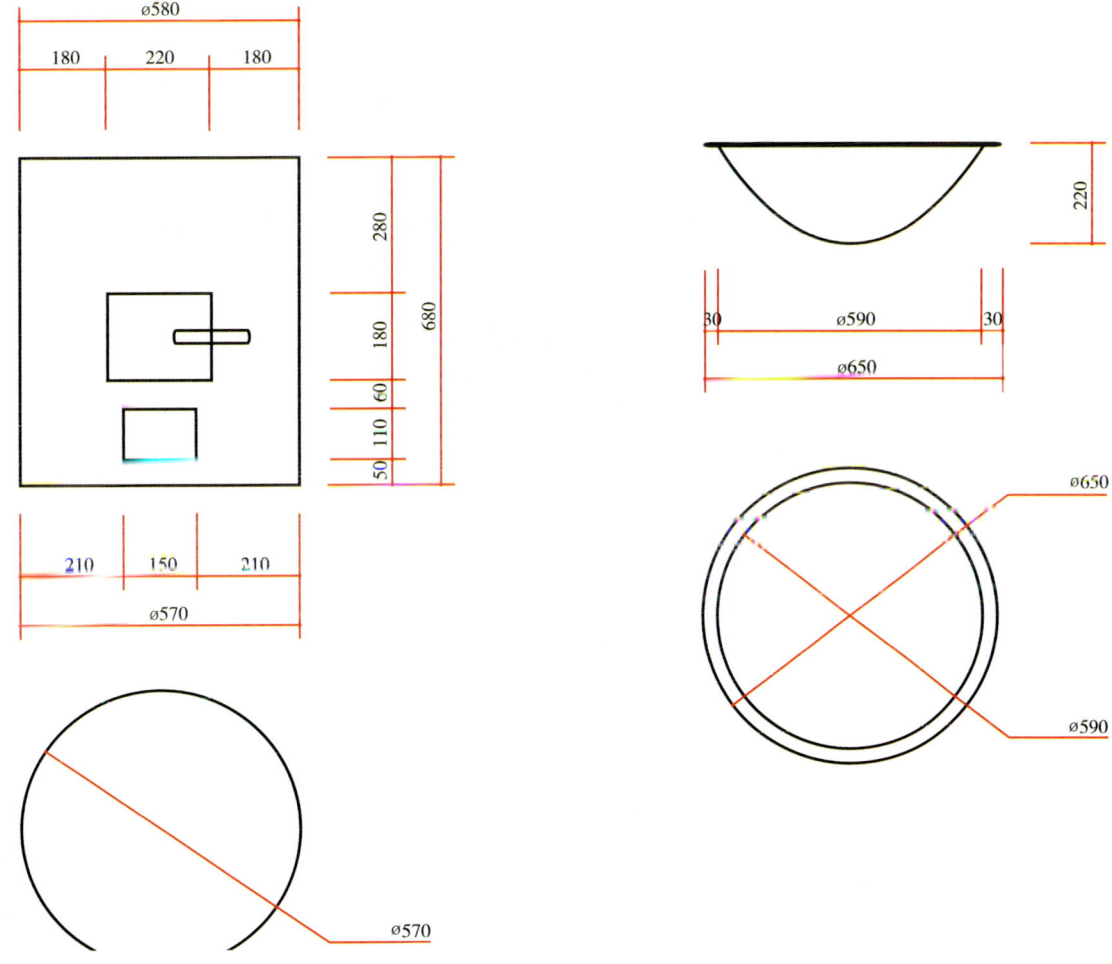

图四 俄罗斯族澡堂锅炉尺寸图（单位：mm）

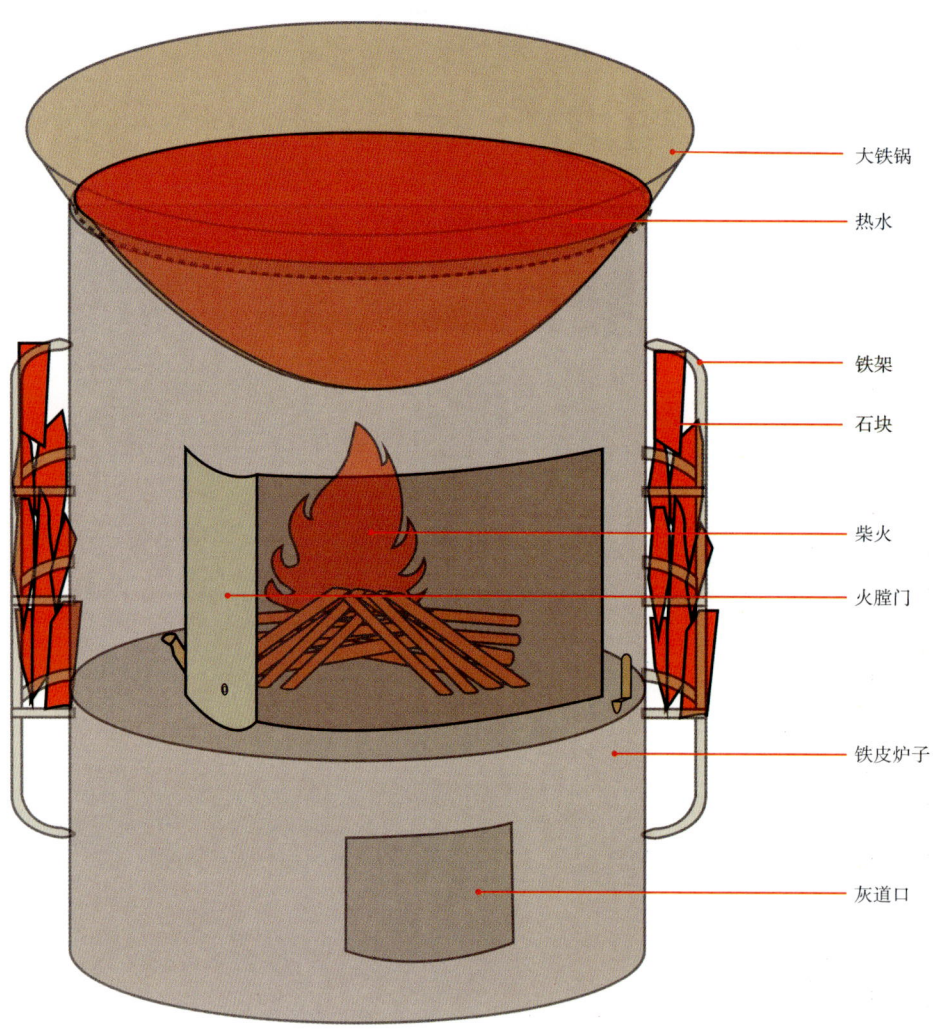

图五 俄罗斯族澡堂锅炉结构名称图

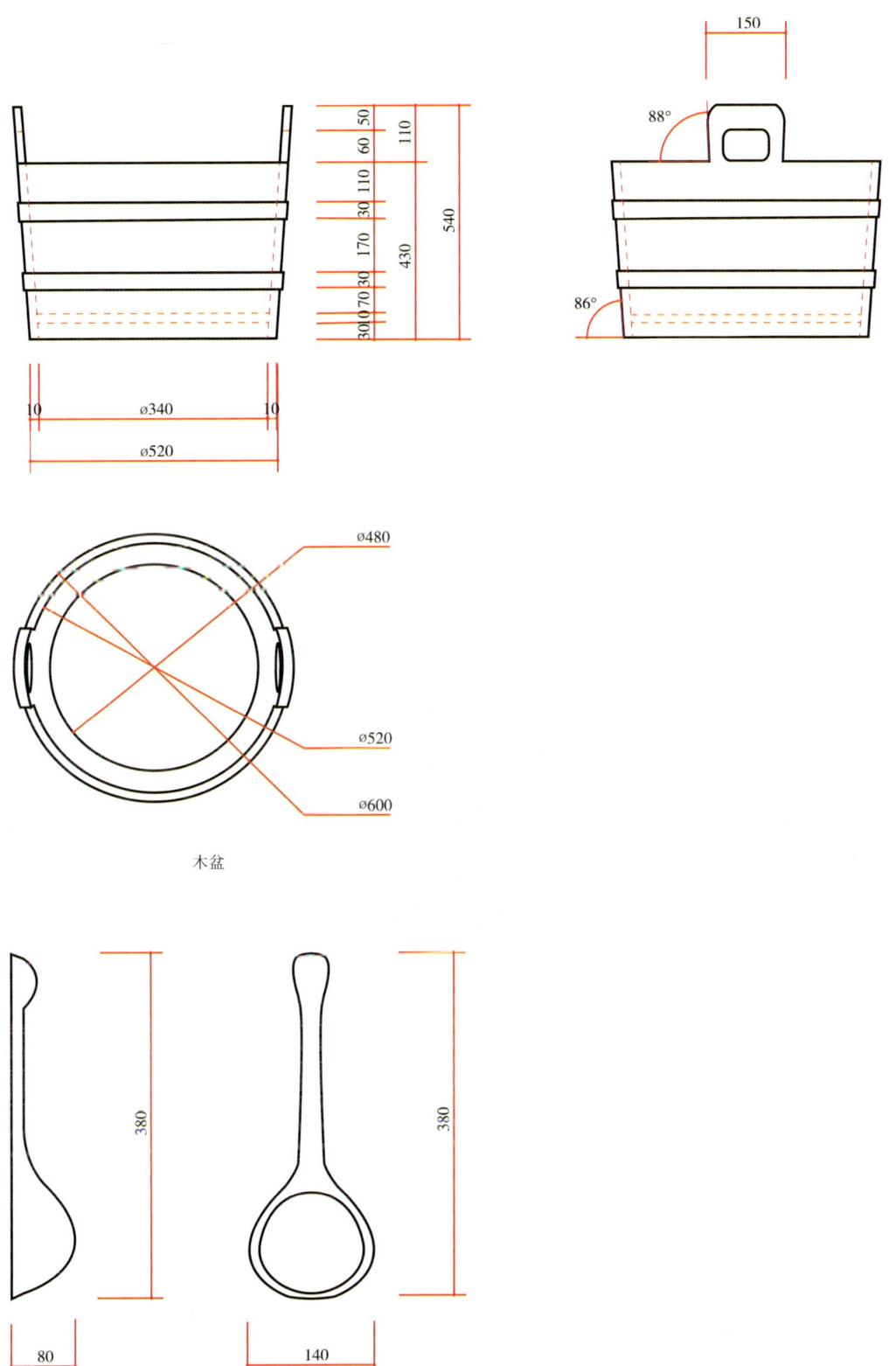

图六 俄罗斯族澡堂木盆、木勺尺寸图（单位：mm）

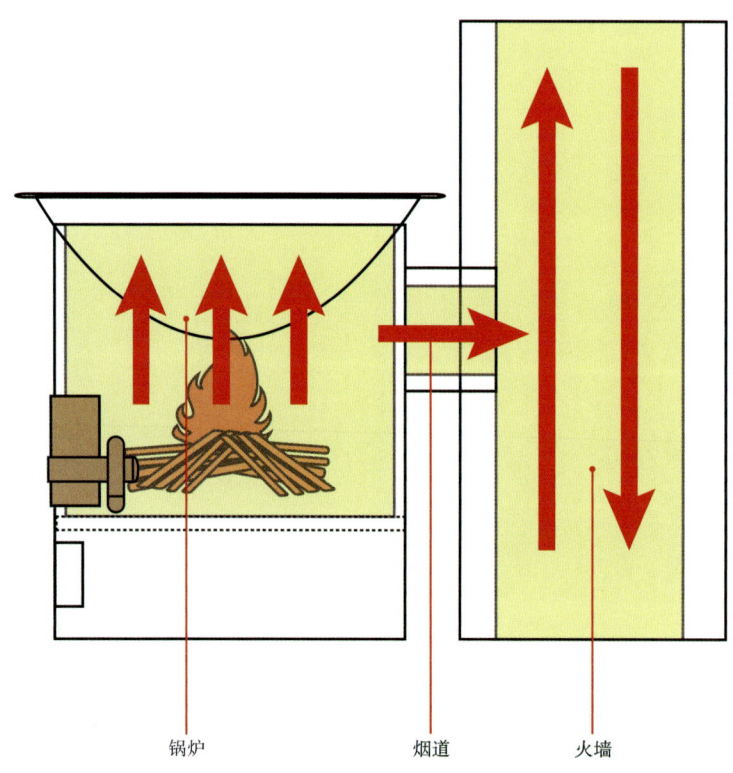

图七　俄罗斯族澡堂锅炉与火墙结构名称图

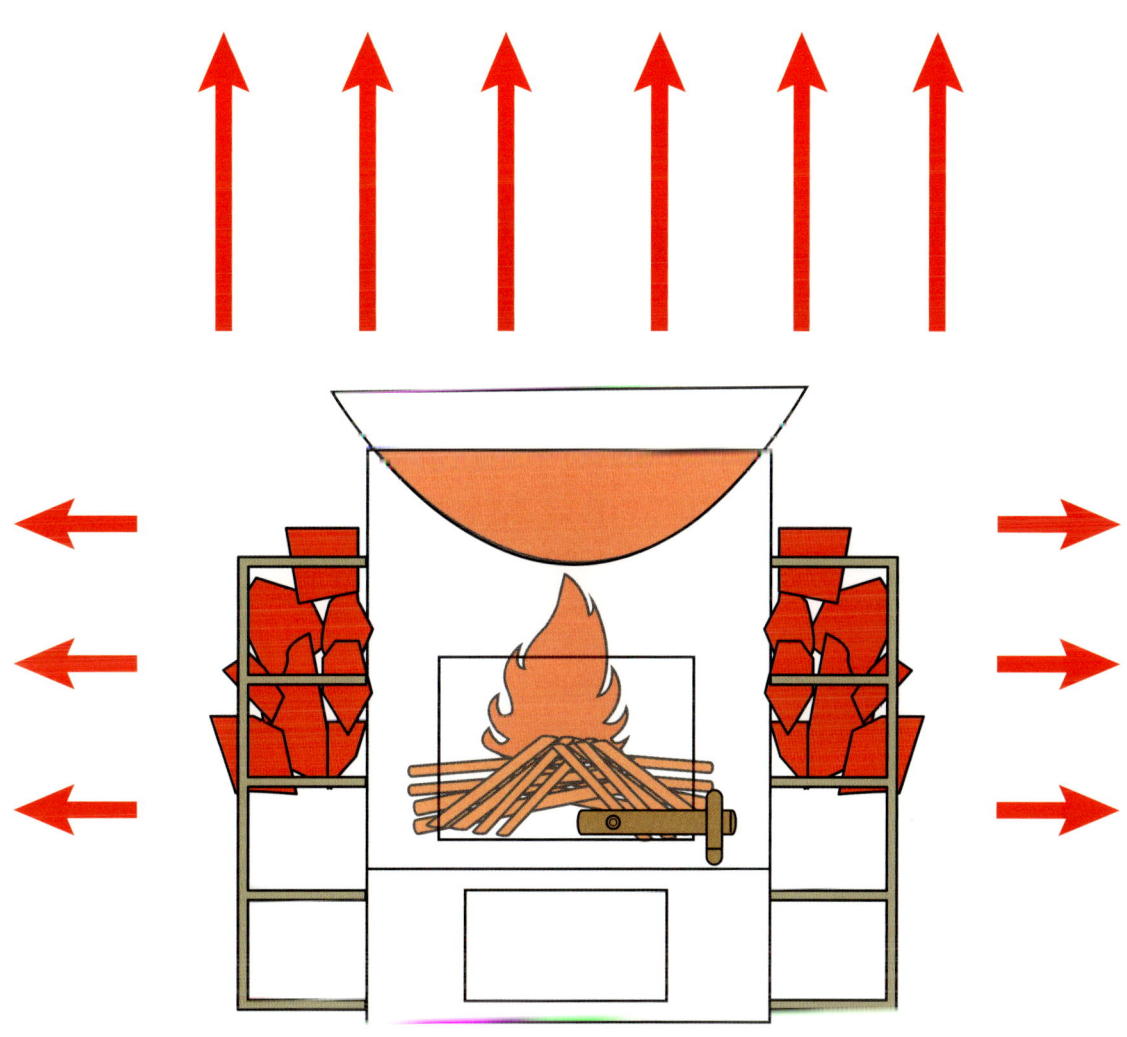

图八　俄罗斯族澡堂蒸汽流动示意图

俄罗斯族壁炉

图一　俄罗斯族壁炉主图

壁炉，顾名思义，就是镶嵌在墙壁上的炉子，是俄罗斯族家庭必备设施之一。本案例采集于内蒙古额尔古纳市俄罗斯族民俗博物馆，建于近代，高 1.1 米，宽 1.4 米，厚 0.49 米，壁炉门高 0.75 米，宽 0.6 米。整体呈长方体，中间留有圆弧状拱门。

壁炉主要由壁炉台、壁炉身、壁炉门、烟道等组成，所用材料比较简单。壁炉身主要由石头、砖头和水泥修建而成，壁炉台为木板。壁炉的制作过程主要有以下几个步骤：准备石头、砖头、水泥等原材料，然后根据室内空间的需要，确定壁炉的底部尺寸，用水泥、石头等慢慢往上垒加，垒加到 10 厘米左右时，预留出壁炉门的位置。接下来，制作壁炉门上部的半圆形框架支撑，将支撑部件嵌入预留的壁炉门内，在框架支撑的基础上继续往上砌，当砌到所需要的高度时，找平顶部。放置壁炉台板，放置一天，等水泥、石块完全凝固后，取走框架支撑，粉刷装饰完成。炉膛的造型和壁炉门的造型是一样的，但是使用材料不一样，壁炉门用的是石头和水泥，而炉膛用的是砖头，炉膛顶部的弧度通过砖头的自身结构，两两相连，产生张力，将其支撑起来。还有几样搭配壁炉使用的工具，均为铜质。其一为门挡，半圆形，可以收缩，高0.7米，展开状态宽0.98米，挡在壁炉门前，防止火源外泄引起火灾。其二是铲子，锹状，高74厘米，铲头宽18厘米，用于铲炭灰。其三是叉子，高70厘米，叉头宽6厘米，用于拨弄柴火。其四是钳子，上部为鸭头状，底部为双手合围状，高70厘米，钳子头宽6厘米，用于添加柴火。其五为放置架，高83厘米，托盘宽32厘米，用于放置铲子、叉子、钳子。使用壁炉时，首先清理掉壁炉内部的杂物，其次放入木柴并添加助燃品，点燃木材，热空气上升，墙体和壁炉会慢慢变热，通过壁炉门向外慢慢扩散，逐渐提高室内温度。

壁炉作为欧式建筑风格的代表之一，在建筑史上具有重要的地位，在俄罗斯族人室内装修中被大量采用。

图片来源
图一、图十　郭立忠　摄影
图二　刘毅　制图
图三至图五、图八至图九　郭立忠　制图
图六至图七（续）　郭立忠　摄影　刘毅　制图
图十一　郭立忠　摄影、制图

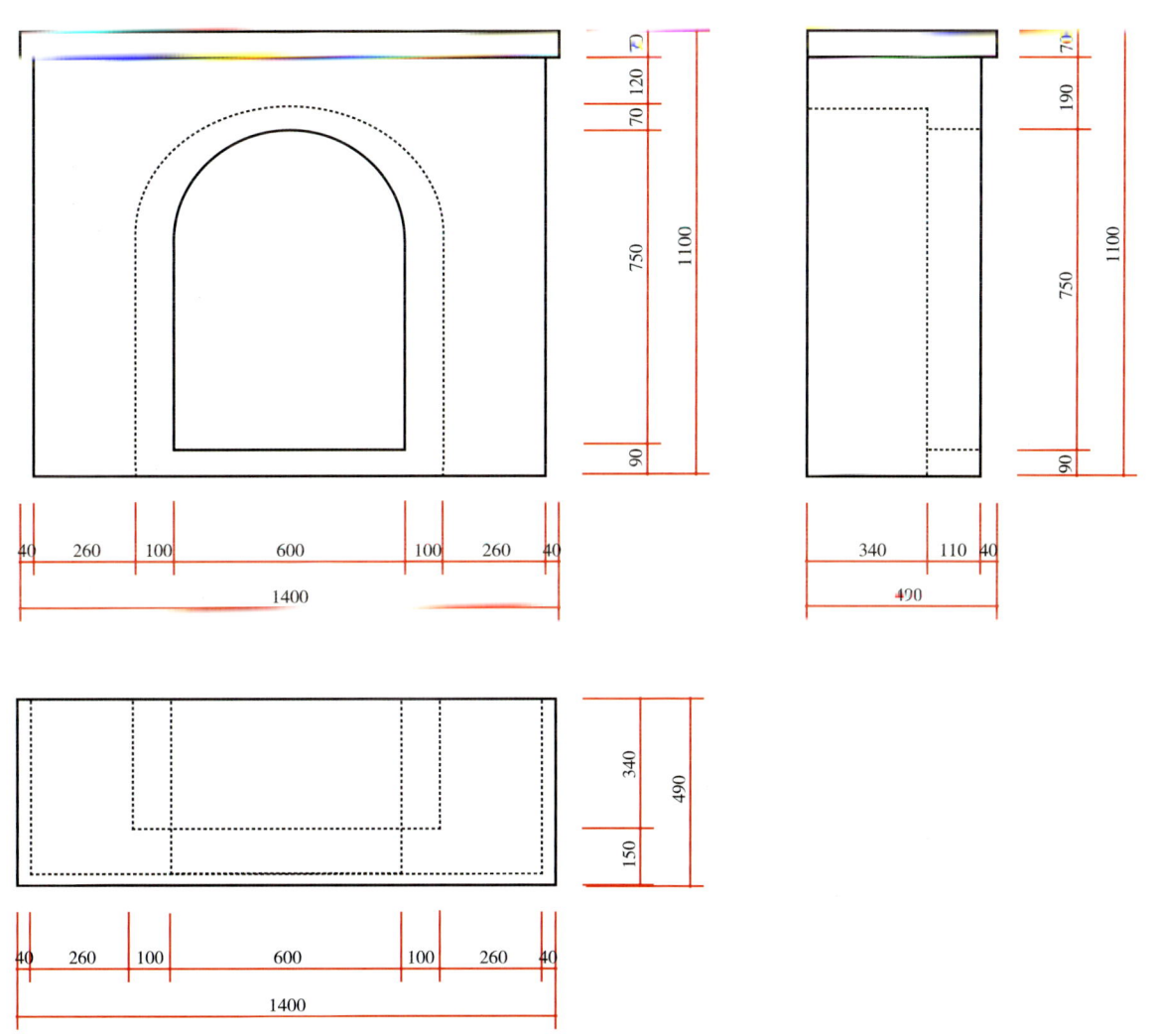

图二　俄罗斯族壁炉尺寸图（单位：mm）

图三 俄罗斯族壁炉结构名称图

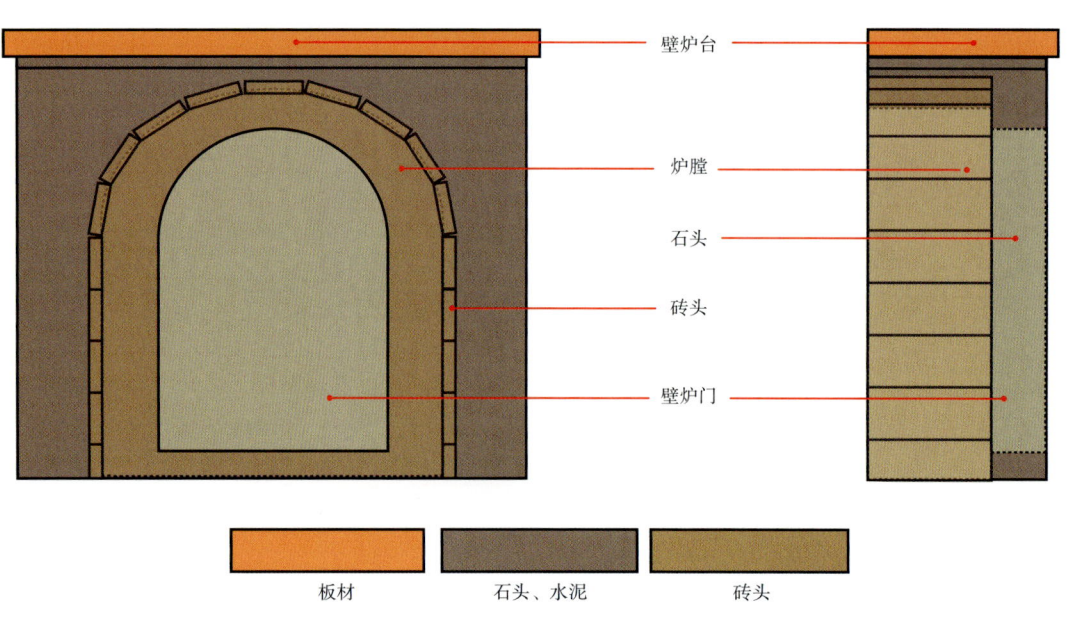

图四 俄罗斯族壁炉材料分析图

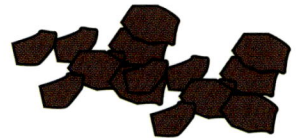

1.原材料，石头、水泥等

2.根据需要确定壁炉的底部尺寸，用水泥、石头等材料垒加，预留出壁炉门

3.制作壁炉门上部的半圆形框架支撑

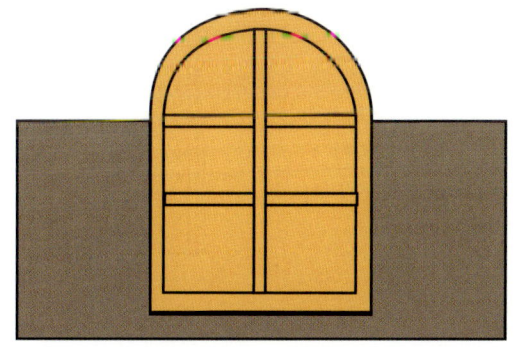

4.将支撑部件嵌入预留的壁炉门内

5.在框架支撑的基础上继续往上砌，砌到所需高度后，找平顶部

6.放置壁炉台板，等水泥、石头完全凝固

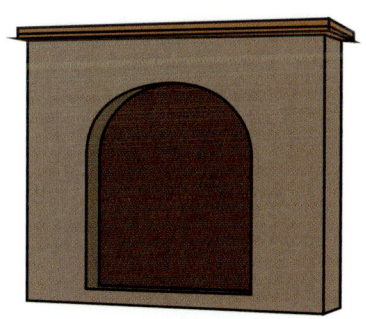

7.取下框架支撑，装饰完成

图五 俄罗斯族壁炉制作流程图

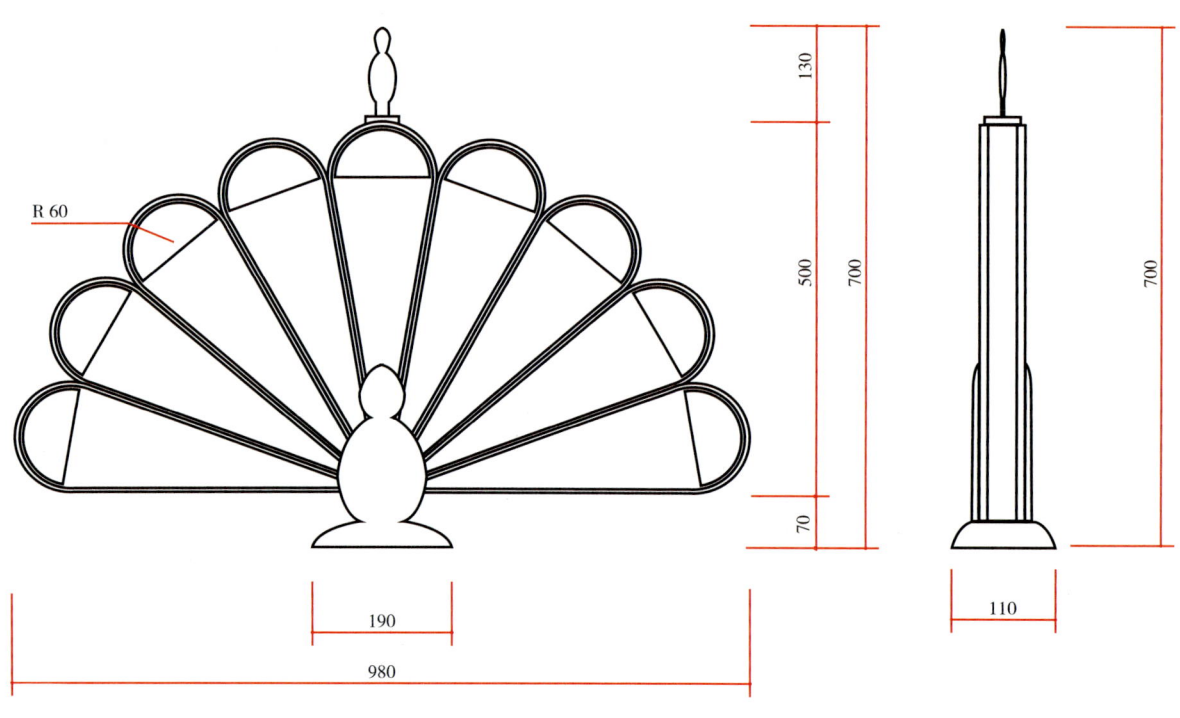

图六 俄罗斯族壁炉门挡尺寸图（单位：mm）

052

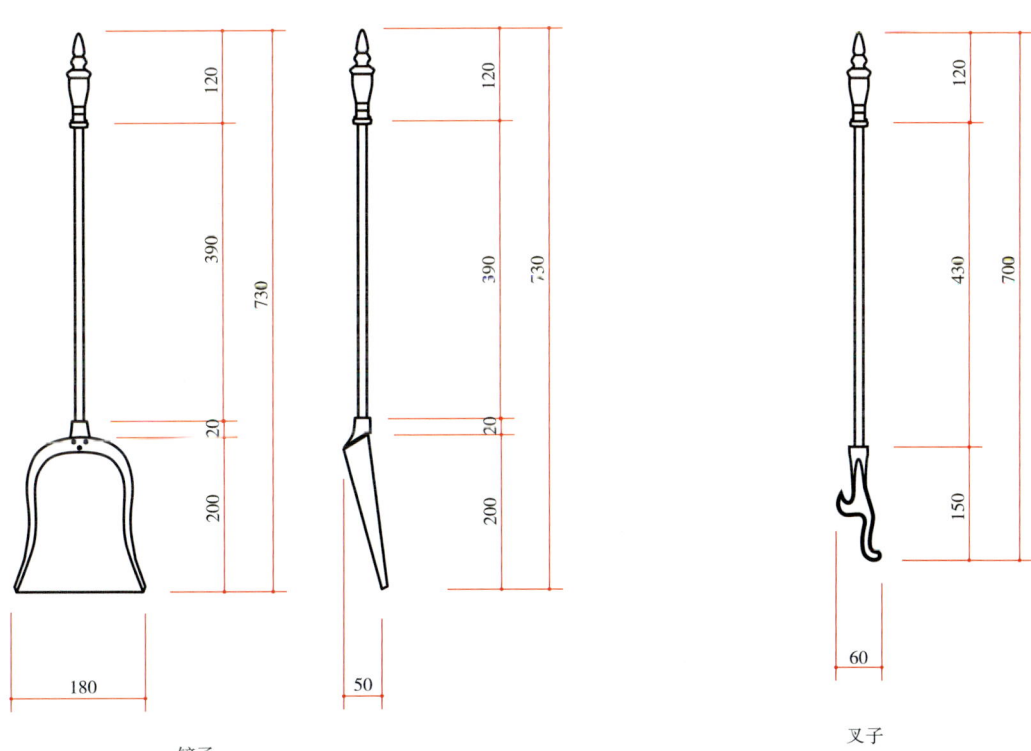

图七　俄罗斯族壁炉铲子、叉子、钳子、放置架尺寸图（单位：mm）

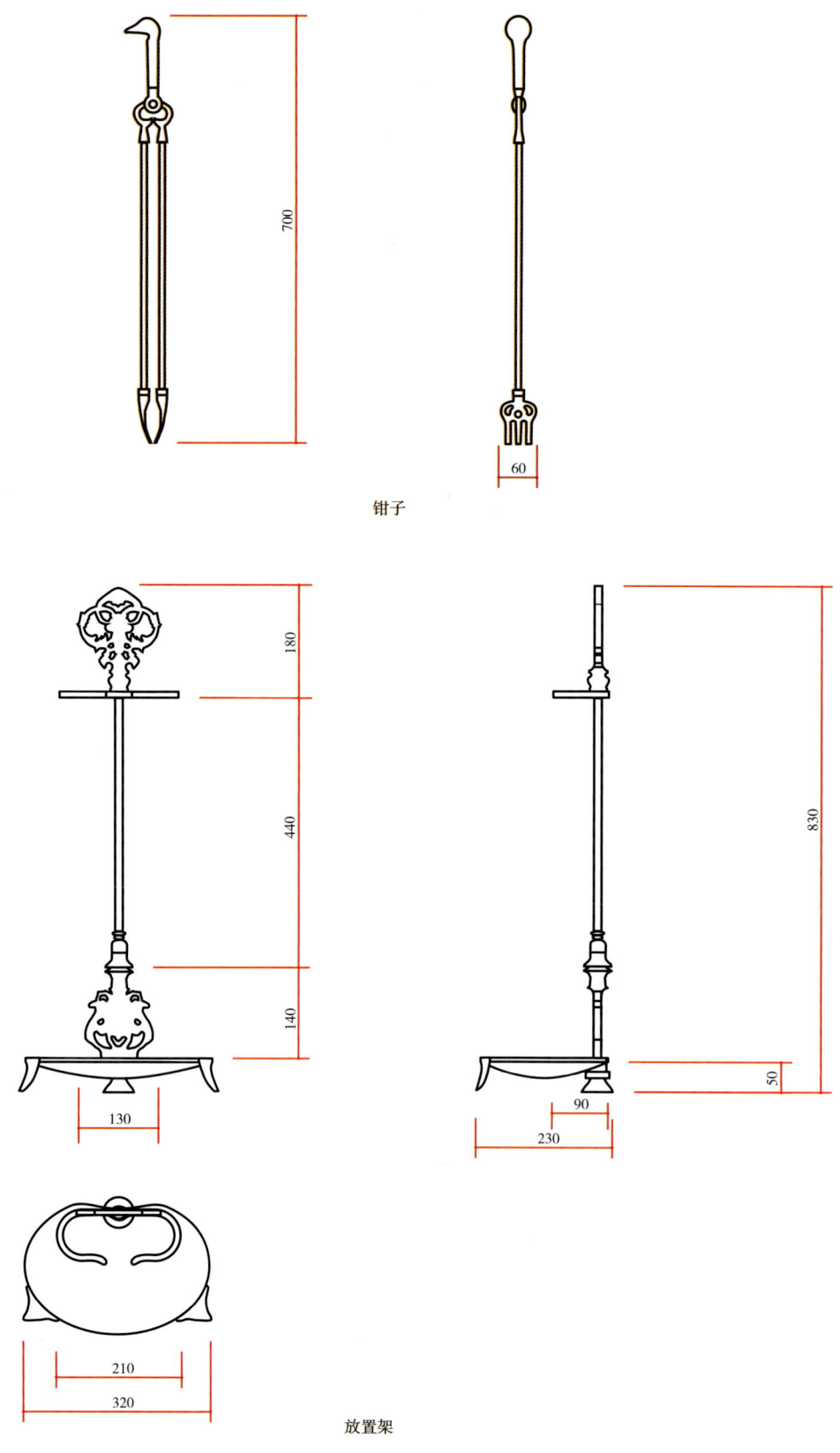

图七（续） 俄罗斯族壁炉铲子、叉子、钳子、放置架尺寸图（单位：mm）

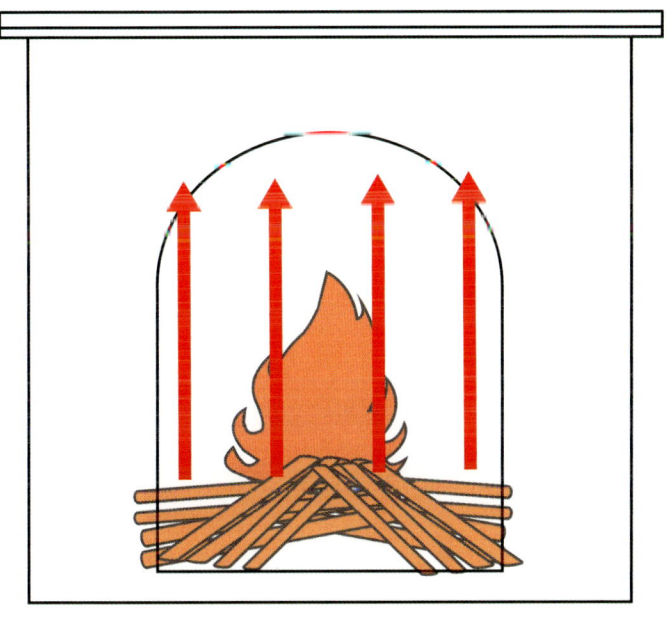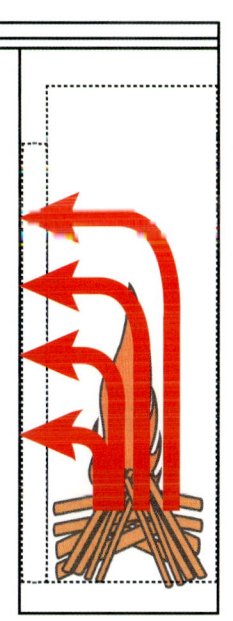

图八 俄罗斯族壁炉空气流动示意图

1. 清理壁炉内部杂物

2. 放入柴火，并添加助燃品

3. 点燃柴火

4. 放置门挡，注意用火安全

图九　俄罗斯族壁炉操作示意图

图十　俄罗斯族壁炉使用情境图

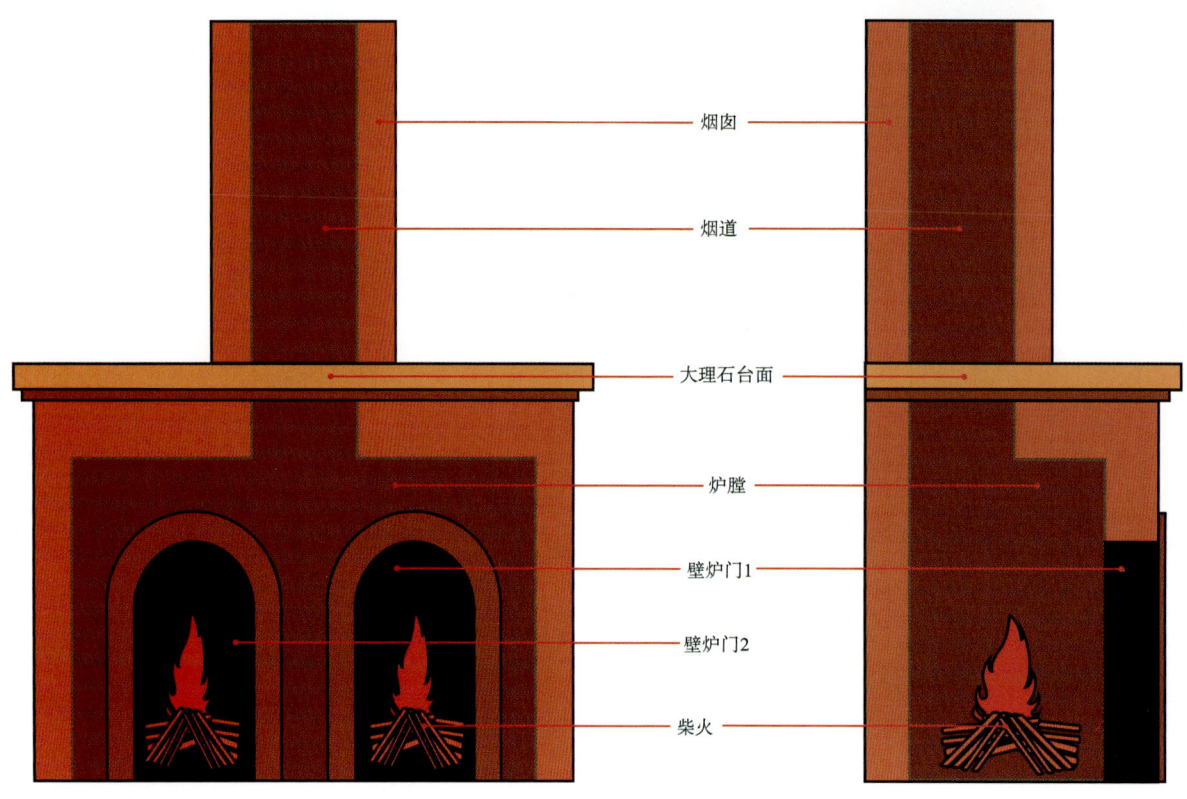

图十一　俄罗斯族壁炉延展分析图

第二章 俄罗斯族传统服饰

俄罗斯族双耳翻毛大皮帽

图一　俄罗斯族双耳翻毛大皮帽主图

双耳翻毛大皮帽是俄罗斯族人在冬季戴的皮帽子，由于有两个保护耳朵的耳焐，故得名。由于俄罗斯族所居住的地带多为较寒冷的北方，冬季寒冷而漫长，智慧的俄罗斯族人就用各种动物的毛皮制作保暖性强的帽子来抵御寒冷。本案例采集于内蒙古额尔古纳市恩和村，属近代物品，所用材料为獾子皮。双耳翻毛大皮帽整体呈桶状，帽檐上翻与帽顶连接，耳焐自然下垂。两耳焐连接处为弧状，耳焐低端有两拴系的系带。双耳翻毛大皮帽高28厘米，宽18厘米，帽檐高12厘米。

双耳翻毛大皮帽主要由帽顶、帽檐、耳焐、系带几部分组成。所用材料多为水獭皮、兔皮等。俄罗斯族人在长期的生活实践中，发现这些动物皮质柔软，保暖性强，剪裁方便，遂被大量使用，随着设计的不断完善，最终被定型。双耳翻毛大皮帽根据气候的寒冷程度不同而做不同的变化。当气温较高时可以把耳焐上翻，用系带系住，使耳朵和颈脖暴露在外。当天气寒冷时放下耳焐，可以保护耳朵和后颈部。当最冷时可以系上系带，只露出脸部，最大限度地减少皮肤与外界的接触。双耳翻毛大皮帽在开片过程中，左右完全对称，主要有帽顶左右两片、帽顶左右两侧前后片、皮帽左右耳焐、皮帽左右透气孔盖、皮帽左右系带加固片、护脖。在耳焐位置设计了透气孔和透气孔盖。透气孔的设计，是为了在温度过高时散热，当寒冷时盖住透气孔盖，按上暗扣，提高其保温性。系带和耳焐的连接，采用皮子加固的办法，通过将系带埋在皮子里面，采用多道线与皮子相结合的办法，把系带与耳焐连接成一个整体，结实坚固。双耳翻毛大皮帽采用针线内置的方法，运用皮毛自身的长度将针线掩盖，帽顶是由两张长皮缝制而成，帽檐是将帽顶的延伸弯曲后固定在帽顶而成。

双耳翻毛大皮帽设计科学合理，符合人机工程学，佩戴舒适，是居住在北方的俄罗斯族人必备的御寒饰物。

图片来源
图一、图九　郭立忠　摄影
图二至图四、图七至图八、图十　郭立忠　制图
图五至图六　郭立忠　摄影、制图

图二　俄罗斯族双耳翻毛大皮帽尺寸图（单位：cm）

图三 俄罗斯族双耳翻毛大皮帽结构名称图

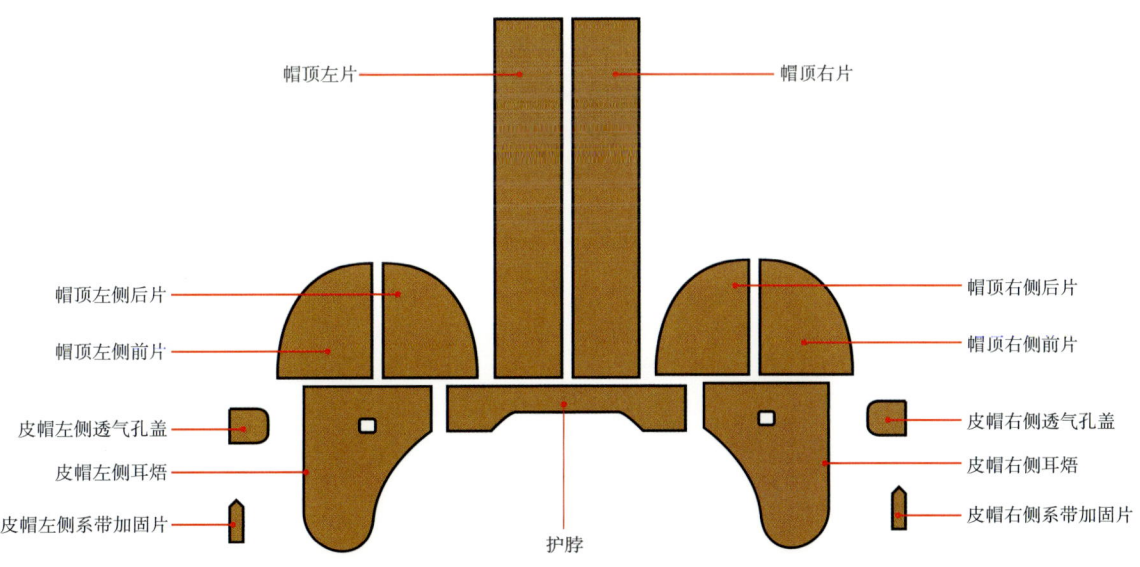

图四 俄罗斯族双耳翻毛大皮帽开片图

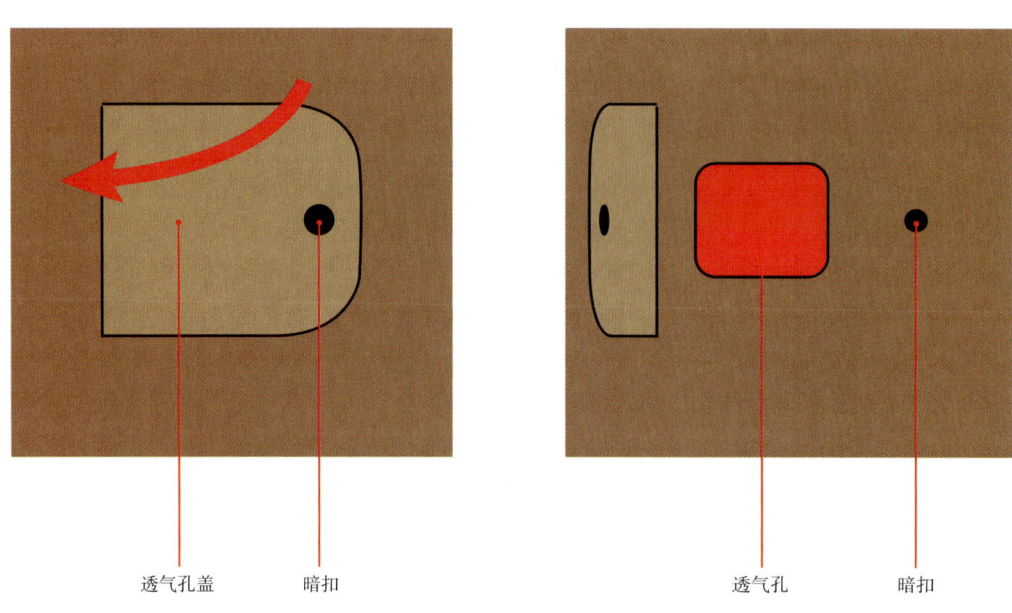

透气孔盖　暗扣　　　　　　　透气孔　暗扣

图五　俄罗斯族双耳翻毛大皮帽透气孔结构名称图

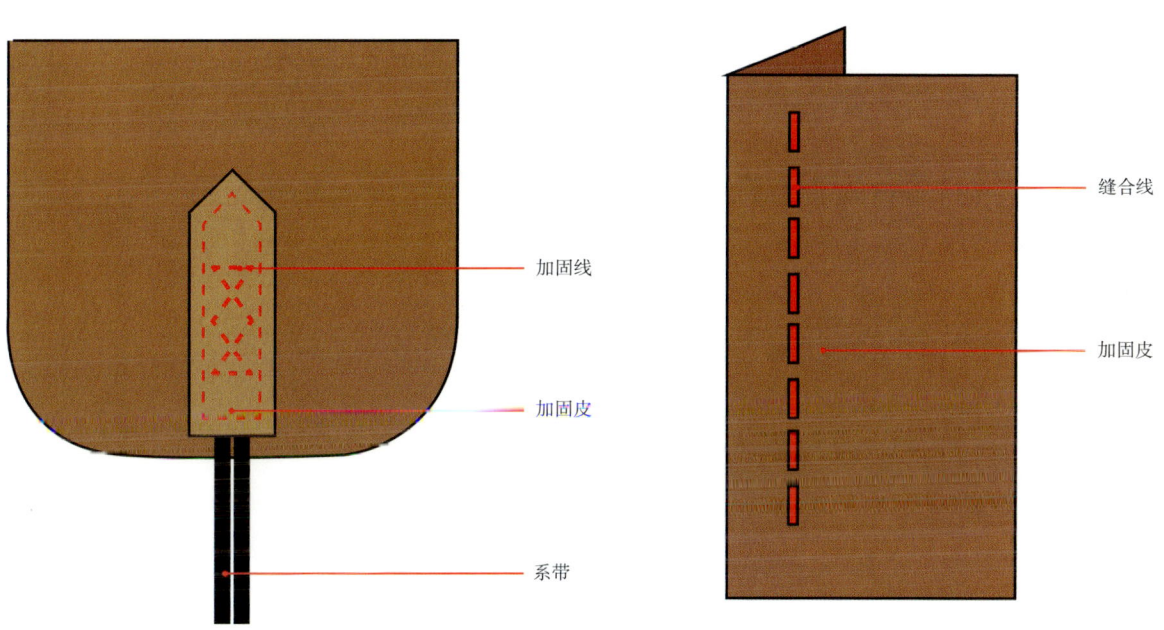

图六　俄罗斯族双耳翻毛大皮帽系带结构名称图

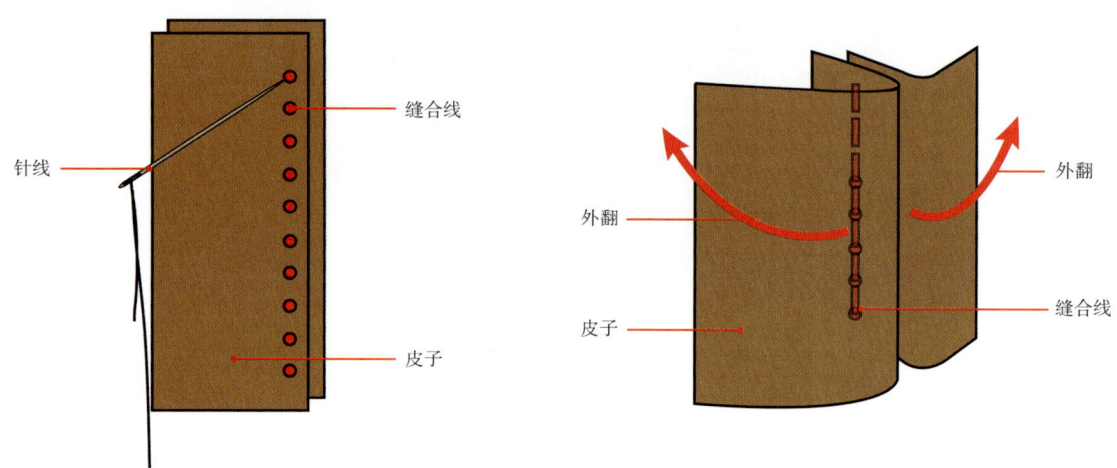

图七 俄罗斯族双耳翻毛大皮帽缝合工艺分析图

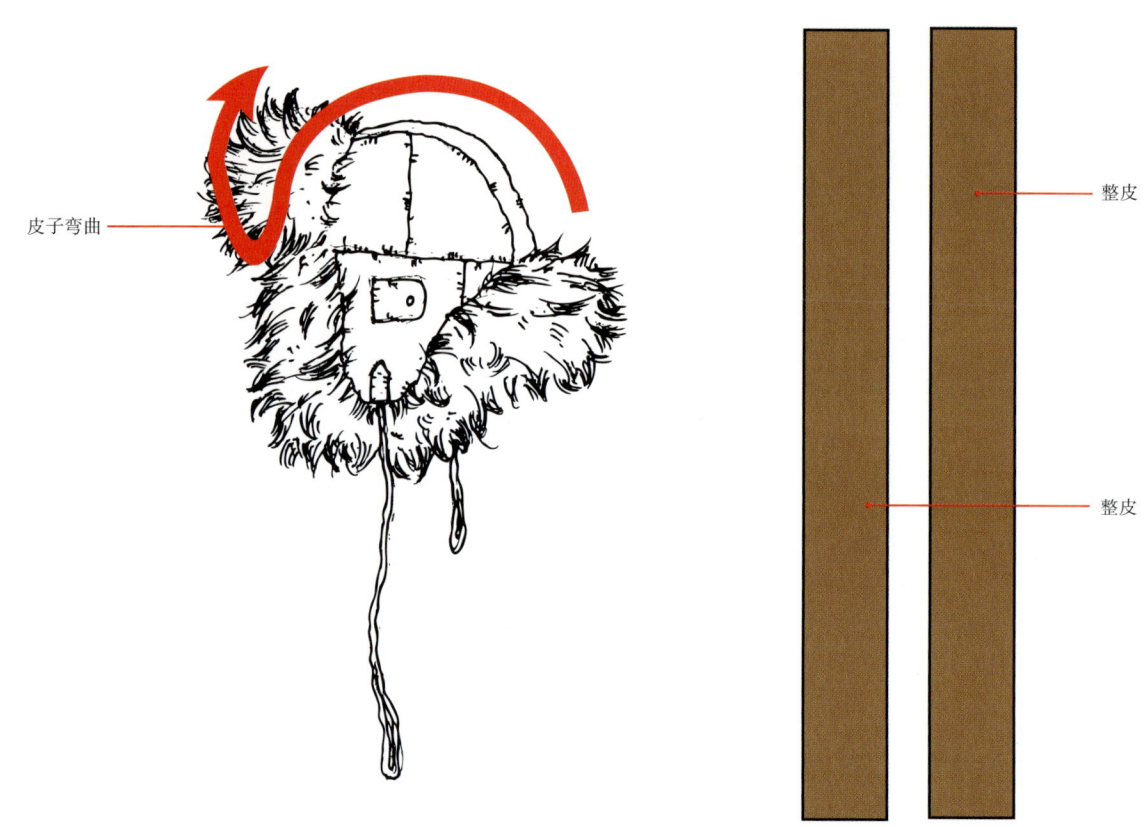

图八 俄罗斯族双耳翻毛大皮帽帽顶工艺分析图

图九　俄罗斯族双耳翻毛大皮帽佩戴示意图

图十　俄罗斯族双耳翻毛大皮帽佩戴情境图

俄罗斯族男式鹿皮靴

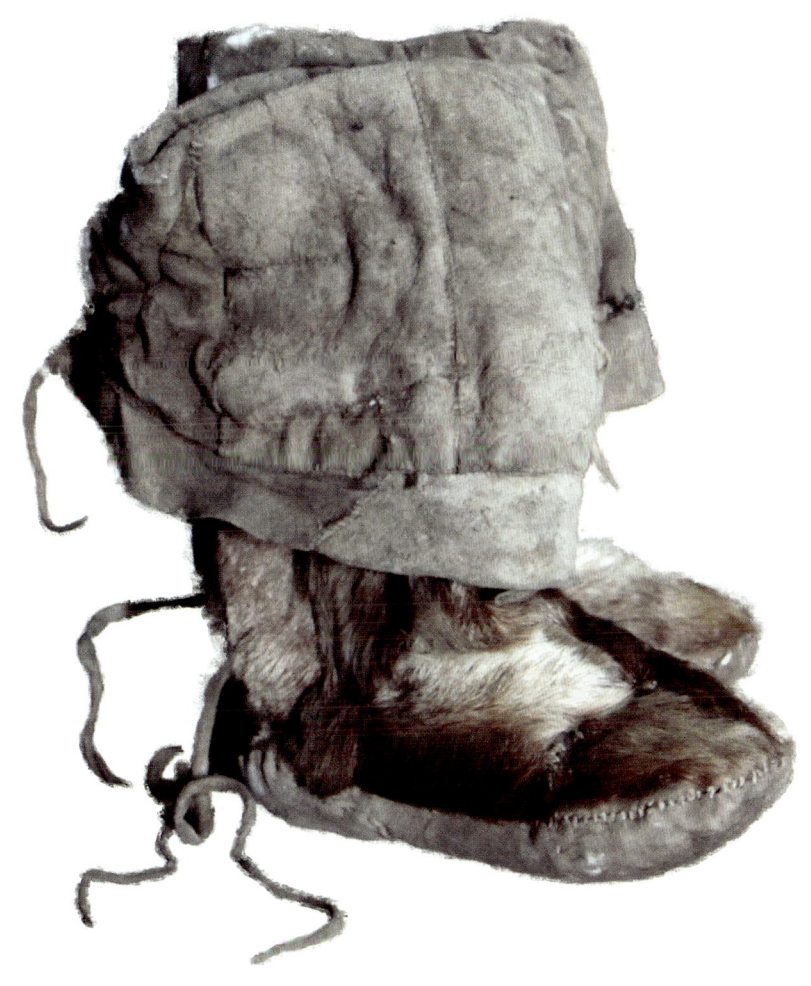

图一　俄罗斯族男式鹿皮靴主图

鹿皮靴，顾名思义，就是用鹿皮为材料制作而成的高筒靴。它的主要功能是在寒冷的冬天保护人们的足部和腿部。本案例采集于内蒙古额尔古纳市俄罗斯族民俗博物馆，属近代物品，高58厘米，靴底长31厘米，宽12厘米。鹿皮靴的基本形态为高筒，靴面和靴筒处鹿毛外露，靴底和筒口处无毛，靴后跟与靴筒上部均有系带。

鹿皮靴主要由靴面、靴筒、靴底、系带几部分组成，所用材料为棕白相间的鹿皮。穿鹿皮靴时，将脚伸入后，先将靴后跟上的系带从后向前，拴系在脚踝以上并系紧，使鹿皮靴跟脚。靴筒上部有7厘米高的筒口，筒口处均匀分布着间隙10厘米的带扣，系带从带扣内穿过。将靴筒拉直后，将系带拴紧、固定，这样可以防止雨雪的侵入，充分保护腿部。在靴筒的后部内侧，还设计了一个系带，系带较短，其主要功能是将两只靴子拴系在一起，便于挂放晾干和存储。整个靴子可分为易磨损区域和不易磨损区域，靴底和筒口属于易磨损区域，此区域为无毛部分；靴筒和靴面部分为不易磨损区域，此区域为有毛部分。在靴底部分，对大脚趾与脚后跟部分进行了加厚处理，因为这两个地方为行走时的主要受力点，通过增加皮子的厚度，提高其耐磨性。制作鹿皮靴有专门的工具，其中靴样最为重要。制作时只需要根据靴样把靴子的几个组成部分裁剪下来，然后将其缝制在一起就可以了。这种工具极大地简化了制靴过程，俄罗斯族很多家庭都可以自己制作鹿皮靴。

鹿皮靴保暖、防潮、防雨雪，结实、不易变形，色彩原生态，是俄罗斯族造物文化体系中的一个重要组成部分。

图片来源
图一、图九　郭立忠　摄影
图二至图三、图六至图八、图十　郭立忠　制图
图四至图五　郭立忠　摄影、制图

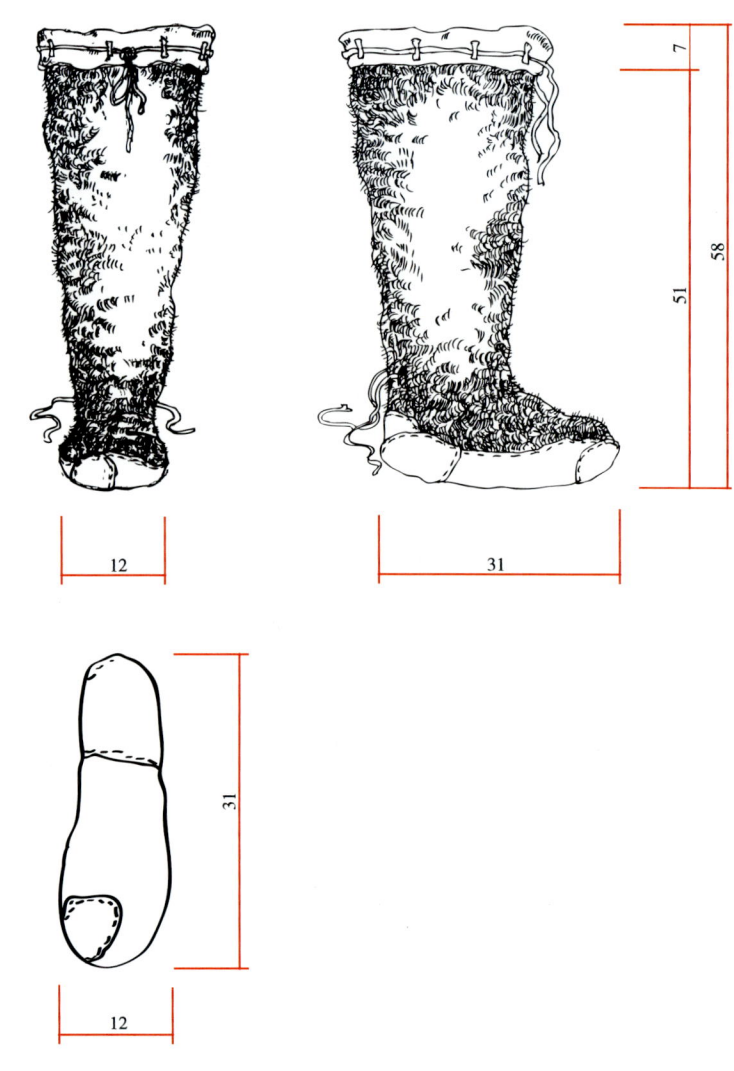

图二　俄罗斯族男式鹿皮靴尺寸图（单位：cm）

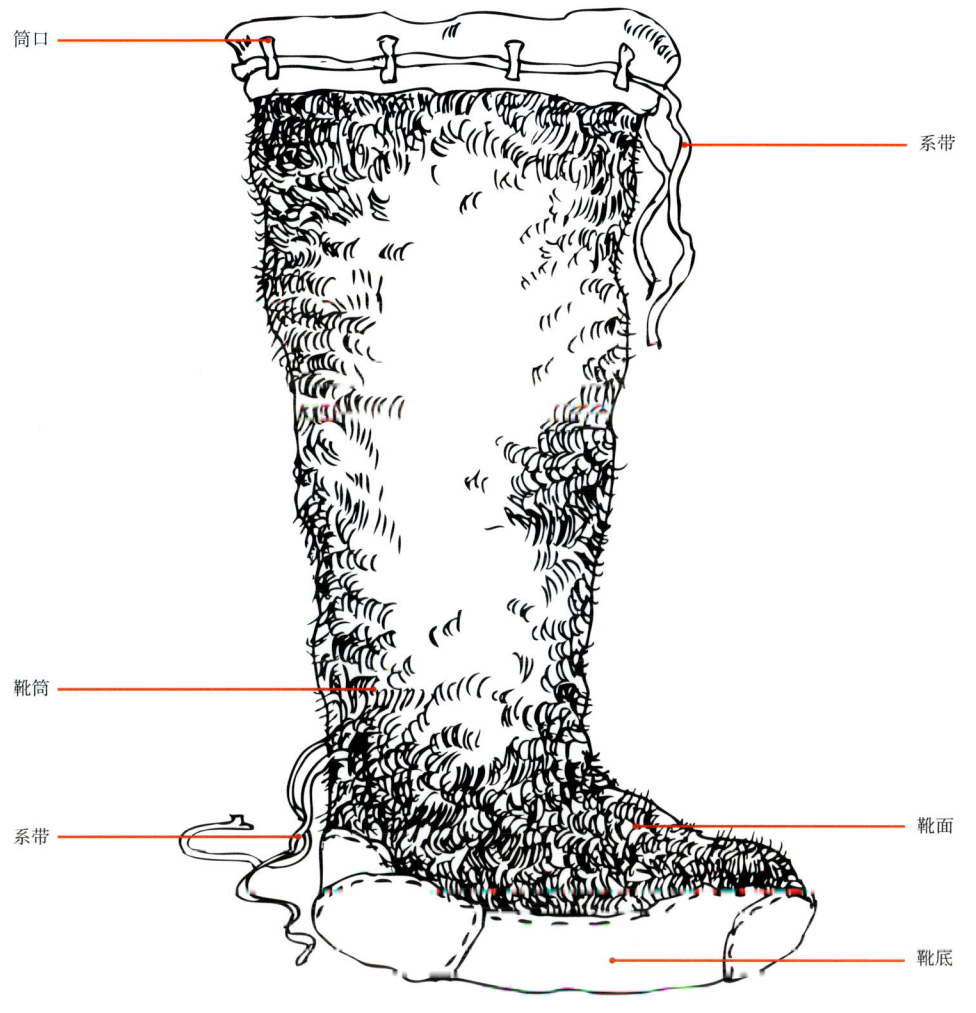

图三 俄罗斯族男式鹿皮靴结构名称图

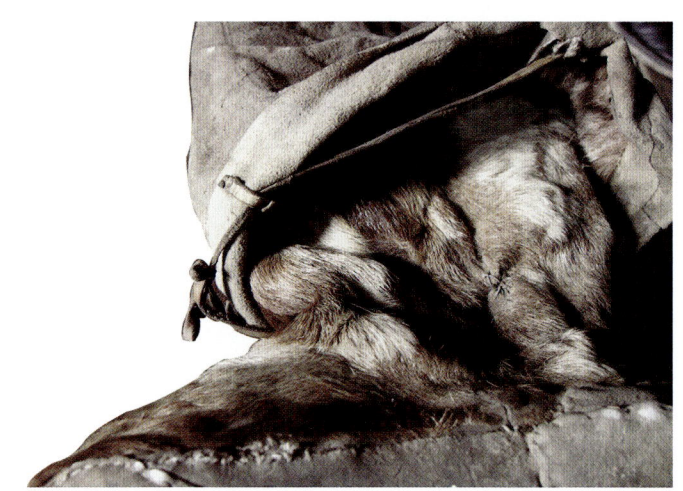

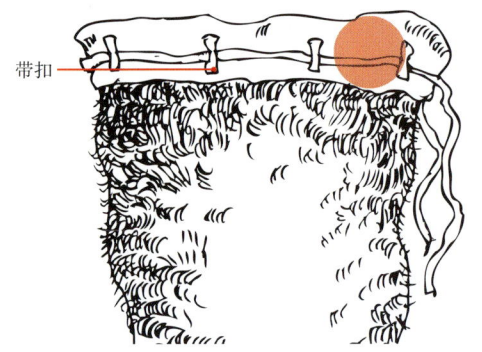
带扣

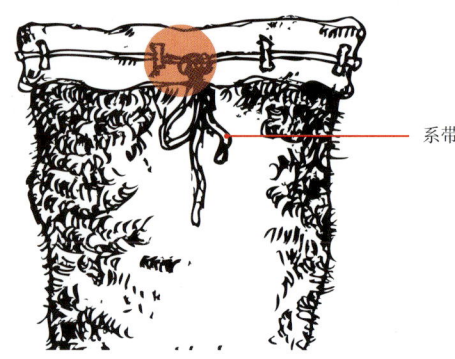
系带

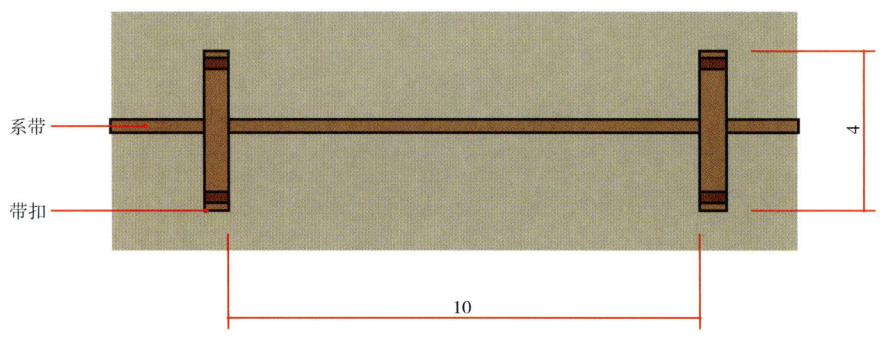
系带
带扣

图四　俄罗斯族男式鹿皮靴系带结构名称、尺寸图（单位：cm）

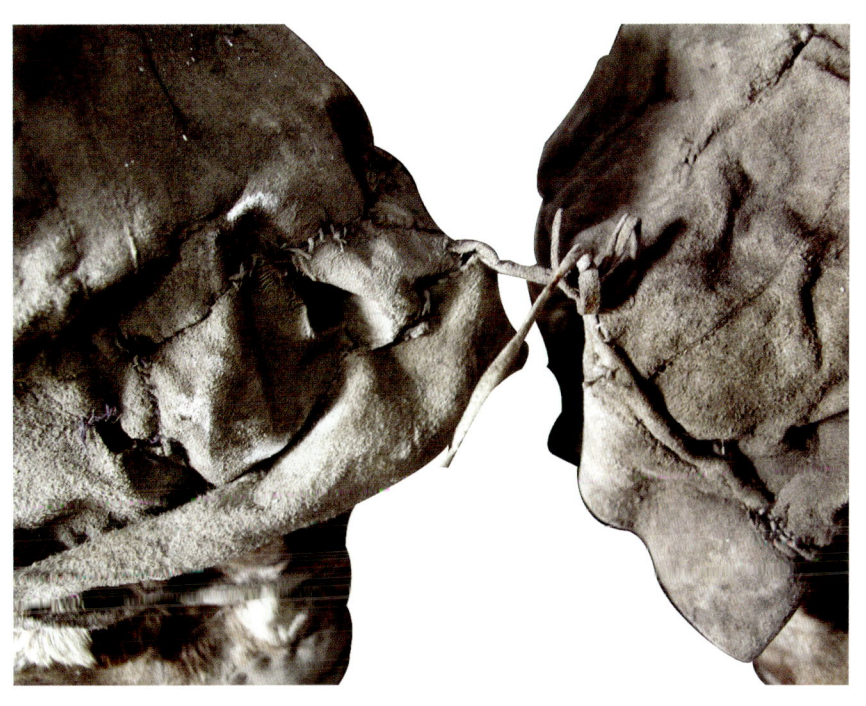

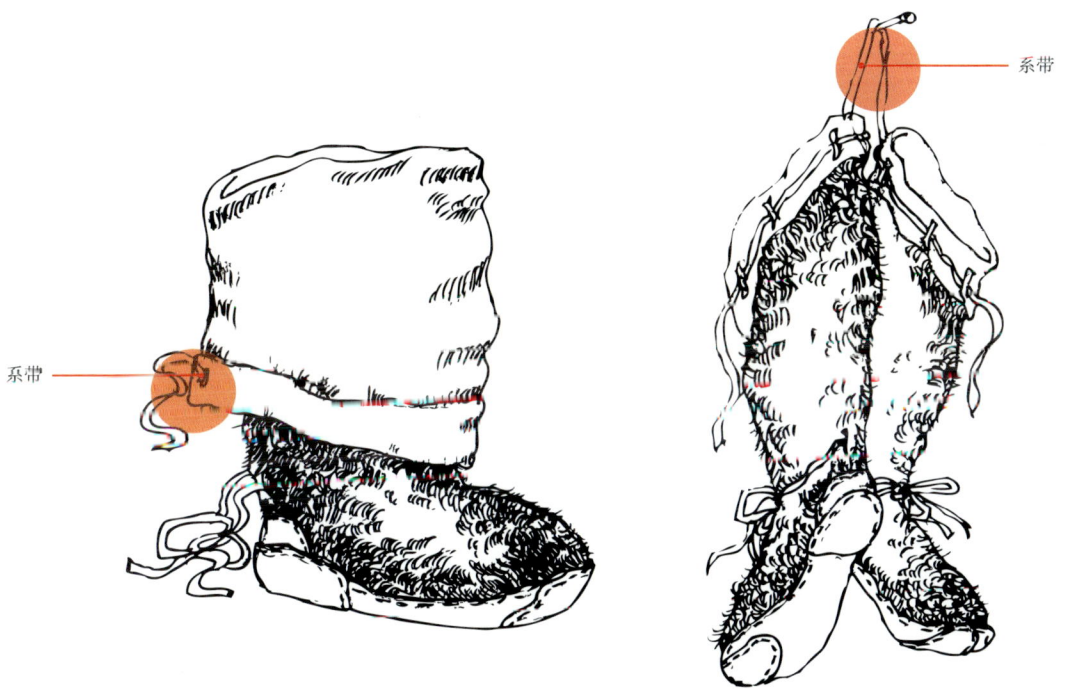

图五　俄罗斯族男式鹿皮靴系带分析图

图六　俄罗斯族男式鹿皮靴易损区域（红色部分）示意图

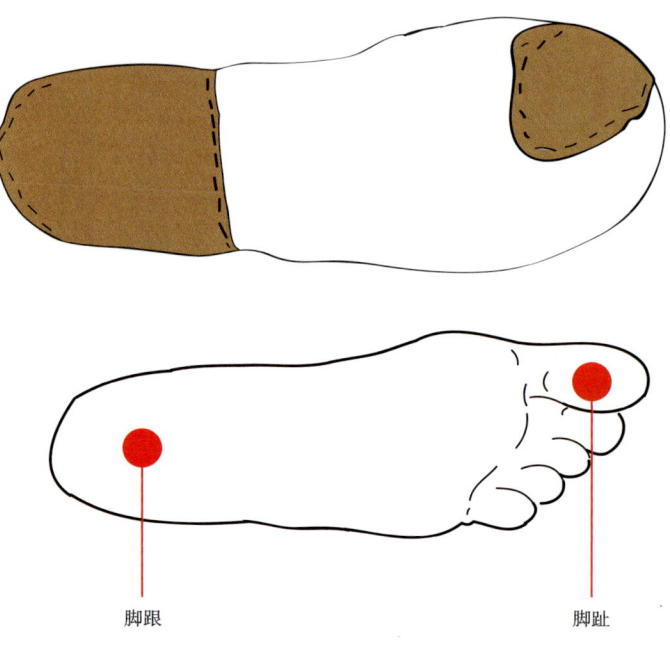

脚跟　　　　　脚趾

图七　俄罗斯族男式鹿皮靴受力点示意图

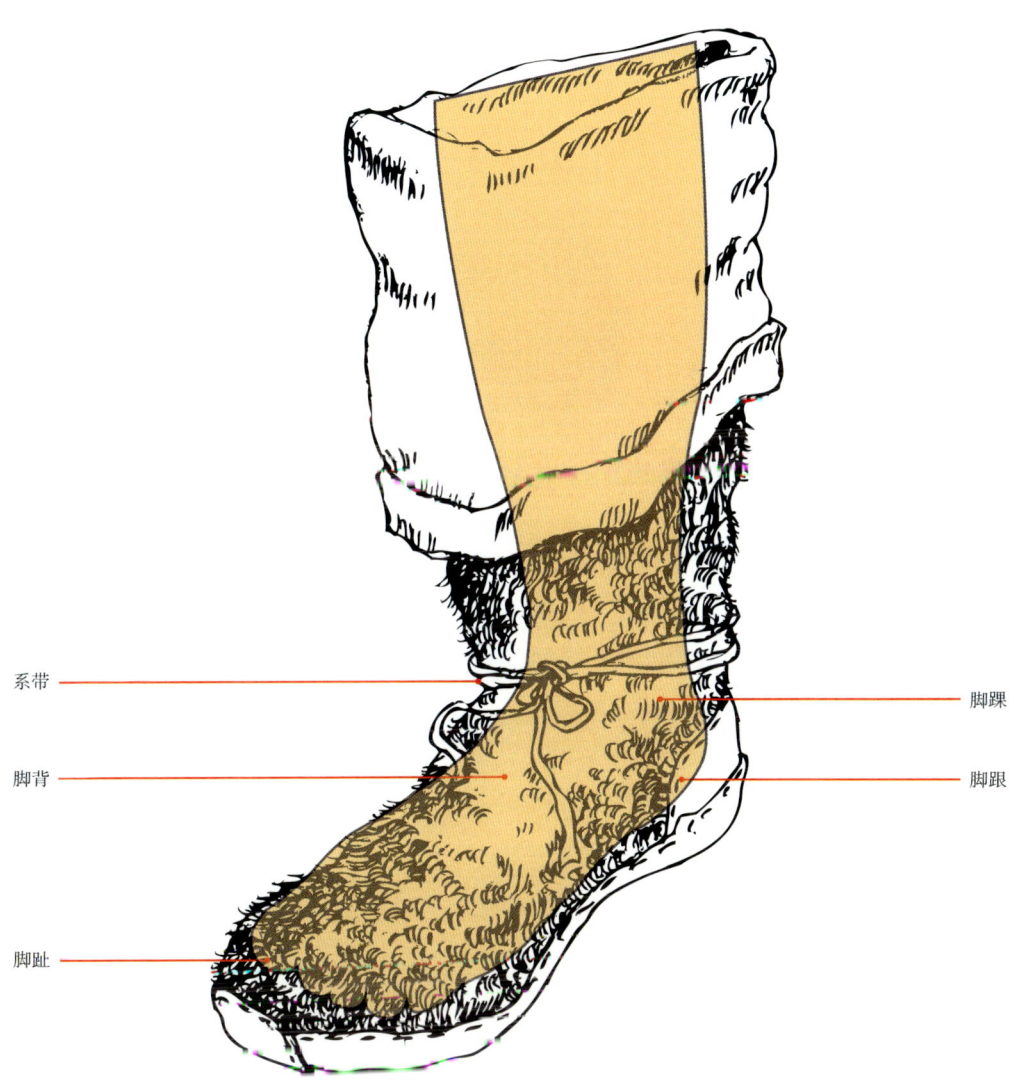

图八 俄罗斯族男式鹿皮靴穿着效果示意图

图九　俄罗斯族男式鹿皮靴鞋样效果示意图

图十　俄罗斯族男式鹿皮靴穿着情境图

俄罗斯族男式衬衫

图一　俄罗斯族男式衬衫主图

衬衫是俄罗斯族男性重要的传统服装之一，通常在领口、袖口等几个主要部分有精美的刺绣，具有鲜明的民族特色。本案例采集于新疆乌鲁木齐博物馆，属近代物品，长80厘米，宽55厘米。衬衫的袖口、领口、前后片的底部均有宽3厘米的装饰带。衬衫整体呈T形，图案优美。

俄罗斯族男式衬衫由前片、后片、两块袖片、领口、两个袖口、装饰带缝制而成，简洁明快，装饰带上下左右相呼应。装饰带为深蓝色，与白色的衬衫搭配协调。俄罗斯族男式衬衫的装饰带纹样主要是几何形，几何形单位纹样由规整的两个菱形和两个小三角形组合而成,中间部分主要是由单位纹样左右直线排列而成。两边还有更小的压边,压边的单位纹样也是由三个小三角形组合而成,沿左右直线排列而形成波浪状。衣领、袖口和前胸等部位点缀以精美细密的刺绣。刺绣部分的图案多为几何和花草图案,色彩对比强烈,变化丰富。

俄罗斯族男性头戴八角帽,上穿白色直领绣花衬衫,下穿灯笼长裤,腰扎腰带,是其典型传统的穿着习惯。作为传统服饰的代表,白色直领绣花衬衫为俄罗斯男性所喜爱。

图片来源
图一　贾伟国　摄影
图二、图四至图六　郭立忠　制图
图三　费冉　制图

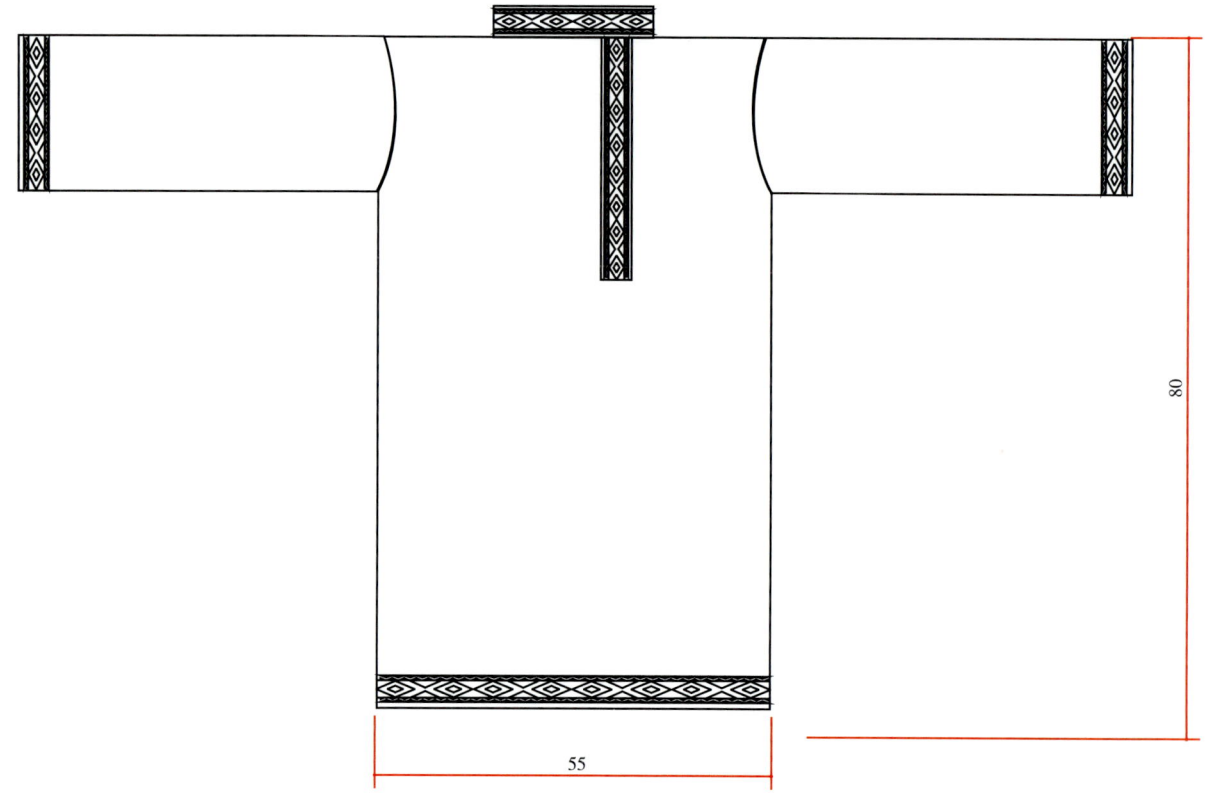

图二　俄罗斯族男式衬衫尺寸图(单位:cm)

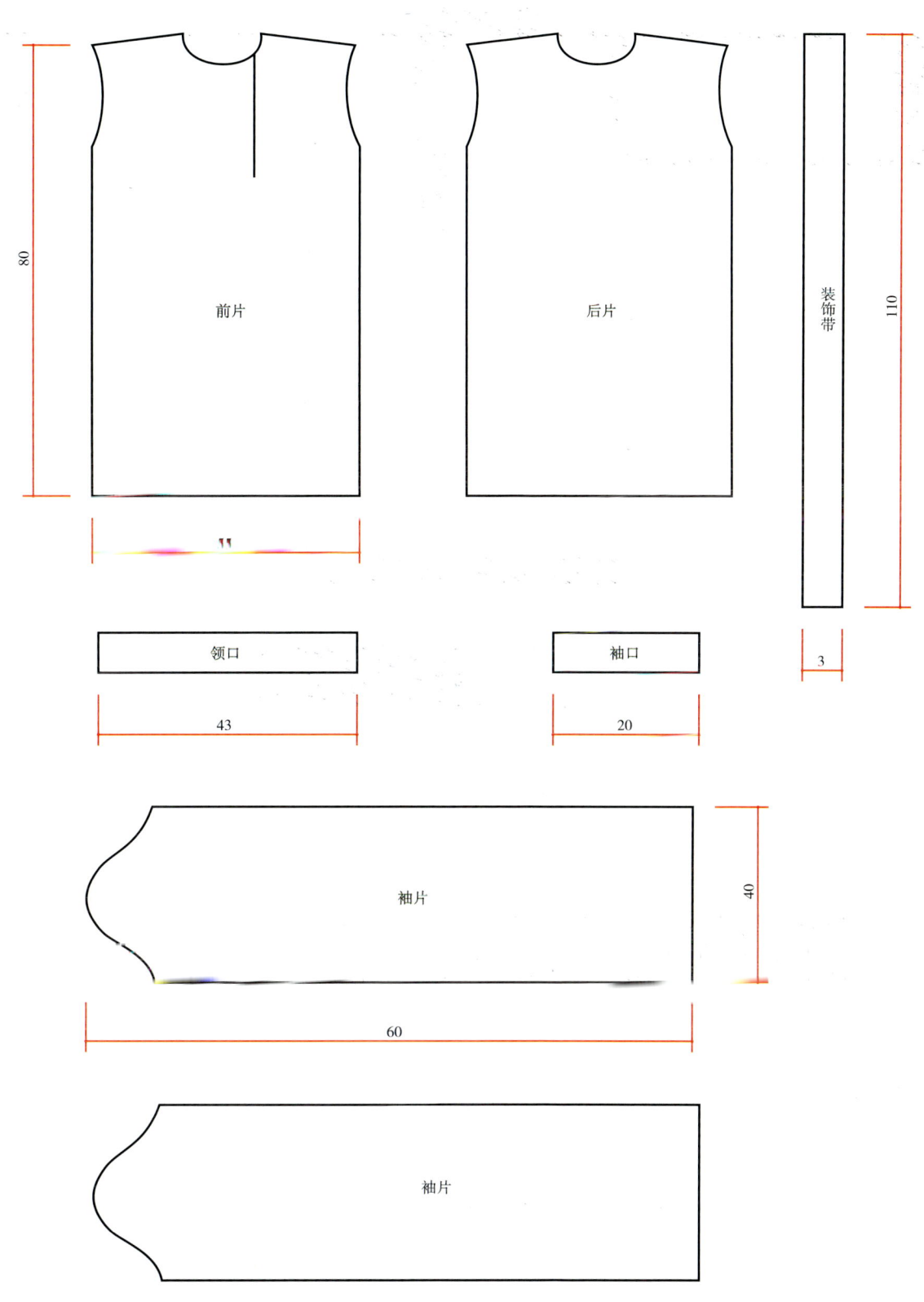

图三 俄罗斯族男式衬衫开片、尺寸图（单位：cm）

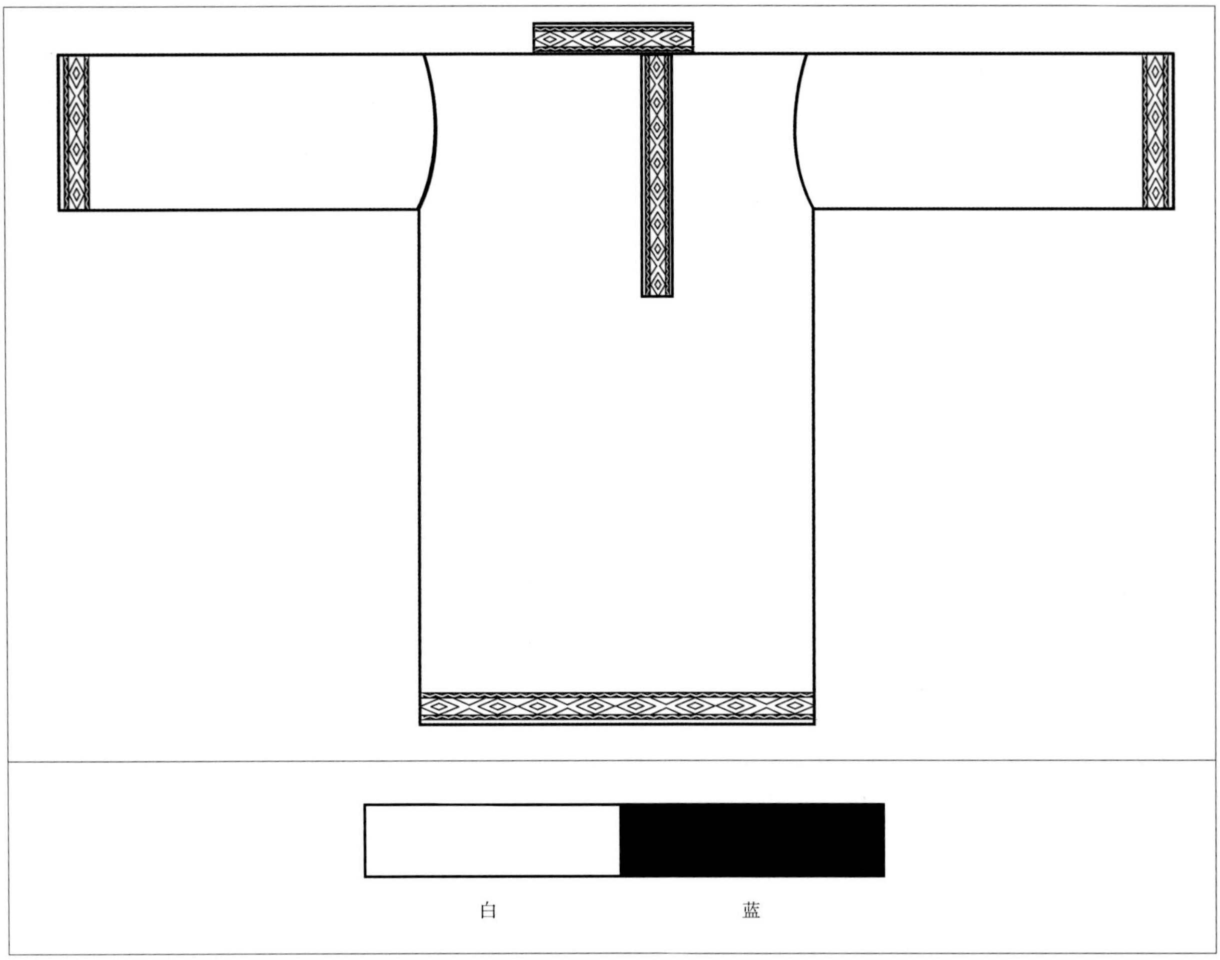

图四 俄罗斯族男式衬衫色彩分析图

白　　　蓝

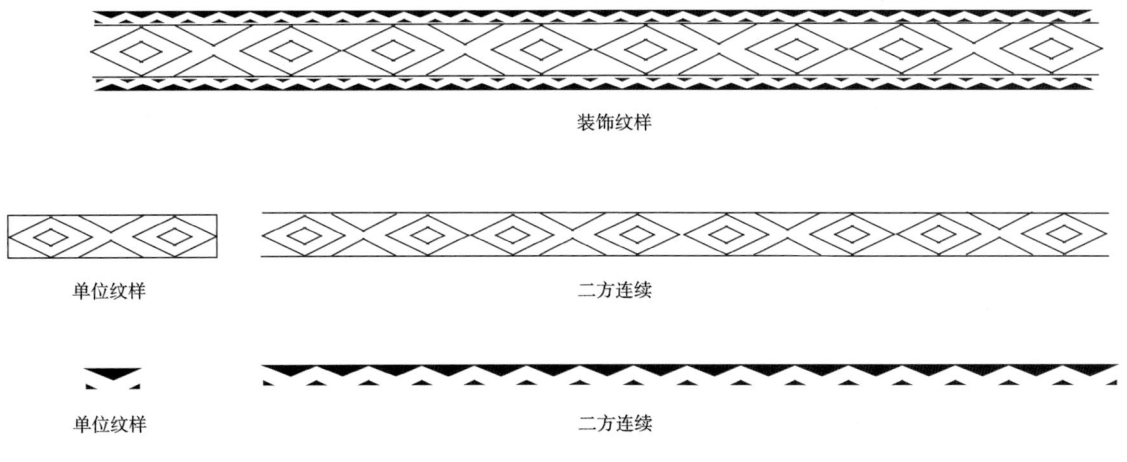

装饰纹样

单位纹样　　　二方连续

单位纹样　　　二方连续

图五 俄罗斯族男式衬衫纹样效果示意图

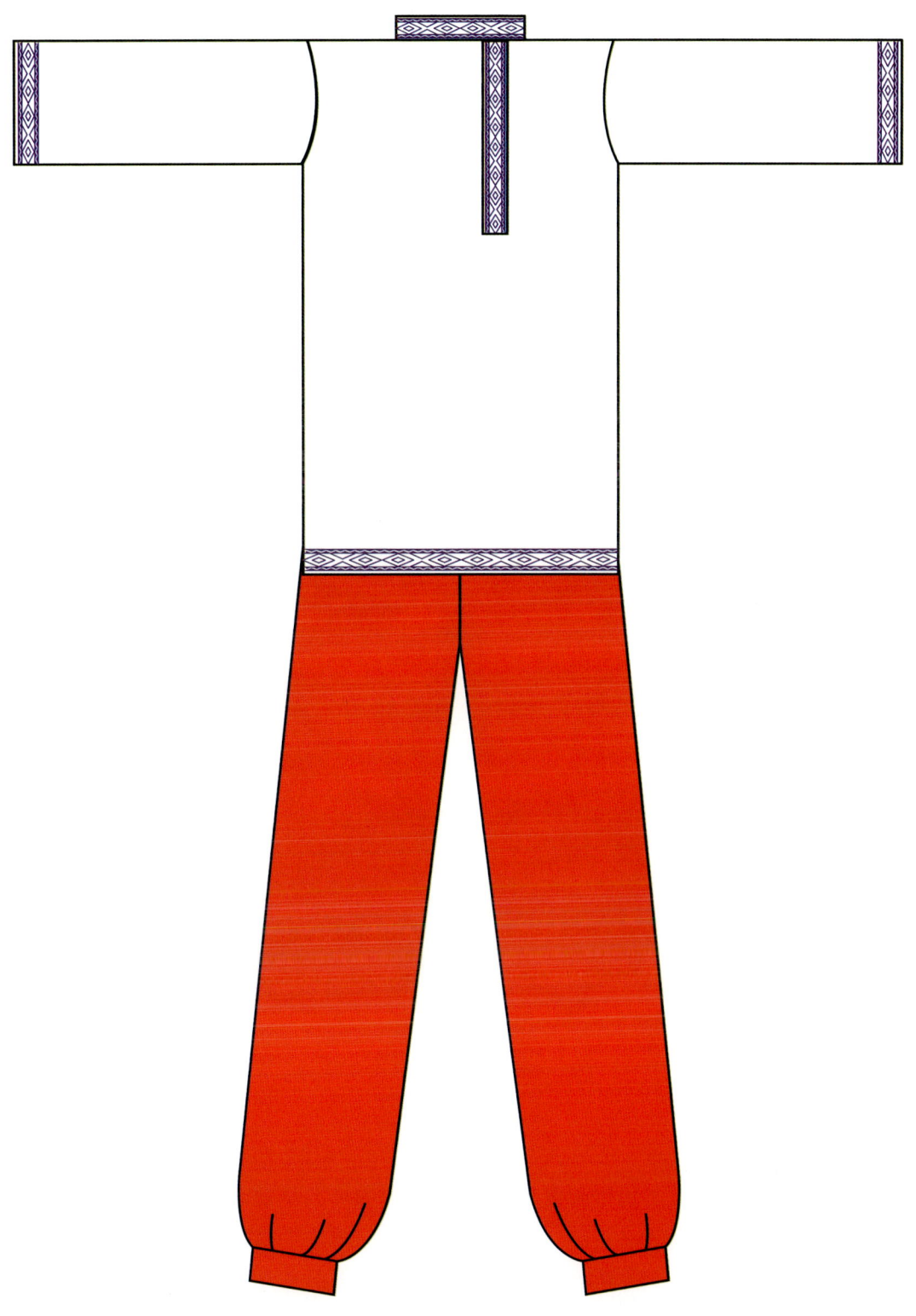

图六 俄罗斯族男式衬衫穿着效果示意图

俄罗斯族羊皮手套

图一　俄罗斯族羊皮手套主图

羊皮手套，是用羊皮加工制作而成的手套，是俄罗斯族人冬季的生活必需品。本案例采集于内蒙古额尔古纳市俄罗斯族民俗馆，属近代物品，长26厘米，宽14厘米，大拇指长13厘米，指宽7厘米。羊皮手套造型饱满，呈筒状，四指并拢，大拇指单独伸出。羊皮手套较耐磨，在搬动物体时起到保护手部的作用，提高了使用者的安全性。在寒冷的冬季，通常先戴上柔软的毛织手套，然后再套上羊皮手套，保暖效果更佳。

羊皮手套由手套口、大拇指、指叉、手心、手背等部分组成。羊皮手套有专门的制作模具，此模具由木板制作而成，分为两个部分：一块是手心部分，一块是大拇指部分。手心部分总长 28 厘米，宽 14 厘米，底部到指叉部分约 14 厘米。大拇指部分总长 16 厘米，宽 13 厘米。羊皮手套的制作过程一般分为以下几个步骤：一、选择加工好的上好羊皮。二、用羊皮手套模具在羊皮上画出轮廓。三、裁剪羊皮，手背部分是完整的。四、裁剪手心部分，和大拇指部分缝合，缝合时羊皮里子向外。五、缝制手心和手背两部分，中间加皮牙子，同样也是羊皮里子向外。皮牙子就是一块折叠的皮子，这样由原来的两层皮子变成了四层皮子，增加了羊皮手套的使用寿命。六、缝制完后，将手套翻过来即可。

图片来源

图一　郭立忠　摄影

图二至图三、图六　郭立忠　制图

周四至图五、图七至图八　郭立忠　摄影、制图

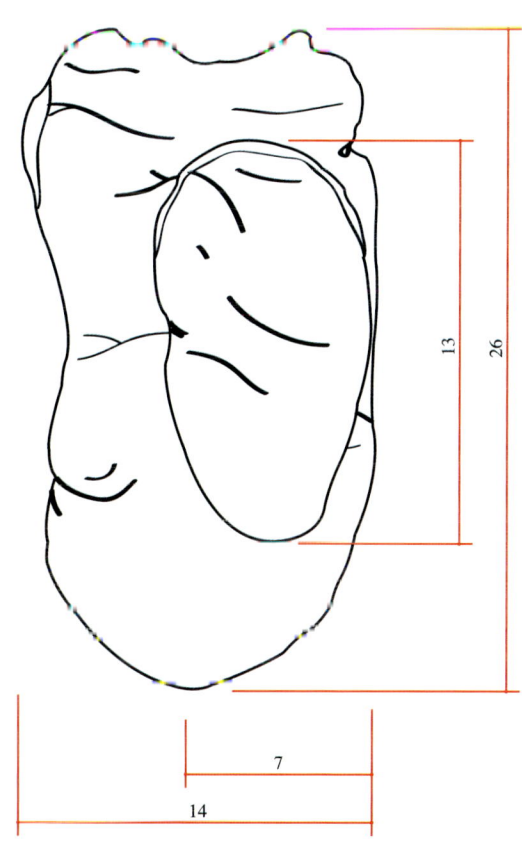

图二　俄罗斯族羊皮手套尺寸图（单位：cm）

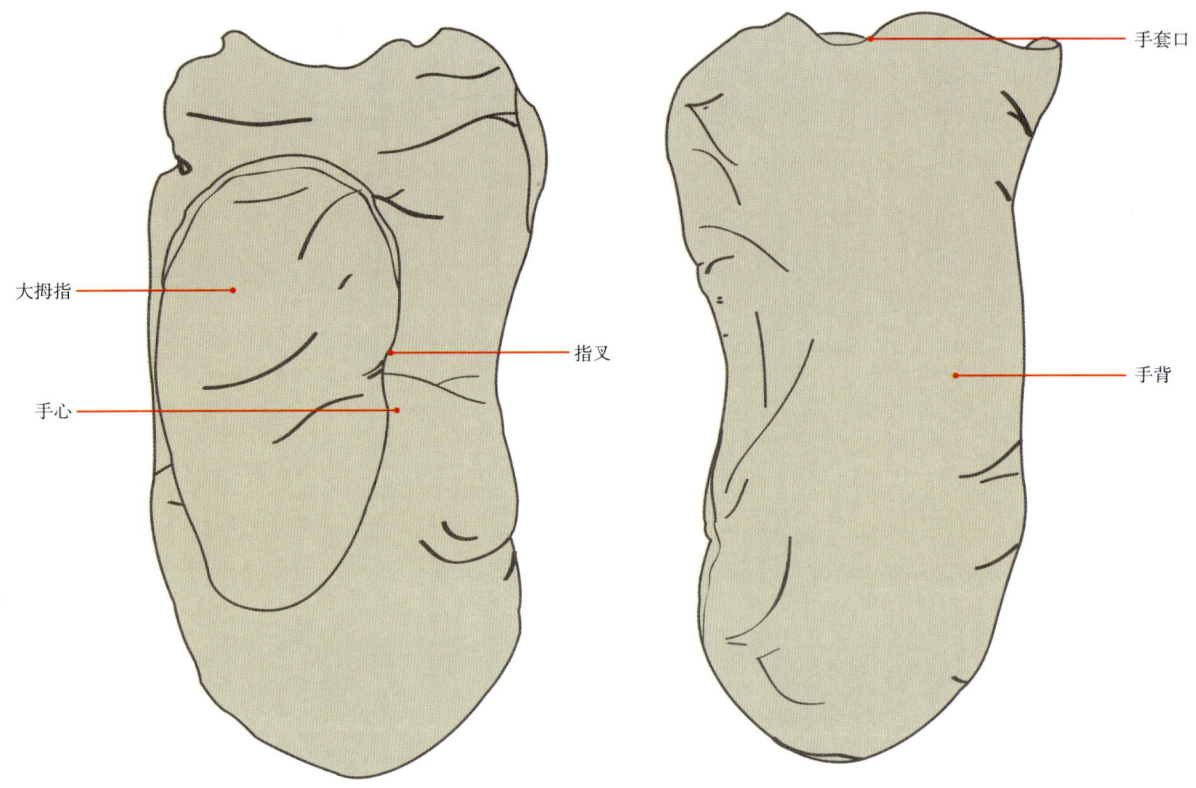

图三 俄罗斯族羊皮手套结构名称图

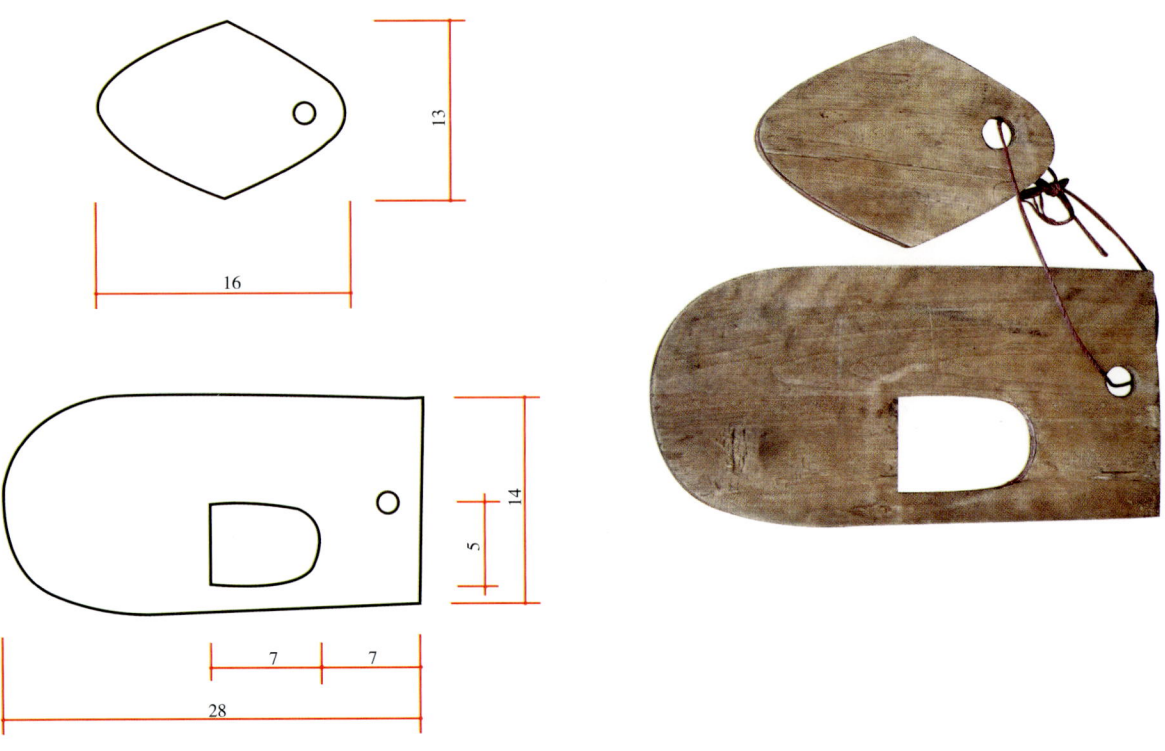

图四 俄罗斯族羊皮手套模具尺寸图（单位：cm）

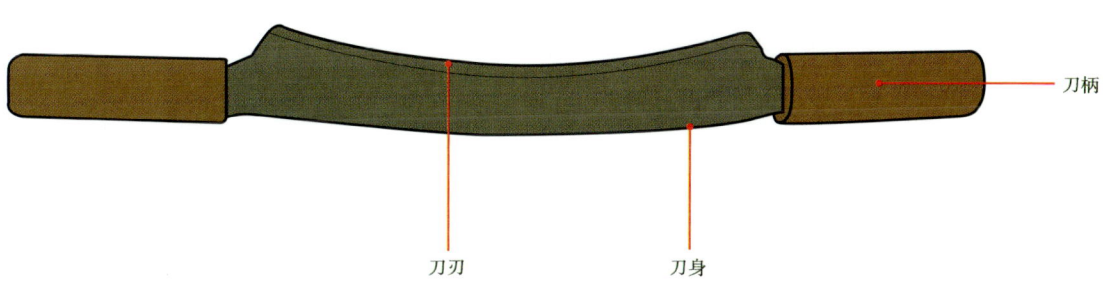

刀柄

刀刃　刀身

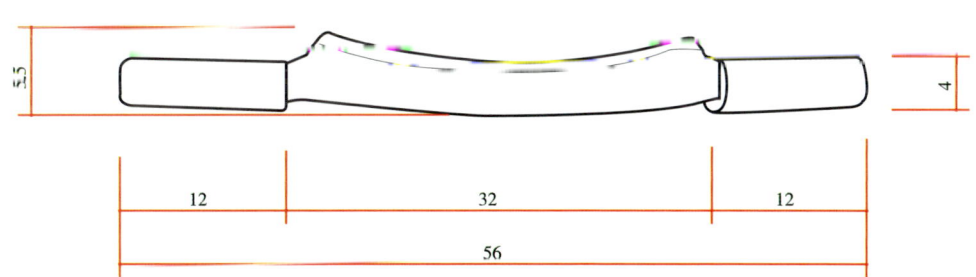

图五　俄罗斯族羊皮手套熟皮刀结构名称、尺寸图（单位：cm）

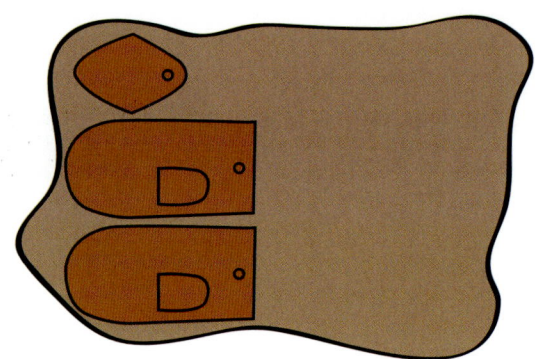

1.选择加工好的上好羊皮

2.用羊皮手套模具合理摆放,画轮廓线,避免浪费皮料

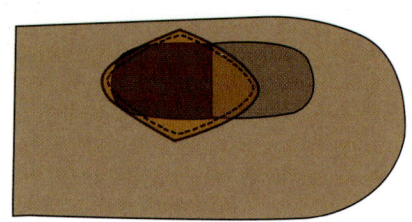

3.裁剪出大拇指、手背、手心三部分

4.缝制大拇指和手心部分,羊皮里子向外

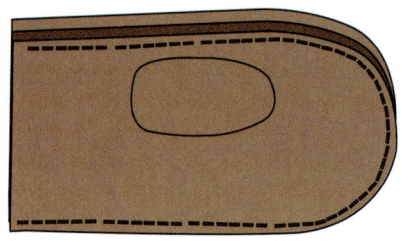
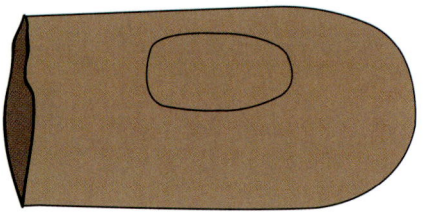

5.缝制手心和手背部分,中间加皮牙子,同样羊皮里子向外

6.缝制结束后,将手套翻过来即可

图六 俄罗斯族羊皮手套制作流程图

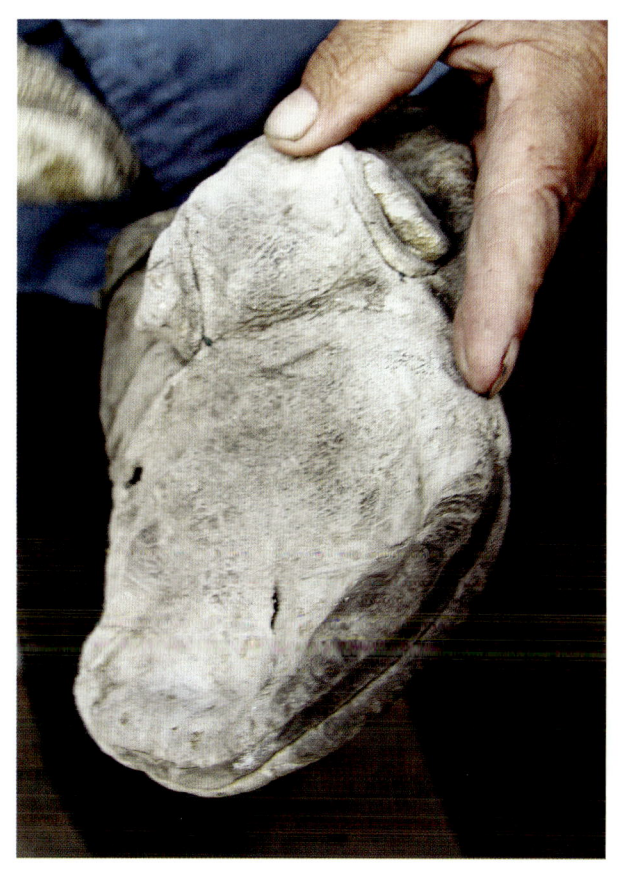

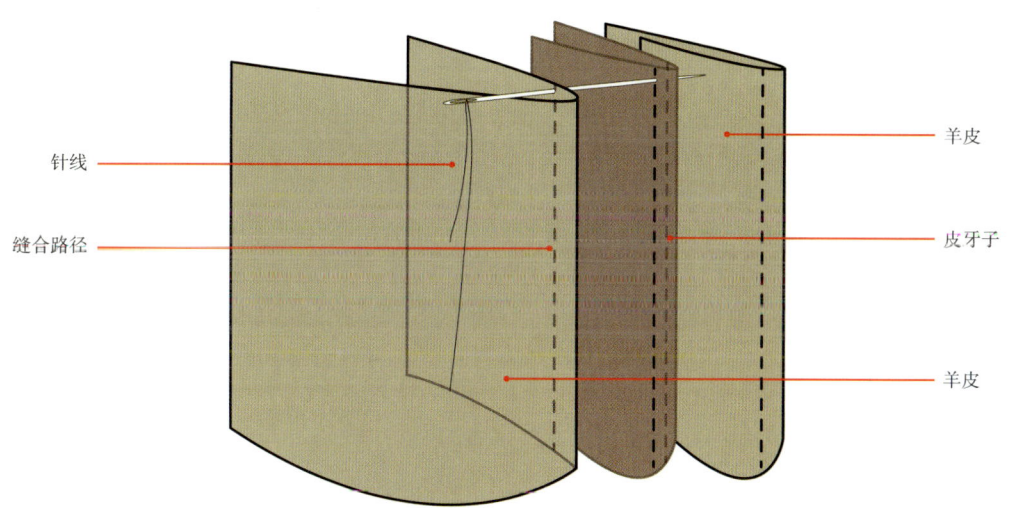

图七　俄罗斯族羊皮手套皮牙子缝合工艺分析图

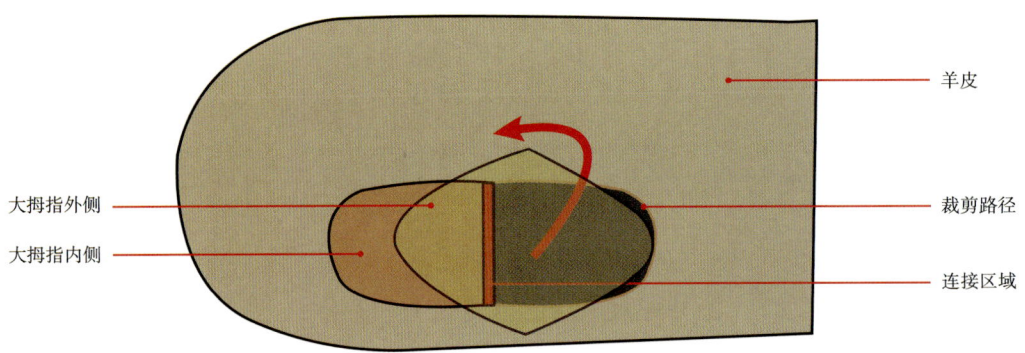

图八 俄罗斯族羊皮手套大拇指与手心连接部分分析图

俄罗斯族熊皮大衣

图一　俄罗斯族熊皮大衣主图

熊皮大衣又称"皮大哈",是俄罗斯族人在冬季御寒穿在最外层的衣服。本案例采集于内蒙古额尔古纳市俄罗斯族民俗馆,总长154厘米,下摆宽75厘米,两袖伸展后总长193厘米,袖口宽24厘米。熊皮大衣宽大,皮质紧密,毛质较厚,穿在身上后最大限度地减少了与外界接触的面积,增加了人们抵御寒冷的能力。

熊皮大衣主要由衣领、衣袖、袖口几个部分组成。熊皮大衣选用成年黑熊熊皮,这种熊皮皮质好,毛皮厚,是制作熊皮大衣的上好材料。在制作工艺上,熟皮过程较为复杂,通常有以下几个步骤:一、提取熊皮,将熊皮完整地剥下来。二、将熊皮固定在表面比较光滑的树上。三、用熟皮刀刮去油脂,清理表面。四、将熊皮绷平晾干。五、进行粗加工,将熊皮放在表面粗糙的树枝上来回摩擦,使其皮质变软。六、细加工,用手工揉搓,直至皮质柔软,手感舒适为止。七、涂抹熊油,使其表面毛质光亮,保护熊皮皮质,最后晾干备用。熟皮刀在熟皮过程中有着重要的作用。在当地,熟皮刀分为保留皮毛和不留皮毛的两种。保留皮毛的熟皮刀其设计可谓独特，利用树木枝桠的自然形态，固定刀片而成。熟皮刀的底部钻孔，拴系麻绳，高度可以根据各人的身高不同做调整。一般用右脚踩住绳索，自上而下，腿部用力，用刀片将熊皮内侧的油脂去除干净，使用方便快捷。熊皮大衣的衣领部分双面带毛，当刮风、下雪时，将领口直立起来，减少皮肤裸露在外的部分，最大限度地保暖。由于熊皮比较珍贵，所以要充分利用好每一块熊皮，拼接自然必不可少。在使用熊皮的边角废料时，一般将其拼接在衣服的下摆，物尽其用。

熊皮大衣是俄罗斯族人适应自然环境因地制宜的产物，充分体现了其粗犷豪放的性格特征，也是俄罗斯族传统服饰的重要组成部分之一。

图片来源
图一、图九　郭立忠　摄影
图二至图三、图五至图六、图十　郭立忠　制图
图四、图七至图八　郭立忠　摄影、制图

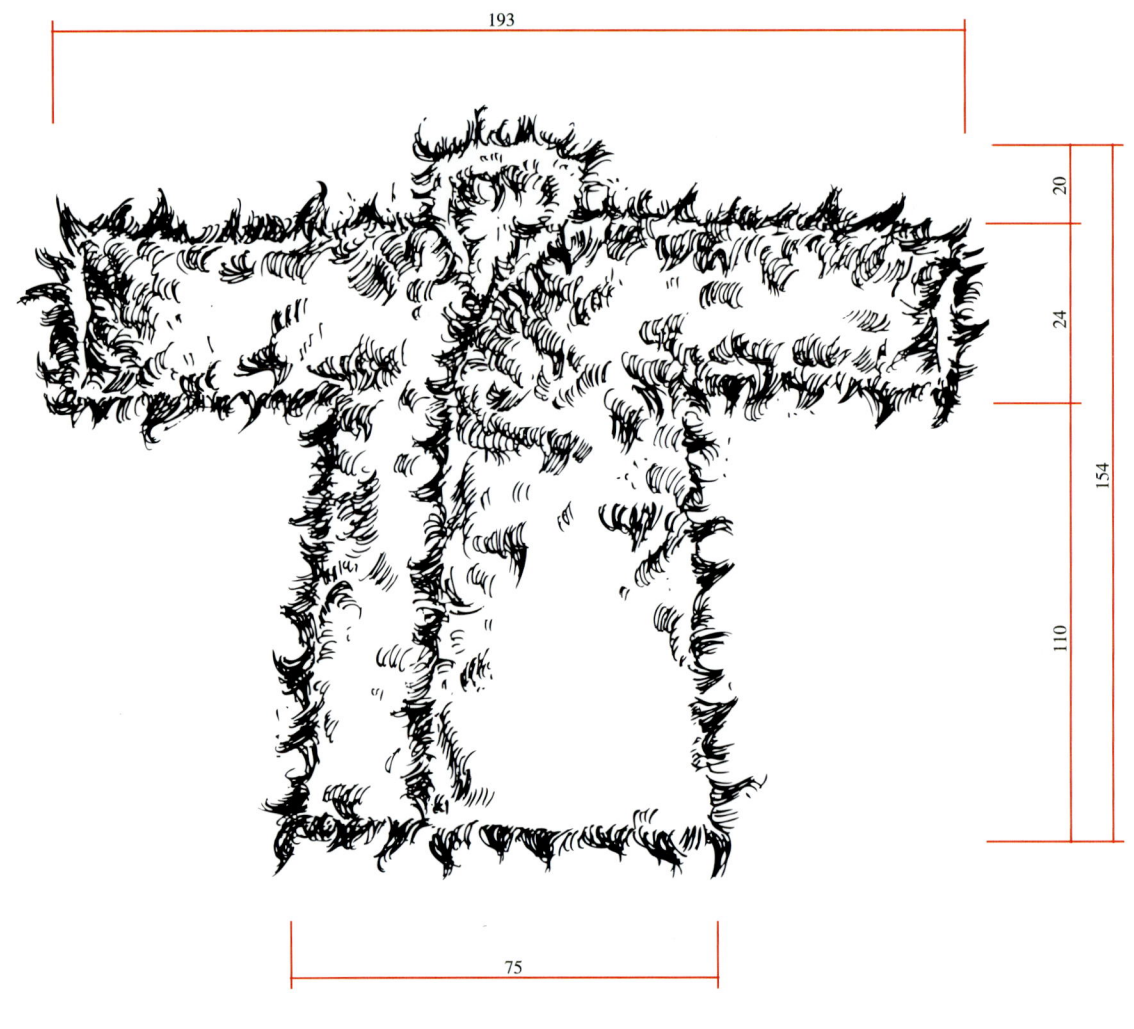

图二　俄罗斯族熊皮大衣尺寸图（单位：cm）

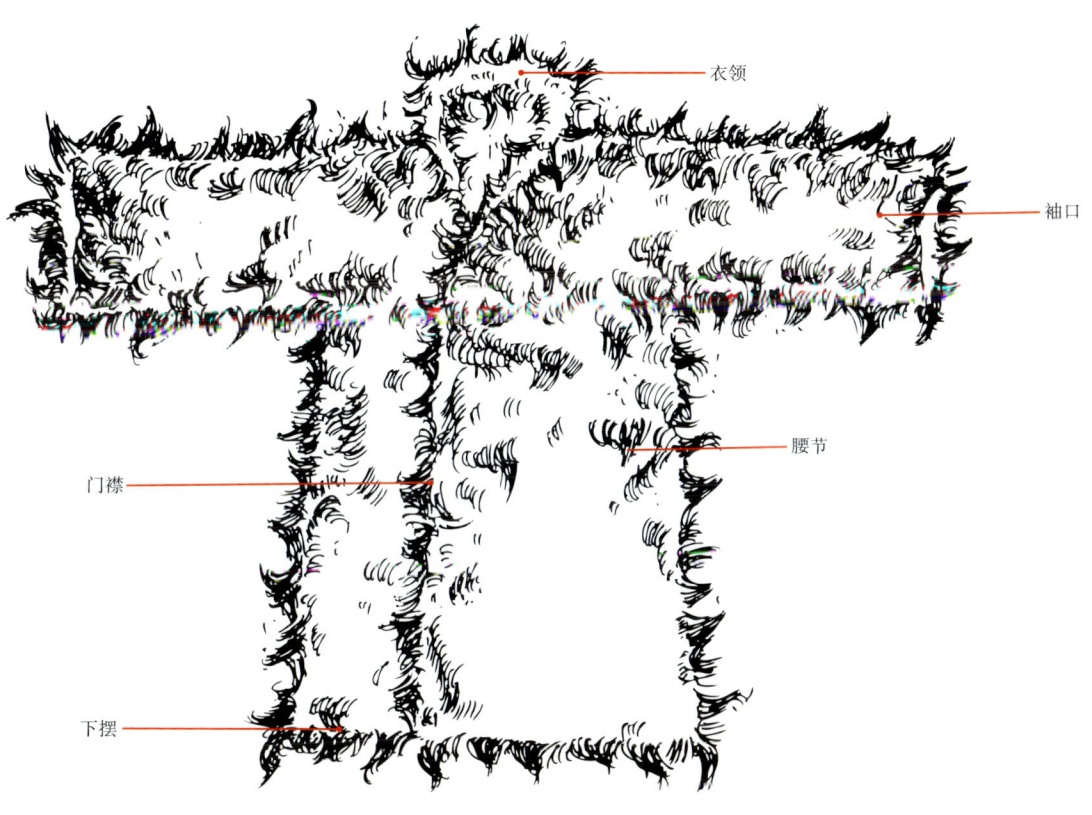

图三 俄罗斯族熊皮大衣结构名称图

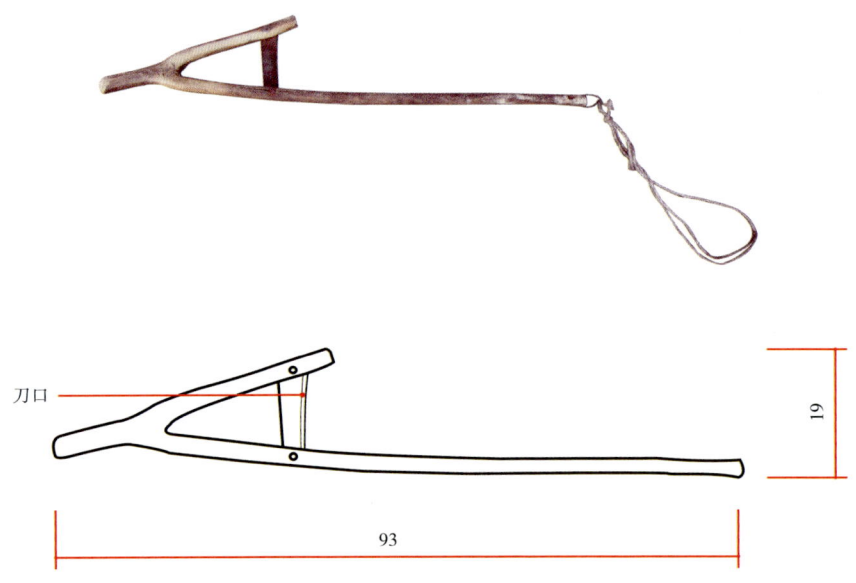

图四　俄罗斯族熊皮大衣熟皮刀尺寸图（单位：cm）

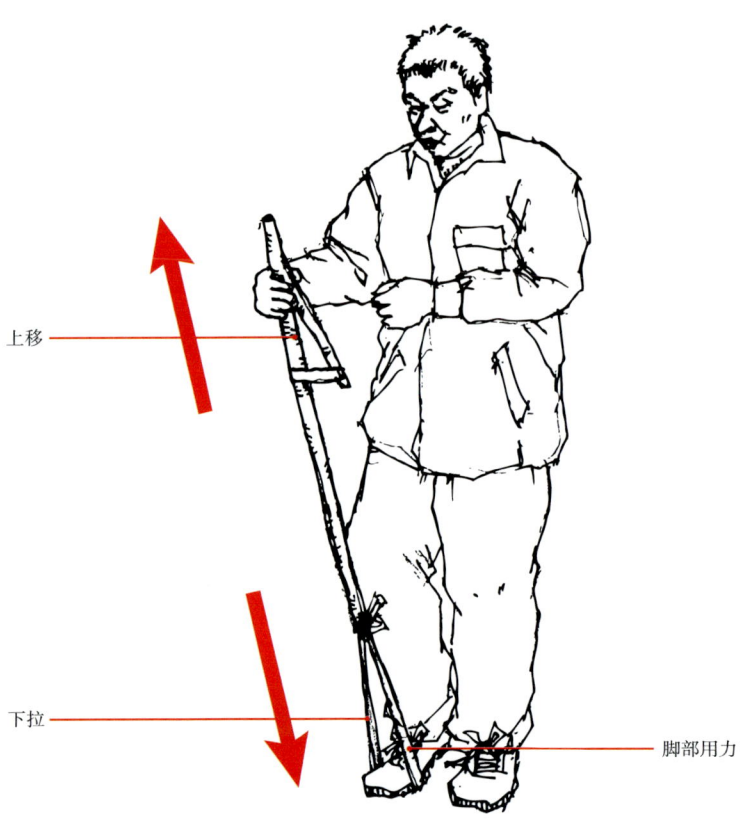

图五　俄罗斯族熊皮大衣熟皮刀操作示意图

1.提取熊皮

2.将熊皮固定在表面比较光滑的树上

3.用熟皮刀刮去油脂，清理表面

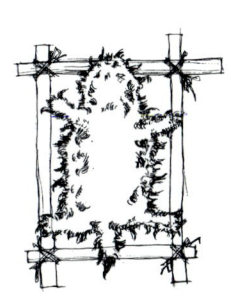

4.将熊皮绷平晾干

5.进行粗加工，将熊皮放在表面粗糙的树枝上来回摩擦，使其皮质变软

6.细加工，用手工揉搓，直至皮质柔软，手感舒适为止

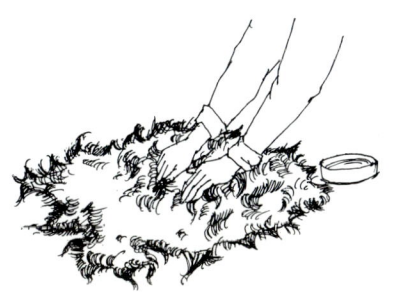

7.涂抹熊油，使其表面毛质光亮，保护熊皮皮质，最后晾干备用

图六　俄罗斯族熊皮大衣熟皮流程图

第二章　俄罗斯族传统服饰

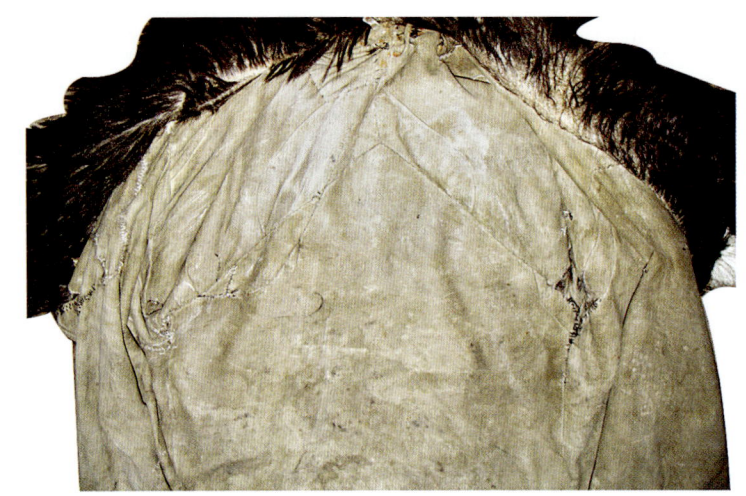

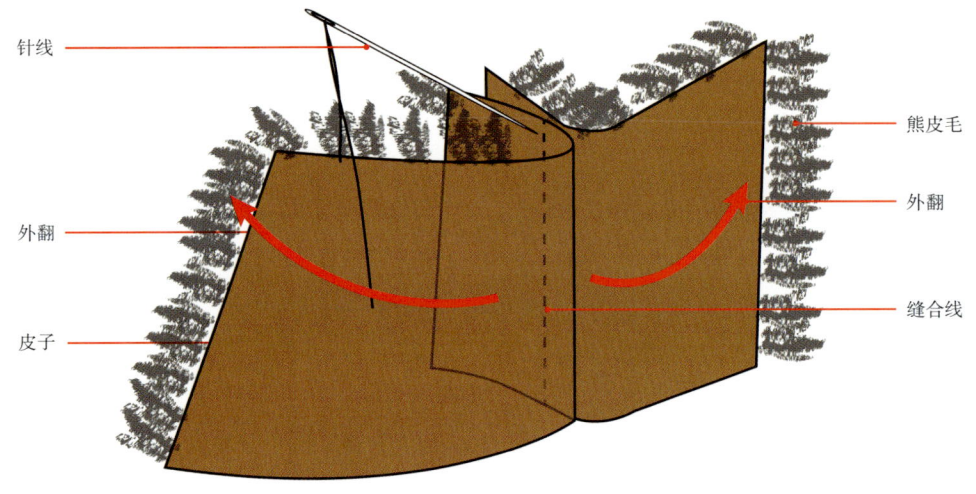

图七　俄罗斯族熊皮大衣里部缝合工艺分析图

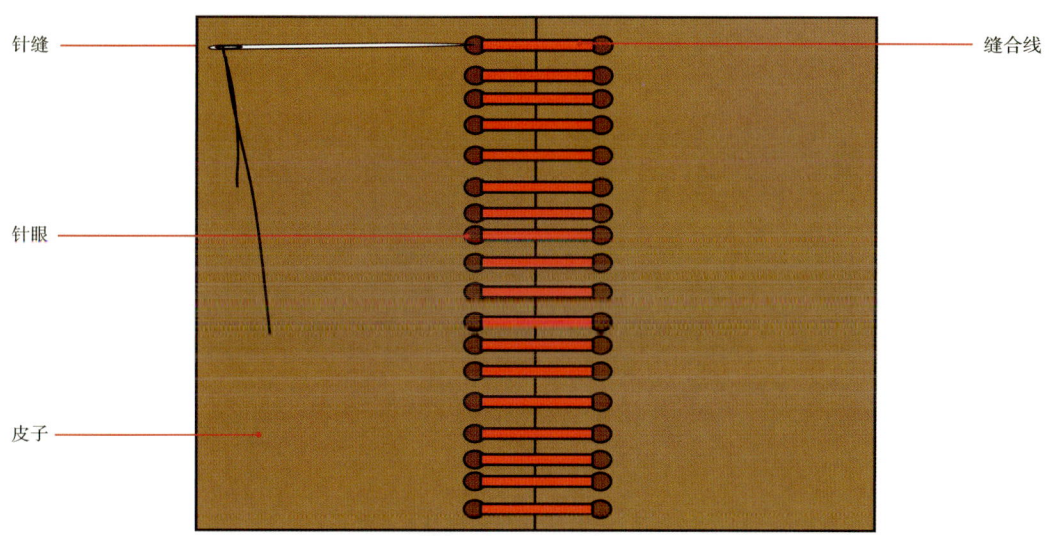

图八　俄罗斯族熊皮大衣下摆拼接工艺分析图

开领　　　　　　　　　　　　　　　　　　立领

图九　俄罗斯族熊皮大衣造型效果示意图

图十　俄罗斯族熊皮大衣穿着情境图

俄罗斯族女式长裙

图一 俄罗斯族女式长裙主图

俄罗斯族女式长裙又叫"布拉吉",是俄罗斯族妇女的典型服装。本案例采集于新疆乌鲁木齐博物馆,属近代服装,黑色、短袖、半开胸、卡腰式、大摆,长150厘米,宽125厘米。长裙的领口、裙摆部分均有宽2厘米的装饰带。整条长裙造型简洁,图案优美。

俄罗斯族女式长裙主要由裙子上半部分的前片和后片、裙子的下半部分的裙片、装饰纹饰带三部分缝制而成,其中裙子的前后片高约60厘米,腰部宽约40厘米,裙片长约90厘米。女式长裙的装饰带纹样主要是几何形，几何形单位纹样由长方形、圆形、三角形组合而成，装饰带图案主要由单位纹样左右直线排列而成，纹样部分为白色，在黑色的连衣裙上显得精致美观，端庄大方。在色彩上，主要用黑白两种颜色。

女式长裙上部修身，下部宽松，长及脚面，裙摆较大，在长裙后片领口部分的中间位置设计了拉链，易于穿着。俄罗斯族妇女通常贴身穿绣花衬衫，外套这种长裙，脚穿高筒皮靴，充分体现了女性之美。女式长裙被人们广泛接受，现在随处可见的大摆连衣裙就是借鉴了它的款式。

图片来源
图一　贾伟国　摄影
图二至图三　费冉　制图
图四至图五　刘毅　制图

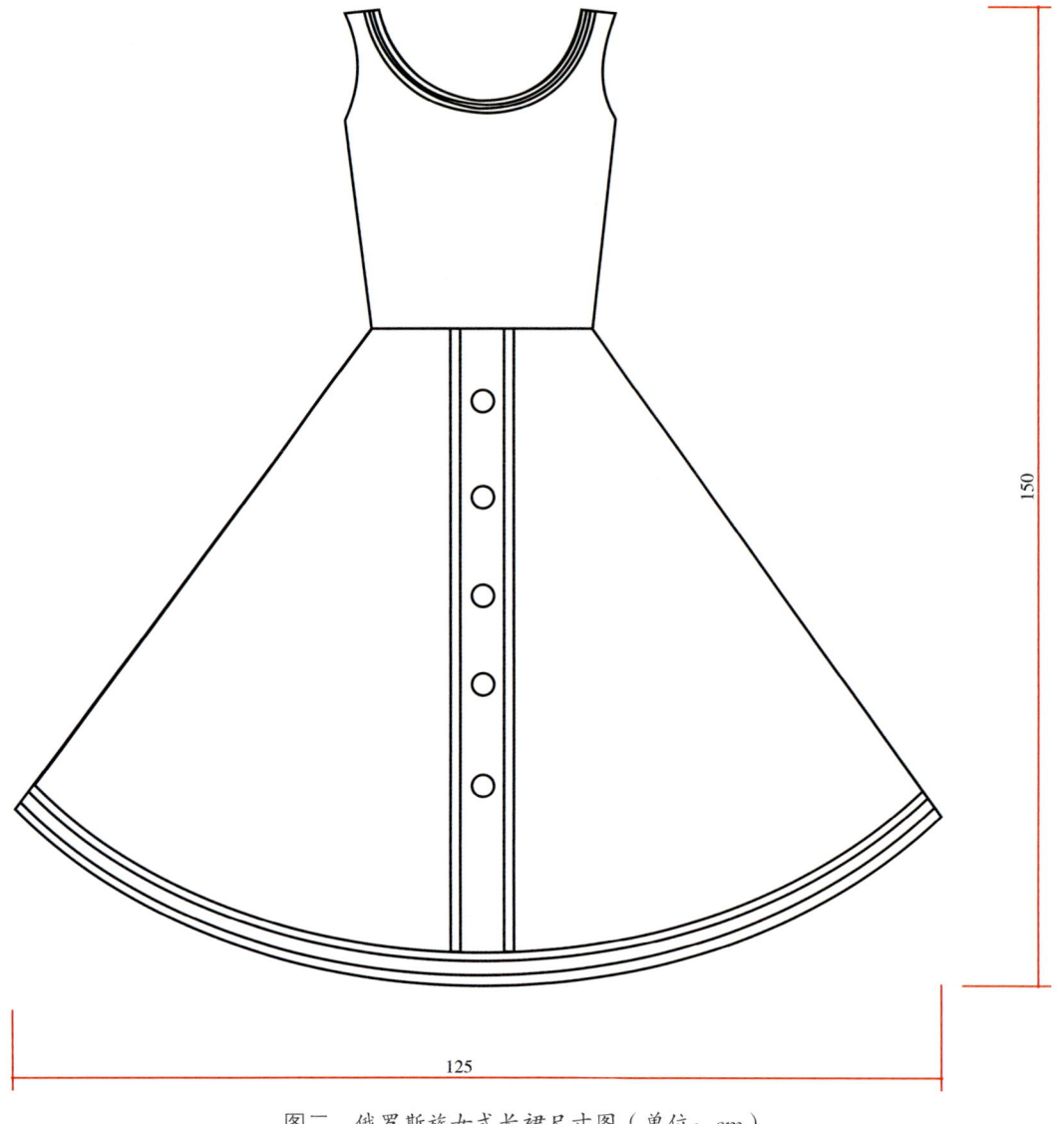

图二　俄罗斯族女式长裙尺寸图（单位：cm）

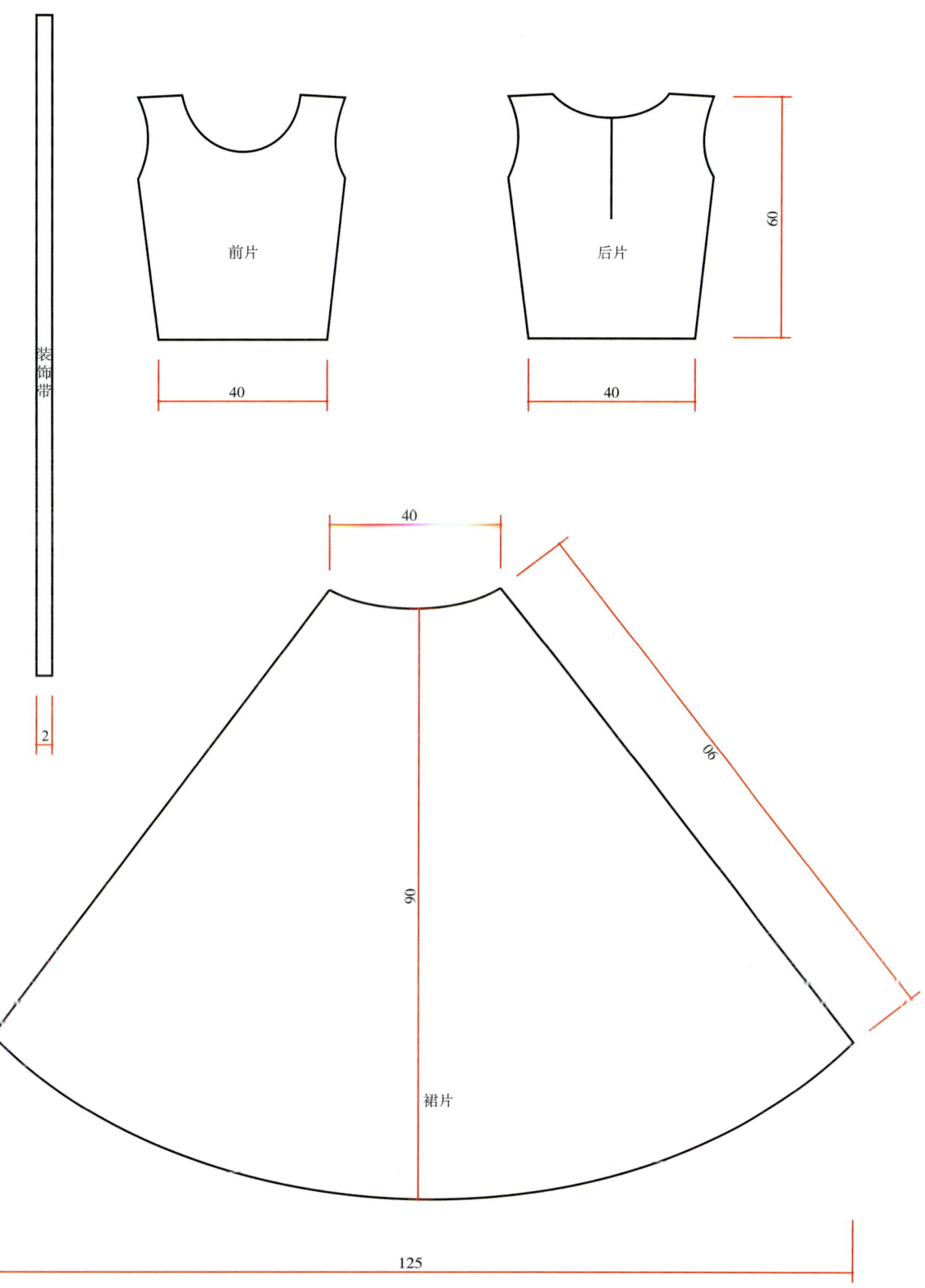

图三 俄罗斯族女式长裙开片、尺寸图（单位：cm）

图四 俄罗斯族女式长裙色彩分析图

单位纹样

二方连续

图五 俄罗斯族女式长裙纹样效果示意图

俄罗斯族女式绣花衬衫

图一 俄罗斯族女式绣花衬衫主图

绣花衬衫作为俄罗斯族女性重要的传统服装之一,充分体现了俄罗斯族女性的特点。本案例采集于新疆乌鲁木齐博物馆,属近代服装,长70厘米,宽45厘米。整体造型呈T形,袖口收拢,立领,衬衫袖口、领口、前片的胸部和肘部均有装饰带,造型简洁,图案优美。

绣花衬衫主要由前片、后片、两块袖片、领口、袖口等部分组成。其中袖片长55厘米,宽25厘米,领口长41厘米,袖口长20厘米。衬衫的主要颜色为白色,刺绣部分颜色丰富,主要有蓝、绿、红和黑等色,色彩对比强烈。绣花纹饰主要分为两部分:一部分是袖口、领口的绣花纹饰,这里的纹饰是由一个三角形的几何形纹饰填充不同的颜色而产生的二方连续。另一部分为胸部和肘部,这里的绣花纹饰由两个菱形图案呈发射状排列组合而成一个单独纹样,然后左右排列形成二方连续图案，边缘部分用三角形几何纹饰封边。整个纹饰造型简单，色彩变化丰富，对比强烈。俄罗斯族女式绣花衬衫，通常与短袖、半开胸、卡腰式、大摆连衣裙搭配，再配上高筒女靴，成为俄罗斯族女装典型的穿着方式。

俄罗斯族女式绣花衬衫充分地反映了俄罗斯族人造物的思维方式，也反映出了他们在服装上的审美观念。在当地俄罗斯族的日常生活和重大节日活动中，俄罗斯族女性都喜欢穿刺绣白色衬衫来搭配。

图片来源
图一　贾伟国　摄影
图二、图四至图六　刘毅　制图
图三　费冉　制图

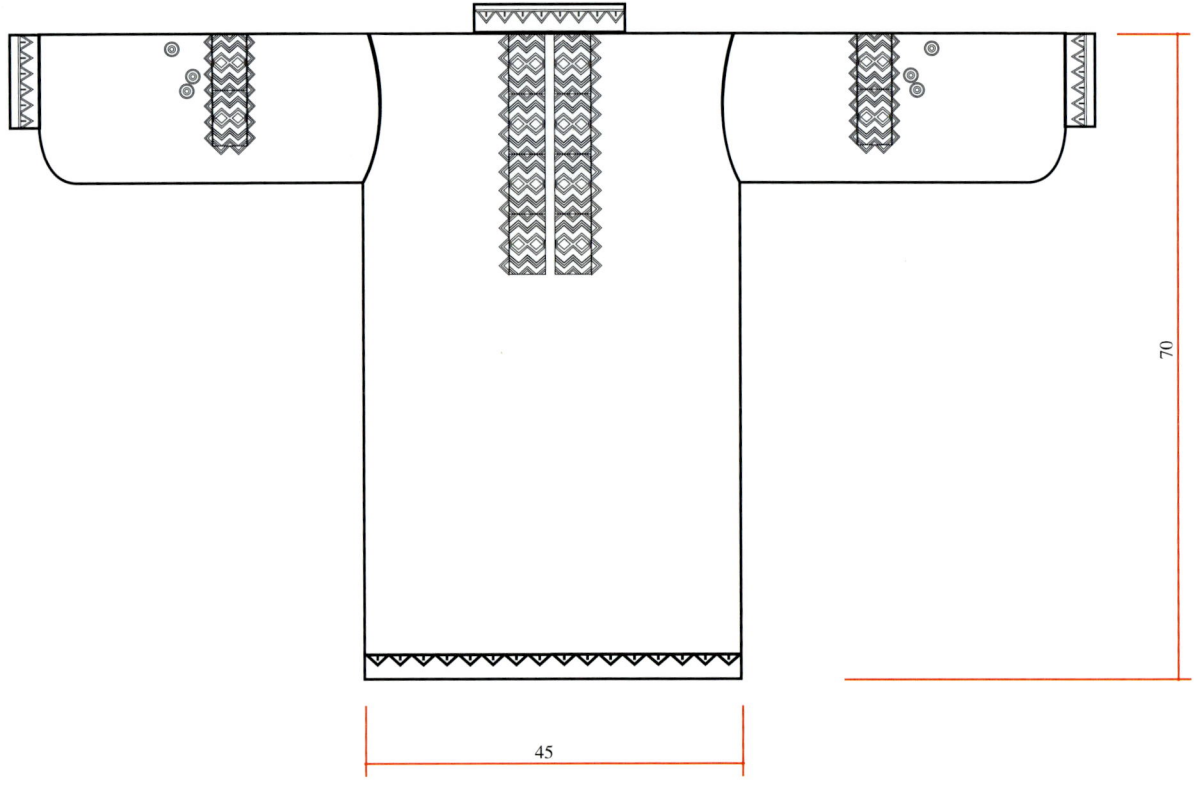

图二　俄罗斯族女式绣花衬衫尺寸图（单位：cm）

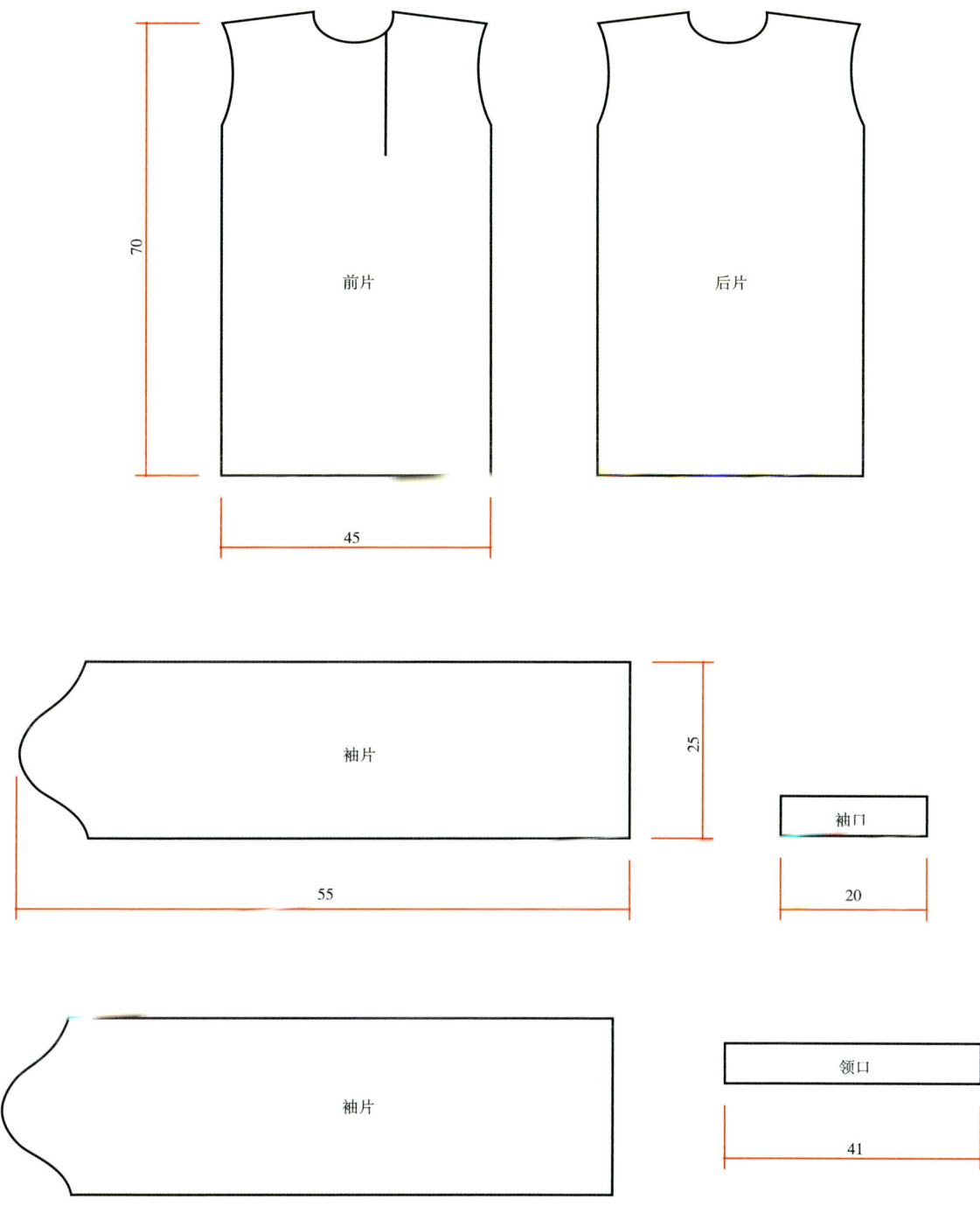

图三 俄罗斯族女式绣花衬衫开片、尺寸图（单位：cm）

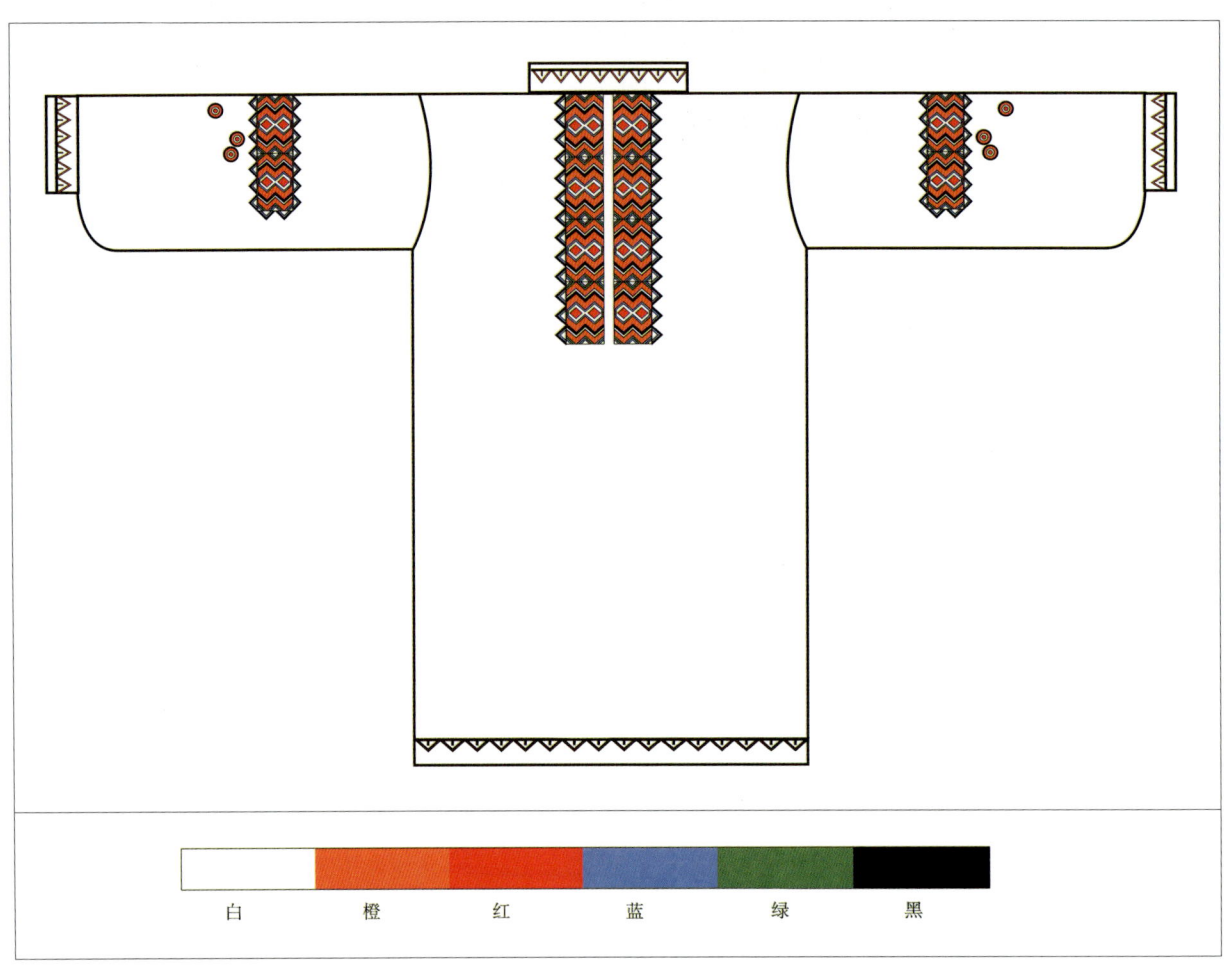

图四　俄罗斯族女式绣花衬衫色彩分析图

单位纹样

二方连续

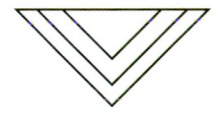
单位纹样

二方连续

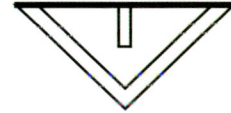
单位纹样

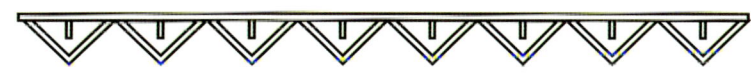
二方连续

单位纹样

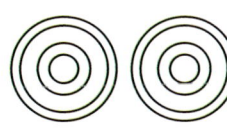
二方连续

图五 俄罗斯族女式绣花衬衫纹样效果示意图

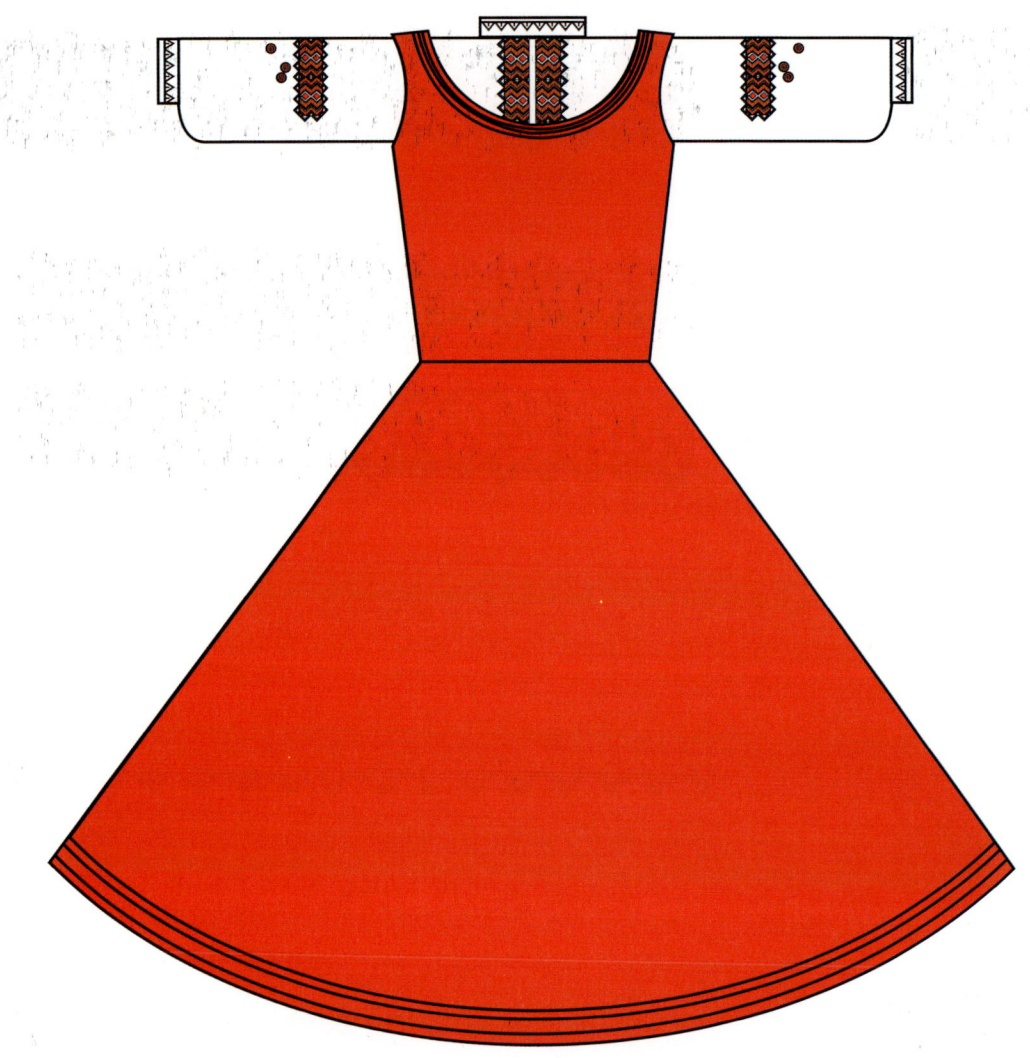

图六　俄罗斯族女式绣花衬衫穿着效果示意图

俄罗斯族头巾

图一　俄罗斯族头巾主图

　　头巾，是人们包裹在头上，保护头部的一种方巾。头巾是俄罗斯族人日常生活中必备的服装配饰之一，每个俄罗斯族妇女都有很多不同图案、不同质地的头巾，以备不同季节、不同场合佩戴。本案例采集于内蒙古额尔古纳市恩和村，属现代物品，正方形，长宽各85厘米。造型简洁，图案为蓝紫色方格，色彩自然柔和。

　　头巾材料主要为棉线，质地柔软，包裹舒适。头巾的包裹非常方便，先将头巾平铺，沿对角线对折，将对折后的头巾放在头上，然后用双手把头巾的两个底角用手抓住，将其束到脑后，再将其两端左右交叉打个结，最后调整舒适就可以了。有时为了包扎得更加结实牢固，可以在此基础上再打个结。头巾的颜色主要为紫、蓝和蓝紫色。头巾的纹饰主要由几何图形排列组合而成，分为单独纹样和单位纹样两部分。单位纹样包括二方连续和四方连续两种排列方式。采用直线进行分割，整体对称，中间部分平整，四周呈放射状，有空间延伸感，疏密恰当，繁简有序。头巾有四个作用：一保暖。二、卫生。三、美观。四、区别婚否。婚后的妇女必须将头发盘起，用头巾将其包裹起来，否则会被认为不礼貌。

头巾作为俄罗斯族传统服饰的一个重要组成部分，其使用的广泛性充分反映了俄罗斯族独特的文化与风俗。

图片来源
图一、图五至图六　郭立忠　摄影
图二至图四　郭立忠　制图

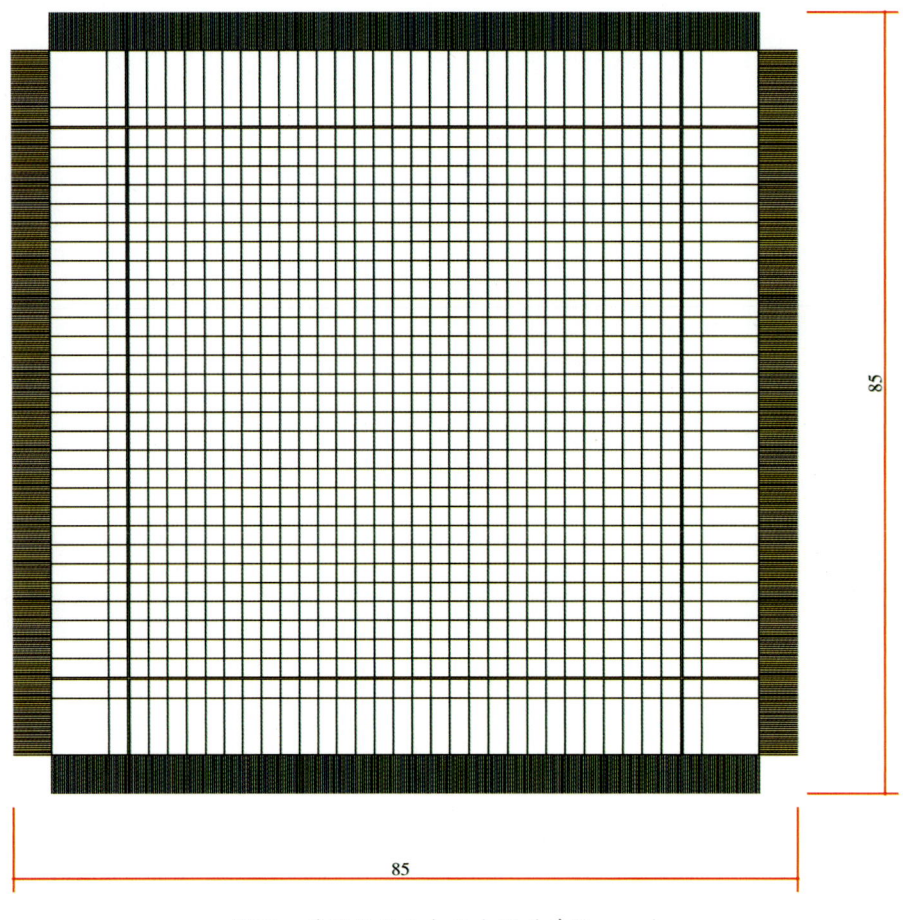

图二　俄罗斯族头巾尺寸图（单位：cm）

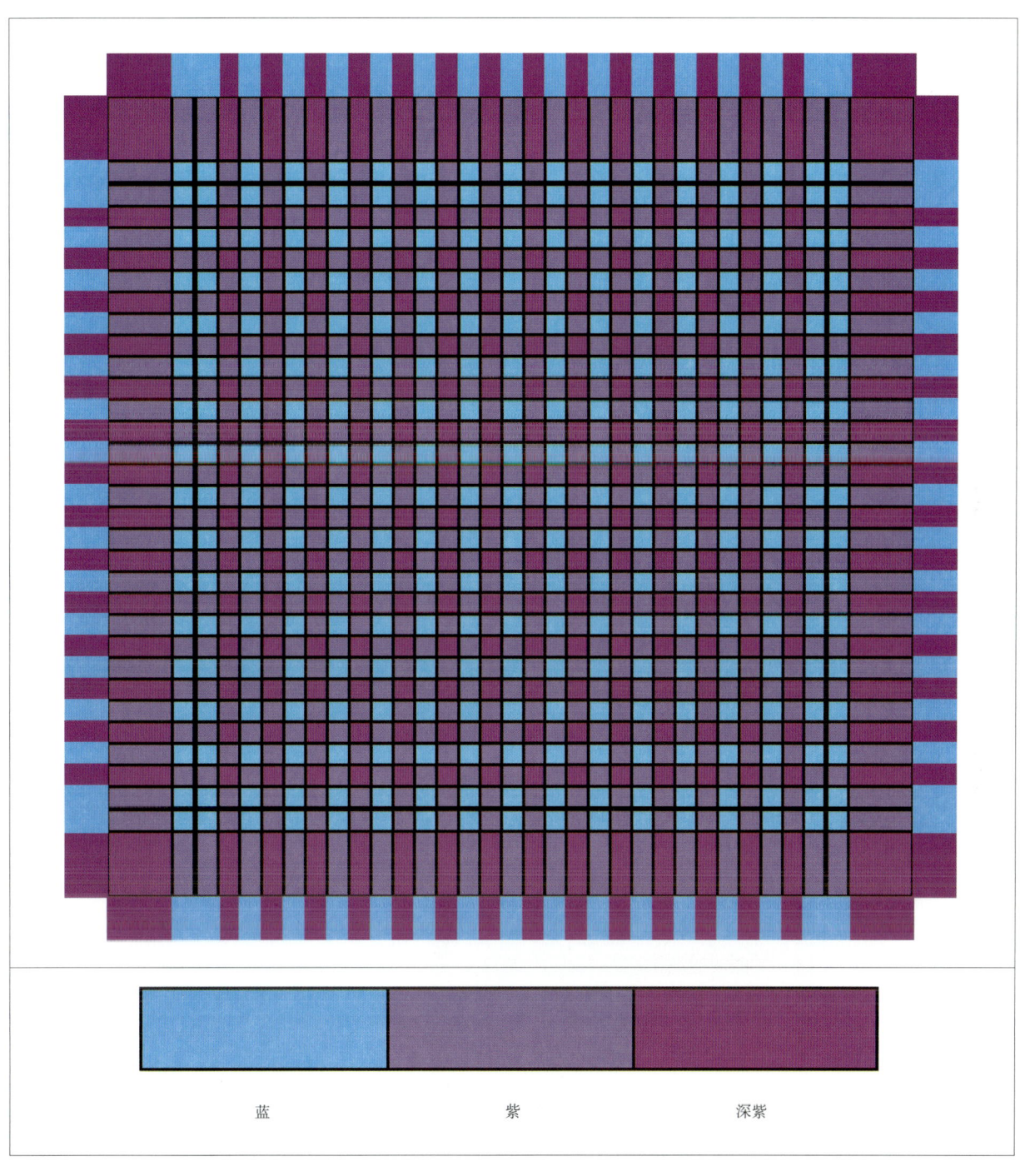

图三 俄罗斯族头巾色彩分析图

单独纹样

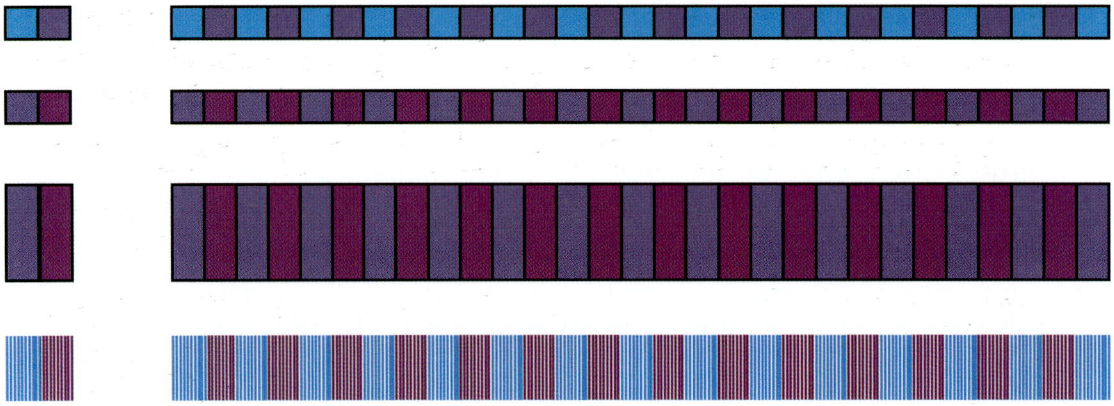

单位纹样　　　　　　　　　二方连续

单位纹样　　　　　　　　　四方连续

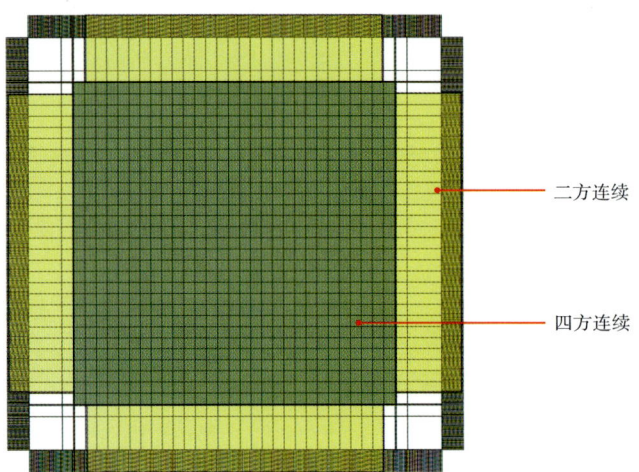

图四　俄罗斯族头巾纹样效果示意图

图五　俄罗斯族头巾包裹示意图

图六　俄罗斯族头巾包裹情境图

第三章 俄罗斯族传统餐饮

俄罗斯族苏波汤

图一　俄罗斯族苏波汤主图

苏波汤又称红菜汤、罗宋汤，是俄罗斯族最著名的传统美食之一。苏波汤通常分为荤素两种，素苏波汤制作相对简单，荤苏波汤制作则较为复杂。本案例采集于内蒙古额尔古纳市恩和村。苏波汤的主要食材有土豆、牛肉、自制酸菜、西红柿。

自制酸菜是苏波汤中不可缺少的重要食材，主要原料是大包菜和胡萝卜。腌制过程是：首先将大白菜和胡萝卜切成细丝。其次准备酸菜的配料，主要有八角、生姜、花椒、大茴香、食盐。将两种食材和配料混合拌匀，放入缸或坛子里，用石头压住，放置在阴凉的地方，让其发酵变酸。苏波汤的制作主要有以下几个步骤：一、将洗干净的牛肉切成条状，在熬制的过程中去除表面的泡沫。二、牛肉熬制到半熟时，将土豆切成块，放入锅中，继续熬制。三、将西红柿切成块状，清炒，备用。四、将酸菜和西红柿放入八成熟的牛肉和土豆的汤汁内。五、加入食盐、黑胡椒粉等调料，熬制数分钟，使其充分入味。六、起锅、装盘，苏波汤就制作完成了。

苏波汤健脾开胃，深受俄罗斯族人的喜爱。

图片来源
图一至图三、图五至图六　黄晓蔓　摄影
图四、图七　刘毅　摄影

土豆

牛肉

酸菜

西红柿

图二 俄罗斯族苏波汤食材示意图

大白菜

胡萝卜

图三 俄罗斯族苏波汤酸菜腌制食材示意图

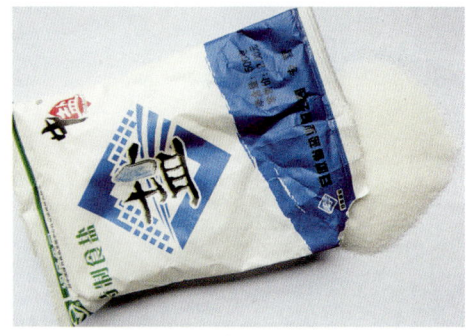

图四　俄罗斯族苏波汤酸菜配料示意图

图五　俄罗斯族苏波汤酸菜腌制效果示意图

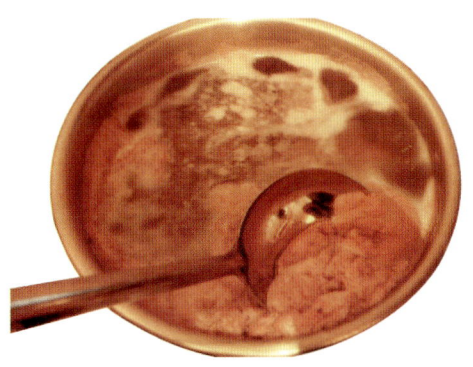

1. 将洗干净的牛肉切成条状,放入锅中熬制,去除表面泡沫

4. 将腌制好的酸菜和炒好的西红柿放入八成熟的牛肉和土豆的汤汁内

2. 牛肉熬制至半熟时,将土豆切成块状,放入锅中,继续熬制

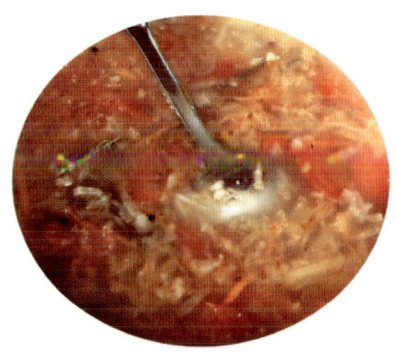

5. 加入食盐等调料,熬制数分钟,使其充分入味

3. 将西红柿切成块状,清炒,备用

6. 起锅、装盘,制作完成

图六 俄罗斯族苏波汤制作流程图

图七　俄罗斯族苏波汤食用情境图

俄罗斯族土豆肉饼

图一　俄罗斯族土豆肉饼主图

作为俄罗斯族的特色饮食之一，土豆肉饼具有代表性。本案例采集于内蒙古额尔古纳市恩和村。土豆肉饼的食材主要有牛肉和土豆两种。

做土豆肉饼的工具主要有土豆泥板和平底锅。土豆泥板的主要材料为木材和白铁皮，长59厘米，宽25厘米，厚4厘米，其中长17厘米，宽13厘米的长方形白铁皮布满均匀的孔洞。在做土豆泥板时，先用木材制作框架，然后将带有孔洞的白铁皮固定上去，白铁皮的表面均匀地分布着一个个小孔，将剥皮的土豆在其表面摩擦，土豆泥就会顺着孔流下去。平底锅为铁制，最宽处37厘米，内部直径29厘米，高5厘米，外部直径35厘米。在形制上与汉族的平底锅有较大区别，主要体现在两个锅耳部分。汉族的平底锅锅耳较大，而此锅则较小，只有约1厘米宽。由于锅底为平的，所以受热均匀。土豆肉饼的配料主要有葱、花椒面、干面包、食盐等。制作土豆肉饼主要有以下几个步骤：一、将新鲜的牛肉剁碎。二、制作土豆泥，将干面包用温水泡开。三、根据自己的口味，添加配料，搅拌均匀，有点像调制饺子馅。四、加工成型，将其放入平底锅，用油煎制。五、当煎制成两面金黄时，装盛待用。六、将土豆切成条状，放入锅中，煎半熟，加入肉饼和水，焖5～10分钟，美味的土豆肉饼就可以出锅了。土豆肉饼色泽金黄，口感柔和，肉质细嫩，外焦里嫩，再配上苏波汤，让人回味无穷。

图片来源

图一、图三、图六　刘毅　摄影
图二　黄晓蔓　摄影
图四　刘毅　制图
图五　刘毅　摄影、制图

牛肉

土豆

图二　俄罗斯族土豆肉饼食材示意图

葱

花椒

面包

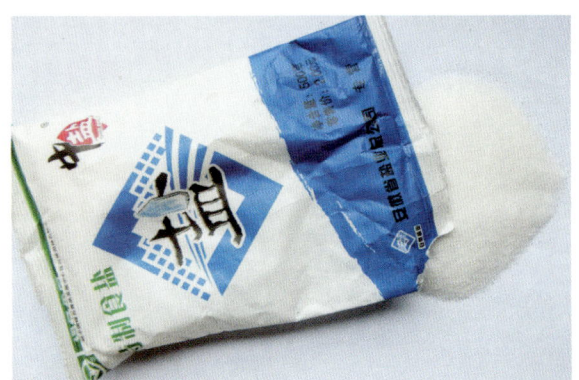
食盐

图三　俄罗斯族土豆肉饼配料示意图

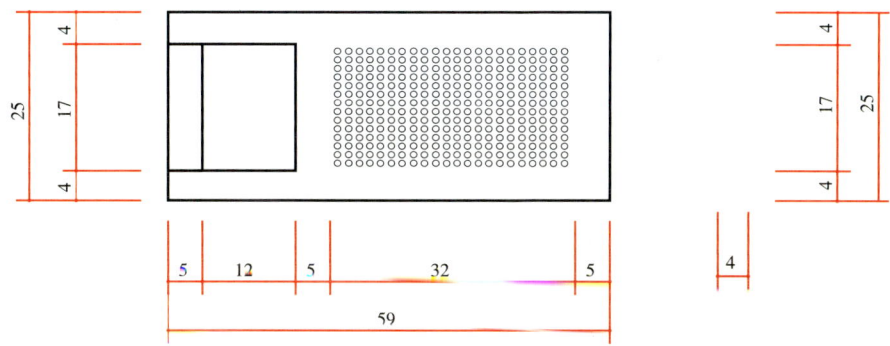

图四 俄罗斯族土豆肉饼土豆泥板尺寸图（单位：cm）

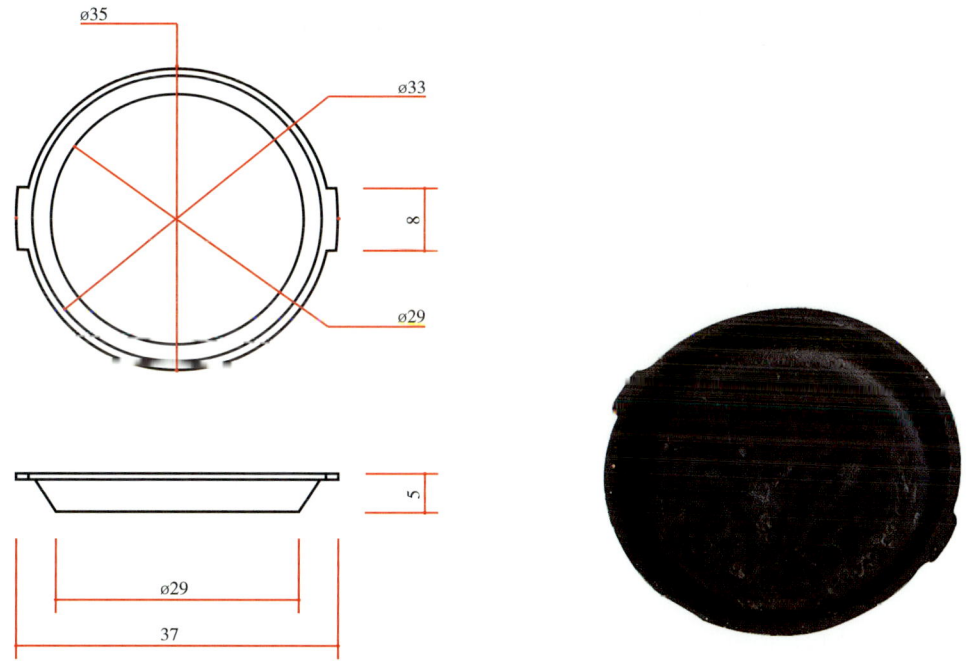

图五 俄罗斯族土豆肉饼平底锅尺寸图（单位：cm）

1. 加工牛肉，剁碎

4. 加工成型，放入平底锅，用油煎

2. 制作土豆泥，用温水泡开干面包

5. 当煎制成两面金黄时备用

3. 添加配料，搅拌均匀

6. 将土豆切成条状，放入锅中煎半熟，放入肉饼，加水焖5~10分钟，美味的土豆肉饼就可以出锅了

图六　俄罗斯族土豆肉饼制作流程图

俄罗斯族列巴

图一　俄罗斯族列巴主图

列巴是俄罗斯族传统美食的代表之一。本案例采集于内蒙古额尔古纳市恩和村。列巴的食材主要有面粉、鸡蛋、白砂糖、列巴花、奶油、食盐、牛奶等。

制作列巴的工具中，列巴盘、木铲锹、扒灰钩具有代表性。列巴盘主要是盛列巴用的铁盘，呈长方体，长85厘米，宽23厘米，深6厘米。木铲锹的主要功能是将盘送到列巴炉里面。木制，锹状，总长153厘米，木制锹把直径5厘米，锹头部分宽12厘米，长43厘米，本案例由于使用时间较久，前端已经磨损呈弧形。扒灰钩主要的功能是将燃烧完的柴灰扒出，清空炉膛。铁制，呈L形，上端弯曲成圆形，便于操持。通体长163厘米，扒钩部分长15厘米。这些工具在实际制作的过程中，可以根据具体情况做调整。列巴炉一般由烟囱、炉门、过道、烤室、保温层等部分组成。在使用过程中，首先将白桦木放入烤室点火，在燃烧的过程中整个炉室加热，底部的鹅卵石和碎玻璃起到保温的作用。木材燃烧完后，用扒灰钩将灰扒至过道，这时整个烤室温度已达到烤列巴所需的温度，然后将列巴盘用木铲锹送入烤室，用余温将列巴烤熟。俄罗斯面包制作时一般不用酵母发酵面粉，而是用当地盛产的列巴花制作列巴引子。一般在秋天列巴花成熟后收集起来，晒干备用。制作列巴，列巴引子必不可少，首先将晒干的列巴花洗干净，放入锅中煮沸，当变成淡黄色时倒出，滤除列巴花，冷却；然后倒入适量面粉搅拌成糊状，放置数小时；在面团发酵膨胀时，再搅拌一次，继续放置；等到面团再次膨胀时，放置晾干，即成列巴引子。制作列巴主要有以下几个步骤：一、将列巴引子用温水泡开做成面酵子，加面粉、鸡蛋、牛奶、食盐等。二、将发酵好的面揉成大小一致的球形，放在列巴盘中。三、将烤室装满白桦木，点火加热。四、等木材燃烧完后用扒灰钩扒出柴灰，清空烤室。五、在放入列巴盘中的面团上涂抹奶油。六、用木铲锹将列巴盘送入烤室，关上炉门。七、40分钟后，新鲜美味的列巴就可以出炉了。食用列巴时，通常还要抹上蓝莓果酱，这样味道会更好。

图片来源

图一　郭立忠　摄影
图二　刘毅　摄影
图三至图六　郭立忠　摄影、制图
图七　郭立忠　制图

面粉

鸡蛋

列巴花

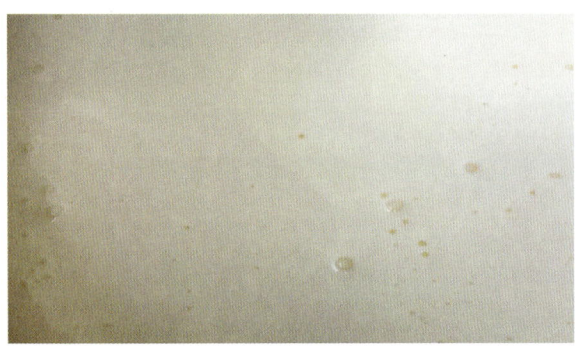
奶油

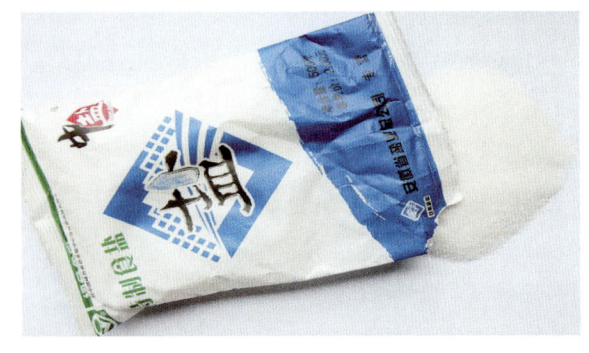
食盐

牛奶

图二　俄罗斯族列巴食材示意图

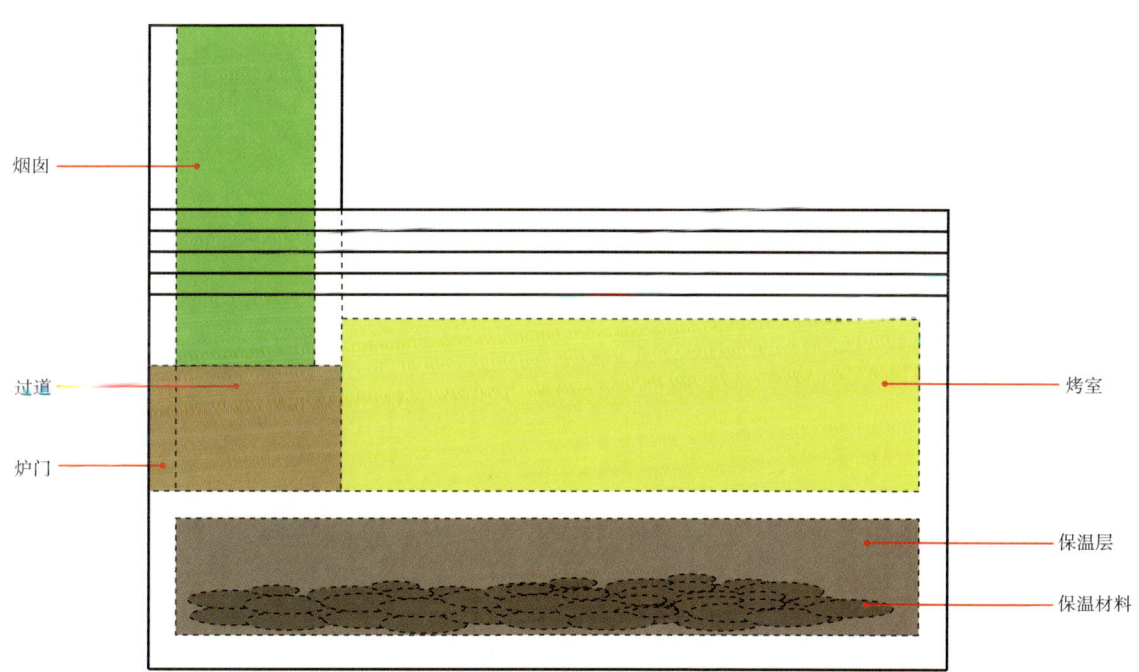

图三　俄罗斯族列巴列巴炉结构名称图

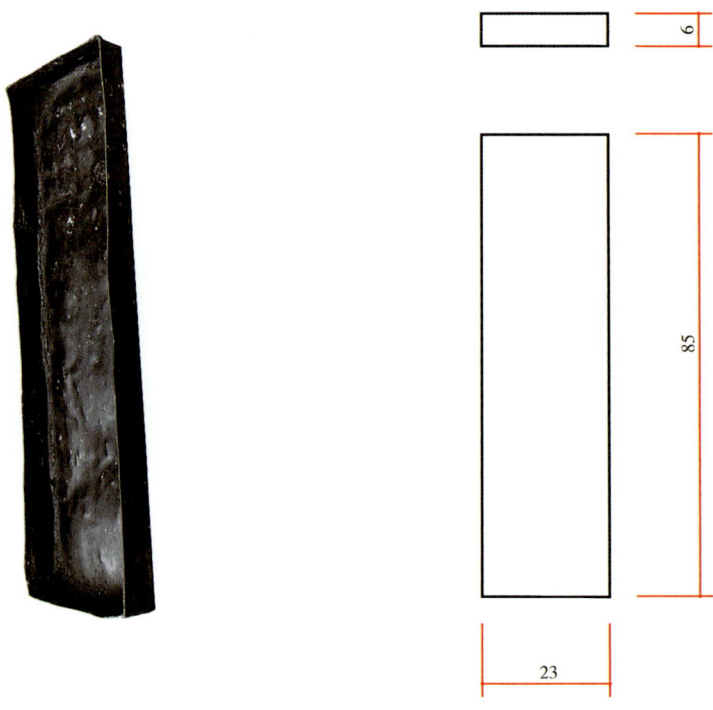

图四　俄罗斯族列巴列巴盘尺寸图（单位：cm）

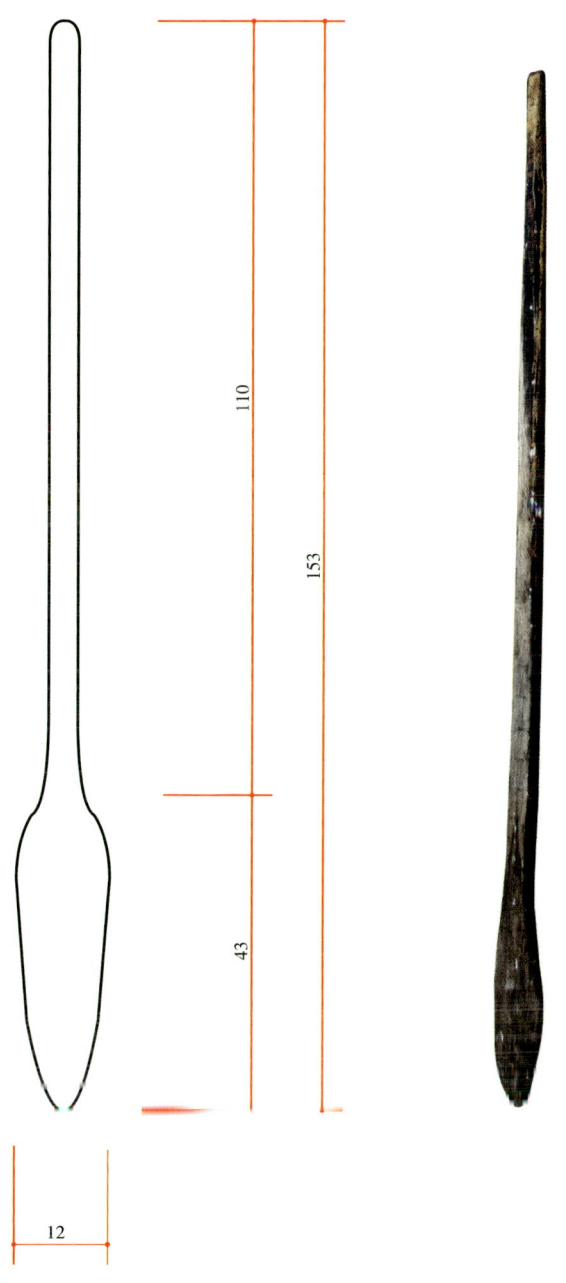

图五 俄罗斯族列巴木铲锹尺寸图（单位：cm）

第三章 俄罗斯族传统餐饮

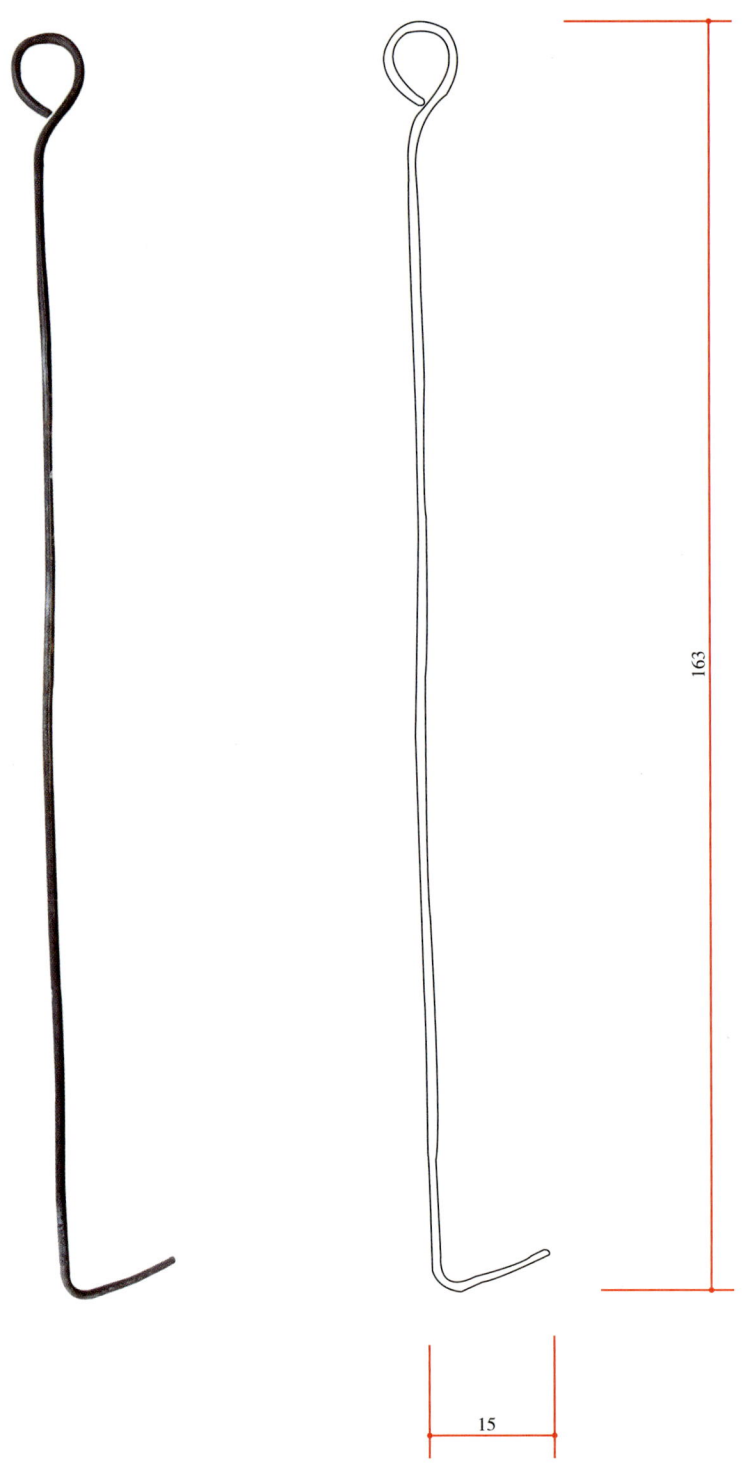

图六　俄罗斯族列巴扒灰钩尺寸图（单位：cm）

1.将列巴花引子泡开做成面酵子,加面粉、鸡蛋、食盐、牛奶等

5.在放入列巴盘中的面团上涂抹奶油

2.将发酵好的面揉成大小一致的球形,放在列巴盘中

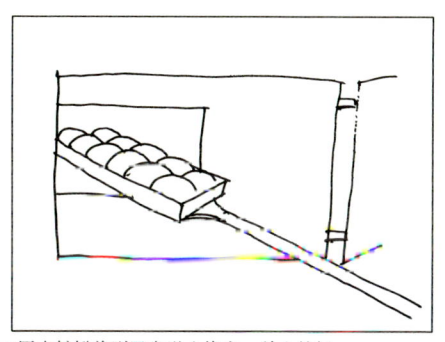

6.用木铲锹将列巴盘送入烤室,关上炉门

3.将烤室装满白桦木,点火加热

7.40分钟后,新鲜美味的列巴就出炉了

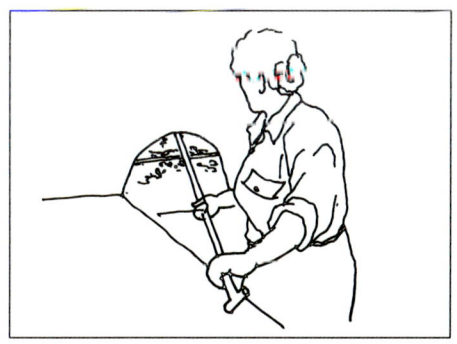

4.用扒灰钩扒出柴灰,清空烤室

图七　俄罗斯族列巴制作流程图

俄罗斯族捣蒜缸

图一　俄罗斯族捣蒜缸主图

捣蒜缸是俄罗斯族的传统餐饮器具，主要用来捣碎蒜头。整体造型呈上大下小的圆柱体，缸口外扩，下部向内侧微收。本案例采集于内蒙古额尔古纳市俄罗斯族民俗馆，属近代物品，高13厘米，缸口直径13.5厘米，缸底直径9.5厘米，缸体厚1厘米。

捣蒜缸主要由缸身和捣蒜棒两部分组成，均为铁制。其中捣蒜棒高27厘米，手柄长12厘米；棒头直径5厘米，高2.5厘米。制作捣蒜缸主要有以下几个步骤：一、用细沙和黏土调和揉搓，制作内模，要求圆润光滑。二、在内模表面涂抹油蜡，油蜡由牛油与黄蜡混合制成，二者之比通常为8∶2，涂抹厚度就是捣蒜缸的厚度。三、用细泥粉和炭末调成的糊状泥浆反复涂抹约1厘米厚，晾干。在上部要加蜡条预留浇铸口和出气孔。四、低温烧烤使油蜡熔化，从开口处流干净，内外模在低温烧烤中变硬。五、浇铸铁水，内外模成型，空隙部分就是要浇铸的捣蒜缸。六、脱模后，打磨加工完成。捣蒜时，用手抓住捣蒜棒的手柄，不断地上下运动，用棒头敲击蒜头，直至捣碎到所要的效果就可以了。

俄罗斯族捣蒜缸有其优点，但也有其缺点，主要是过重，而且长时间不用还容易生锈。

图片来源

图一、图七　郭立忠　摄影
图二至图六　郭立忠　制图

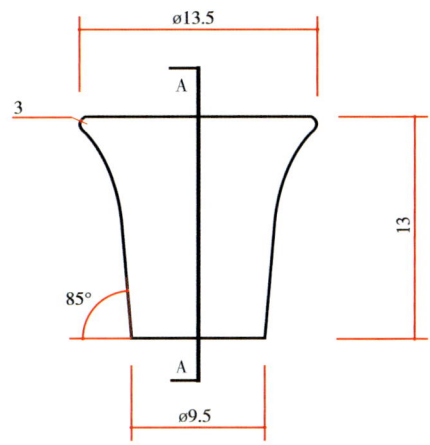
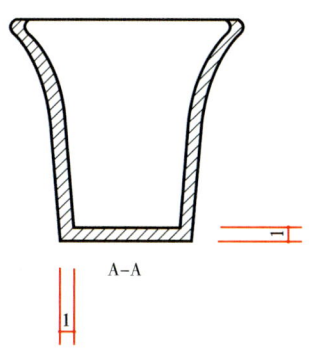
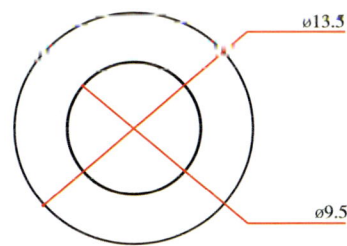

图二　俄罗斯族捣蒜缸尺寸图（单位：cm）

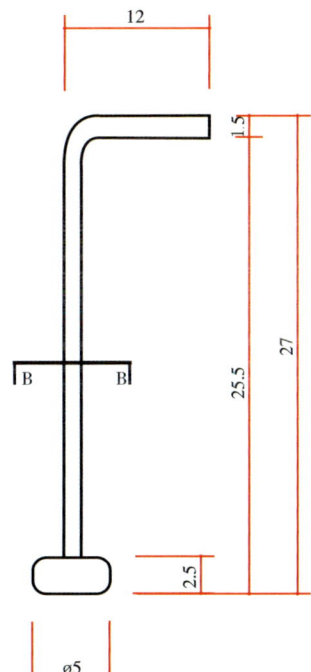
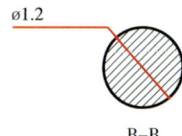

图三　俄罗斯族捣蒜缸捣蒜棒尺寸图（单位：cm）

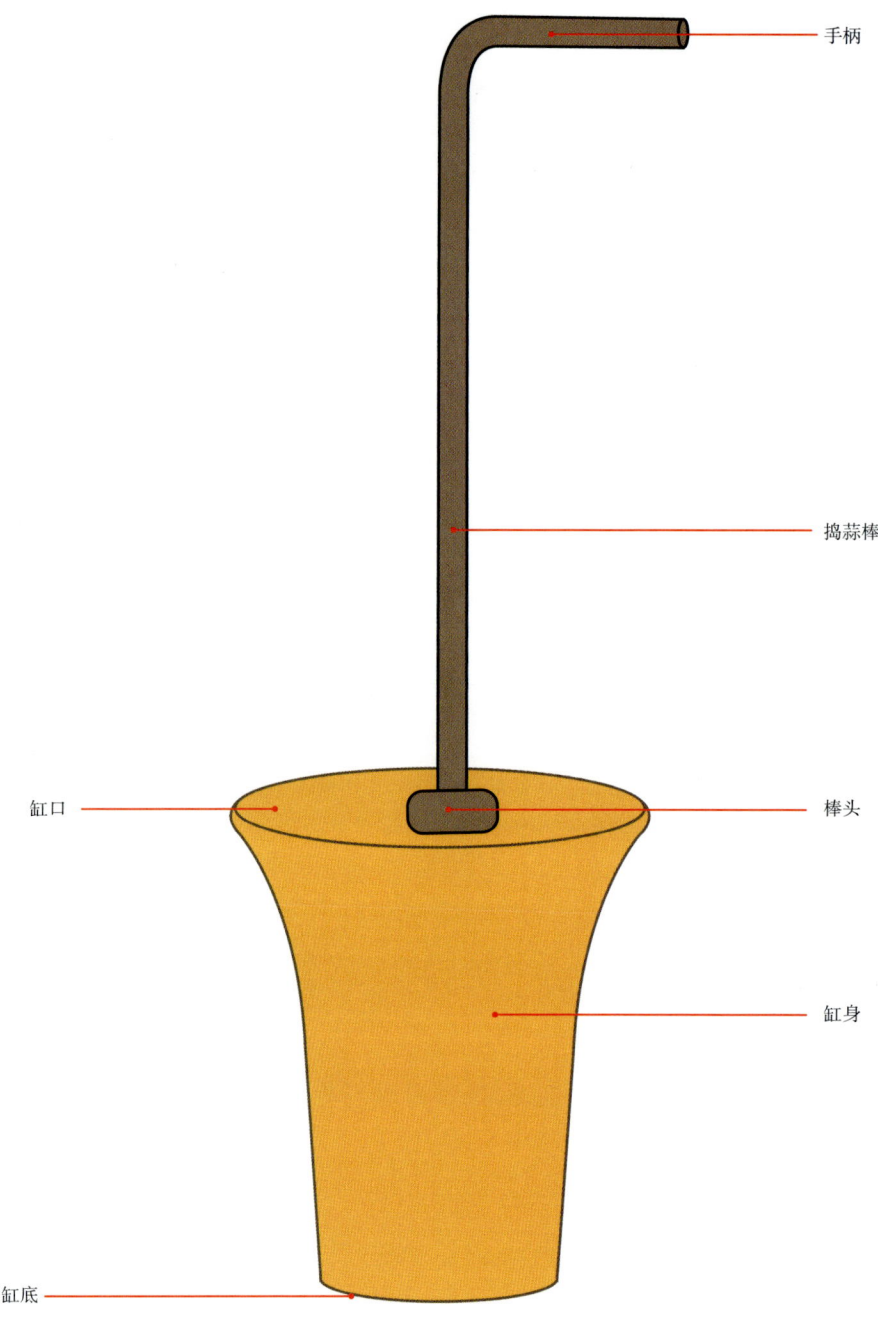

图四　俄罗斯族捣蒜缸结构名称图

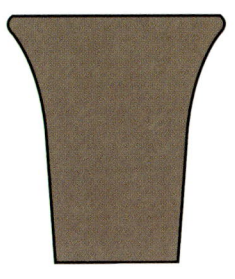

1.用细沙和黏土调和揉搓，制作内模

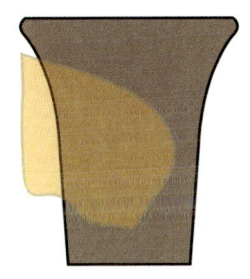

2.涂油蜡，涂抹厚度为捣蒜缸的厚度

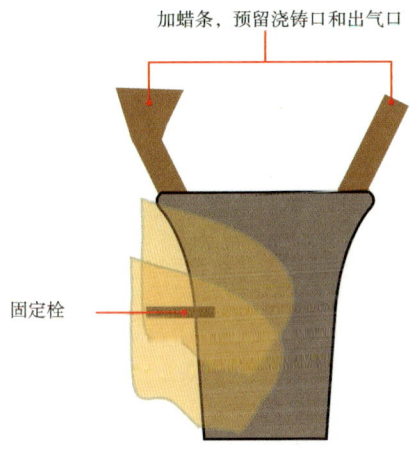

3.用细的泥粉和炭末调成的泥浆反复涂抹约1厘米厚，晾干

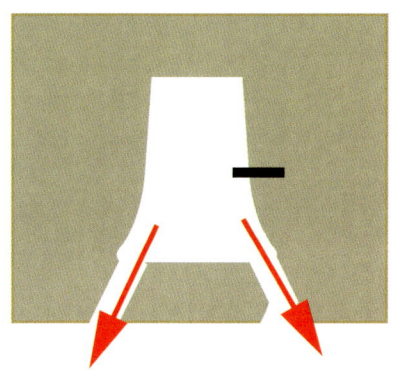

4.低温烧制，内外模在烧制中变硬

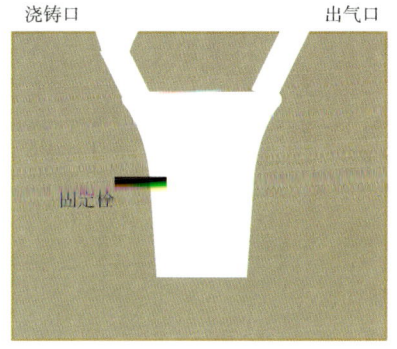

5.浇铸，内外模成型，空隙部分就是要浇铸的捣蒜缸

6.脱模后，打磨加工完成

图五　俄罗斯族捣蒜缸制作流程图

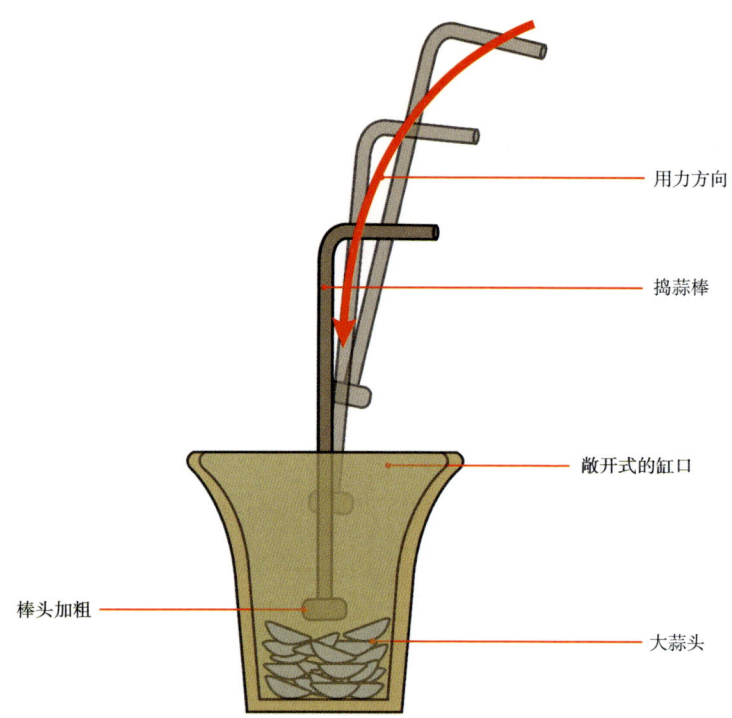

图六　俄罗斯族捣蒜缸操作示意图

图七　俄罗斯族捣蒜缸使用情境图

俄罗斯族水壶

图一　俄罗斯族水壶主图

水壶是俄罗斯族传统餐饮器具之一。本案例采集于内蒙古额尔古纳市恩和村，属近代物品，整体高度为34.5厘米，壶身最宽部分直径29厘米，壶盖直径10厘米，壶嘴长13厘米。俄罗斯族水壶与普通水壶在造型上有较大区别，普通水壶通常为柱状或上小下大，而俄罗斯族水壶为中间鼓起，两端内收。

俄罗斯族水壶主要由壶柄、壶盖、壶身、壶嘴、壶底几部分组成。所用材料为白铁皮，即镀锌铁皮，白铁皮厚度一般为0.44～1.2毫米，锌层厚度大于0.02毫米，有不易生锈和耐腐蚀的优点。由于材质较薄，导热性较好，是制作水壶的理想材料。在设计上，壶身和壶底的连接部分凸起为壶腰，壶身上小下大，壶底上大下小，与灶口的凹口咬合严密。圆形的水壶底部与灶口充分接触，壶底与柴火的接触面积达到了最大化，提高了烧水的速度。制作水壶要首先设计尺寸，在白铁皮上画形裁切。其次弯曲成型，收口处折叠收边。然后再双折收口，用锤子敲击压实。最后将器型放在模具上用锤子敲平压实即可。

俄罗斯水壶在设计上，充分考虑到了灶台的形制，与整个灶台融为一体，最大化地利用了柴火提供的热源。

图片来源

图一、图六　郭立忠　摄影
图二至图五　郭立忠　制图

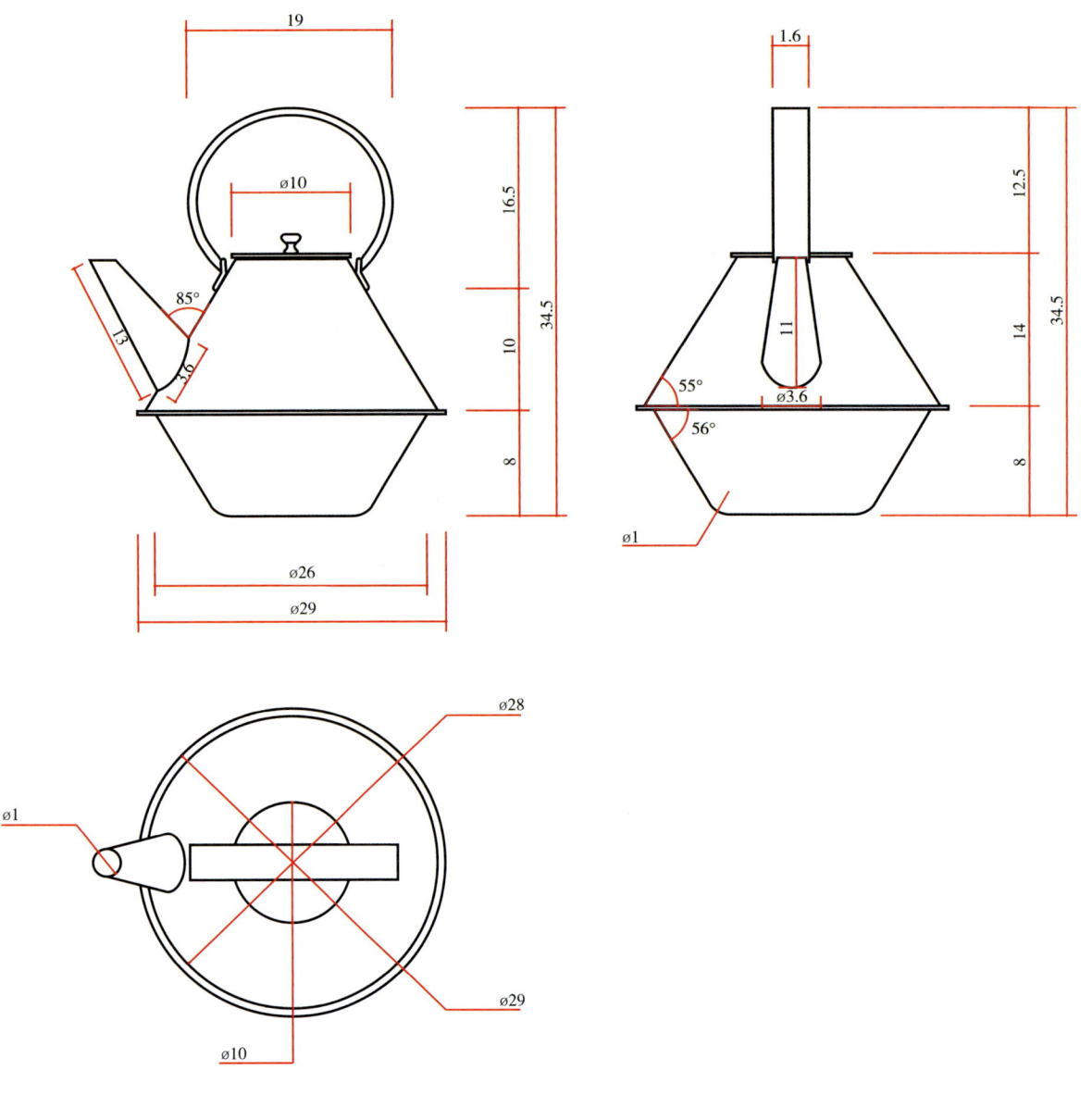

图二　俄罗斯族水壶尺寸图（单位：cm）

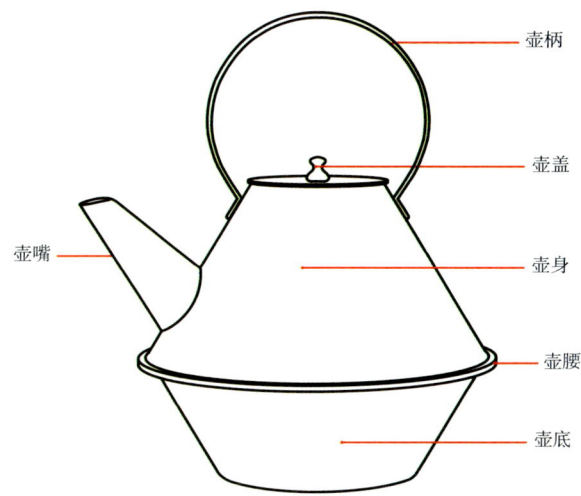

图三　俄罗斯族水壶结构名称图

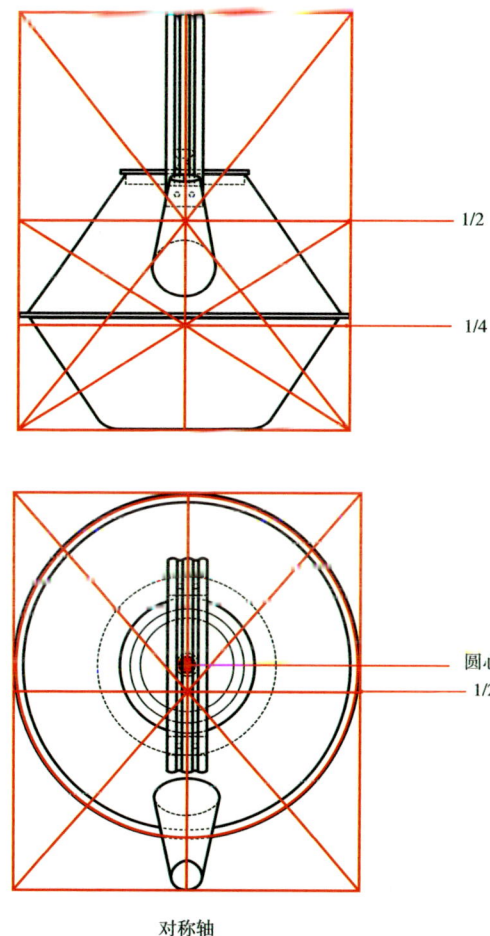

图四　俄罗斯族水壶视觉分析图

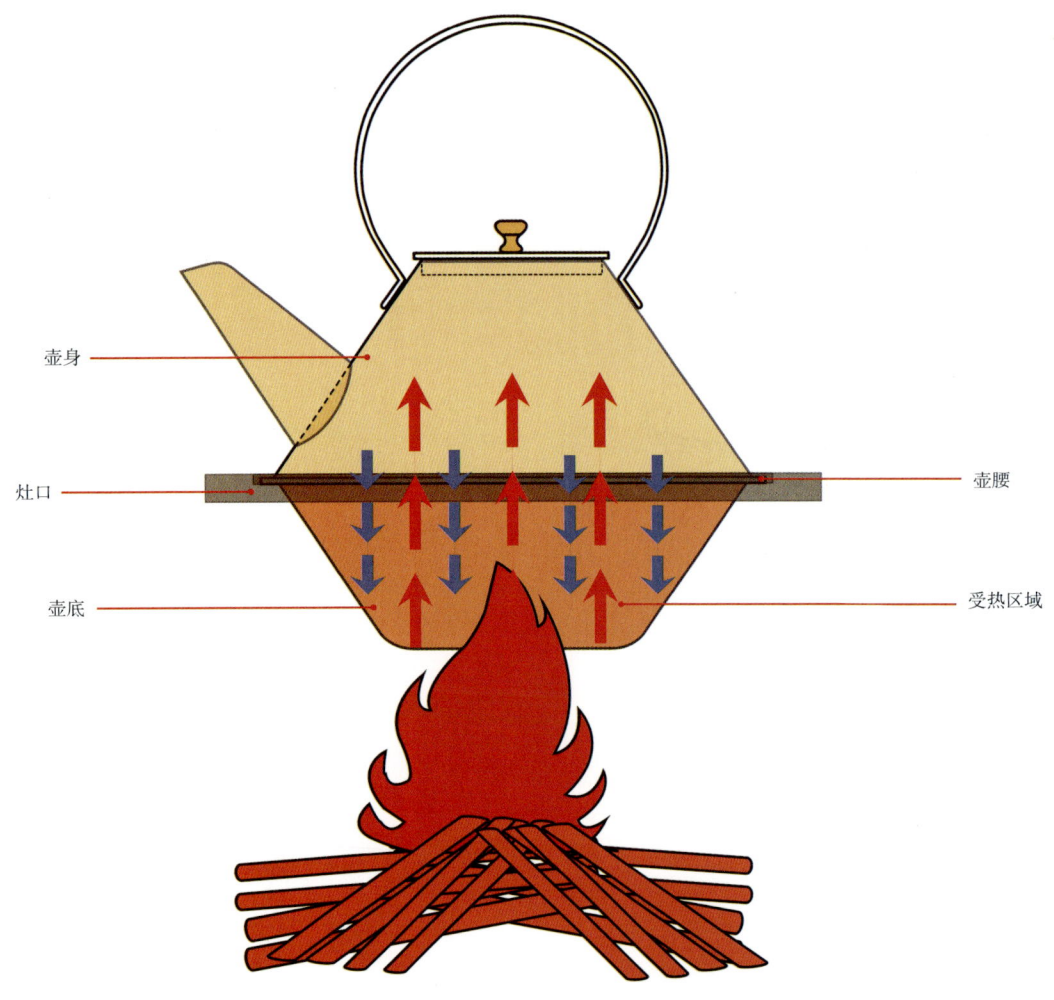

图五　俄罗斯族水壶受热示意图

图六　俄罗斯族水壶使用情境图

第四章 俄罗斯族传统生活用具

俄罗斯族打板刀

图一　俄罗斯族打板刀主图

打板刀是俄罗斯族最为常用的木板加工工具之一。本案例采集于内蒙古额尔古纳市恩和村，属近代物品，长宽均为38厘米，刀刃长31厘米，刀柄上部顶端直径5厘米，下部末端直径3.4厘米。其功能主要是在加工制作板材时，根据所需板材的厚度进行切割。

打板刀主要由刀身、手柄和固定钉三部分组合而成，其中刀身由刀刃、刀背、刀库三部分组成。打板刀的刀身部分为铁制，手柄部分为木制。铁质刀刃锋利，在砍削时较为省力；木质刀柄较轻，使用时省力。砍削时，首先要根据所需板材的厚度，将打板刀摆正并用力向下，将刀刃嵌入。然后用锤子敲击刀背，用外力让刀刃慢慢地切割开木材。当刀刃切割到一定的深度后，用手握住刀柄的末端，向上用力拉，运用杠杆原理，将木板剥离开，一拉三扭，前推后拽。打板刀呈7形，刀身和刀柄垂直。刀身部分是一个完整的整体，刀身的后部上提，并弯曲成圆形而形成刀库。刀库和刀刃之间留有2厘米的间隙，这样在使用过程中就避免了手和木材之间的刮碰，提高了安全性。木制刀柄上粗下细，上部顶端直径大于刀库的内直径，这样在使用的过程中，刀身和刀柄就不会脱落。在固定孔处用一根铁钉固定，使刀身和刀柄很好地连接,并形成了一个整体。使用打板刀时通常要由两个人来操作,一人控制打板刀,另一人用锤子敲击刀背。

随着工业化进程的加快,打板刀也慢慢地被机器所代替,但是它在特定历史时期所起的作用是不可抹杀的。

图片来源

图一、图七　郭立忠　摄影
图二至图六　孙邦利　制图

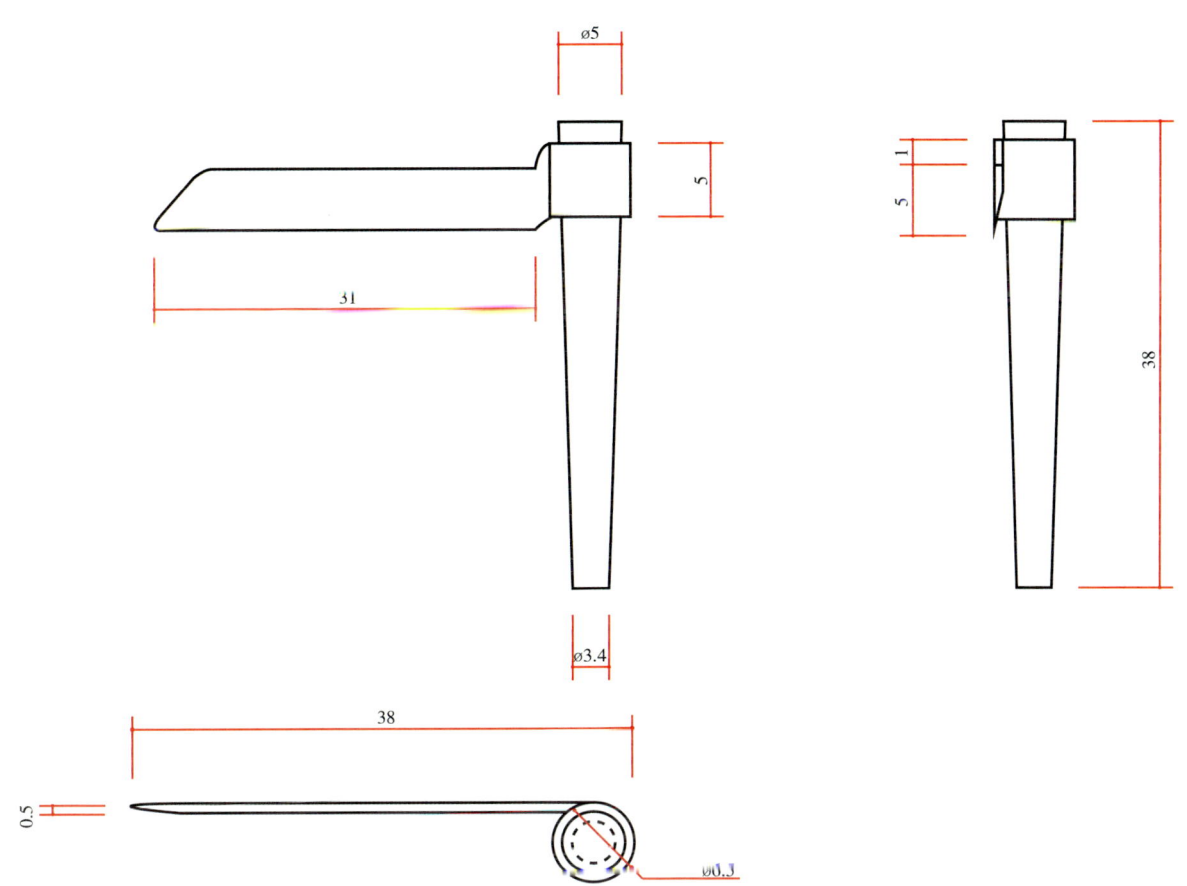

图二　俄罗斯族打板刀尺寸图(单位:cm)

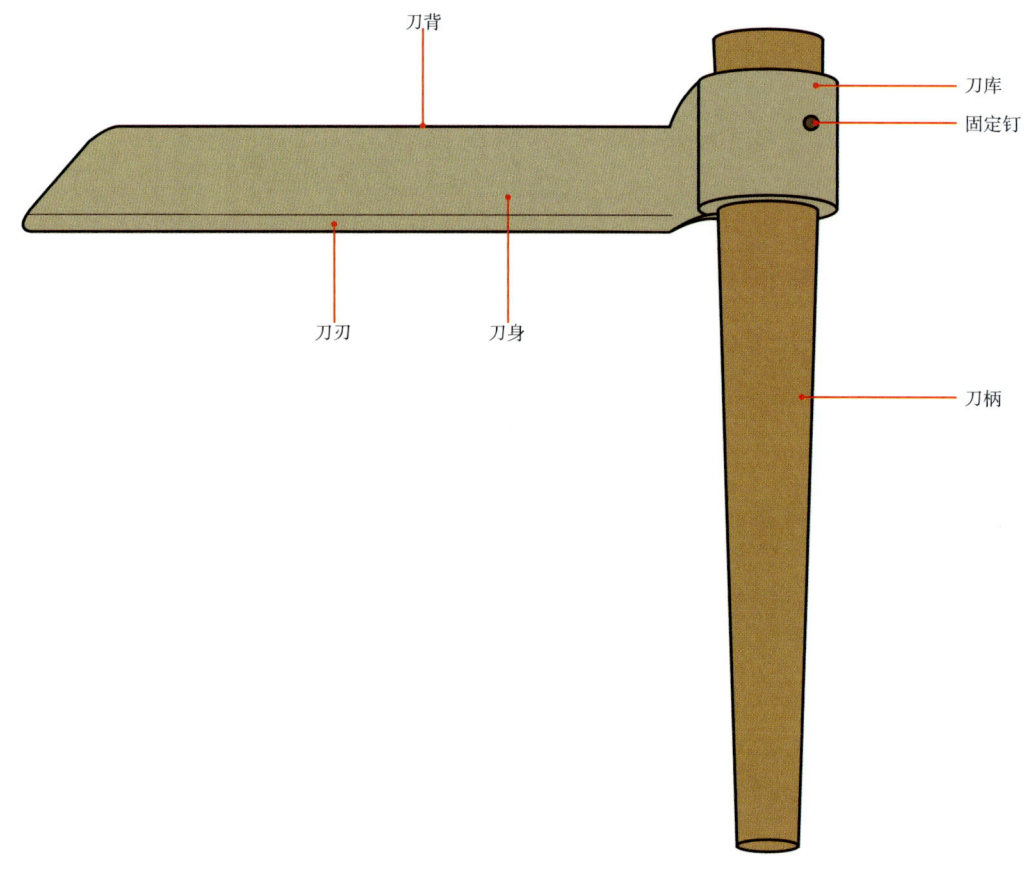

图三　俄罗斯族打板刀结构名称图

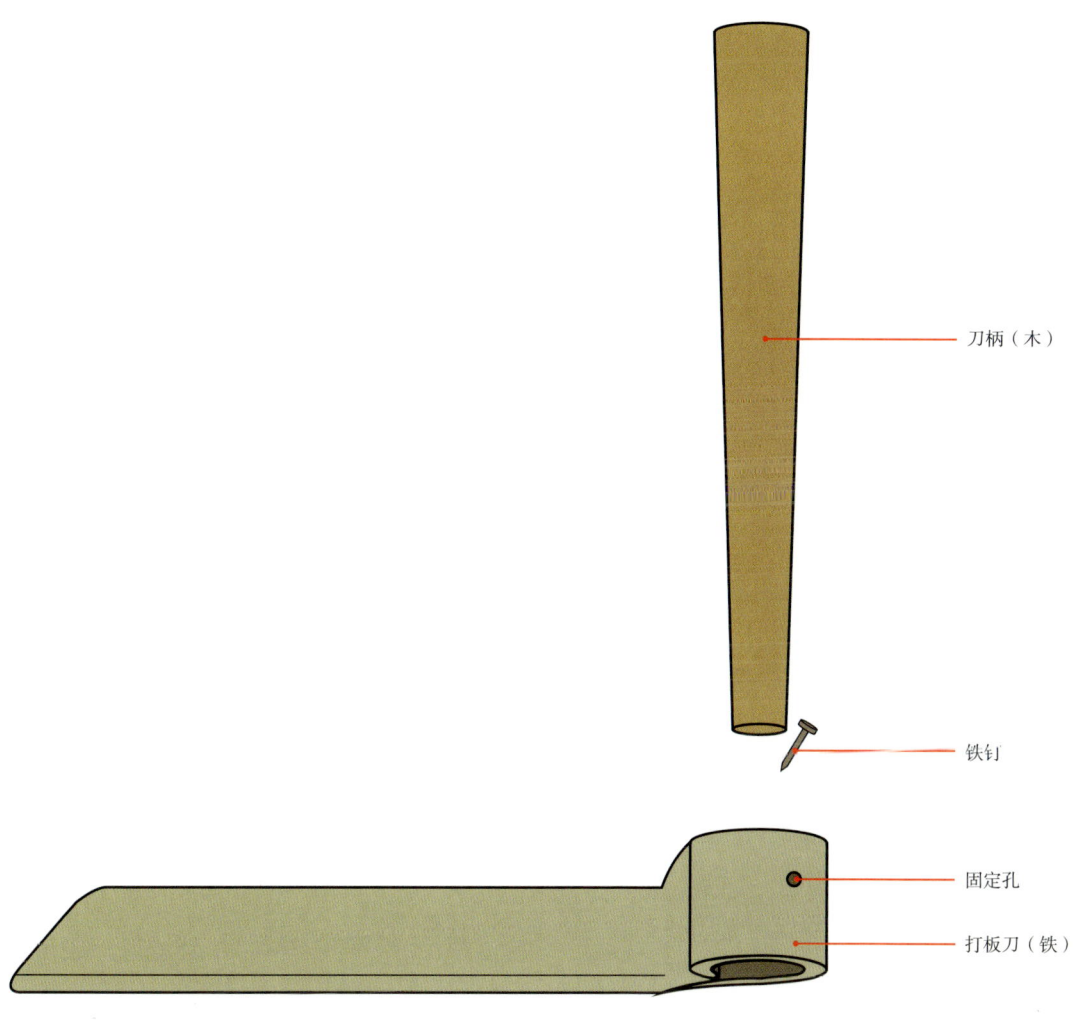

图四 俄罗斯族打板刀解析图

刀柄（木）

铁钉

固定孔

打板刀（铁）

第四章 俄罗斯族传统生活用具

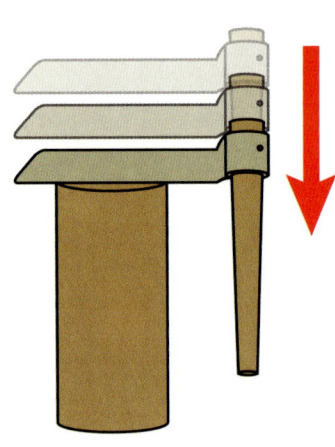

1. 根据所需木板的厚度，将打板刀摆正并用力向下嵌入

2. 用锤子敲打刀背，运用外力切割木材

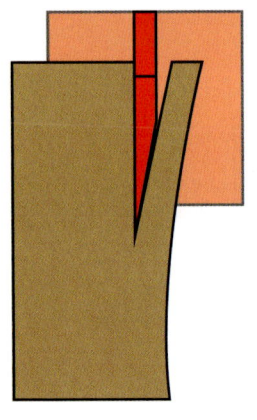

3. 通过锤子的敲打，锋利的刀刃慢慢切割开木材

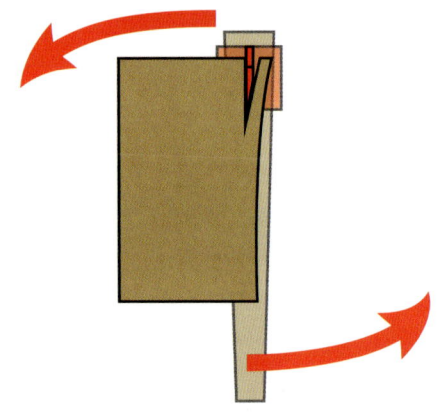

4. 当达到一定深度后，用手握住刀柄的末端，向上用力拉，利用杠杆原理，将木板剥离开

图五　俄罗斯族打板刀操作示意图

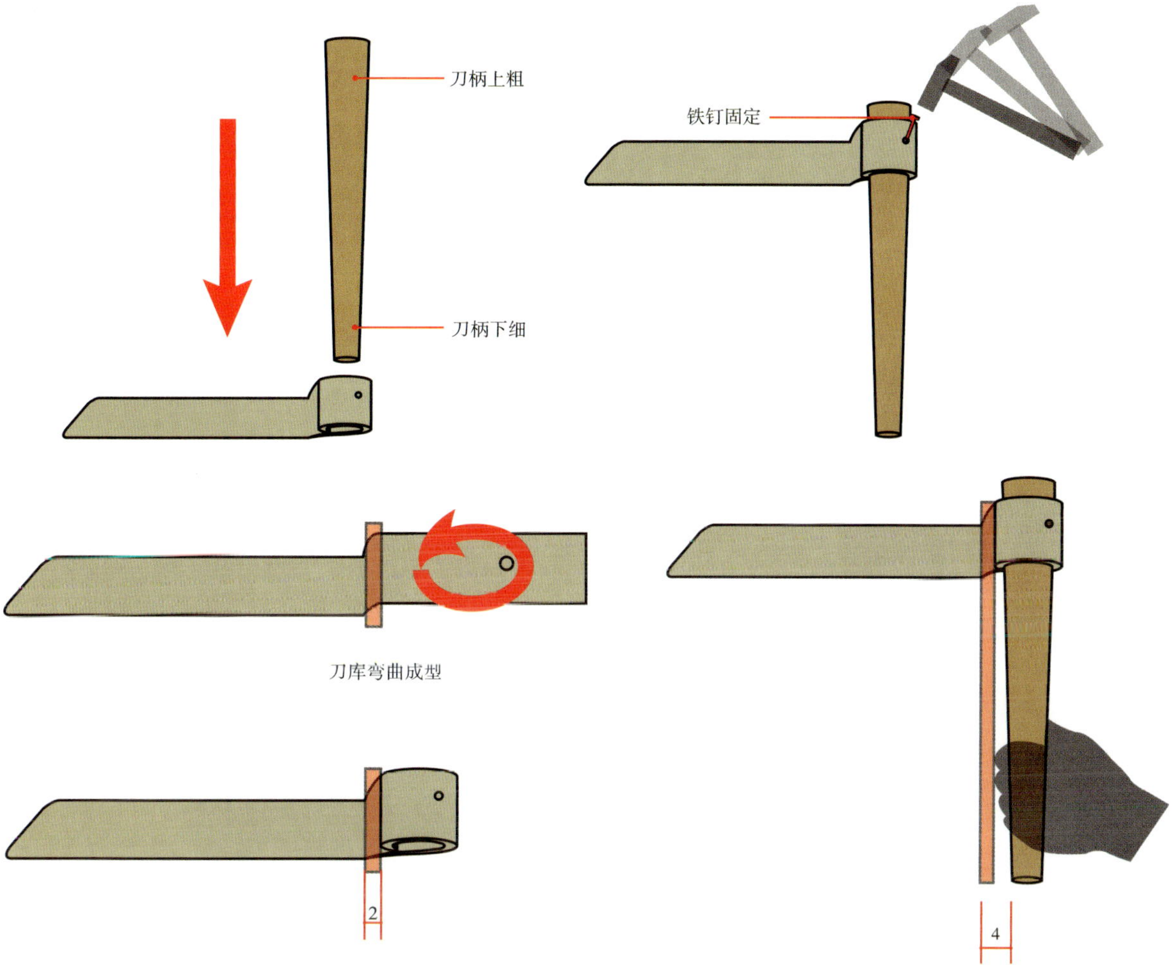

刀柄上粗

刀柄下细

铁钉固定

刀库弯曲成型

图六 俄罗斯族打板刀工艺分析、尺寸图（单位：cm）

图七 俄罗斯族打板刀使用情境图

第四章 俄罗斯族传统生活用具

俄罗斯族刮皮刀

图一　俄罗斯族刮皮刀主图

刮皮刀是俄罗斯族最为常见的木材加工工具之一，主要用其刮去木材表皮。在加工木材的过程中，去皮是一项较为复杂和烦琐的工作，刮皮刀便应运而生。本案例采集于内蒙古额尔古纳市恩和村，属近代物品，长23厘米，宽19厘米；刀刃长16厘米；刀柄直径3.5厘米，长11厘米。

刮皮刀呈U形，结构简单，主要由刀身、刀柄两部分组成，其中刀身由刀刃、刀背两部分组成。刮皮刀的刀身为铁制，刀柄部分为木制。使用刮皮刀时，双手握刀柄，让刀刃切割开树皮，然后将刀身放平，双手用力向下按并向后拉，这样树皮就会被刮起。根据树皮的厚度，可以通过刀刃和树皮的夹角大小来调整所刮树皮的厚薄，夹角小则刮的树皮较薄，夹角较大则刮的树皮较厚。刮皮刀的制作主要有以下几个步骤：一、选择原材料，粗加工成月牙状。二、两端内收，锻造，将两末端加工成尖尖的锥状。三、预留出刀刃的宽度，锻造，两端沿弧状弯曲成90度。四、刀身成型。五、选择合适的木材制作两个手柄，手柄圆心处钻孔备用。六、将刀体的锥状底部沿钻孔钉入固定。七、开刃，完成。刮皮刀在设计上刀柄和刀刃之间留有约2厘米的高度，通常我们的手指厚度也在2厘米左右，而木材通常为不规则的圆形，在使用刮皮刀的过程中，刀刃通常与木材相切，这样就增大了手指与木材之间的距离，避免了与木材的刮碰，提高了安全性。

随着社会的发展，扒皮机出现，刮皮刀退出了历史舞台，但这一古老而又传统的工具在特定历史时期所起的作用，俄罗斯族人是不会忘记的。

图片来源

图一、图七　郭立忠　摄影

图二至图六　郭立忠　制图

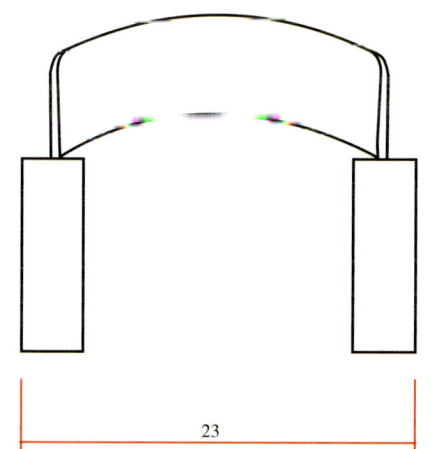
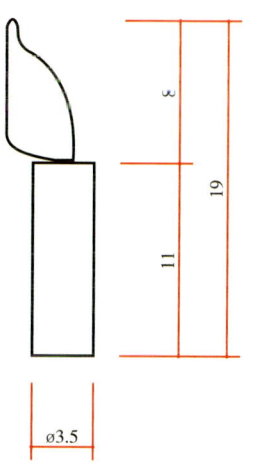
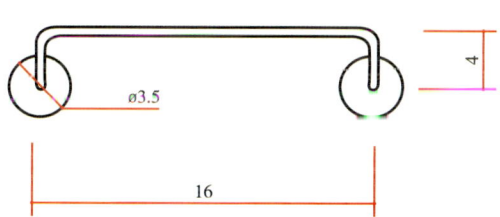

图二　俄罗斯族刮皮刀尺寸图（单位：cm）

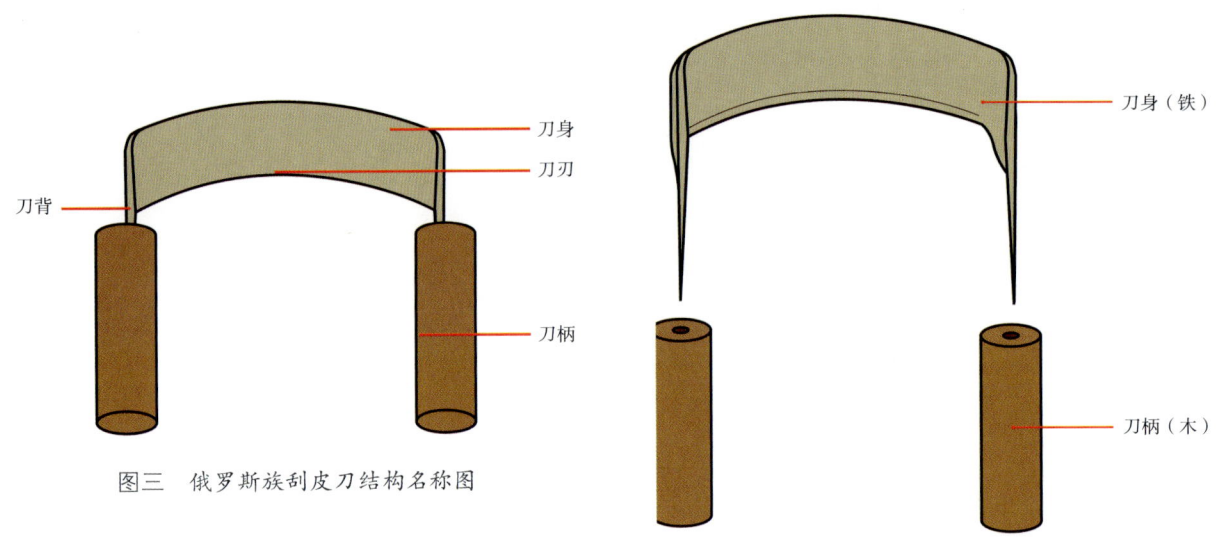

图三 俄罗斯族刮皮刀结构名称图

图四 俄罗斯族刮皮刀解析图

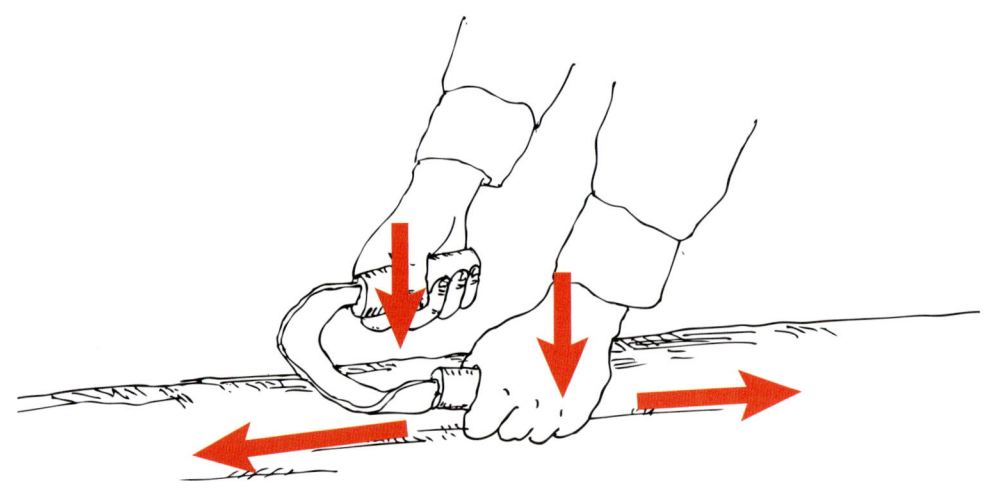

1.选择合适的夹角将刀刃嵌入树皮

2.放平刀身向后拉

3.反复多次,将树皮刮净

图五 俄罗斯族刮皮刀操作示意图

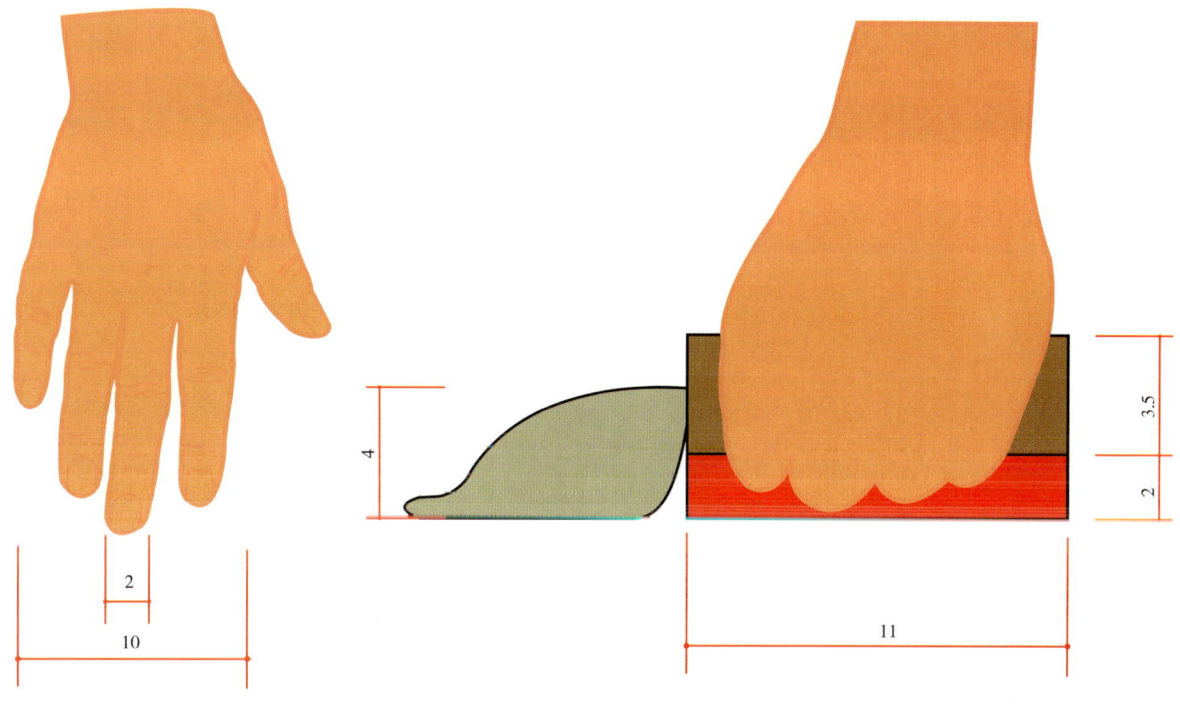
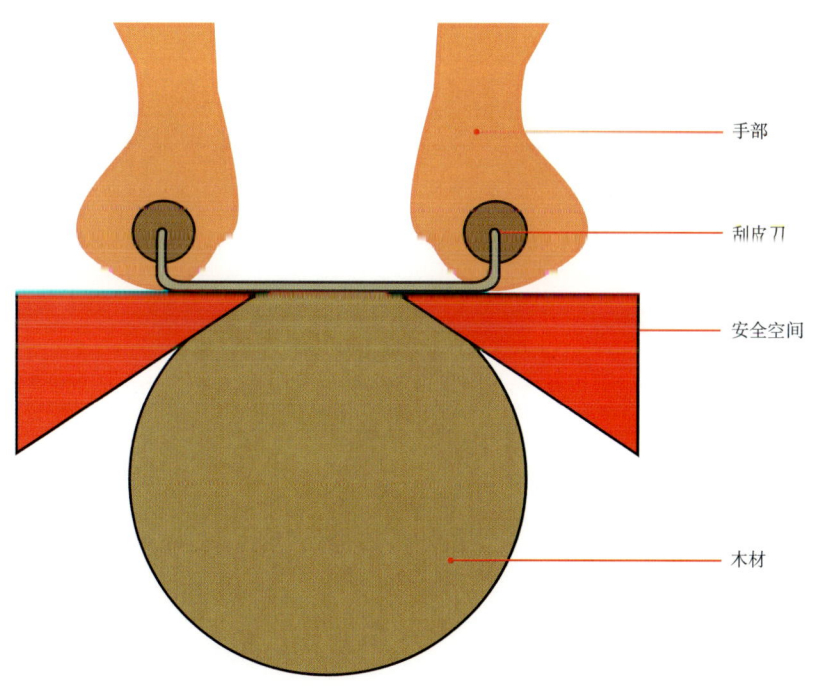

图六　俄罗斯族刮皮刀工艺分析、尺寸图（单位：cm）

图七　俄罗斯族刮皮刀使用情境图

俄罗斯族悠车

图一 俄罗斯族悠车主图

悠车是俄罗斯族家庭带孩子必不可少的传统用具之一，相当于汉族的摇床。本案例采集于内蒙古额尔古纳市俄罗斯族民俗博物馆，属近代物品，长91厘米，宽84厘米，高36厘米，呈长方体，中空，底部略带弧度。

悠车主要由床体、床框、挂绳、挂钩组成。钢筋挂钩将悠车悬挂在房梁等位置上，是连接装置。挂绳一般选择粗麻绳，两根麻绳的两端分别拴系在悠车床框的两端，高度可以根据需要做调整。床框一般由松木或桦木制作而成，用榫卯结构将其固定成型，不用一根钉子。床体通常选用帆布，结实耐用。悠车设计精巧，操作简单，只要有悬挂的地方就可以用悠车为孩子提供休息，而且还可以呈360度摇摆。制作悠车需以下几个步骤：一、加工木材，根据设计需要，通常制作成5～8厘米宽，长50～100厘米的木方子，两端加工成榫卯结构。二、将加工好的木方子组装成长方形的床框。三、根据床框的尺寸，选择帆布，裁剪布料，注意控制悠车的床体深度。四、缝纫，用帆布把床框包裹住，注意要留有高5厘米的空间，便于床框和床体活动。五、拴系麻绳，调整到合适高度。六、用挂钩一端挂住麻绳，一端挂在横杆上就可以使用了。因为帆布柔软，可以根据孩子的睡觉姿势随时调整床体底部的造型，让孩子时刻保持在最舒服的状态，符合人体工程学的设计需要。还有一种悠车床框设计，内框部分采用圆柱体,两端为长方体。这种设计非常科学合理,圆柱体与帆布连接摩擦阻力最小,这样帆布不易损毁。连接也非榫卯结构,而是凹槽式咬合结构,用穿钉固定,穿钉上有圆环,可以拴系麻绳,方便拆卸。

悠车所用材料简单,制作方便,在一定程度上满足了人们带孩子的实际需要。更为重要的是,其设计方式与现代人体工程学不谋而合,正因如此,现在的俄罗斯族人依然在使用。

图片来源
图一　郭立忠　摄影
图二至图四、图六至图八　郭立忠　制图
图五　郭立忠　摄影、制图

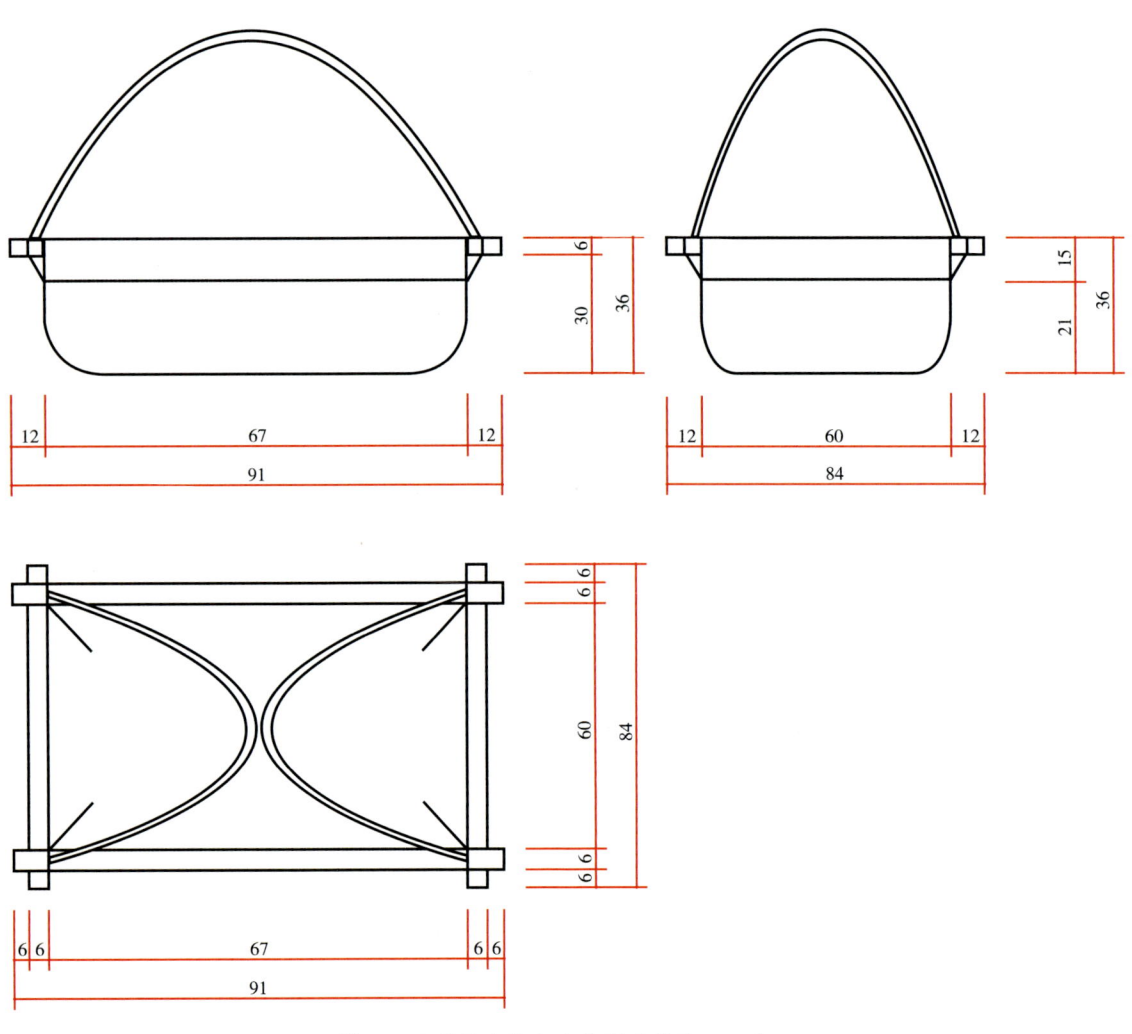

图二　俄罗斯族悠车尺寸图(单位:cm)

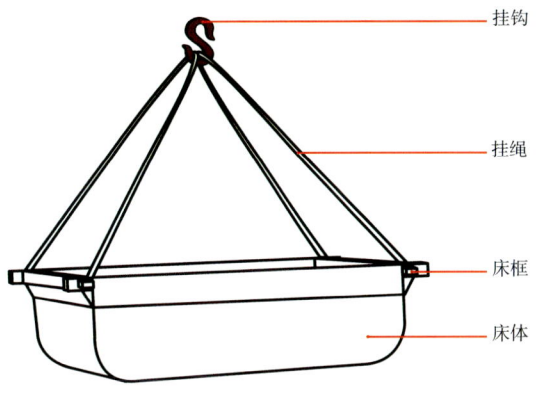

图三 俄罗斯族悠车结构名称图

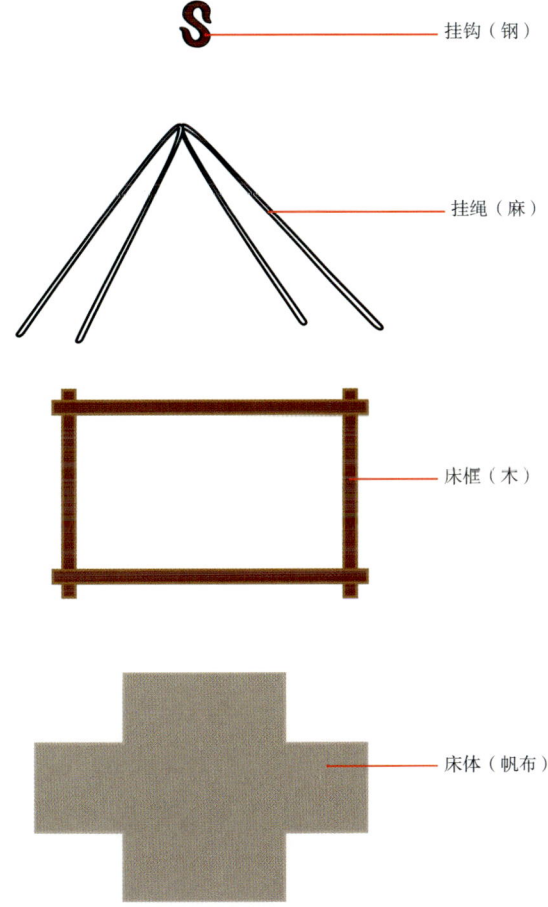

图四 俄罗斯族悠车解析图

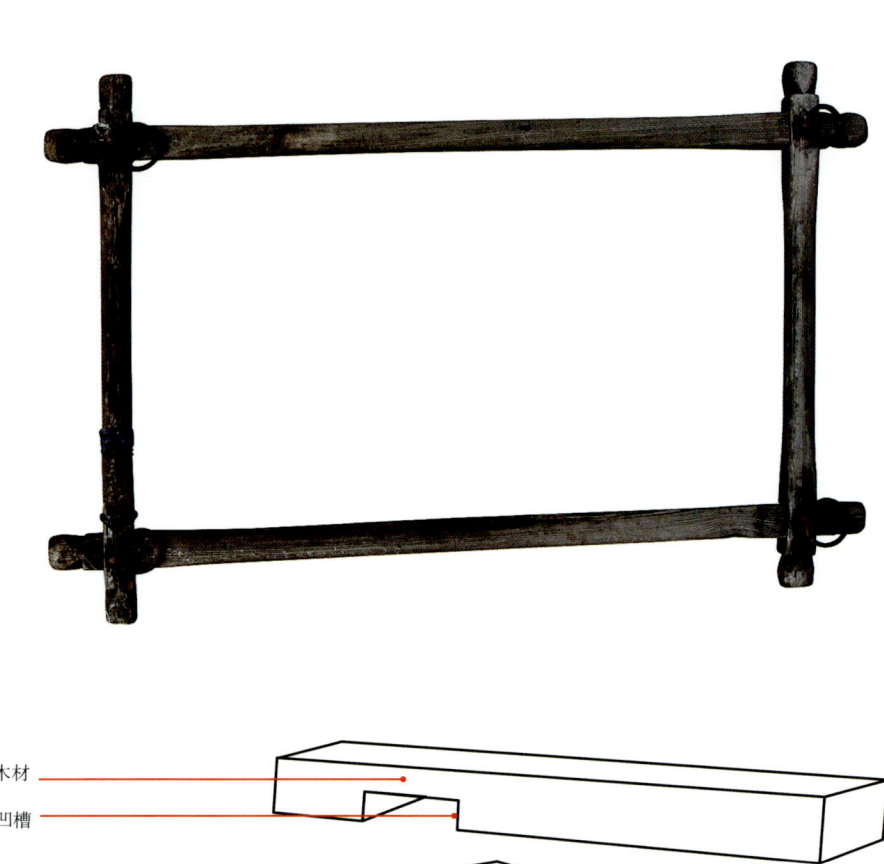

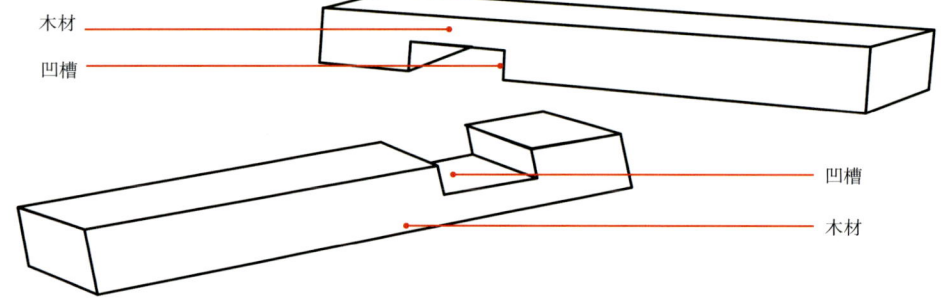

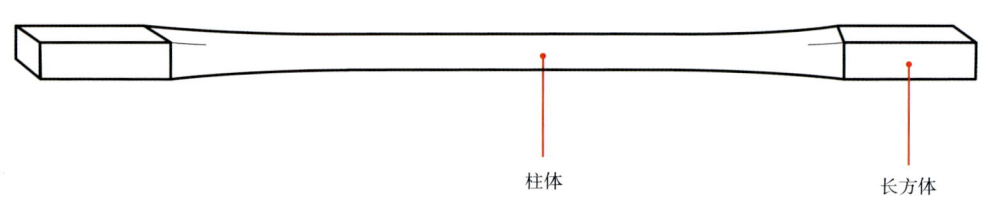

图五　俄罗斯族悠车床框结构名称图

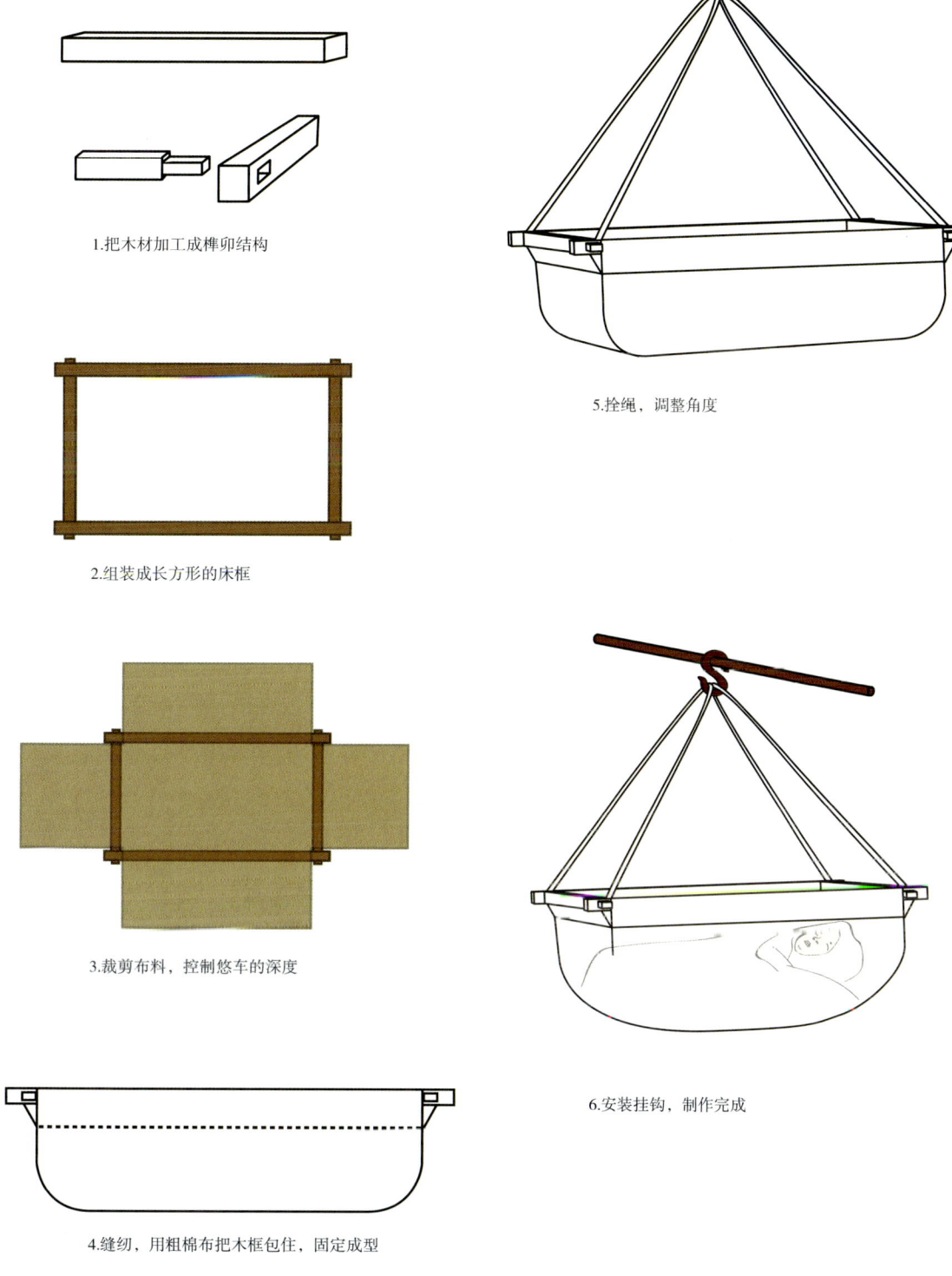

图六 俄罗斯族悠车制作流程图

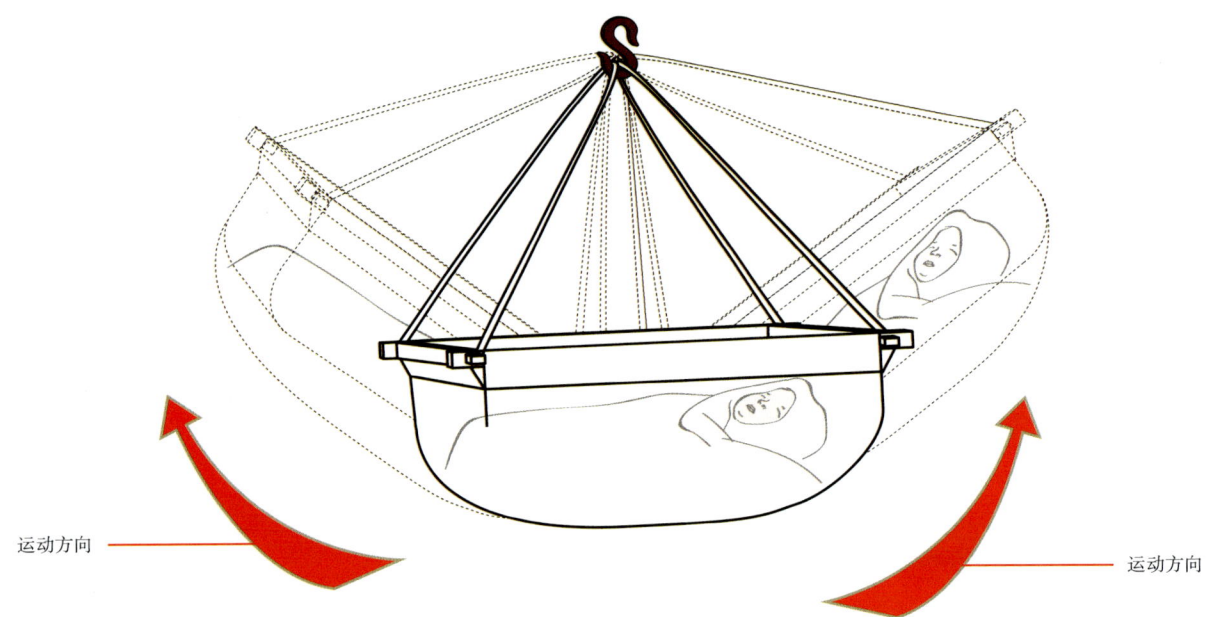

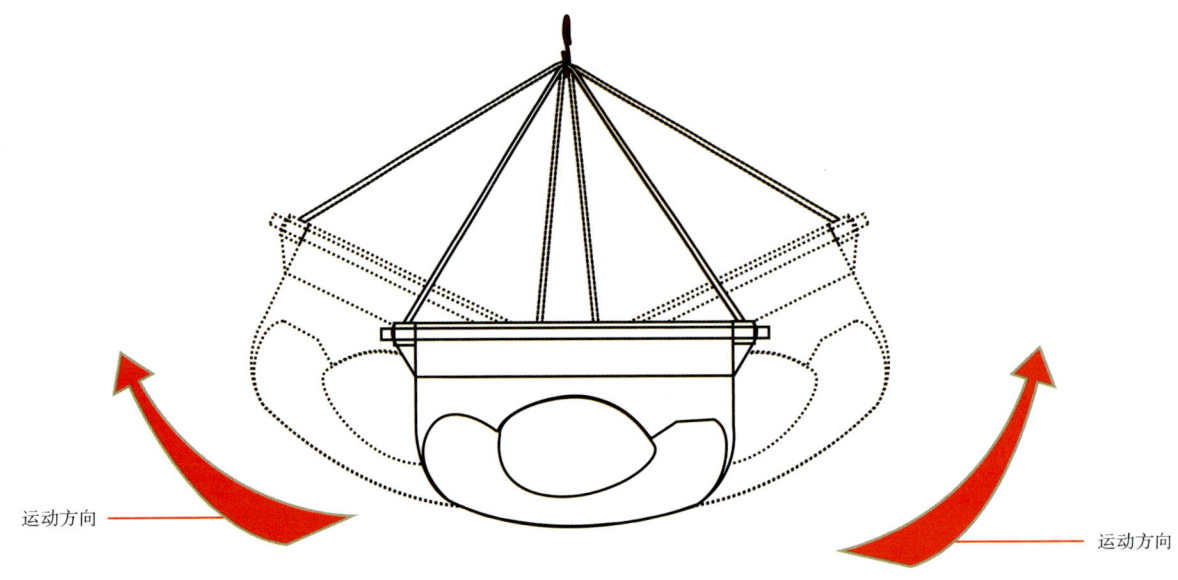

图七　俄罗斯族悠车操作示意图

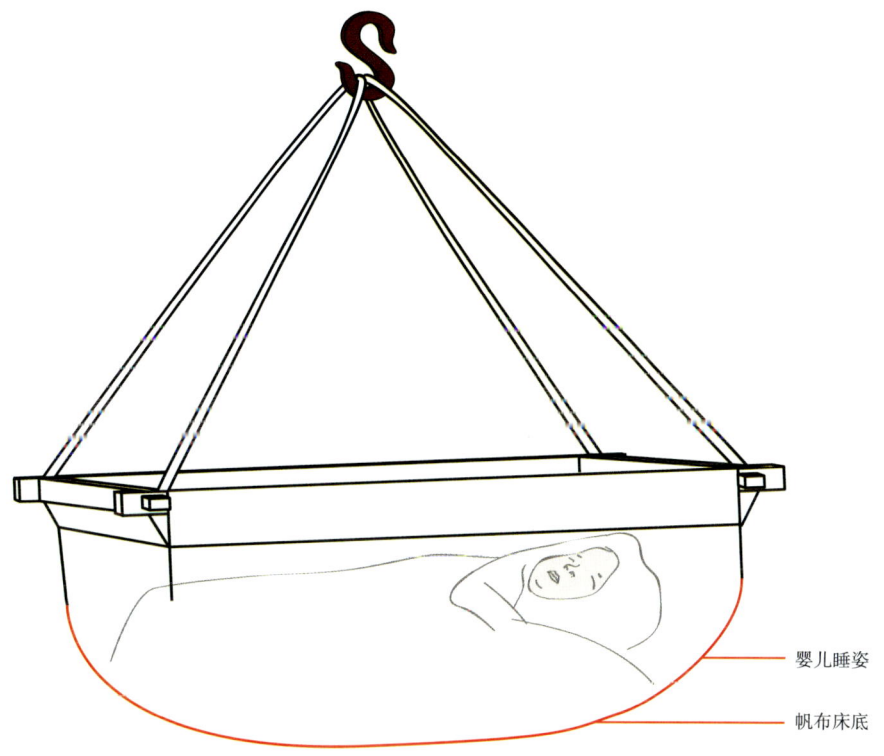

图八　俄罗斯族悠车使用情境图

婴儿睡姿
帆布床底

俄罗斯族炭熨斗

图一　俄罗斯族炭熨斗主图

炭熨斗古称火斗、金斗，是俄罗斯族传统家庭的日用杂具。本案例采集于内蒙古额尔古纳市恩和村，属近代物品，长20厘米，宽10厘米，高18厘米，呈船形，中空，另有一木制手柄，便于提拿。

炭熨斗主要由手柄、斗盖、开关、斗身、斗底等几部分组成。其中手柄部分和开关为木材，木的导热性差，人手在提拿的时候不会发烫。其他部分均为铁质，而铁的导热性强，有利于熨烫衣服时高温定型。连接部分主要用螺丝固定。操作时，首先旋转开关，打开斗盖，放入燃烧的木炭，关闭斗盖和开关。当底部温度提高时，就可以使用了。熨烫时，为了保持清洁，还会在衣服上铺块毛巾，在毛巾上熨烫。使用完后，打开斗盖，倒出炭灰，清理干净。在设计工艺上，炭熨斗手柄和开关用木质材料，充分考虑到了木比铁导热性慢的属性，减少了人们在使用过程中由于温度过高而灼伤的可能性。炭熨斗斗盖下方的锯齿状造型，主要有两个作用：其一为减少与下部的接触面积，减少热量的传导，避免斗盖温度过高。其二在斗盖关闭的情况下，具有透气散热的功能。在使用过程中，需要放入燃烧的木炭来提高底部的温度，这样才能更好地熨烫平整衣物。为了不使斗盖温度过高，又使底部温度控制在合理的范围之内，两侧各两个和后部一个及底部的三个散热孔一起合理解决了这一矛盾。开关的设计构思精巧，造型简洁，只需前后推动即可。

俄罗斯族炭熨斗在方便、美观上无法与今日的电熨斗、蒸气熨斗相比，但其功能是完全一致的。

图片来源
图一、图八　郭立忠　摄影
图二至图四、图七　郭立忠　制图
图五至图六　郭立忠　摄影、制图

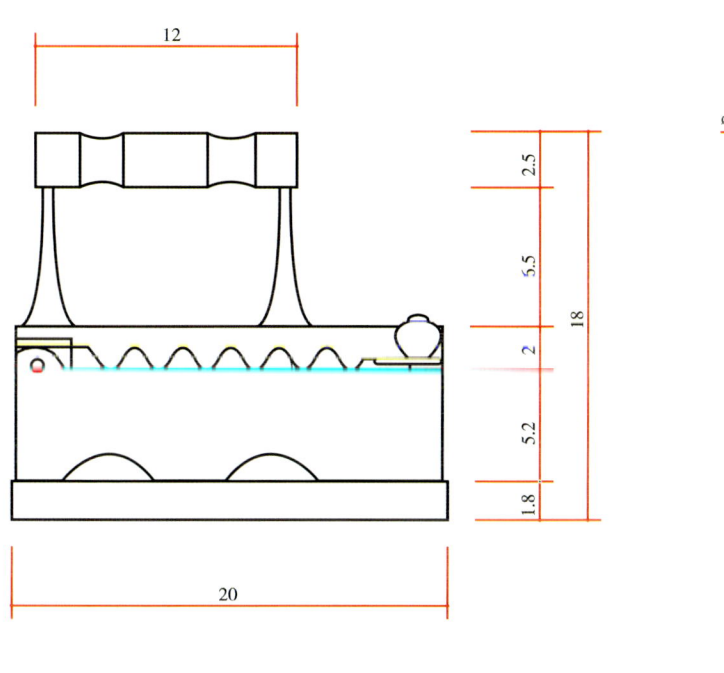
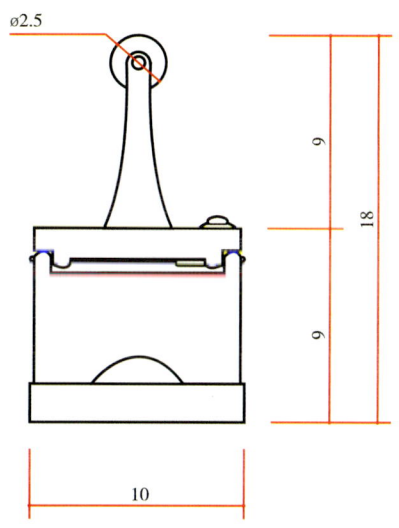
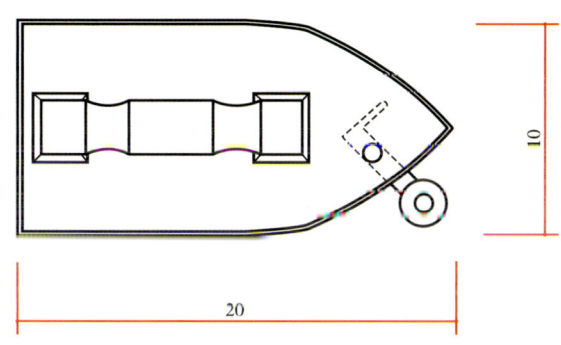

图二　俄罗斯族炭熨斗尺寸图（单位：cm）

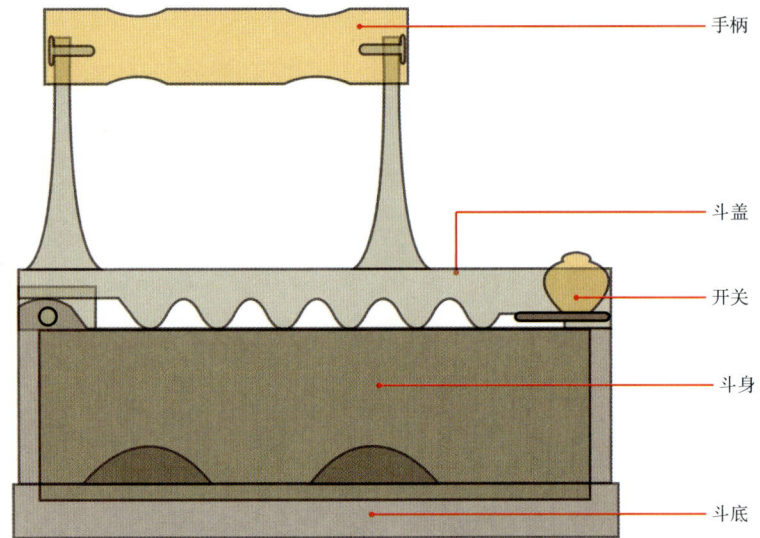

图三 俄罗斯族炭熨斗结构名称图

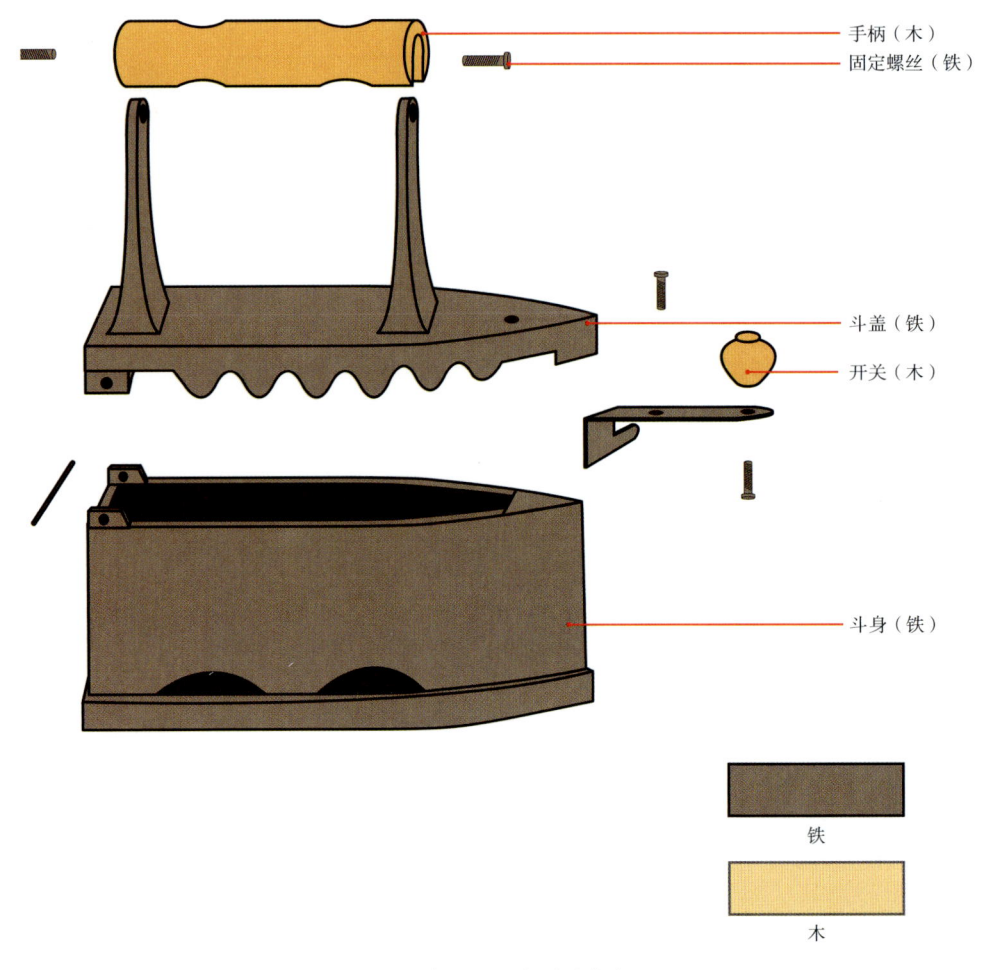

图四 俄罗斯族炭熨斗解析图

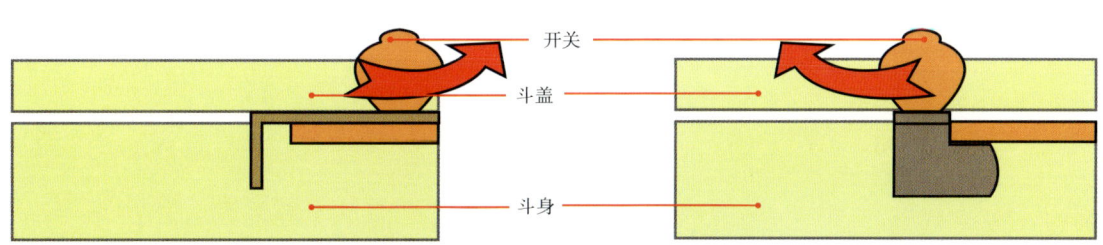

图五 俄罗斯族炭熨斗开关结构名称图

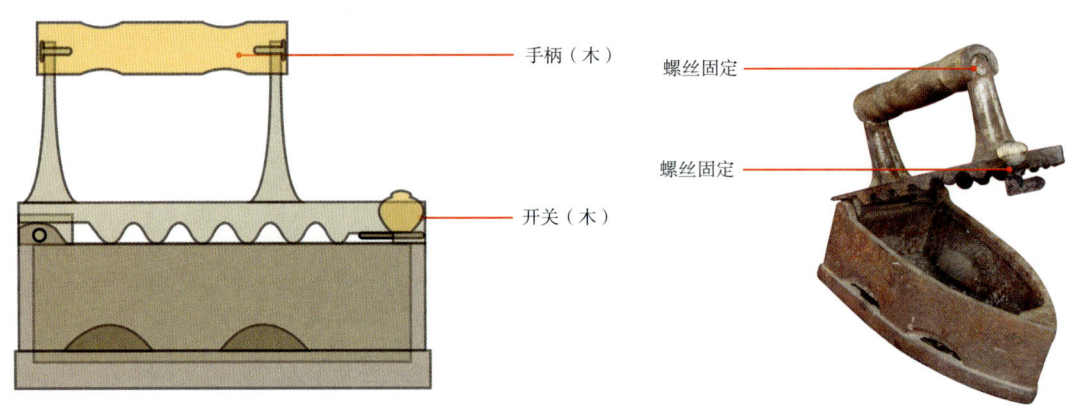

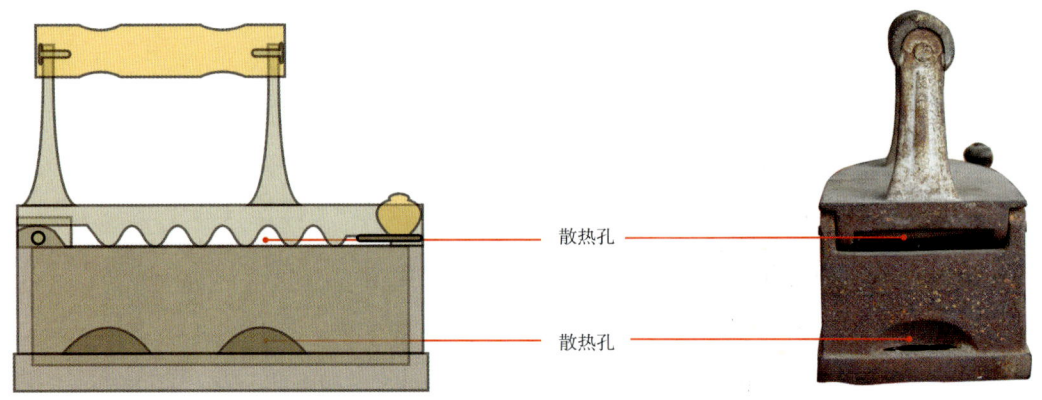

图六 俄罗斯族炭熨斗局部结构名称、工艺分析图

1.旋转开关,打开斗盖

2.向炭熨斗内放入燃烧的木屑

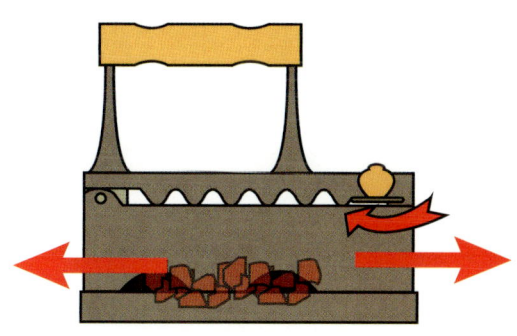

3.关闭斗盖和开关,等炭熨斗底部温度升高后,就可以使用了

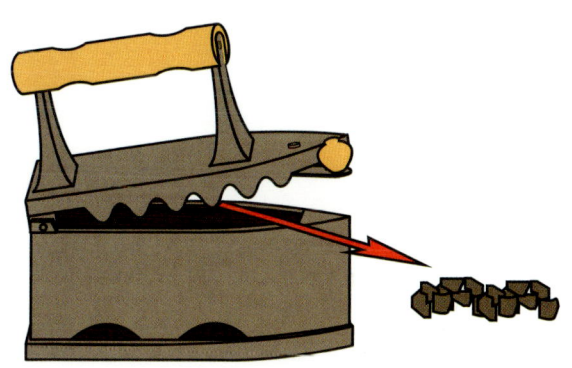

4.使用完后,清理出内部的炭灰

图七 俄罗斯放炭熨斗操作示意图

图八　俄罗斯族炭熨斗使用情境图

俄罗斯族三角琴

图一 俄罗斯族三角琴主图

三角琴，俄语称"巴拉来克"，是俄罗斯族传统弦乐器，因其共鸣箱为三角形，故又称三角琴。三角琴有四度定弦，有高、中、低音等不同规格。本案例采集于内蒙古额尔古纳市恩和村，属近代物品，长67.2厘米，宽42.5厘米。

三角琴主要由琴弦、琴杆、共鸣箱、琴码、音品、尾柱等部分组成。顶端镶有47厘米长的琴把，上嵌骨片制作的音品。琴头顶端略显宽大，装有三根弦柱，可以调整琴弦。琴枕部微鼓。三角琴的共鸣箱表面两边为微鼓的三角形，发音孔周围和两个角部分由规则的图案做装饰。正中偏下装有支弦的横码。共鸣箱底部有三根尾柱，起到固定琴弦的作用。琴弦可插入琴柱上端的孔洞，通过旋转按钮，拉紧琴弦。在共鸣箱面板上有三组图案做装饰。琴颈和琴箱为柳桉木，指板和琴码为东北硬木。演奏方式通常分站姿和坐姿。演奏时，左手握琴杆，用食指、中指、无名指按住琴弦，右手用拇指、食指、中指弹拨琴弦，使琴弦发生震动。

三角琴音量较小，适用于独奏和家庭小聚时伴舞使用。

三角琴作为俄罗斯族乐器的代表之一，是中国少数民族乐器构成的重要组成部分。

图片来源
图一至图八 刘毅 制图
图九 郭立忠 摄影

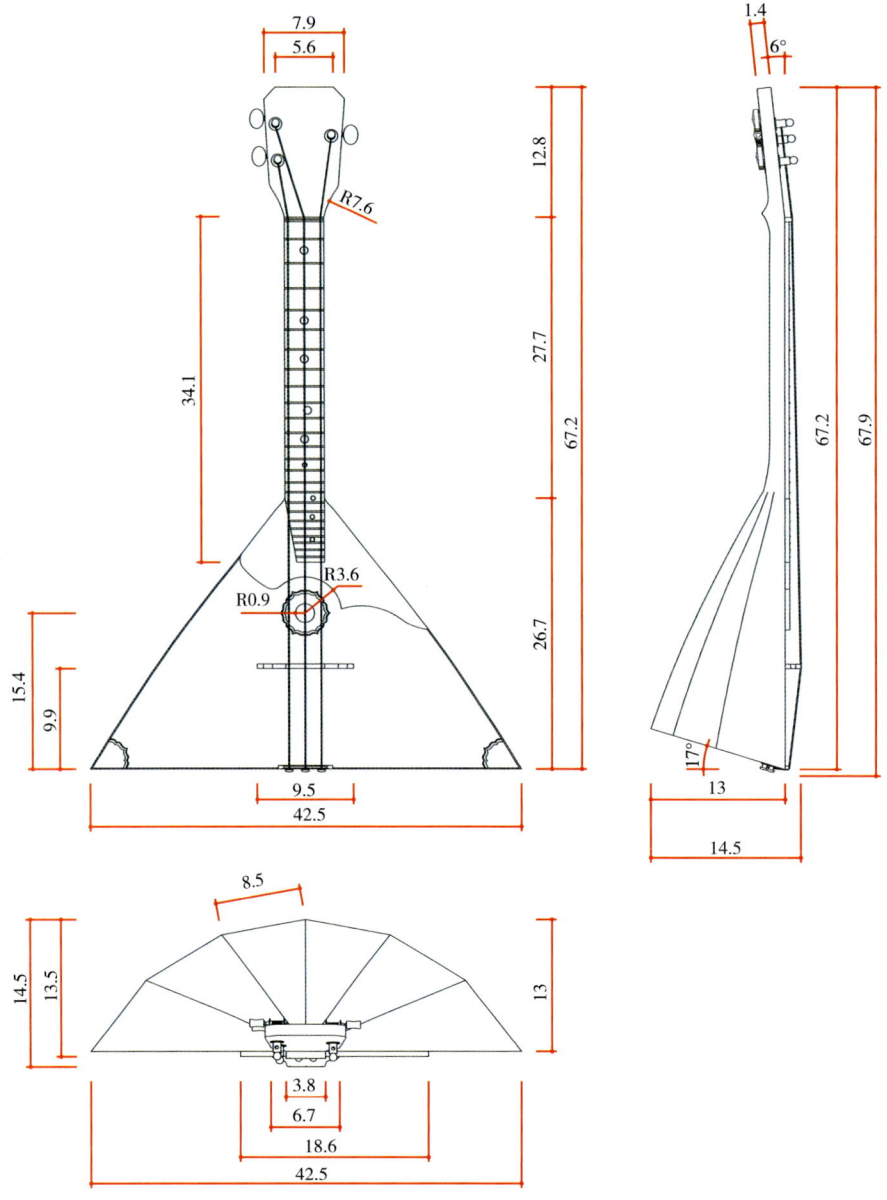

图二　俄罗斯族三角琴尺寸图（单位：cm）

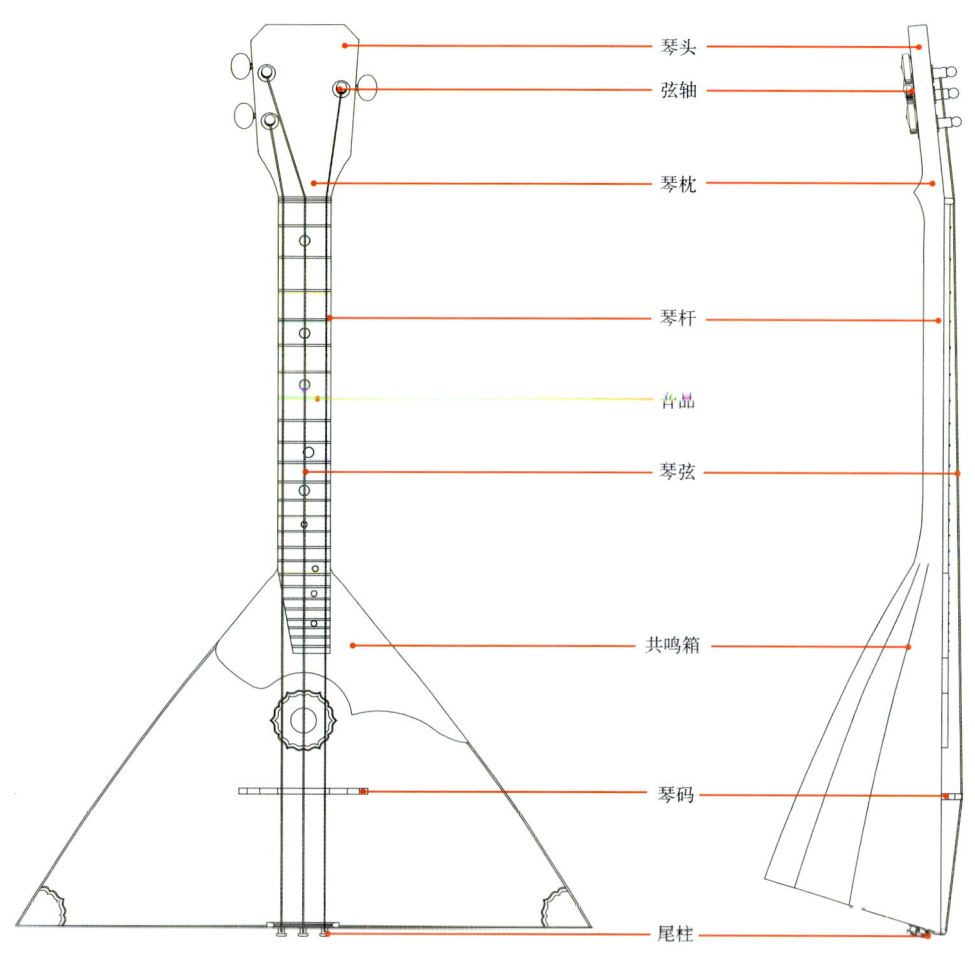

图三　俄罗斯族三角琴结构名称图

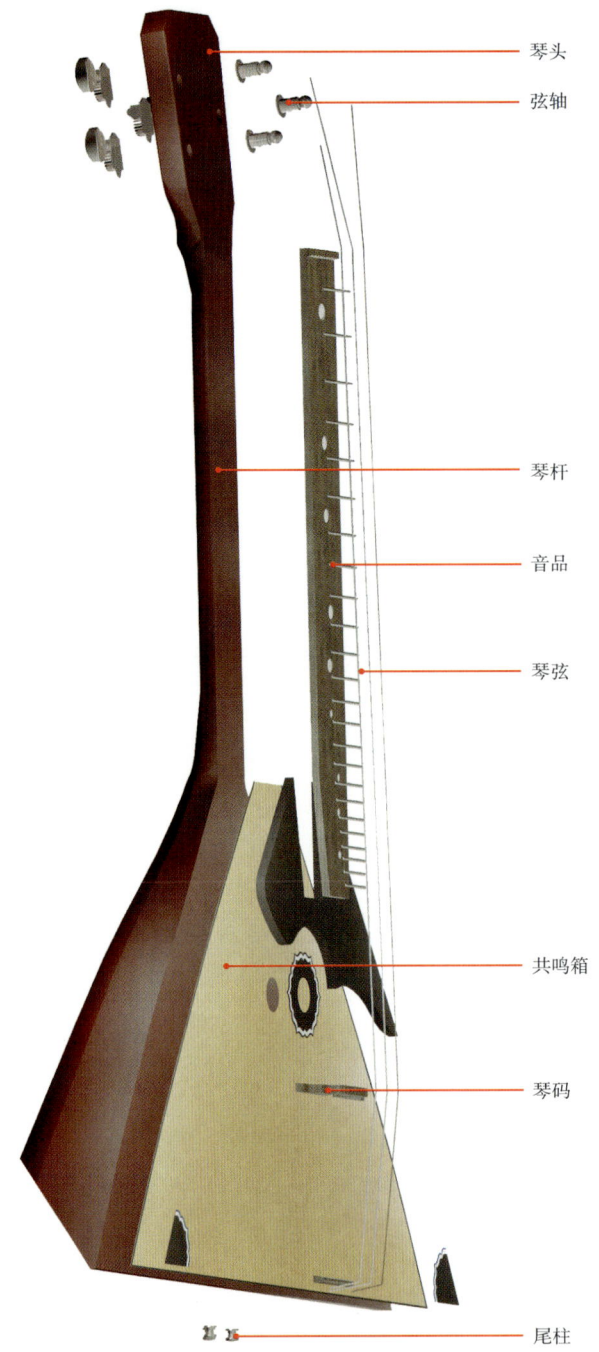

图四 俄罗斯族三角琴解析图

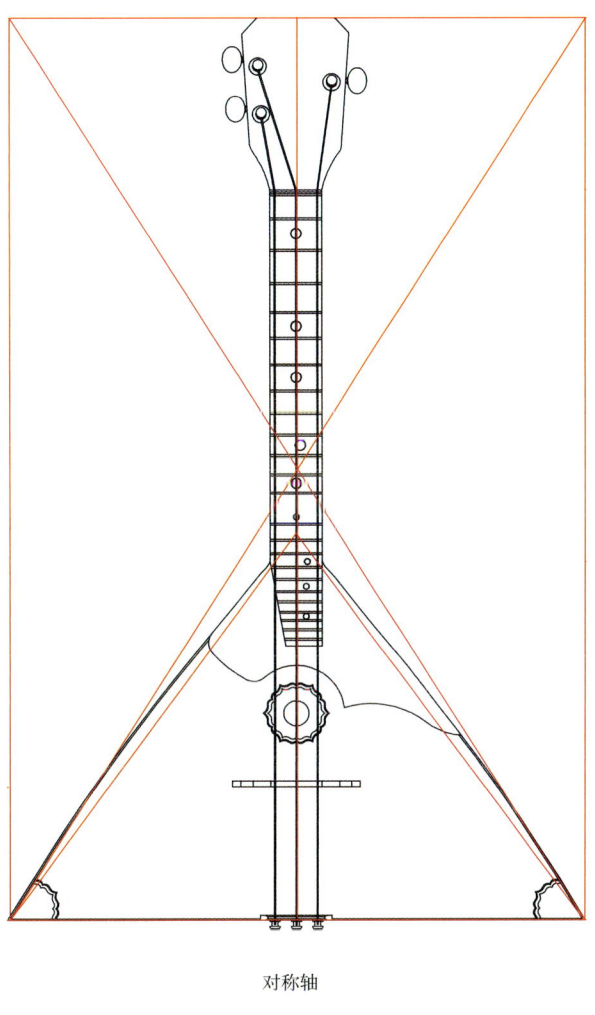
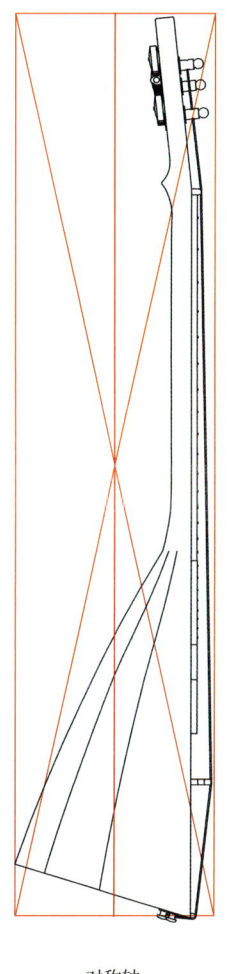

对称轴　　　　　　　　　　　　　　　　对称轴

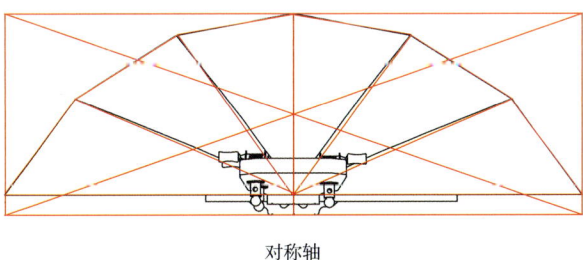

对称轴

图五　俄罗斯族三角琴视觉分析图

弦轴详图

琴头详图

琴码详图

图六　俄罗斯族三角琴局部分析图

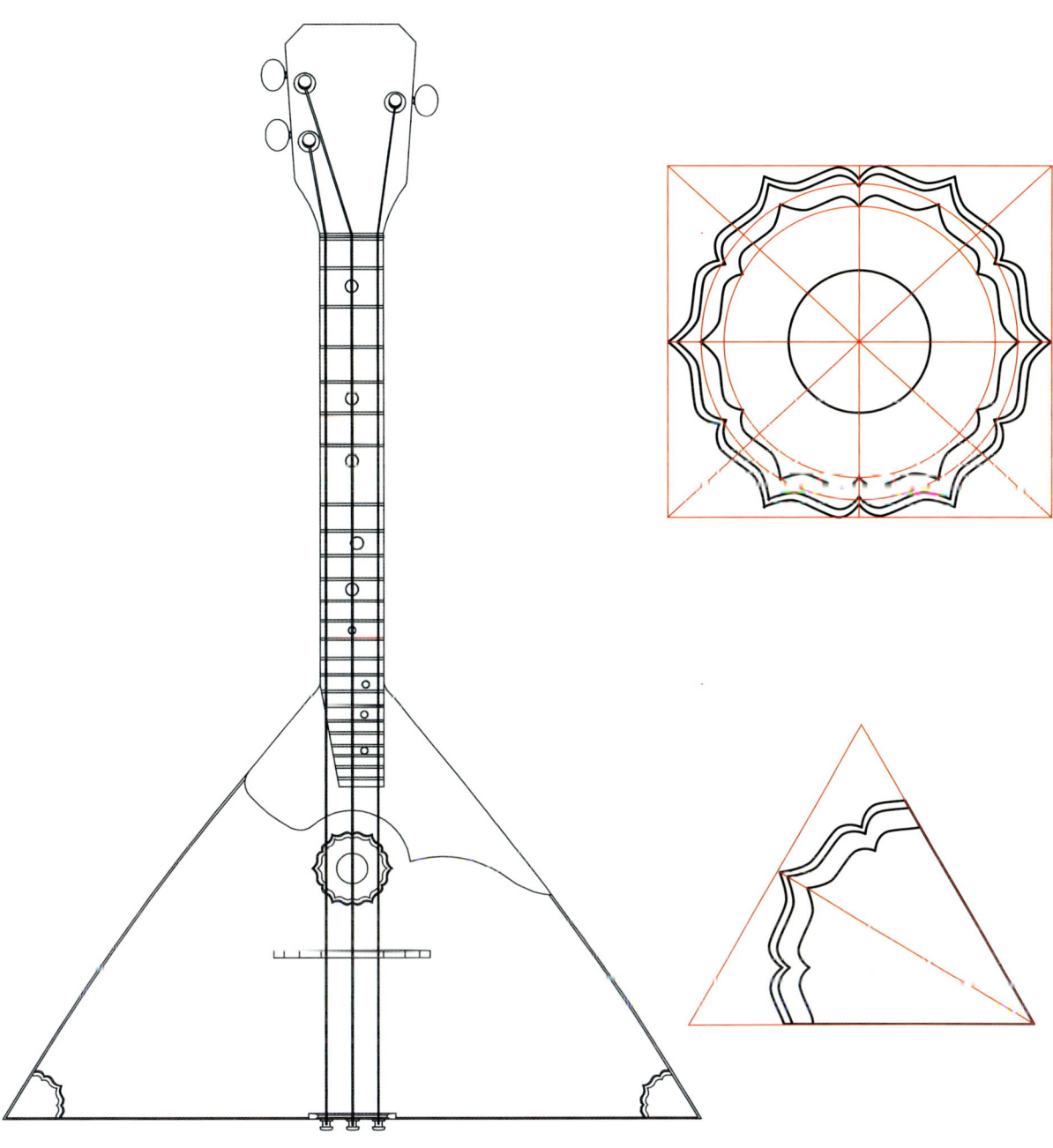

图七　俄罗斯族三角琴纹样效果示意图

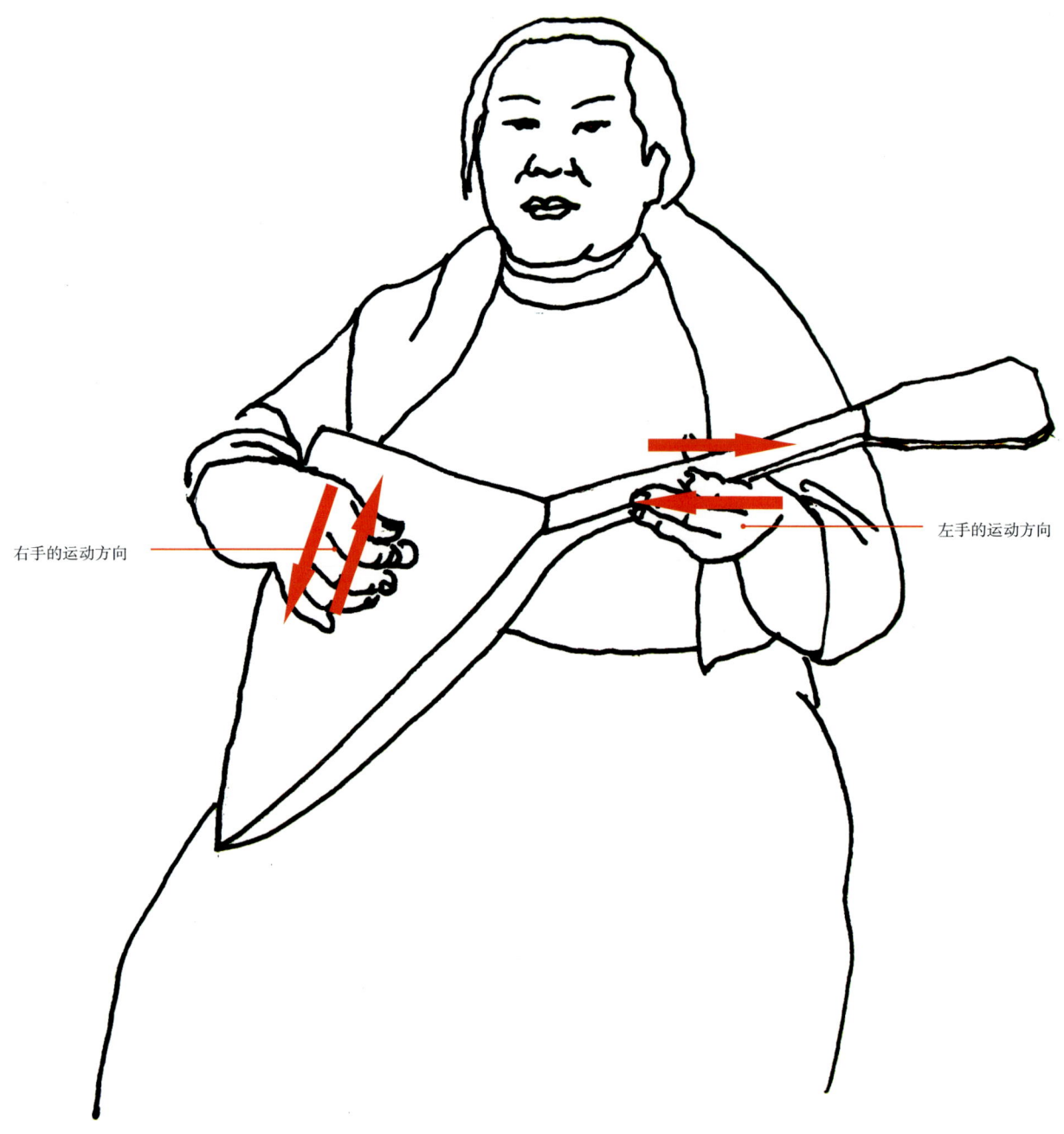

图八　俄罗斯族三角琴弹奏示意图

图九 俄罗斯族三角琴弹奏情境图

第四章 俄罗斯族传统生活用具

俄罗斯族小圆镜

图一　俄罗斯族小圆镜主图

小圆镜是俄罗斯族人的生活用品之一，主要在梳洗打扮时使用。本案例采集于内蒙古额尔古纳市俄罗斯族民俗博物馆。小圆镜高44厘米，宽32厘米；镜框部分高30厘米，宽27厘米；镜架高33厘米；底座长13厘米，宽7厘米。

小圆镜主要由镜面、镜框、镜架、底座四部分组成。主要材料为铜和玻璃，其中背板为纸质。小圆镜的镜面能360度旋转，根据每个人的高度，旋转镜面的角度可以调整到合适位置，方便人们使用。在制作工艺上，镜框和镜架连接的位置用固定栓的螺丝和镜架的螺母结构，咬合完整。螺丝顶端使用凸出的锥体结构，长度正好使前端锥体伸出。镜框采用凹进去的锥体，使凸出的锥体和凹进的锥体完全咬合，很好地解决了360度的旋转问题。利用螺栓和螺母严实的咬合力将镜架与底座固定。小圆镜的纸质背板起到了保护玻璃的作用，固定钮将过顶栓紧密地联系在一起。固定栓可以沿着固定钮旋转，方便镜片的装卸。在纹样上，主要是花卉、枝蔓、人物、几何形等。由于底座为椭圆状，与桌面的接触面较大，所以放置稳定。

图片来源
图一　郭立忠　摄影
图二至图十　郭立忠　制图

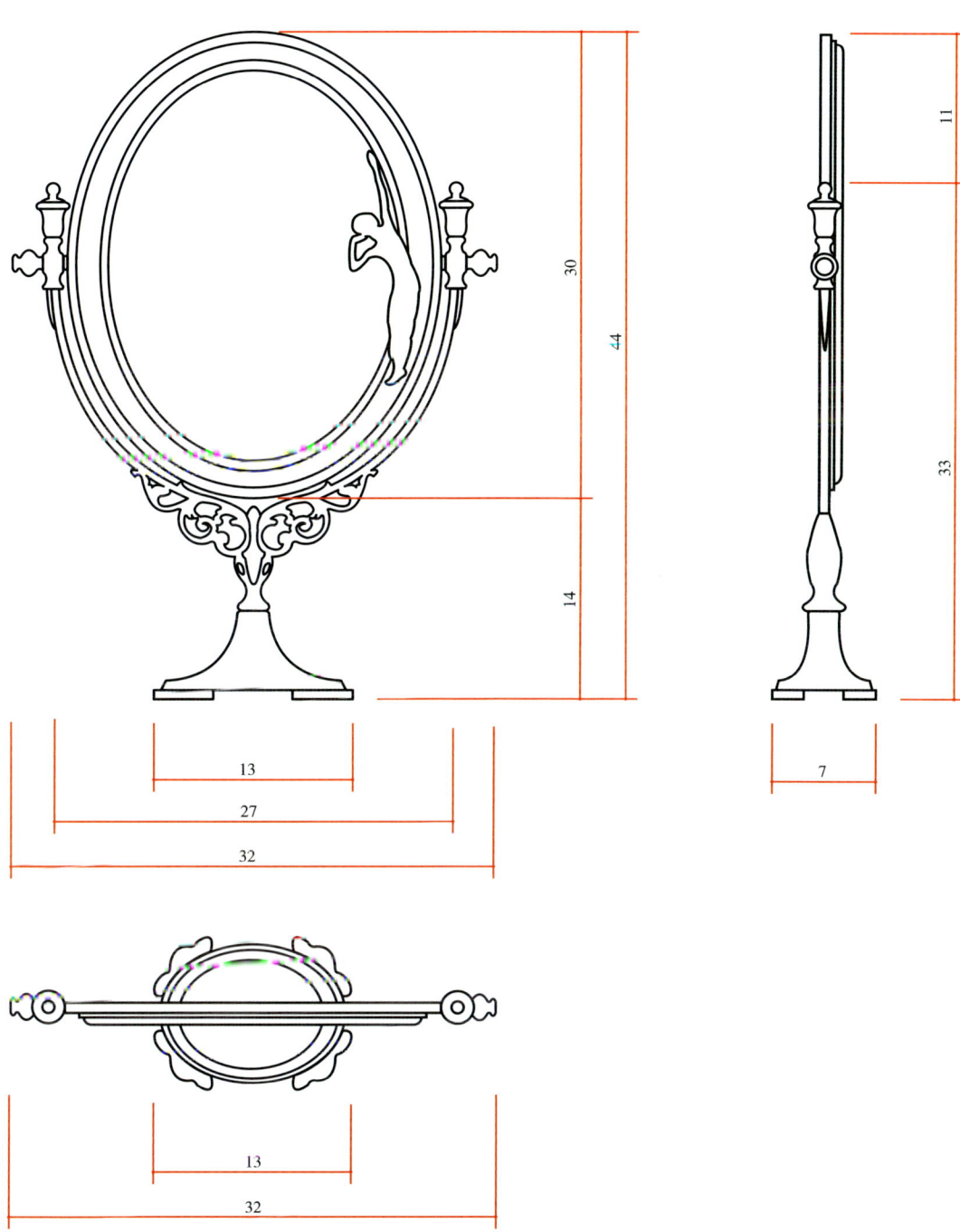

图二　俄罗斯族小圆镜尺寸图（单位：cm）

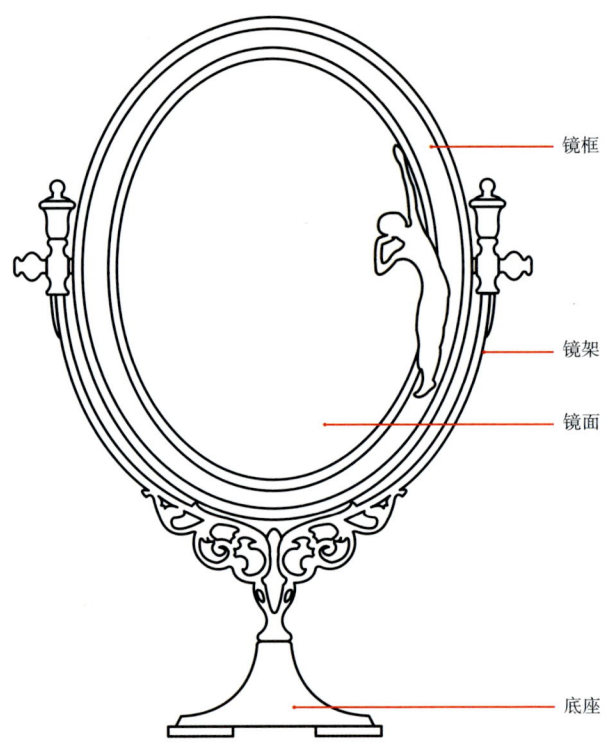

图三　俄罗斯族小圆镜结构名称图

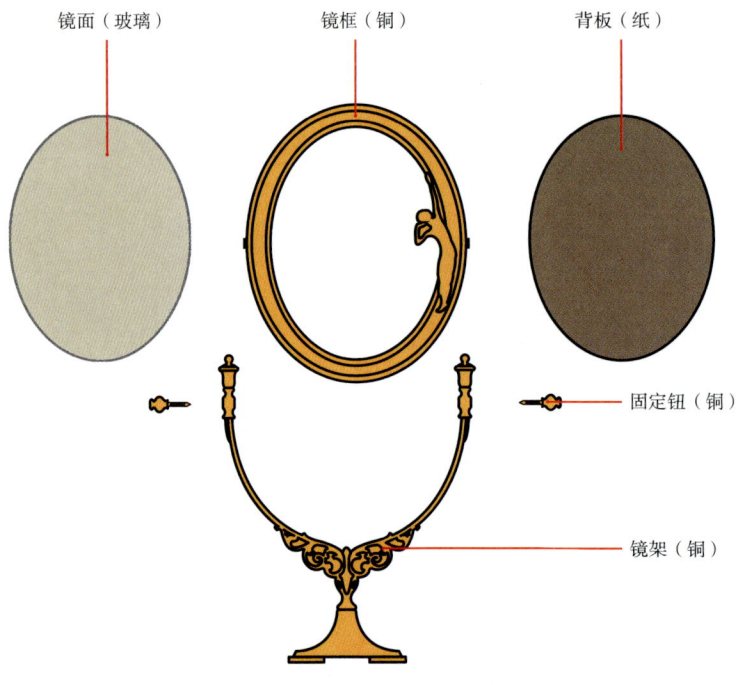

图四　俄罗斯族小圆镜解析图

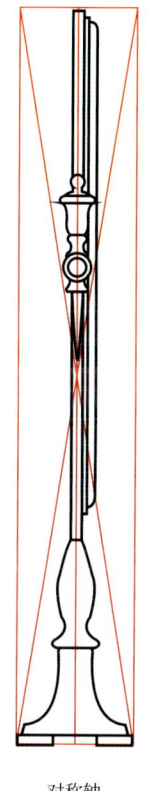

对称轴   对称轴

对称轴

图五　俄罗斯族小圆镜视觉分析图

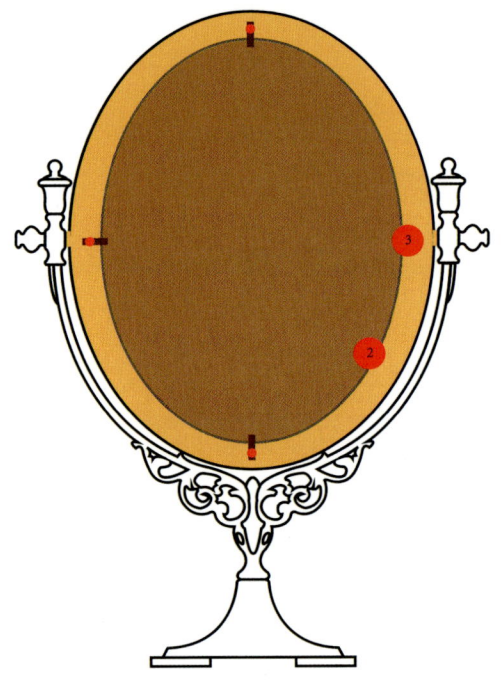

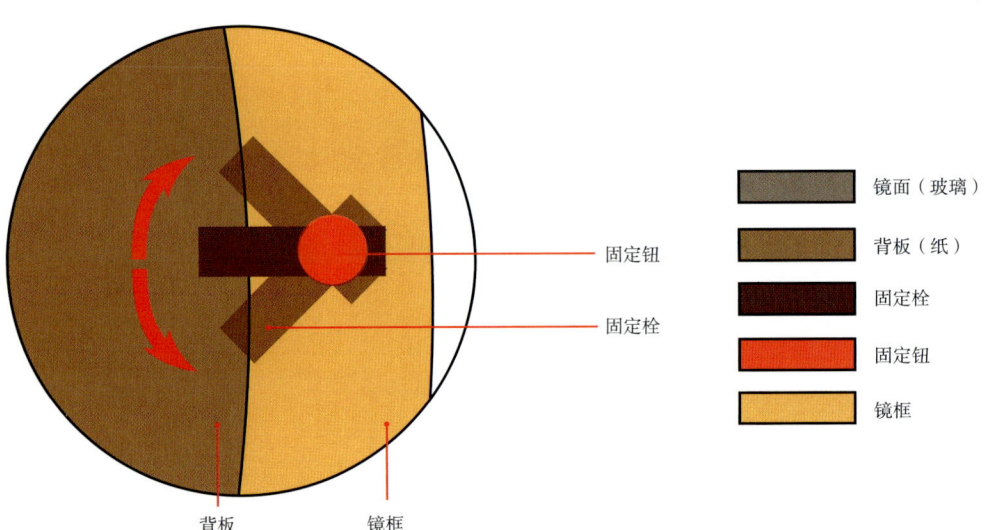

图六 俄罗斯族小圆镜背面结构名称图

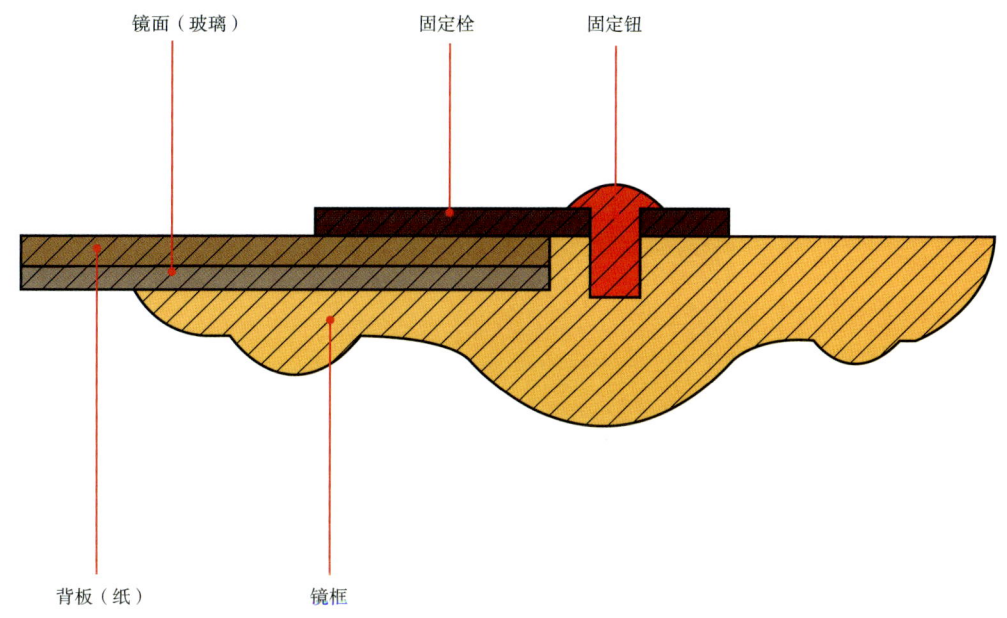

图七 俄罗斯族小圆镜镜面与镜框剖面图

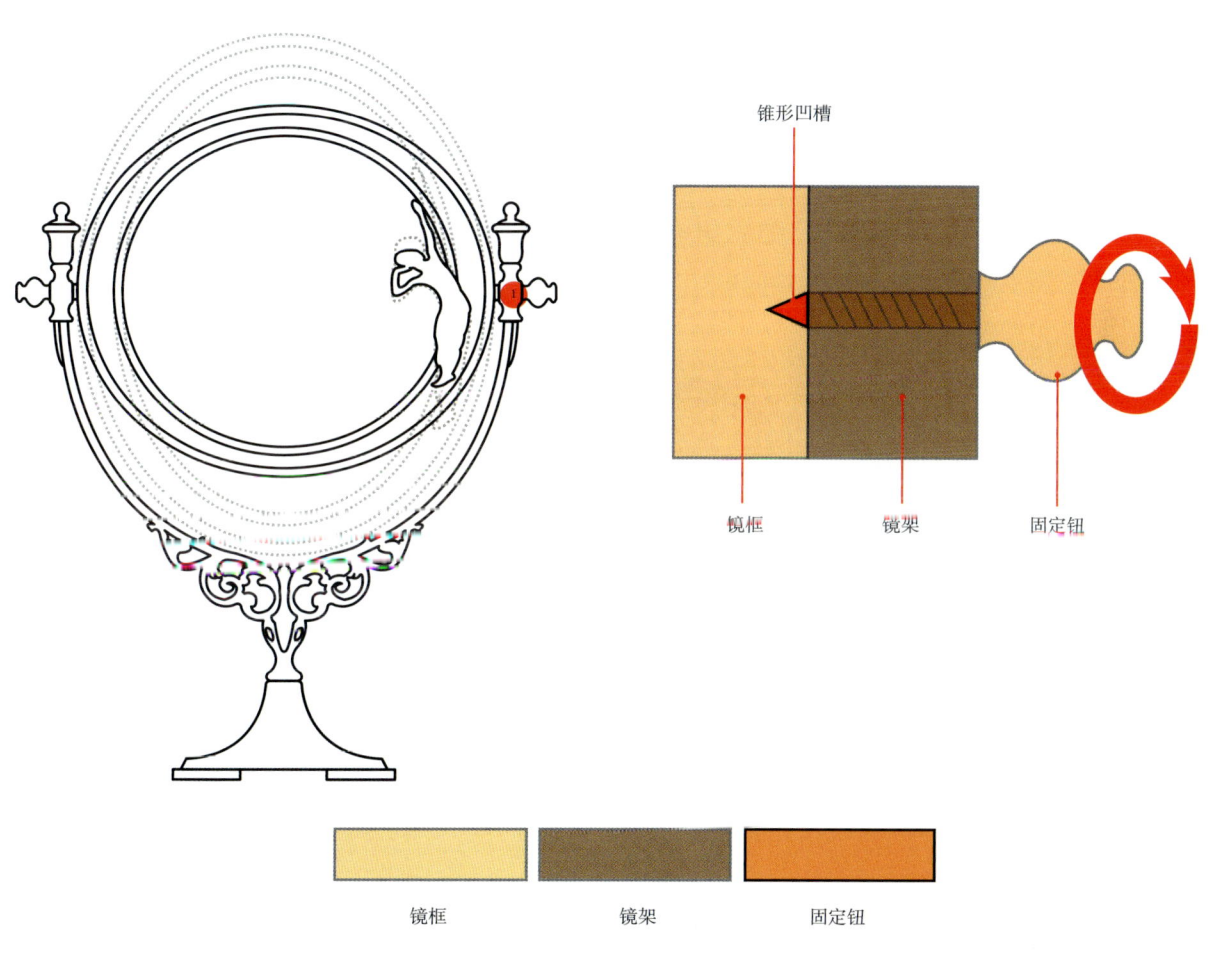

图八 俄罗斯族小圆镜镜架与镜框连接示意图

图九　俄罗斯族小圆镜纹样效果示意图

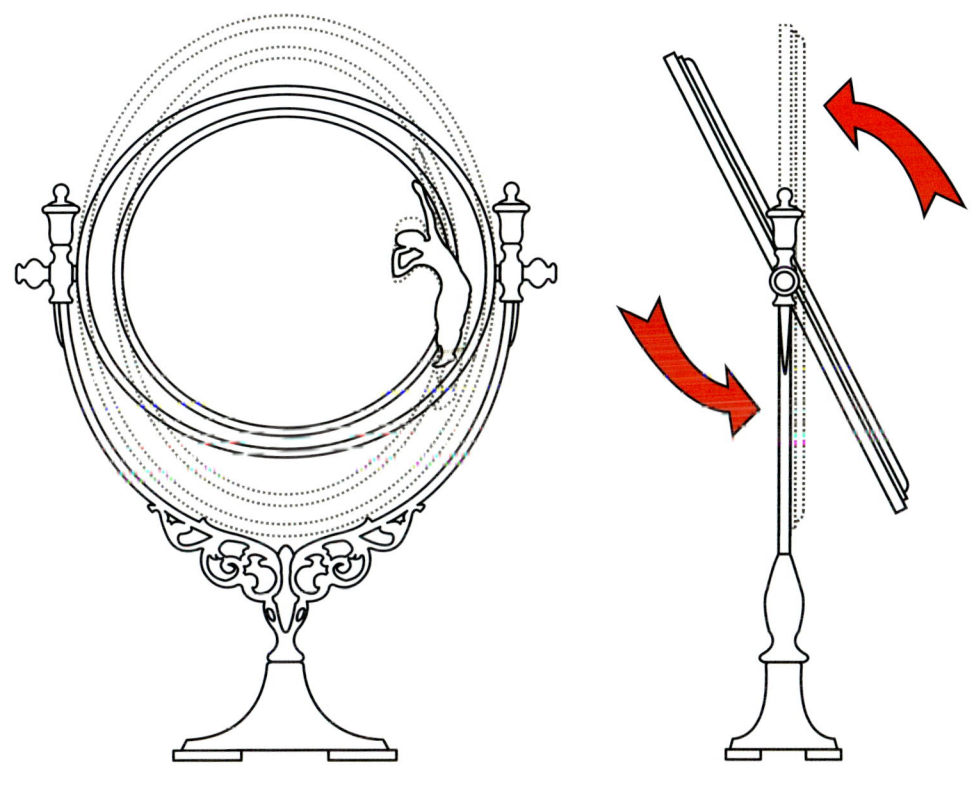

图十　俄罗斯族小圆镜操作示意图

俄罗斯族萨马瓦尔

图一　俄罗斯族萨马瓦尔主图

萨马瓦尔是俄罗斯族传统家庭常用的烧水器具，现在也称为水壶，主要用于水的加热和保温。本案例采集于内蒙古额尔古纳市恩和村，属近代物品，高49厘米，壶体直径22厘米，呈柱状，像一个奖杯，中间为柱状空心结构，为烧柴部分，两边各有一把手，便于提拿，下部有一水龙头。

萨马瓦尔由烟罩、壶盖、把手、水龙头、底座、壶体等部分组成，主要分为盛水和装木炭两大部分。其工作原理是水壶中部竖起一空心圆柱体，内部装盛燃烧的木炭，热水环绕在其四周，从而起到加热保温的功效。其中烟罩、壶盖、水阀是可以打开拆分的。在选材上，为导热性强的铜。萨马瓦尔使用方便，首先打开壶盖，向壶体内注水，盖上壶盖和烟罩，将燃烧的木炭放入内部加热。当水煮开后，打开水阀，从水龙头流出。水阀设计独特，下部呈上粗下细的圆柱体，上部呈花瓣状。水阀通过其自身的重量自然下坠，与水龙头的竖状接口咬合，达到密封的效果。水阀下端设计有流水孔，流水孔与水管高度一致。调节水阀的角度就可以控制水流，当切断流水孔与水管时，水流停止。挡灰板设计在萨马瓦尔的底部，就是一个圆形的铁皮，只需抽掉挡灰板，内部燃烧后的灰就可自动掉下。排气孔在壶盖上，与现代高压锅的排气阀有异曲同工之妙。当壶内的热水达到一定温度后，水蒸气会顺着排气孔排出,起到调节内部温度的作用。当水烧开后,打开水龙头,将开水接入装有茶叶的小茶壶内,喝完续水,随时都是热水。萨马瓦尔通常放置在厨房或客厅的小桌子上,为了保持其光泽,通常用丝绒布缝制的套子将其罩上。

随着社会的发展,萨马瓦尔逐渐被现代水壶所取代,现在已经很少了,多做陈列装饰用。

图片来源

图一、图四、图七、图十一　郭立忠　摄影

图二至图三、图五至图六、图十　孙邦利　制图

图八至图九　郭立忠　摄影　孙邦利　制图

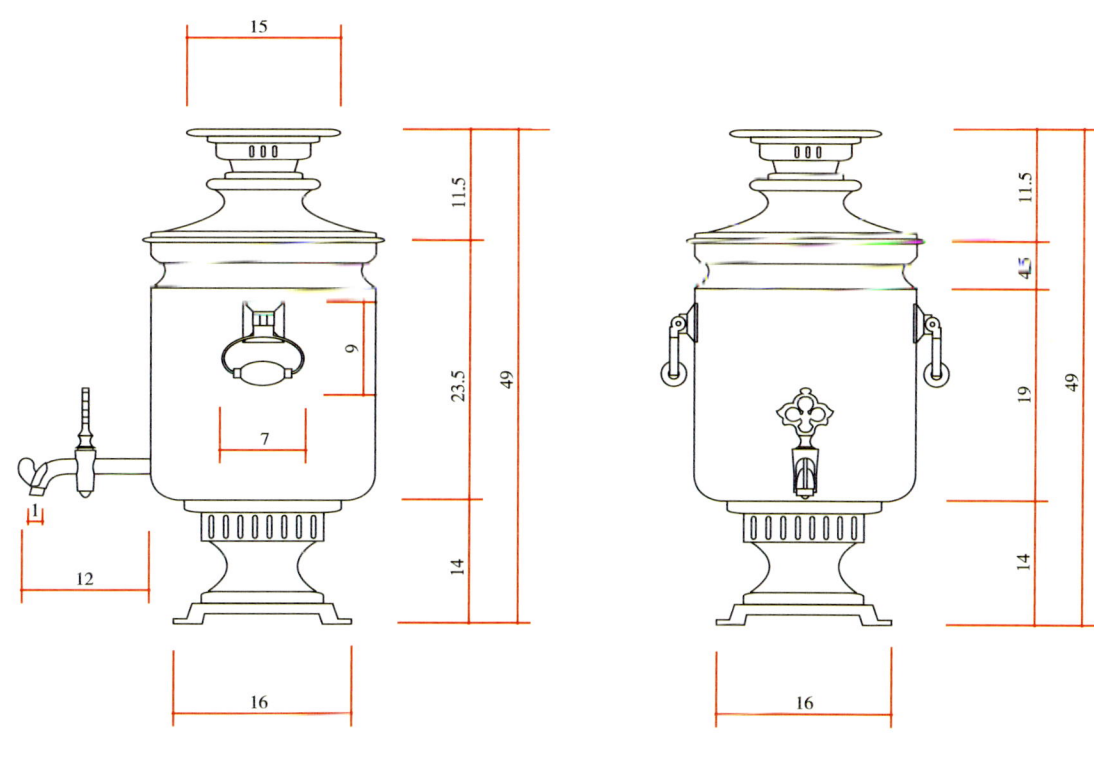

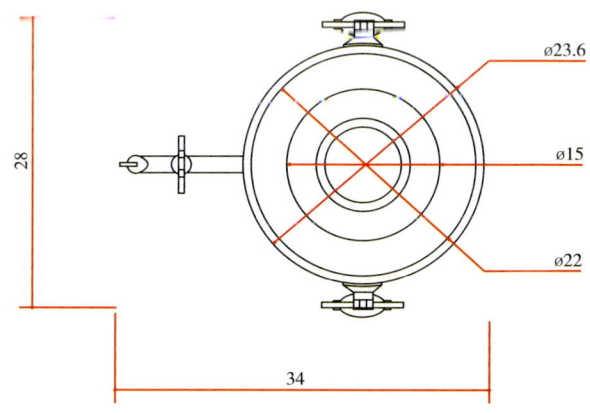

图二　俄罗斯族萨马瓦尔尺寸图(单位:cm)

第四章　俄罗斯族传统生活用具

183

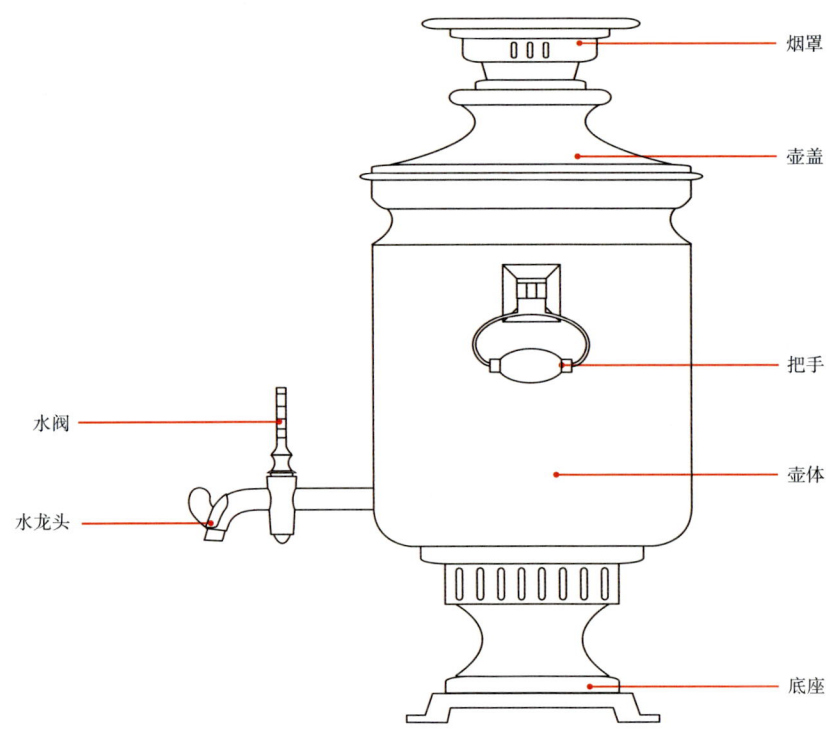

图三　俄罗斯族萨马瓦尔结构名称图

图四 俄罗斯族萨马瓦尔解析图

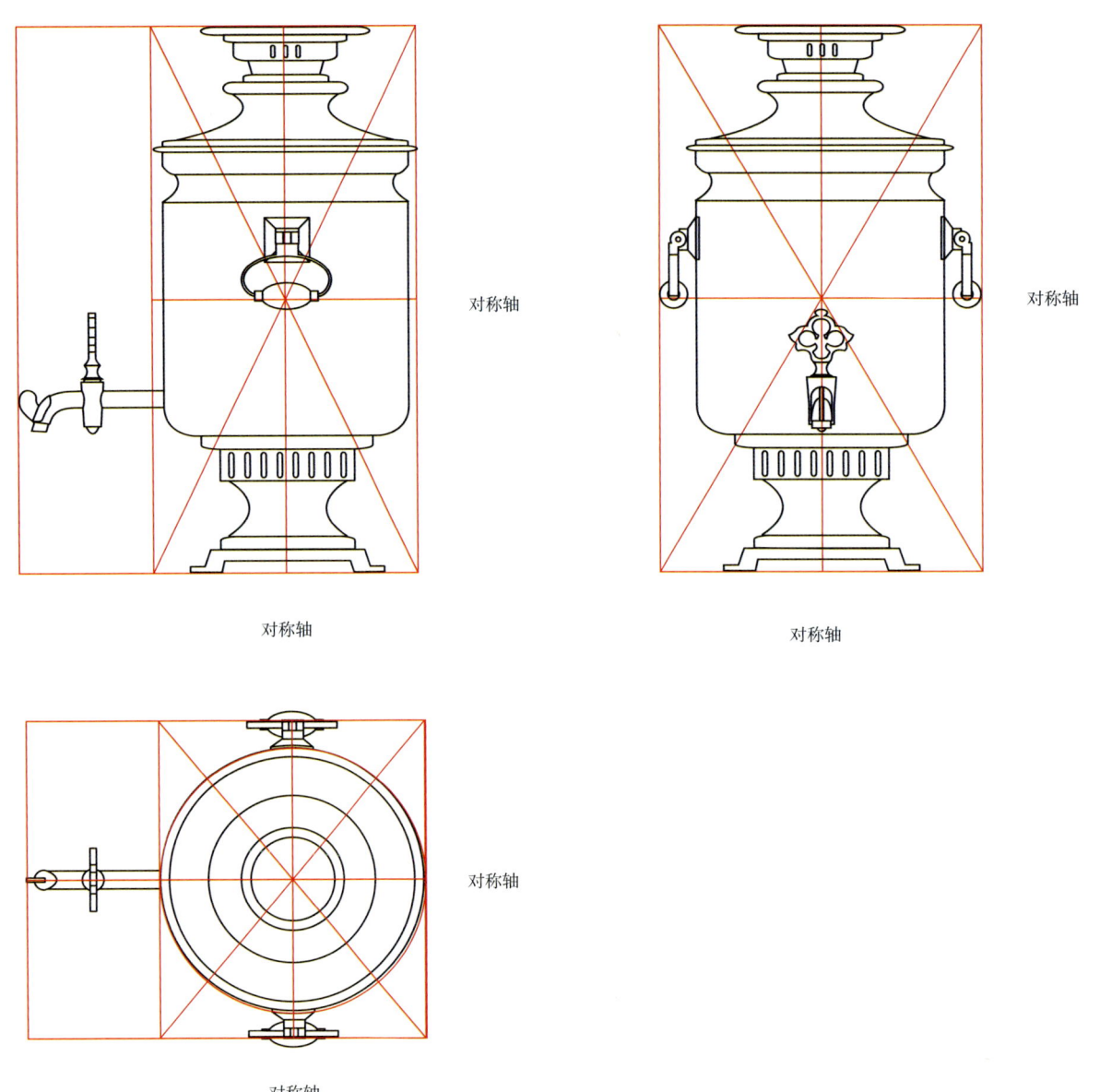

图五 俄罗斯族萨马瓦尔视觉分析图

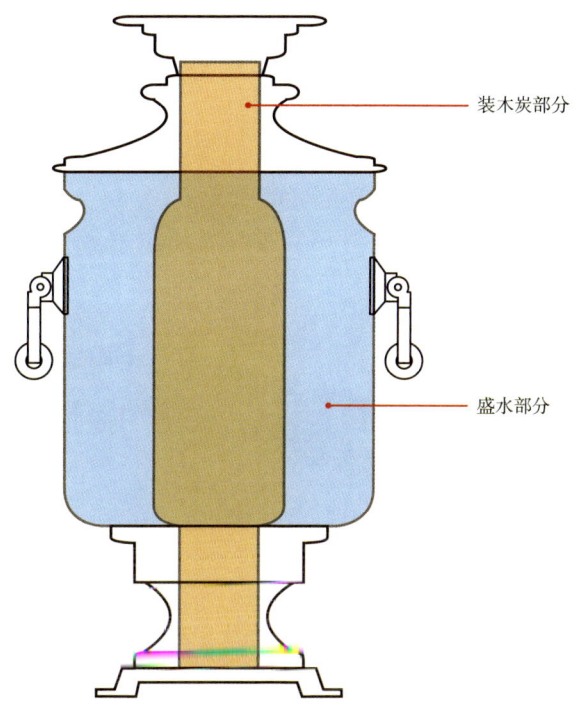

图六　俄罗斯族萨马瓦尔功能区域示意图

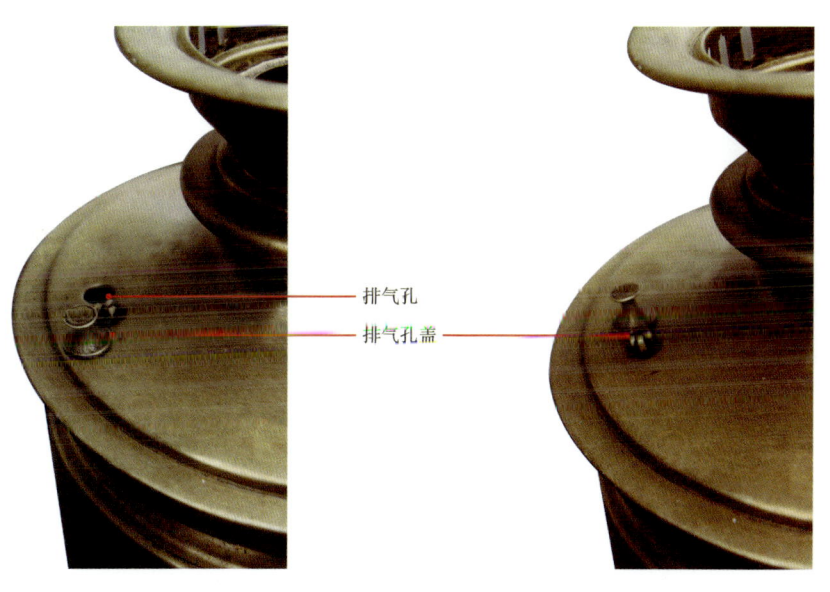

排气孔开启状态　　　　　　　　排气孔闭合状态

图七　俄罗斯族萨马瓦尔排气孔示意图

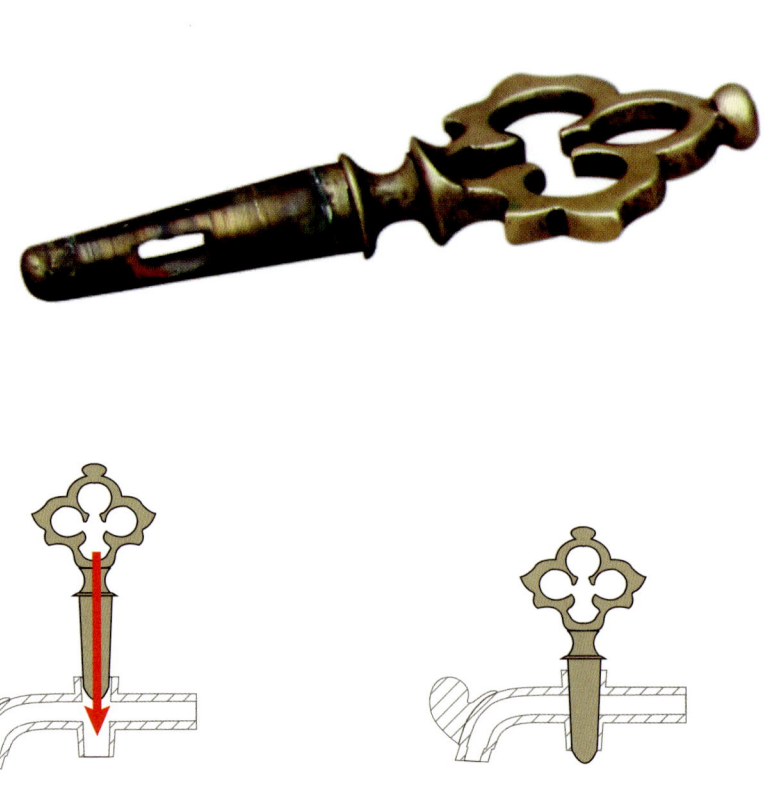

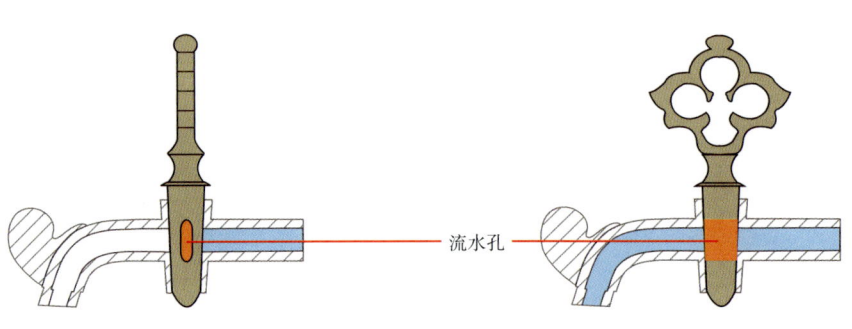

水龙头关闭状态　　　　　　　　水龙头开启状态

图八　俄罗斯族萨马瓦尔水阀示意图

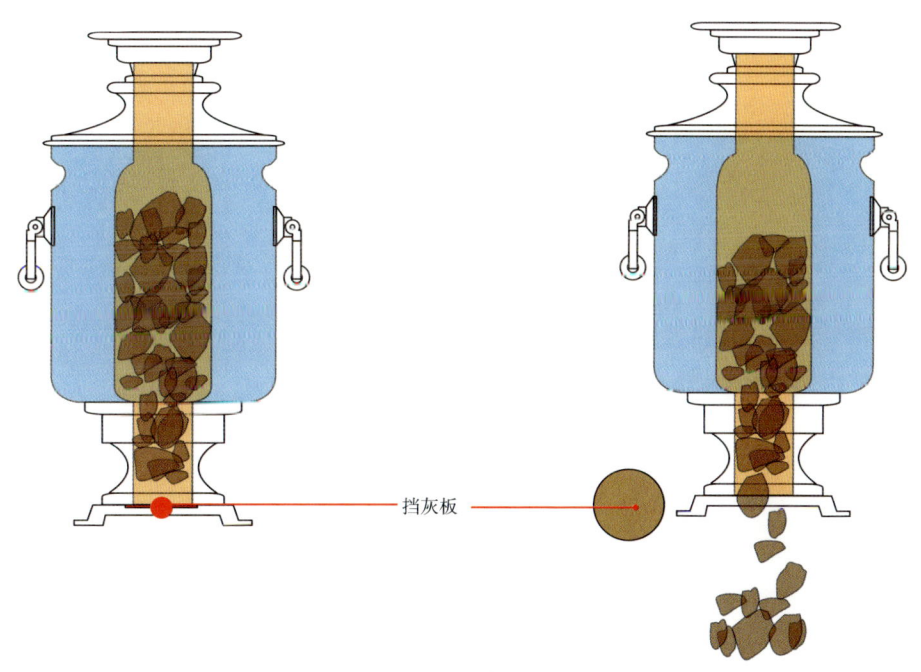

挡灰板

图九　俄罗斯族萨马瓦尔挡灰板示意图

第四章　俄罗斯族传统生活用具

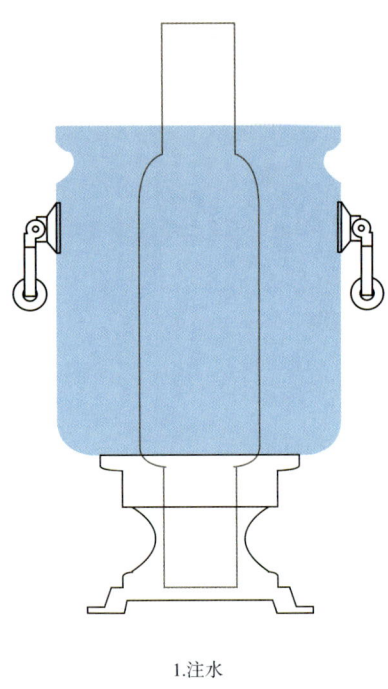
1.注水

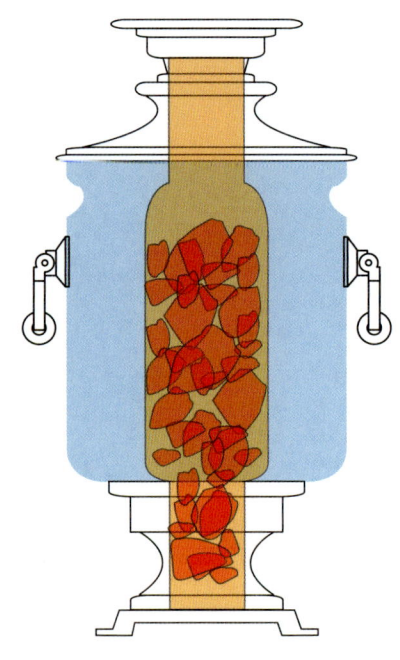
2.加入燃烧的木炭

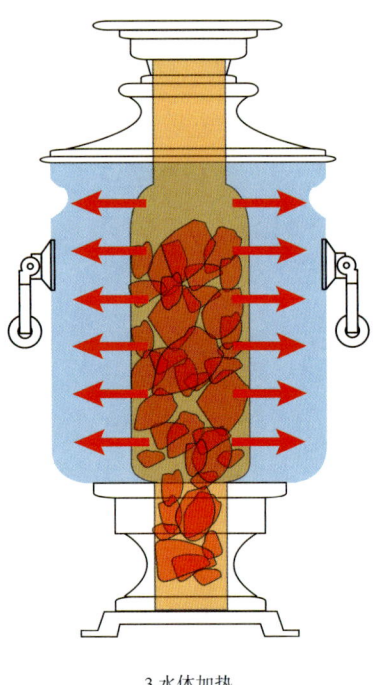
3.水体加热

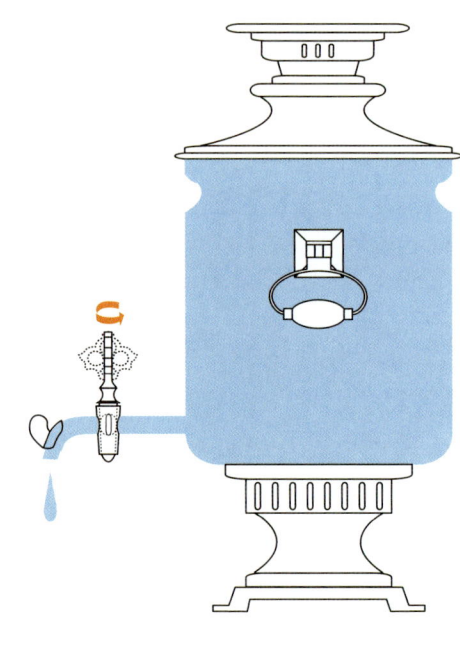
4.打开水阀,接取热水

图十　俄罗斯族萨马瓦尔操作示意图

图十一　俄罗斯族萨马瓦尔使用情境图

俄罗斯族烛台

图一　俄罗斯族烛台主图

烛台是俄罗斯族家庭的常用器具，也是传统祭祀必须要用到的器具之一，主要功能是放置蜡烛，方便照明。本案例采集于内蒙古额尔古纳市恩和俄罗斯族民俗博物馆，属近代物品，高 22 厘米，底部宽 9 厘米，烛台口 5 厘米。烛台主要由烛台底座、烛台身、烛台口组成。

由于蜡烛在燃烧的过程中容易滴淌，为了让蜡烛燃烧干净，用烛台口收集流淌的蜡烛油，同时可提高蜡烛的高度，使蜡烛照射的范围更广。烛台为铜质。在使用的过程中，将蜡烛插入烛台口固定，用手握住烛台身，就可以随意拿取。烛台身为高低起伏的竹节状，操持舒服，手感良好。在设计工艺上，烛台口设计较大，便于承接蜡烛油，充分做到二次利用。烛台底座为正八角形，也是整个烛台最宽的部分，底部中空，这种设计增加了与桌面的接触面积，使烛台的摆放更加稳定。通常有插一、三、五、七根蜡烛的烛台，造型优美，形态各异。

烛台看似一种普通的生活器具，背后却蕴藏着俄罗斯族的某种习俗与文化。

图片来源
图一、图六至图七　郭立忠　摄影
图二至图三、图五　郭立忠　制图
图四　郭立忠　摄影、制图

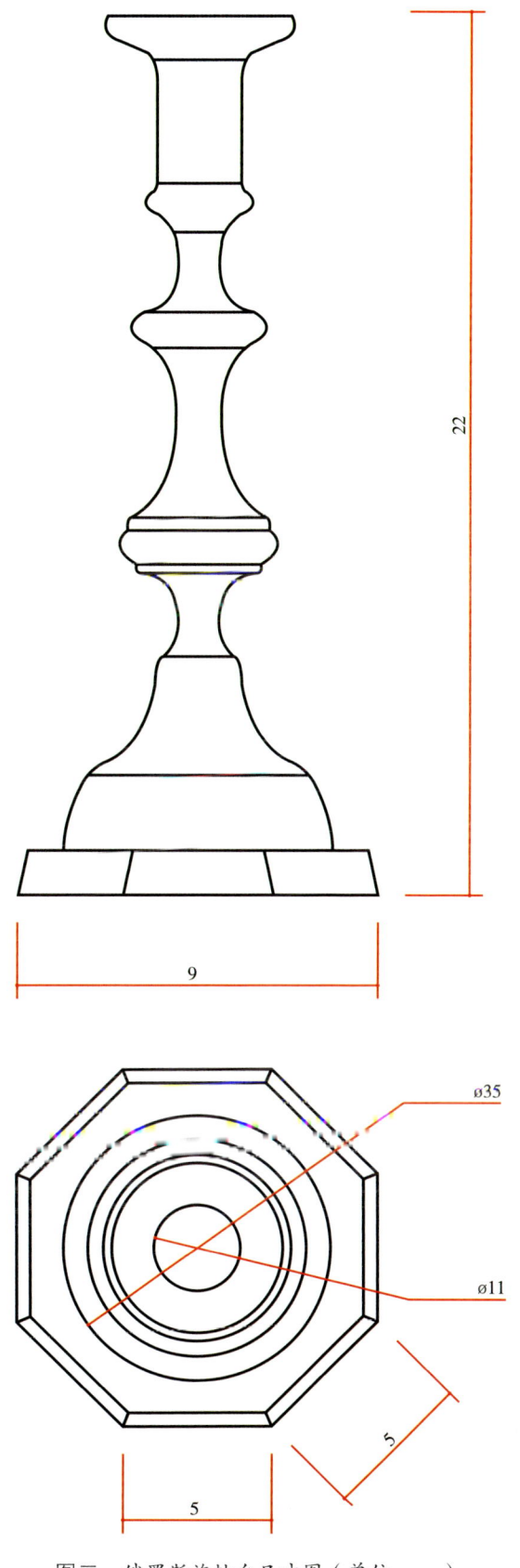

图二 俄罗斯族烛台尺寸图(单位:cm)

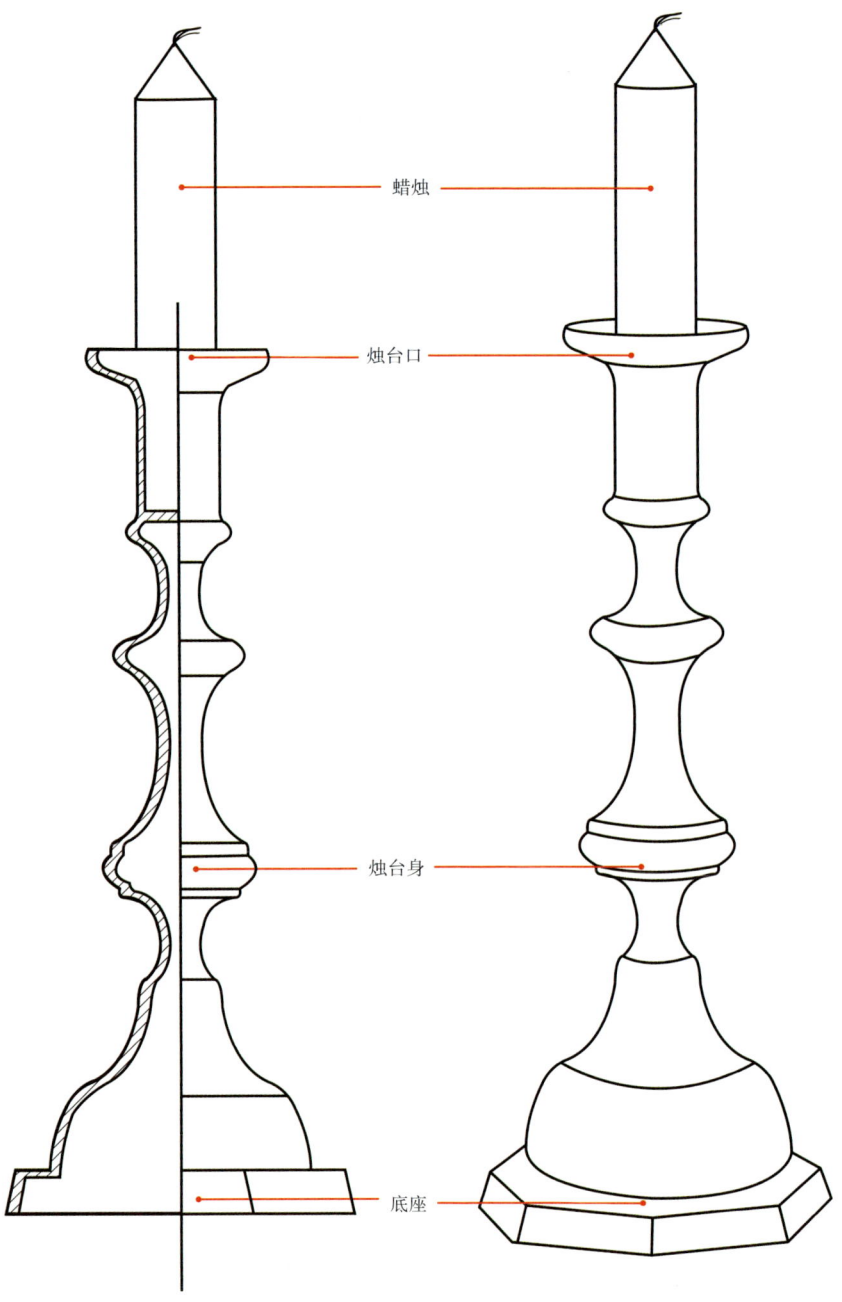

图三　俄罗斯族烛台结构名称图

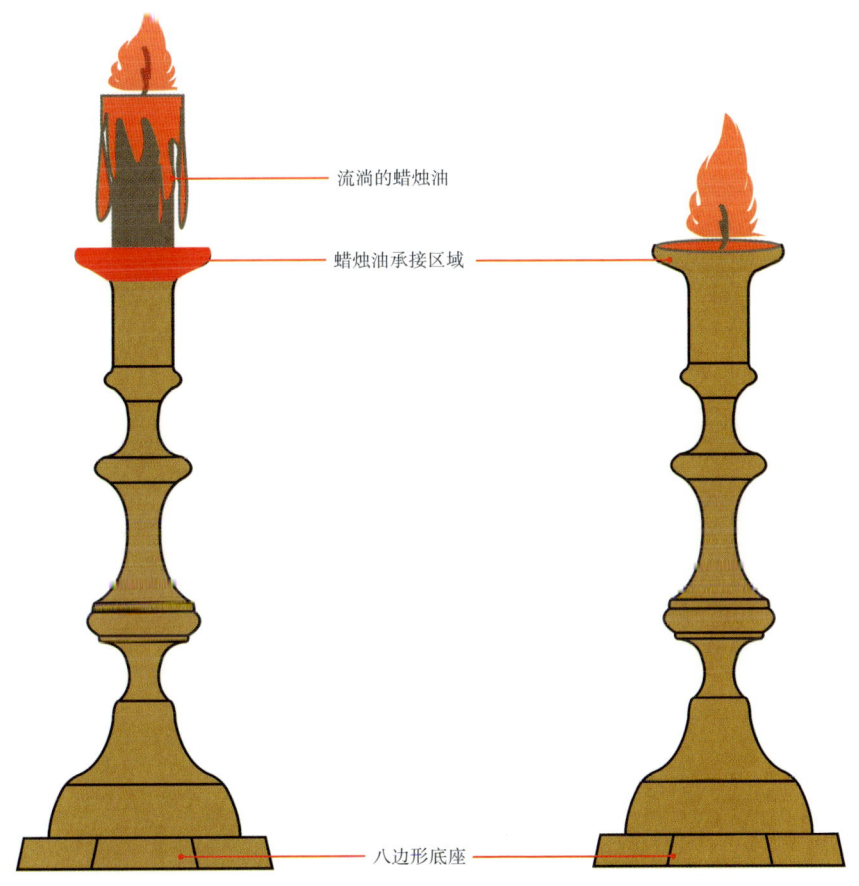

图四 俄罗斯族烛台烛台口设计分析图

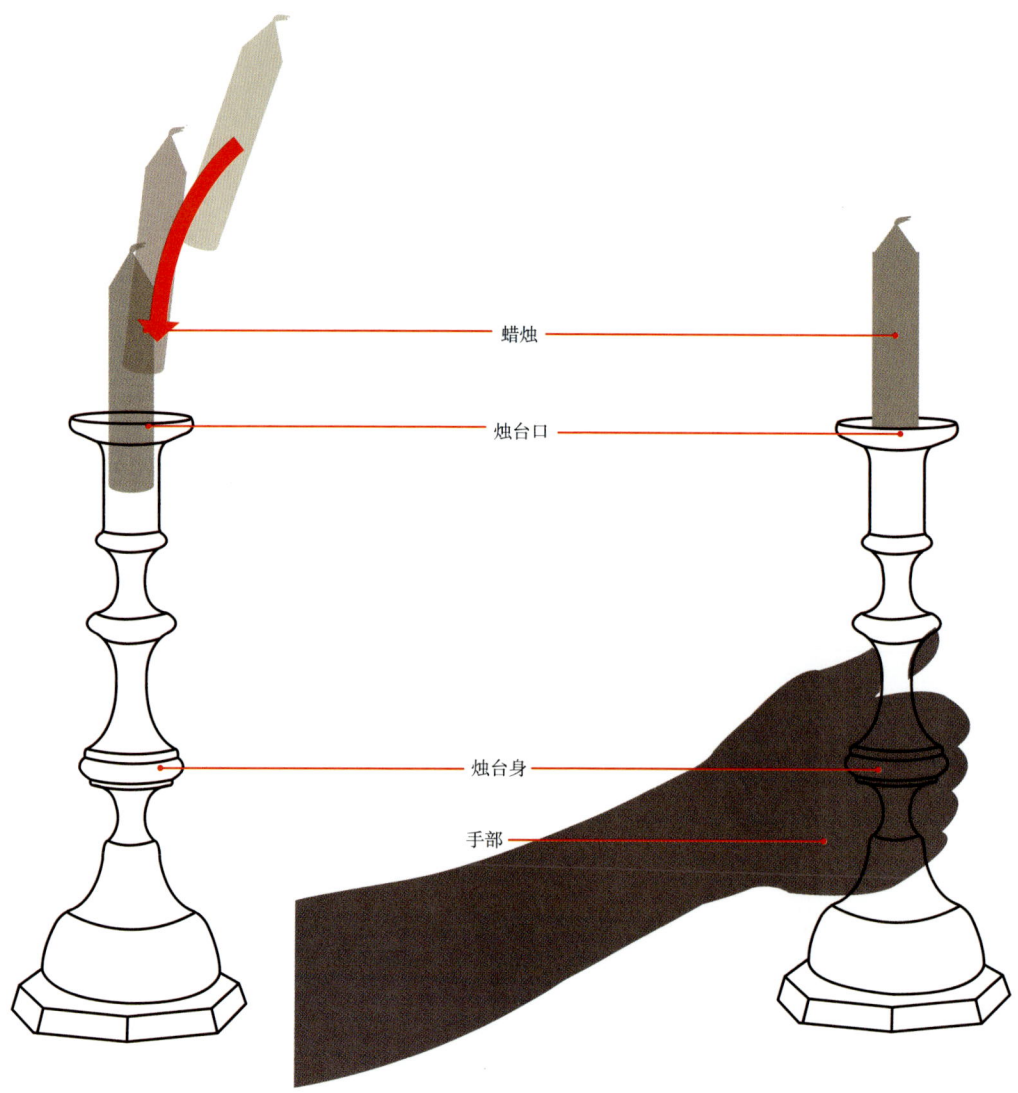

图五　俄罗斯族烛台操作示意图

 一根烛台
 五根烛台
 三根烛台
 七根烛台

图六　俄罗斯族烛台比较分析图

图七　俄罗斯族烛台使用情境图

俄罗斯族箱柜

图一　俄罗斯族箱柜主图

箱柜是俄罗斯族家庭常用的传统生活用具之一，主要用于储存贵重物品。本案例采集于内蒙古额尔古纳市恩和村，属近代物品，长约90厘米，宽50厘米，高60厘米。呈长方体，箱盖部分侧面中间微微凸出，整体造型简洁，开合自由，方便实用。

箱柜主要由箱盖、箱体、锁具、箱提等部分组成。箱体部分多为桦木和松木，箱提和锁具为铁制。箱柜的连接部分主要采用榫卯结构，将两块木板连接起来，箱体结构坚固、不变形。在锁具部分，连接件起到了重要的作用。连接件有锁鼻子和锁扣，锁鼻子是两端较尖的圆柱体，中间弯曲成圆形、两端并拢的特殊造型。打孔，将锁具连接件插入木板，分开连接件的两端，砸直固定。箱提由连接件和提手组成，连接件圆环部分中间凸起，当提手拉起时，遇到圆环部分凸起的阻挡，起到良好的吃力作用，同时也避免了手部与箱体的摩擦而损伤手部。箱柜通常放置在房屋的一角，有的箱柜的箱盖部分是平整的，可以累加而节约空间。

由于打制箱柜可就地取材，因而成本低廉。在过去落后的经济条件下，箱柜在一定程度上满足了俄罗斯族人的实际生活需要。直至今天，这种箱柜仍然在俄罗斯族人的生活中使用。

图片来源
图一、图九　郭立忠　摄影
图二至图八　刘毅　制图

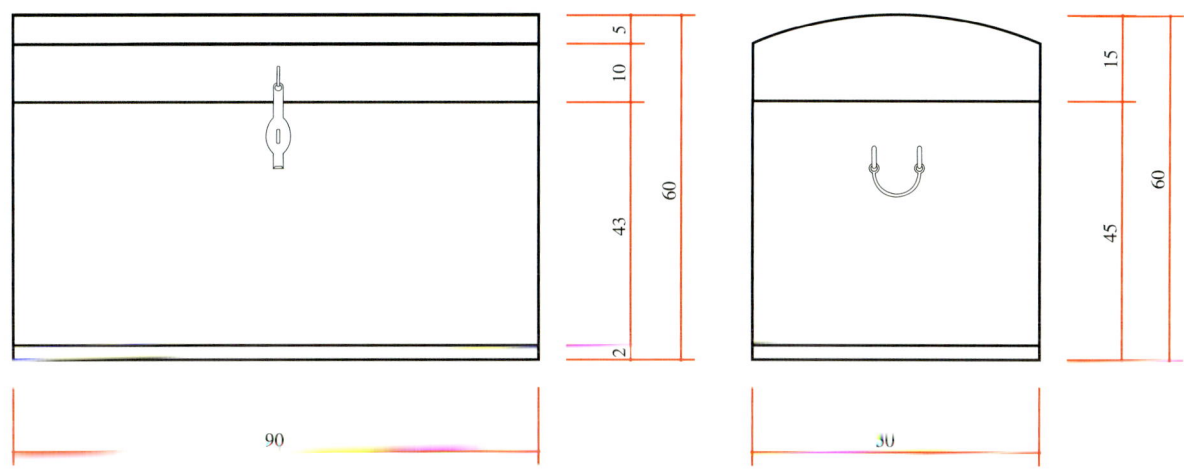

图二　俄罗斯族箱柜尺寸图（单位：cm）

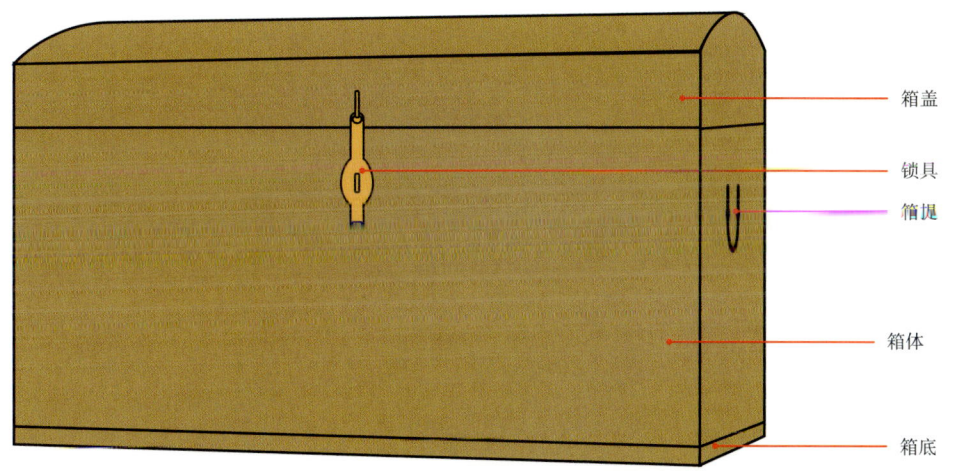

图三　俄罗斯族箱柜结构名称图

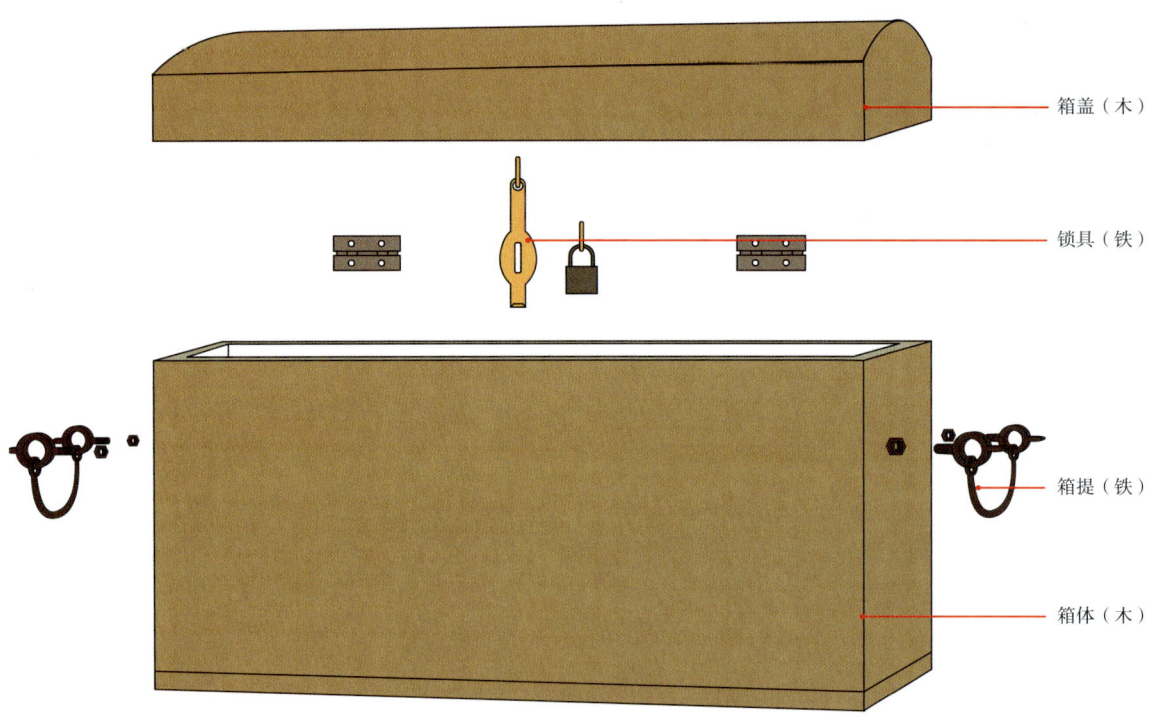

图四 俄罗斯族箱柜解析图

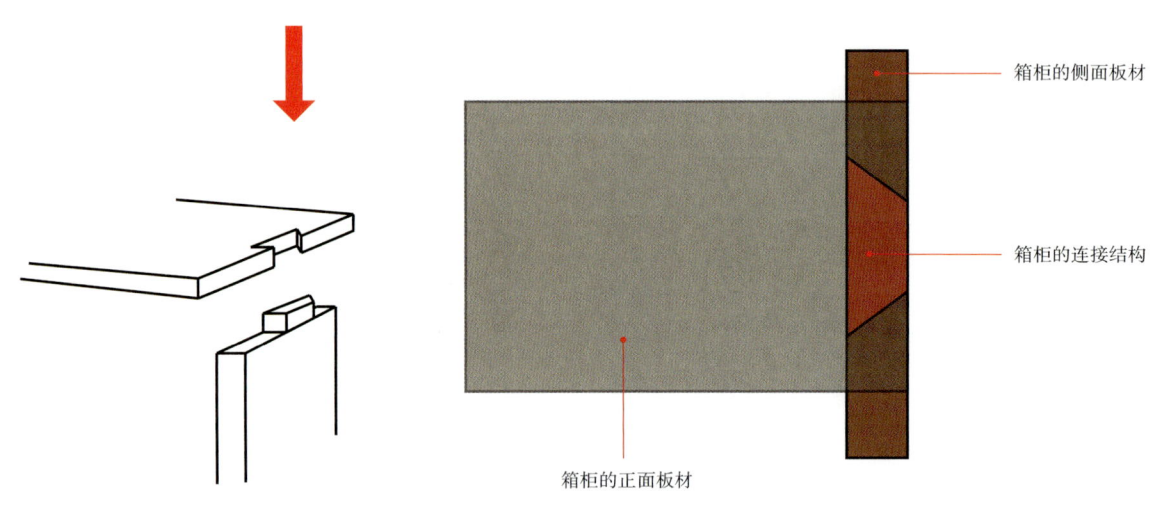

图五 俄罗斯族箱柜榫卯工艺分析图

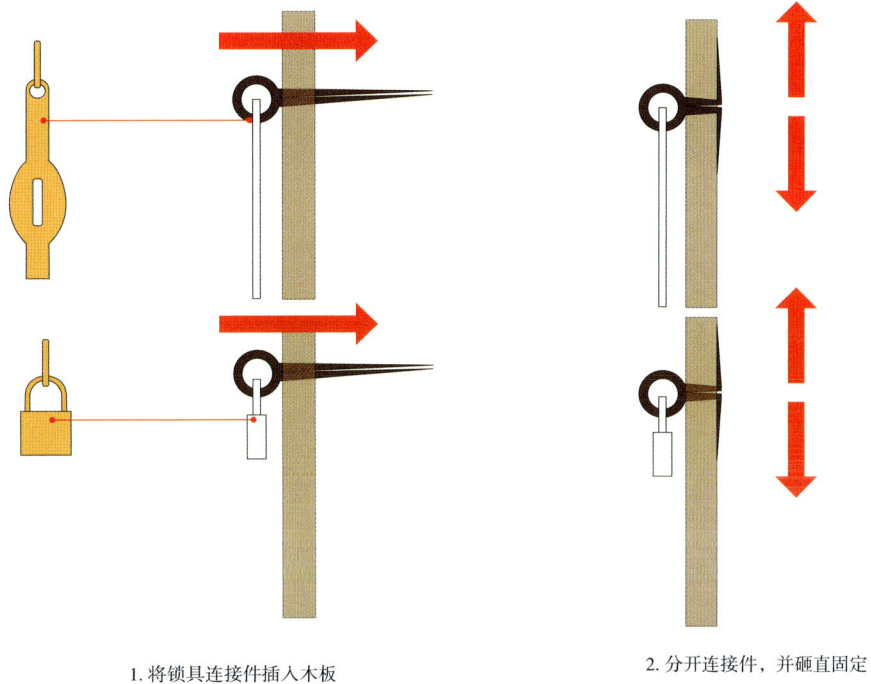

1. 将锁具连接件插入木板　　2. 分开连接件，并砸直固定

图六　俄罗斯族箱柜锁具连接件安装工艺分析图

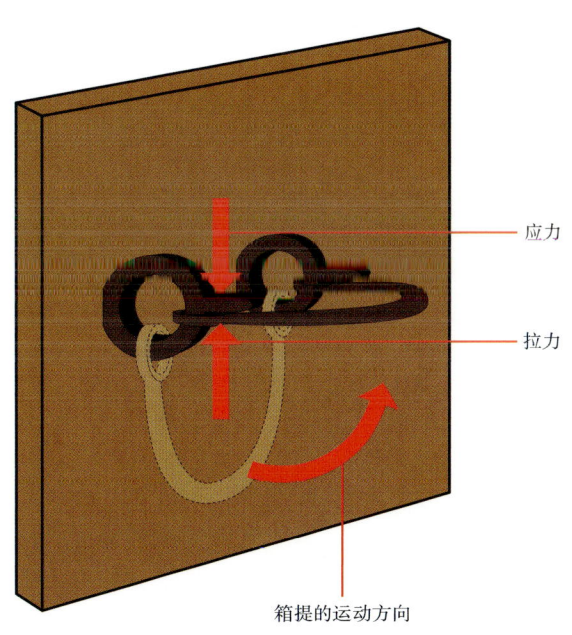

应力

拉力

箱提的运动方向

图七　俄罗斯族箱柜箱提力学分析图

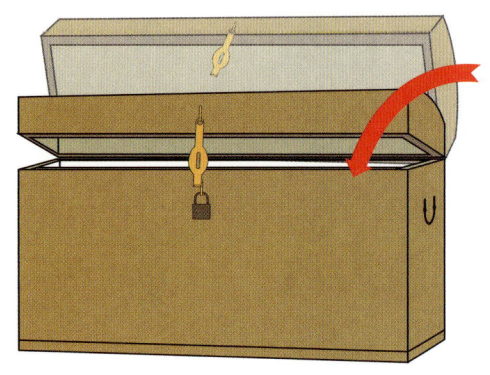

图八　俄罗斯族箱柜操作示意图

图九　俄罗斯族箱柜使用情境图

俄罗斯族圆桌

图一 俄罗斯族圆桌七用

圆桌是俄罗斯族常用的一种传统家具，因桌面为圆形，故得名。圆桌多为吃饭、摆放物品时所使用。本案例采集于新疆乌鲁木齐博物馆，属20世纪之遗物，桌面直径85厘米，高78.4厘米，桌面厚3厘米。

圆桌主要由桌面和三组桌腿构成。圆桌的所有材料为木材，为避免变形需晾干，用木钉穿插固定而成。在视觉上，圆桌基本呈左右对称。俯视，三组桌腿呈螺旋上升状，整体线条流畅，变化丰富。在设计工艺上，俄罗斯族圆桌与普通圆桌有较大的区别，主要区别在桌腿部分。俄罗斯圆桌的每组桌腿由两个小腿组成，上大下小，底部连在一起，呈对称状。从侧面看还有一定的弧度，线条优美。桌腿的底部与地面相交的地方，比上部略粗，高约5厘米，整体呈马蹄状，这样增加了与地面的接触面，使整个桌子更加稳定。三组桌腿中的每个桌腿两两相交，呈X状。在相交的过程中，下部比上部略大，在相交的同时桌腿的顶部也要两两相连。在桌腿的结构上，三组桌腿的顶部、底部各成为一个等边三角形。三角形具有稳定性，这样使圆桌更稳固。利用三组桌腿将整个圆桌支撑起来，桌面的重量通过桌腿顶部的三个受力点，将桌面的重量分解，通过桌腿延伸至底部，再通过重力分解承受点，将重力分解到地面。

图片来源

图一、图八　贾伟国　摄影
图二至图七　刘毅　制图

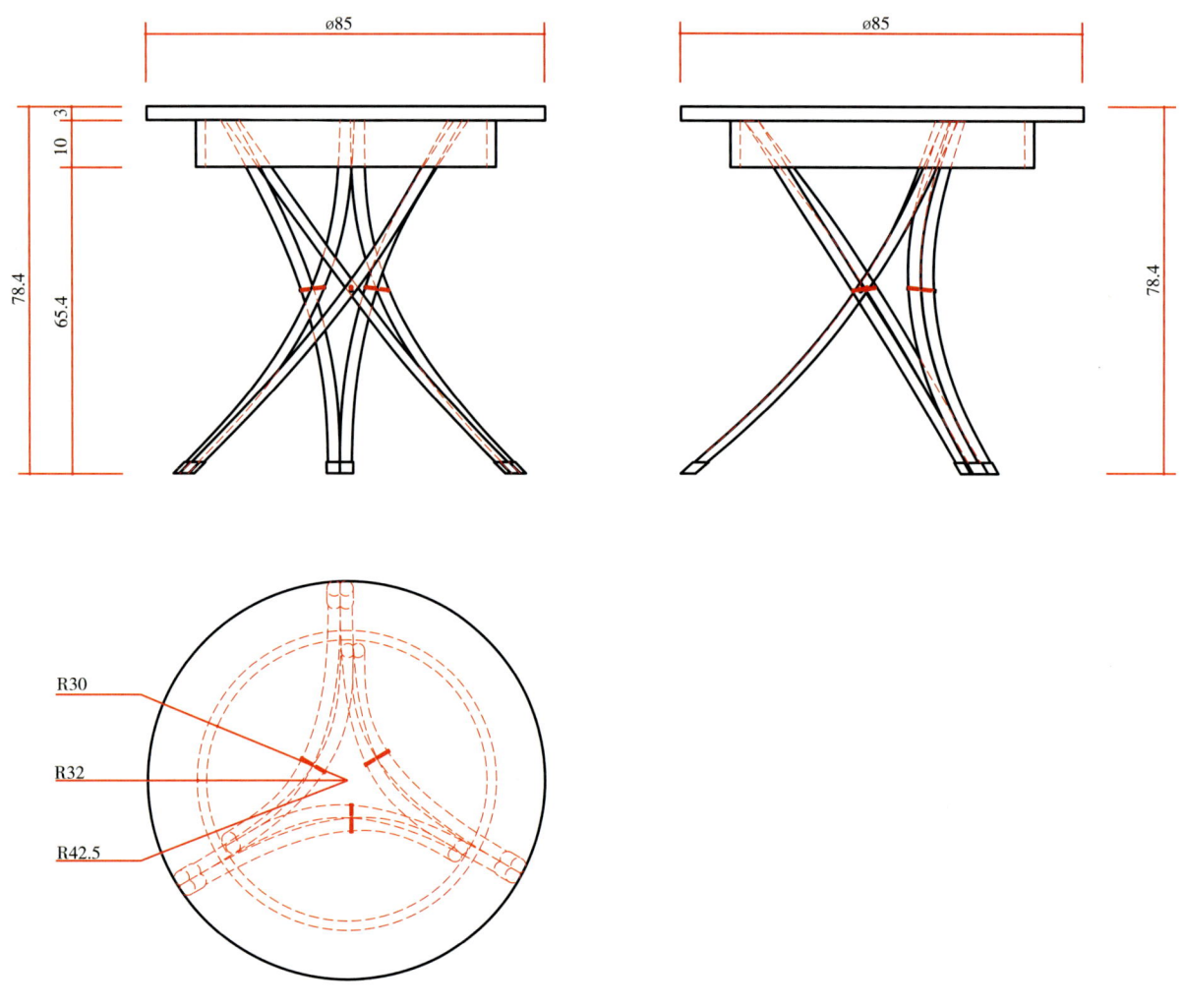

图二　俄罗斯族圆桌尺寸图（单位：cm）

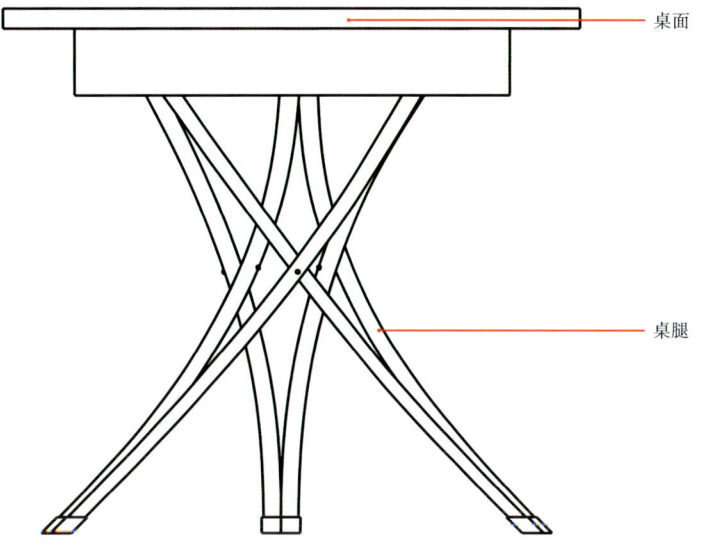

图三　俄罗斯族圆桌结构名称图

图四　俄罗斯族圆桌解析图　　　　图五　俄罗斯族圆桌视觉分析图

第四章　俄罗斯族传统生活用具

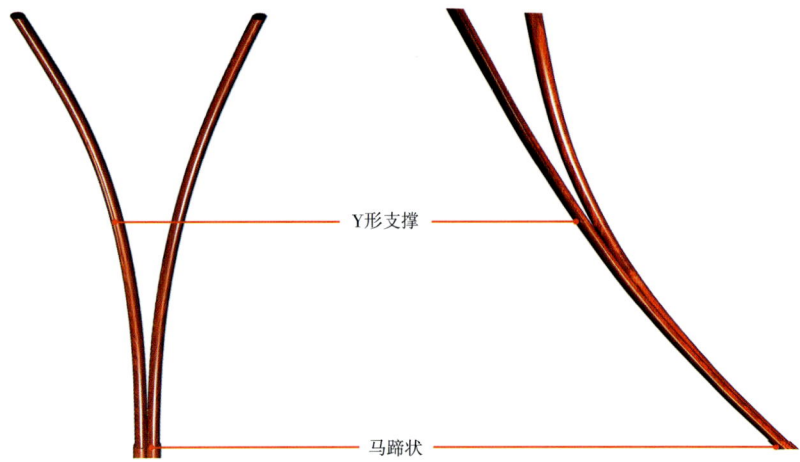
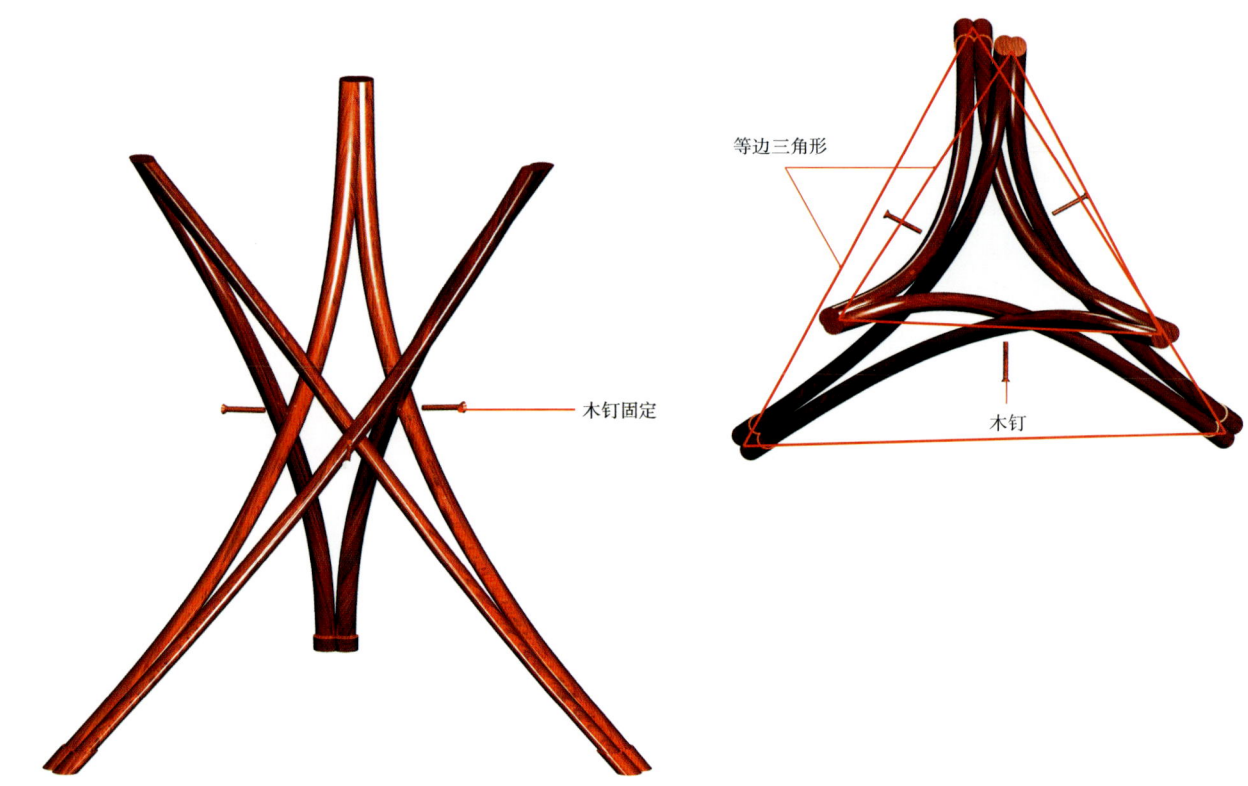

图六 俄罗斯族圆桌桌腿工艺分析图

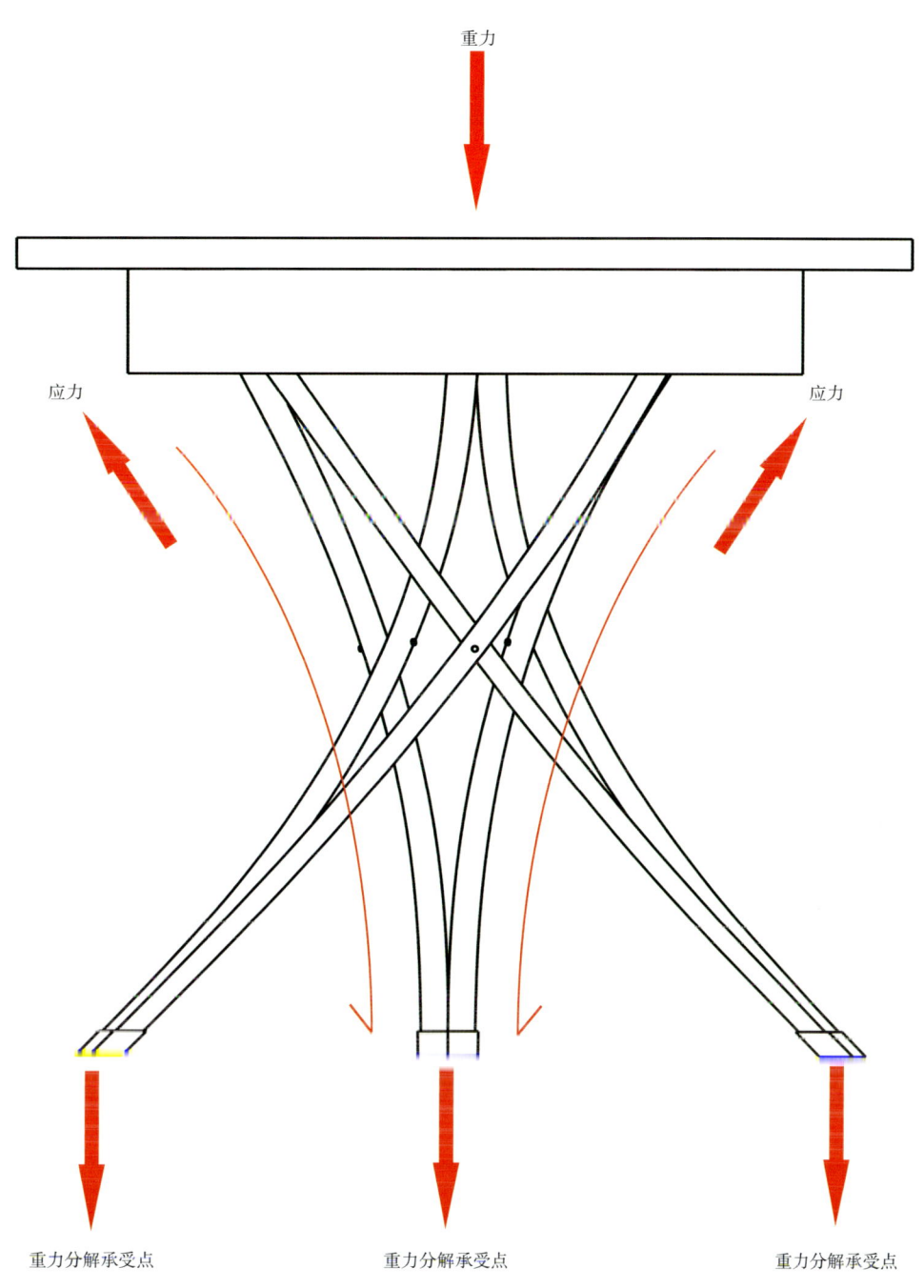

图七　俄罗斯族圆桌力学分析图

图八　俄罗斯族圆桌使用情境图

俄罗斯族靠背椅

图一　俄罗斯族靠背椅主图

靠背椅整体造型饱满，变化丰富，充满张力，使用舒适，是俄罗斯族传统家具之一，由木材制作而成。当人们在疲惫时，可以用来休息倚靠，故名靠背椅。本案例采集于新疆乌鲁木齐博物馆，高86厘米，宽43厘米，椅面半径17.6厘米，靠背高42厘米。靠背椅主要由主靠背、副靠背、扶手、椅面、圈足、椅腿几部分组成。靠背椅的椅面呈圆形，椅面下有一圆形圈足；主靠背为流畅的曲线，下部延伸至地面，形成椅腿；副靠背与主靠背相呼应，扶手较小，曲直结合。

靠背椅在设计和工艺上主要有以下几个特点：首先，弧状的副靠背可以增加人们在倚靠时身体与靠背椅的接触面积，把人的后背包裹进去。人的臀部和脊椎自然地形成一个弧度，与靠背椅的整体造型正好吻合。其次，靠背椅将重心自然落在椅面上，通过四个椅腿分解重量，解决靠背椅单薄而不能承重的问题。圈足固定了四个椅腿，使其更加具有稳定性。再次，扶手连接椅面和靠背，起到固定的作用。弧状的扶手与主靠背、副靠背形成流畅的曲线，增加了靠背椅的美感。最后，在椅面和扶手、主靠背和副靠背之间，用木钉连接，起到了固定的作用。

图片来源

图一　贾伟国　摄影

图二至图九　刘毅　制图

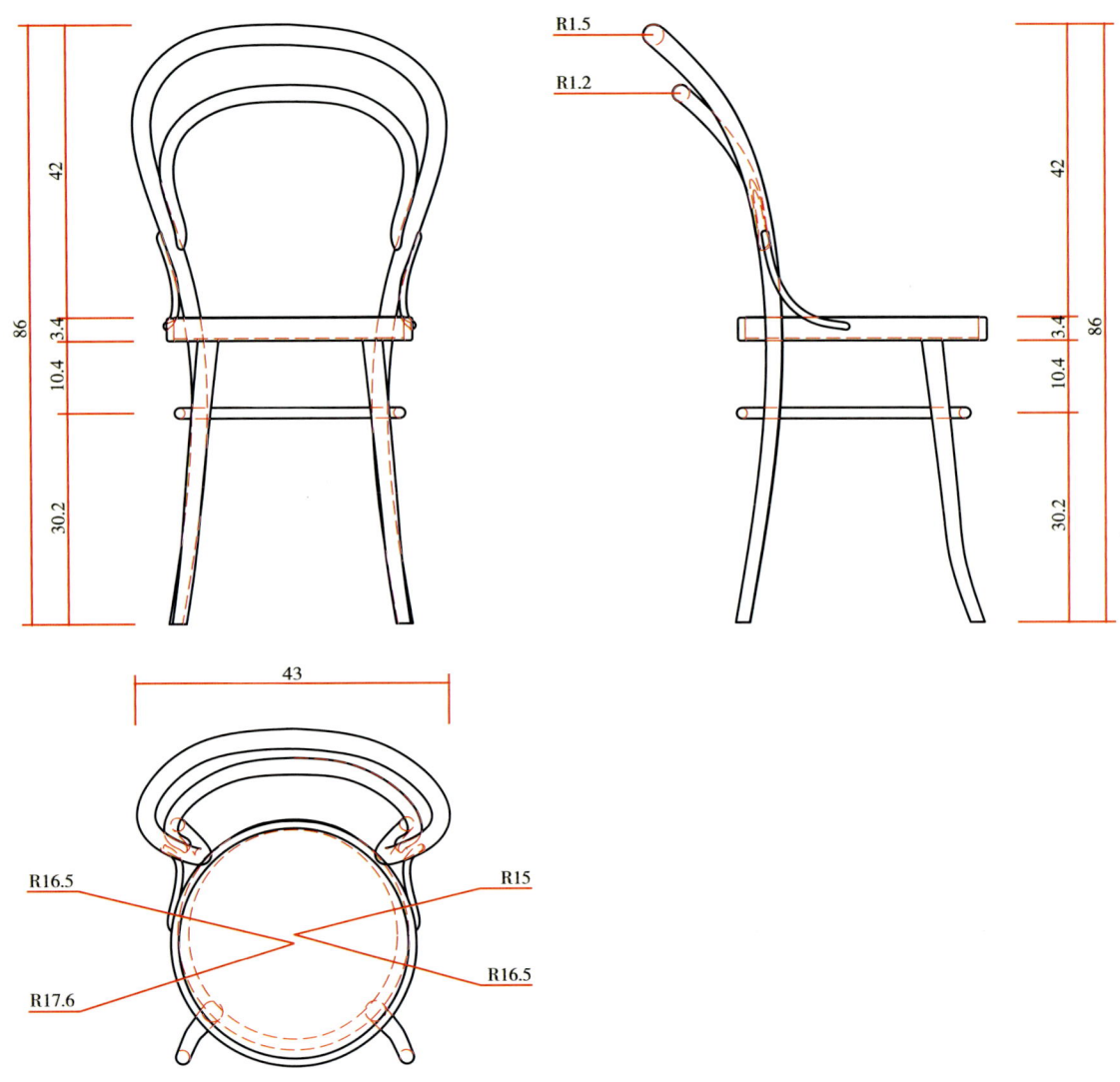

图二　俄罗斯族靠背椅尺寸图（单位：cm）

图三　俄罗斯族靠背椅结构名称图

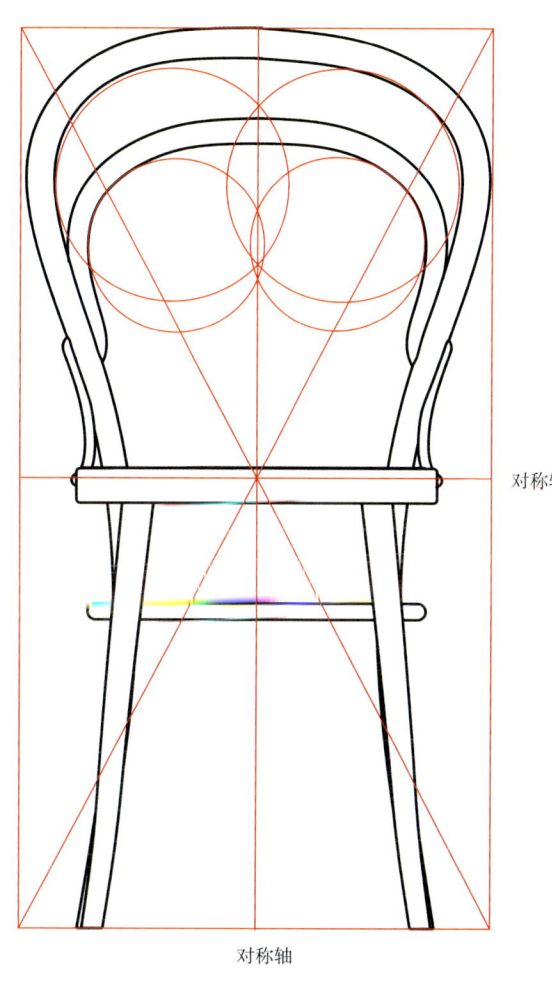

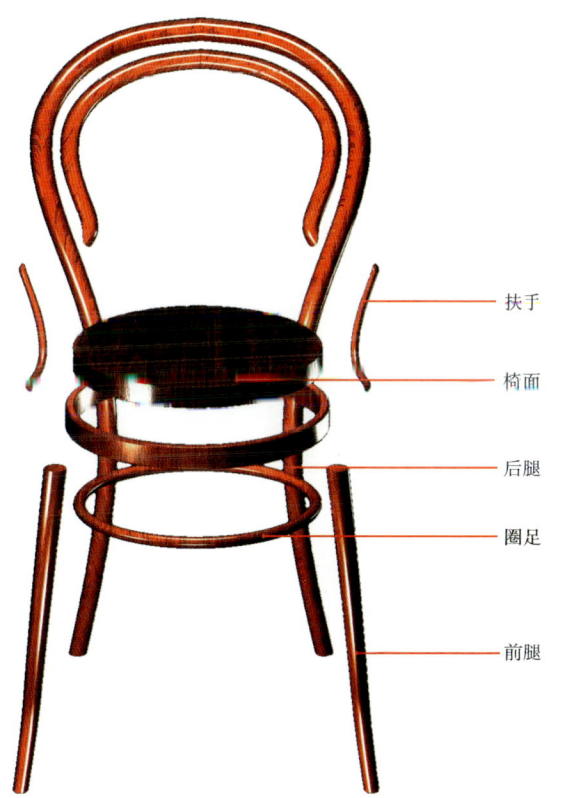

图四　俄罗斯族靠背椅解析图

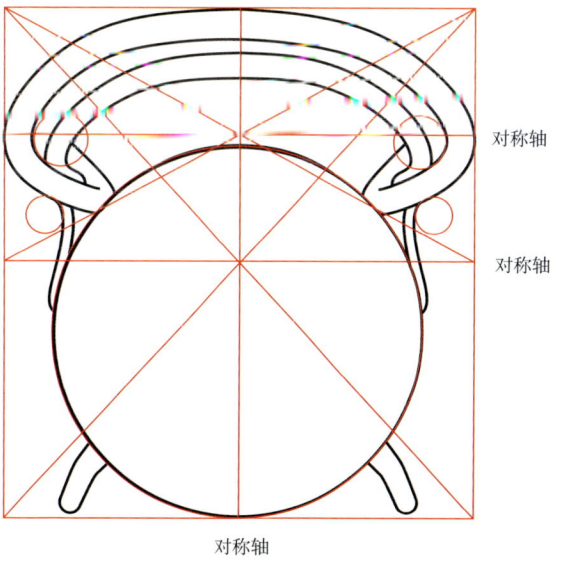

图五　俄罗斯族靠背椅视觉分析图

第四章　俄罗斯族传统生活用具

图六 俄罗斯族靠背椅椅背结构名称图

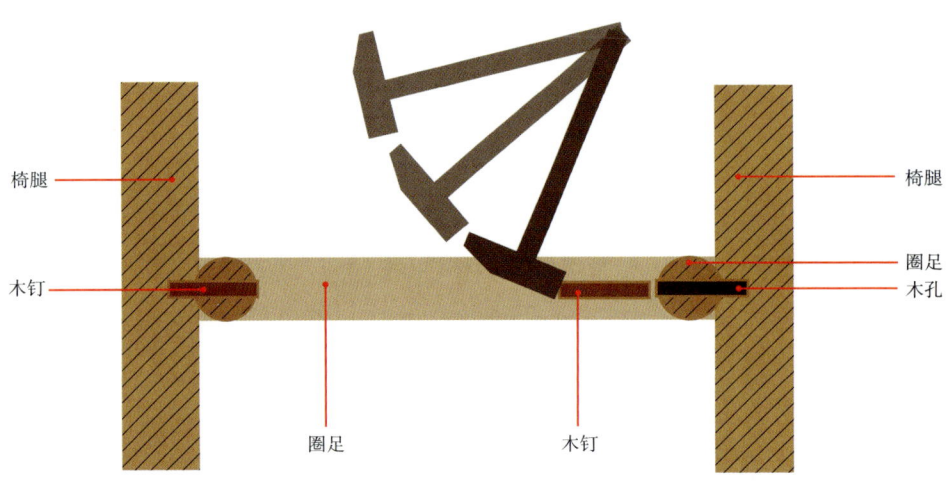

图七 俄罗斯族靠背椅圈足连接工艺分析图

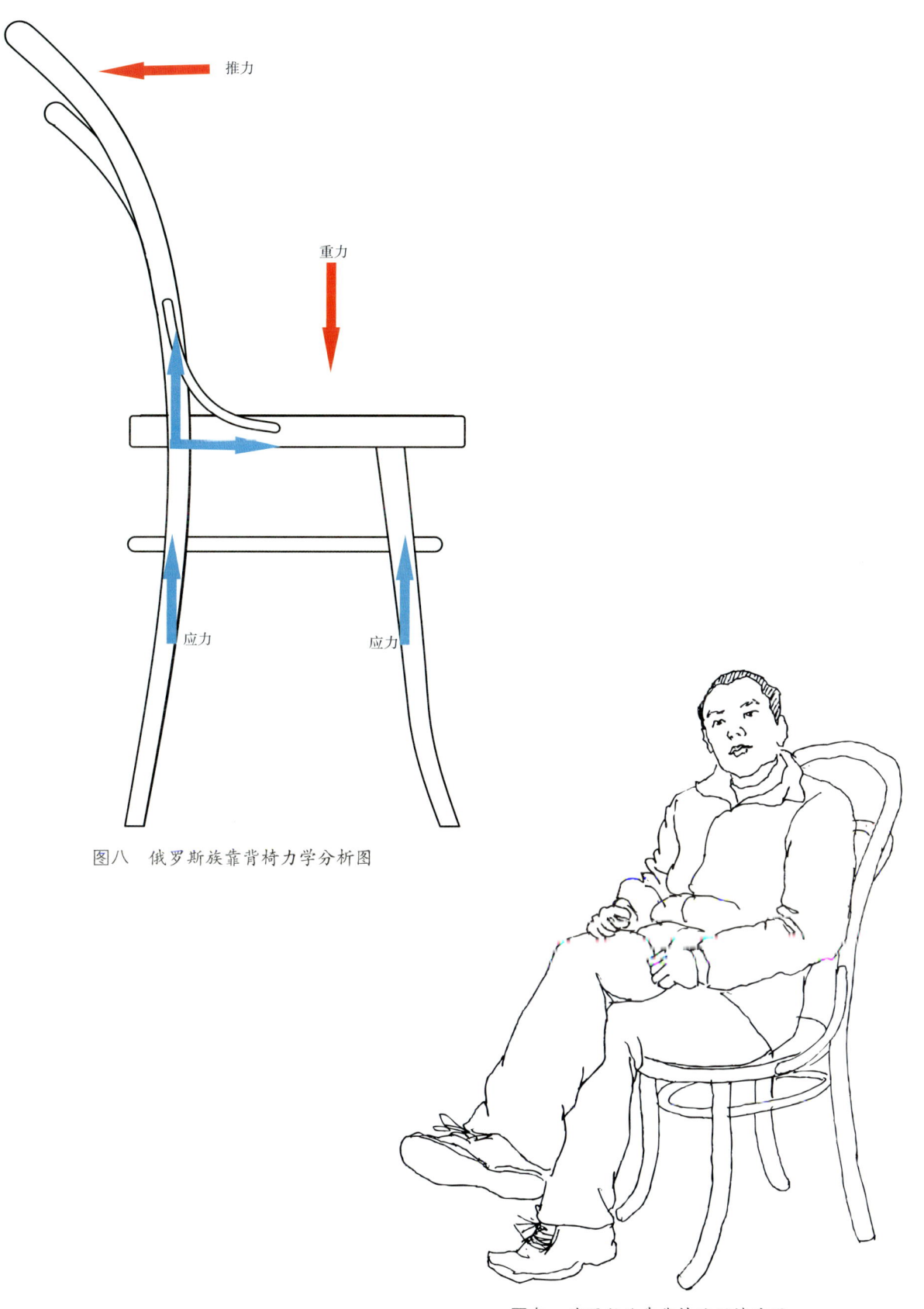

图八 俄罗斯族靠背椅力学分析图

图九 俄罗斯族靠背椅使用情境图

第四章 俄罗斯族传统生活用具

俄罗斯族铁床

图一　俄罗斯族铁床主图

铁床是俄罗斯族家庭常用的家具之一。俄罗斯族是一个心灵手巧的民族，民间技艺精湛，其中铁艺是其比较著名的工艺之一，铁床是其代表。铁床分为单人和双人。本案例采集于新疆乌鲁木齐博物馆，属近代物品，为单人铁床，长195厘米，宽90厘米，高120厘米，床板高50厘米。

铁床主要由一块床板、两个床头组成，其中床头的下半部分兼有床腿的功能，上有精美的图案。使用时，只需要把床板和床头组装在一起，就可以躺下睡觉休息；不用时拆解，减少空间占用，使用起来非常方便。铁床主要采用铁质材料和角钢。床板主要由角钢焊接而成长方形，中间部分用宽约3厘米的薄铁皮编结成网状，简洁牢固。在床板下部顶端钻孔，将连接件用螺丝固定，把床板和床腿连接起来。角钢的韧性较好，能够承受足够的重量。铁床的装饰图案和连接件为整体浇铸而成，整个图案线条流畅，制作精美。其中床头部分的装饰图案主要为藤蔓、花卉、绿叶，造型沿中轴线左右对称。连接件主要有双接、三接、柱头三部分，纹饰有贝类、几何纹、杯状纹、回纹等。铁床结构与装饰图案沿中轴线左右完全对称，床头部分中间突出，呈半圆形。

作为古典家具的代表，铁床现在还在俄罗斯族居民中大量使用。

图片来源

图一　贾伟国　摄影
图二至图三、图八　刘威　制图
图四至图七　郭立忠　制图

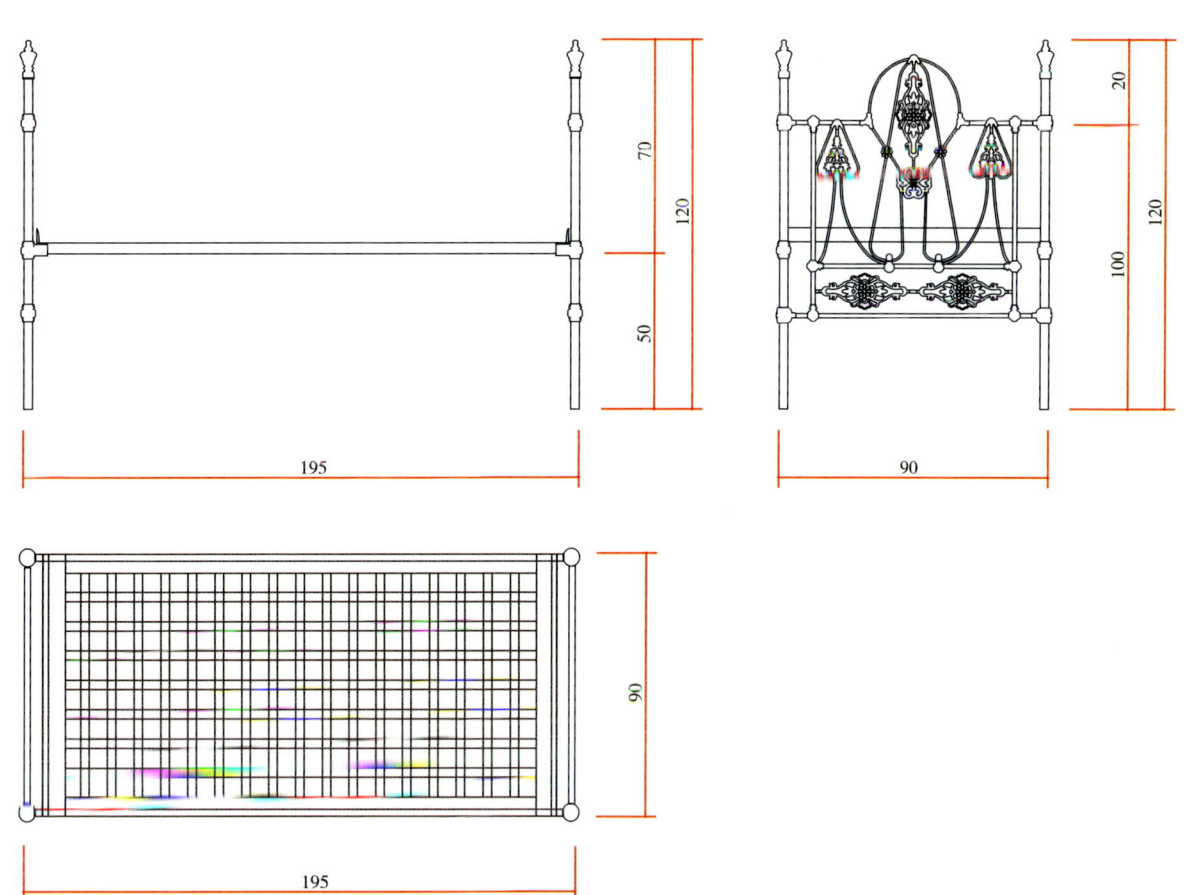

图二　俄罗斯族铁床尺寸图（单位：cm）

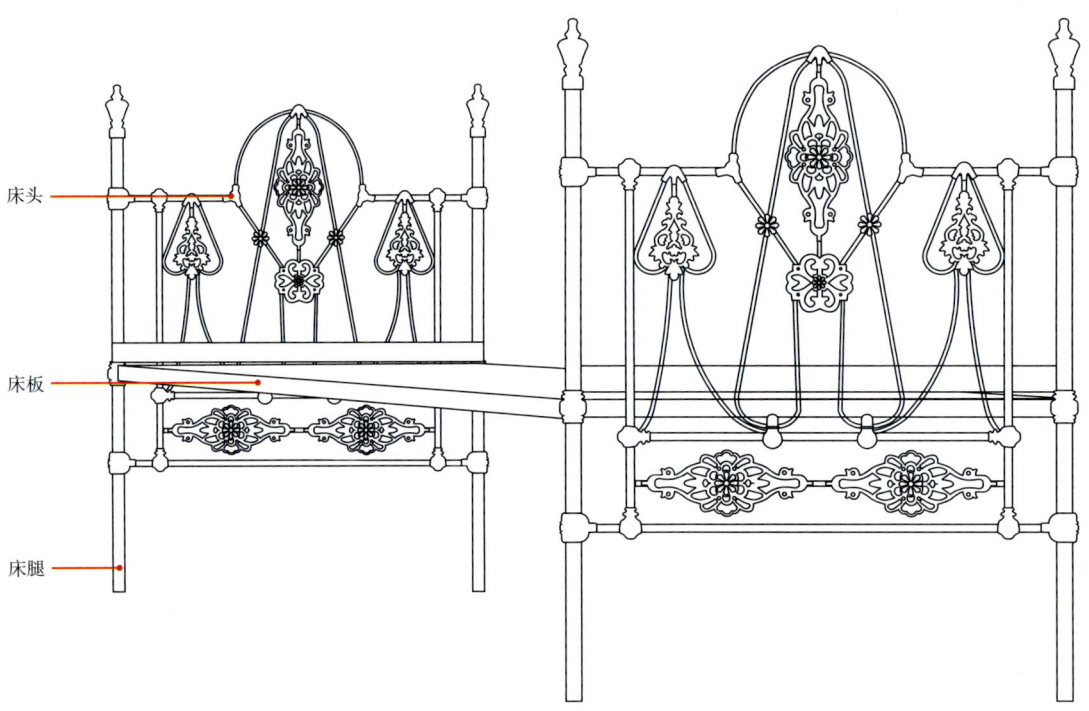

图三 俄罗斯族铁床结构名称图

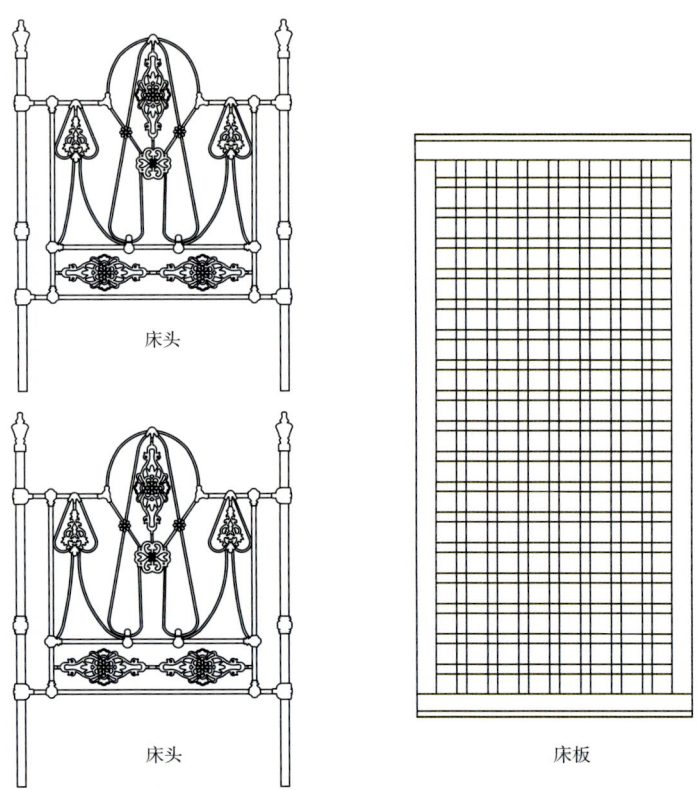

图四 俄罗斯族铁床解析图

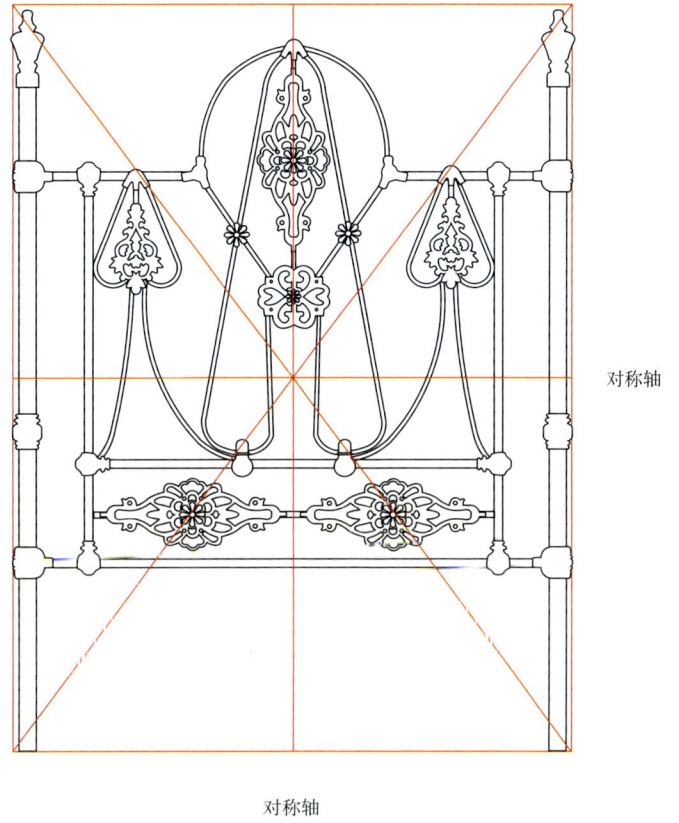

对称轴

对称轴

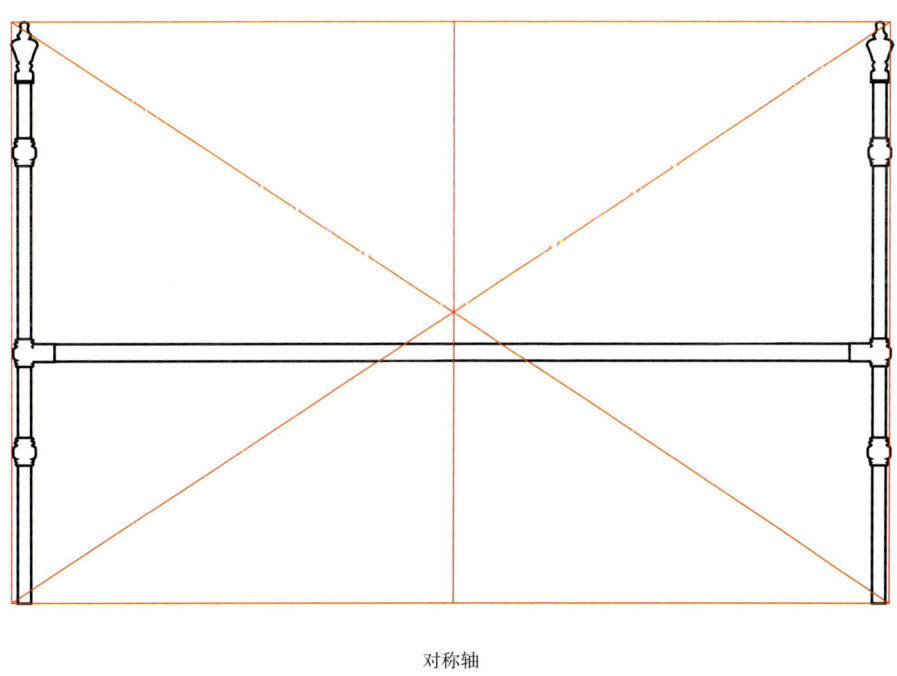

对称轴

图五 俄罗斯族铁床视觉分析图

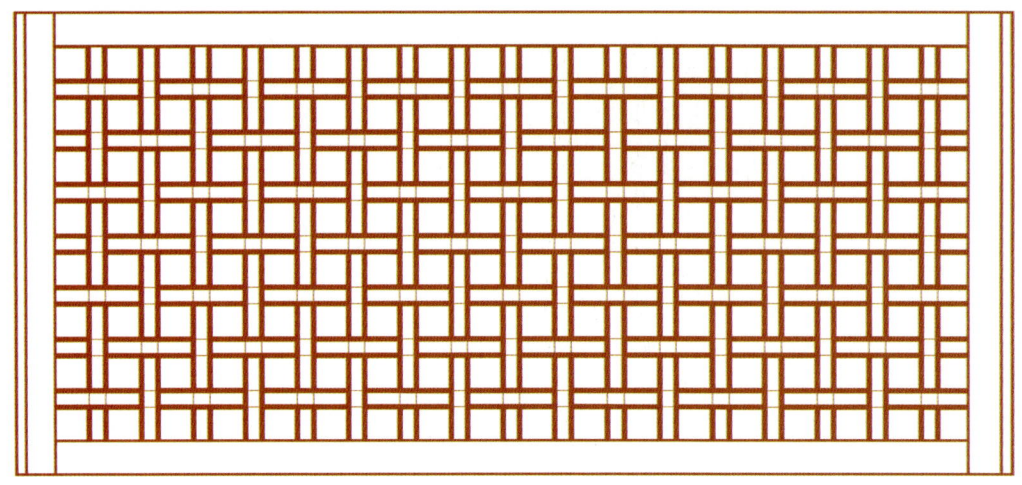

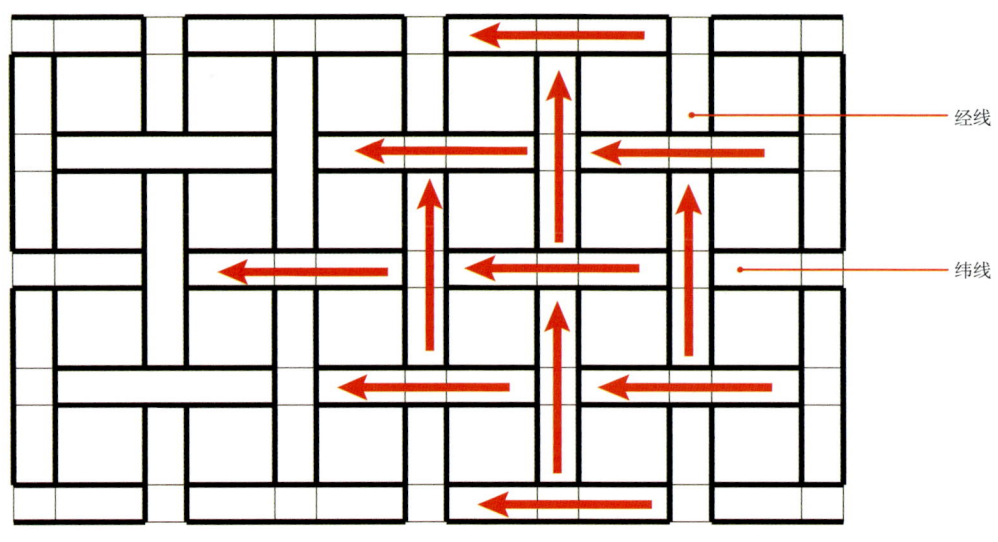

经线

纬线

图六　俄罗斯族铁床床板编结示意图

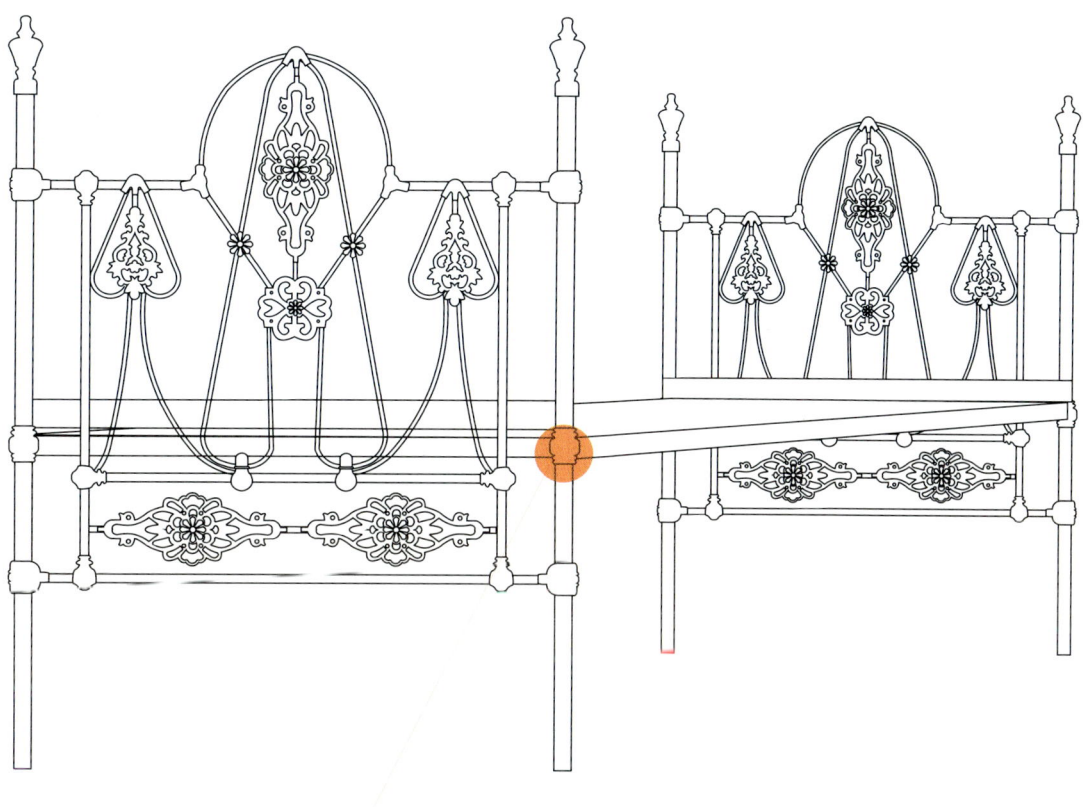

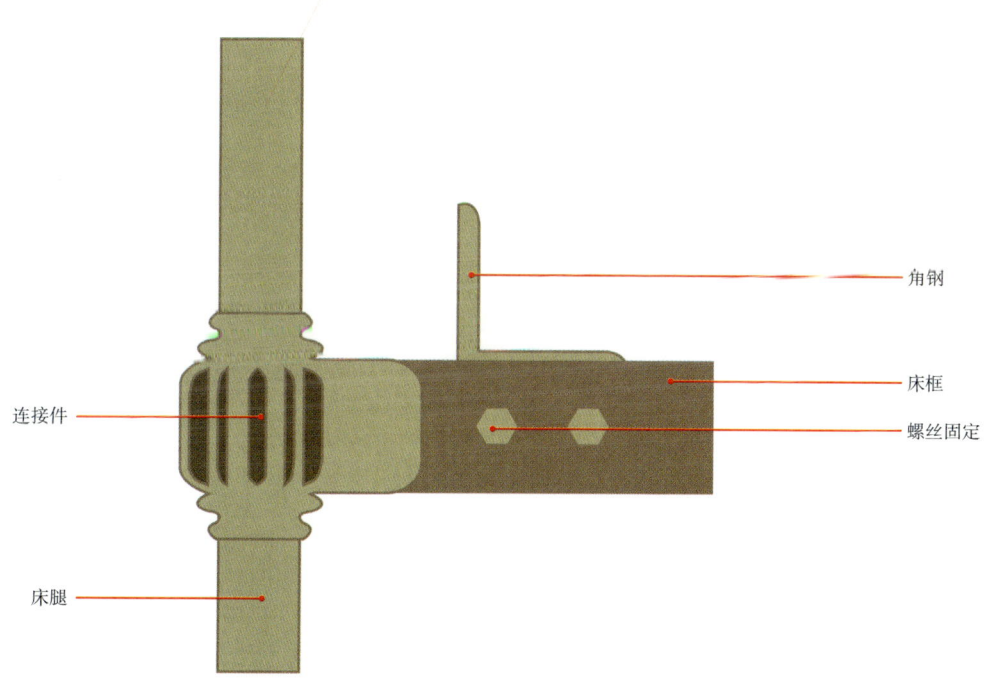

图七 俄罗斯族铁床床板和床腿连接工艺分析图

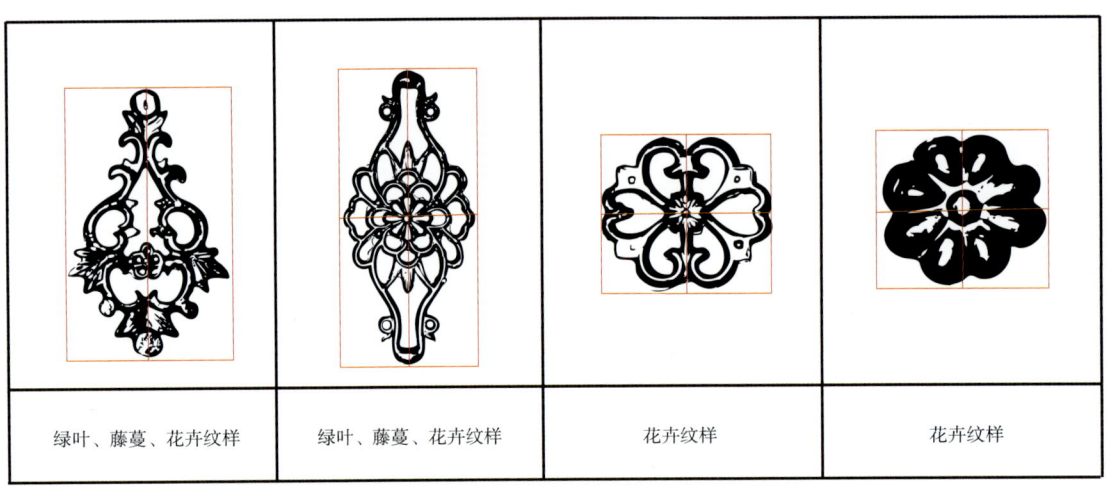

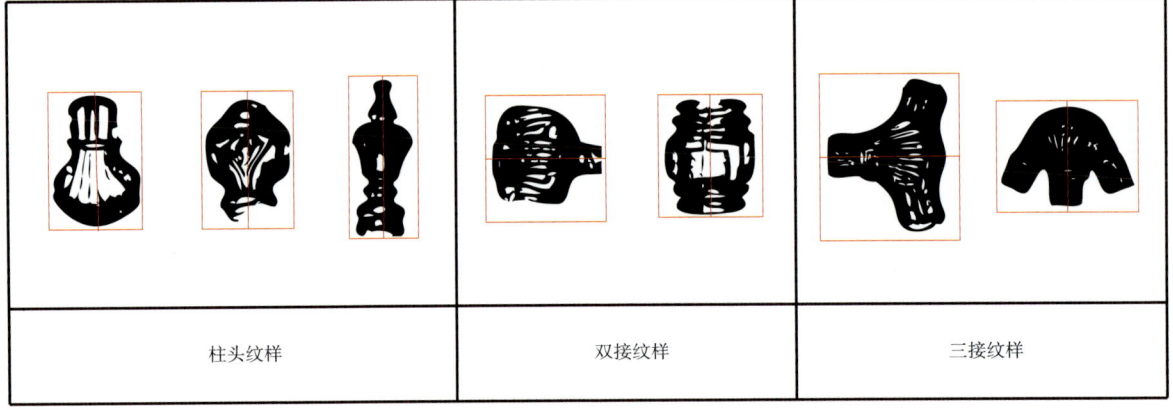

图八　俄罗斯族铁床纹样效果示意图

第五章 俄罗斯族传统生产工具

俄罗斯族钐刀

图一　俄罗斯族钐刀主图

钐刀，又称挟把刀，是俄罗斯族的传统农具之一，主要用于打草、收割谷物。从形制上看，俄罗斯族钐刀与汉族镰刀迥然不同，俄罗斯族钐刀刀把较长，其刀具长度也比汉族镰刀要长得多。本案例采于内蒙古额尔古纳市恩和村，总长约180厘米，其中刀具长80厘米。

钐刀主要由刀具、刀把、系带几部分组成。刀具为铁制，刀刃锋利。刀具由三个固定钉将刀身和刀头连接而成，可通过松开固定钉更换磨损的刀身。手柄设计构思独特，由柔韧性较高的藤条通过加工弯曲而成。一般是将中间位置砍削出一个凹槽，通过弯曲围合包裹住手柄。本案例手柄长28厘米。手柄可以旋转360度，这样可以根据使用者的身高和使用习惯做适当的调整，当调整到合适位置和角度时用系带固定。刀把和刀具的夹角为35度，这个角度使刀刃和地面平行，使其更加符合人机工程学原理，让割草、收割庄稼的效率更高。刀具和刀把用圆环连接固定，圆环较大，方便刀把插入，圆环厚0.5厘米。刀把上粗下细，这样保证在使用过程中刀具越用越紧，不会脱落。在钐刀的刀头和刀把的连接部位，有个固定凸起，当刀把插入到合适位置后，将木楔子用锤子砸入加固，固定凸起自然嵌入刀把。使用时，左手用力拉，右手控制方向和角度。由于刀具和刀把部分都比较长，收割的面积也比小镰刀收割的要大，提高了工作效率。

俄罗斯族钐刀结构设计合理，经久耐用，

使用舒适，操作简单，是俄罗斯族人造物思维的产物。

图片来源

图一、图十　郭立忠　摄影

图二至图九　郭立忠　制图

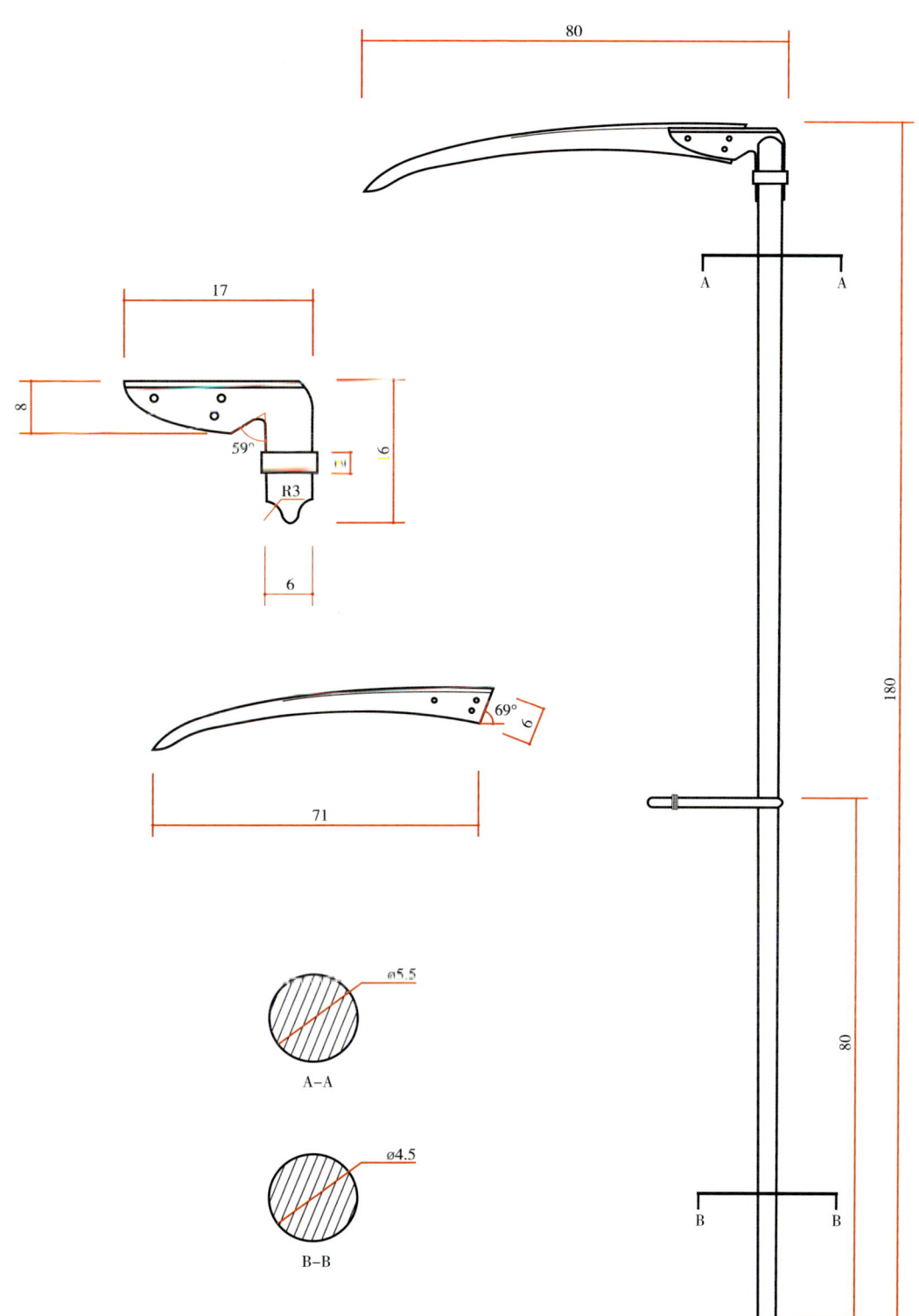

图二　俄罗斯族钐刀尺寸图（单位：cm）

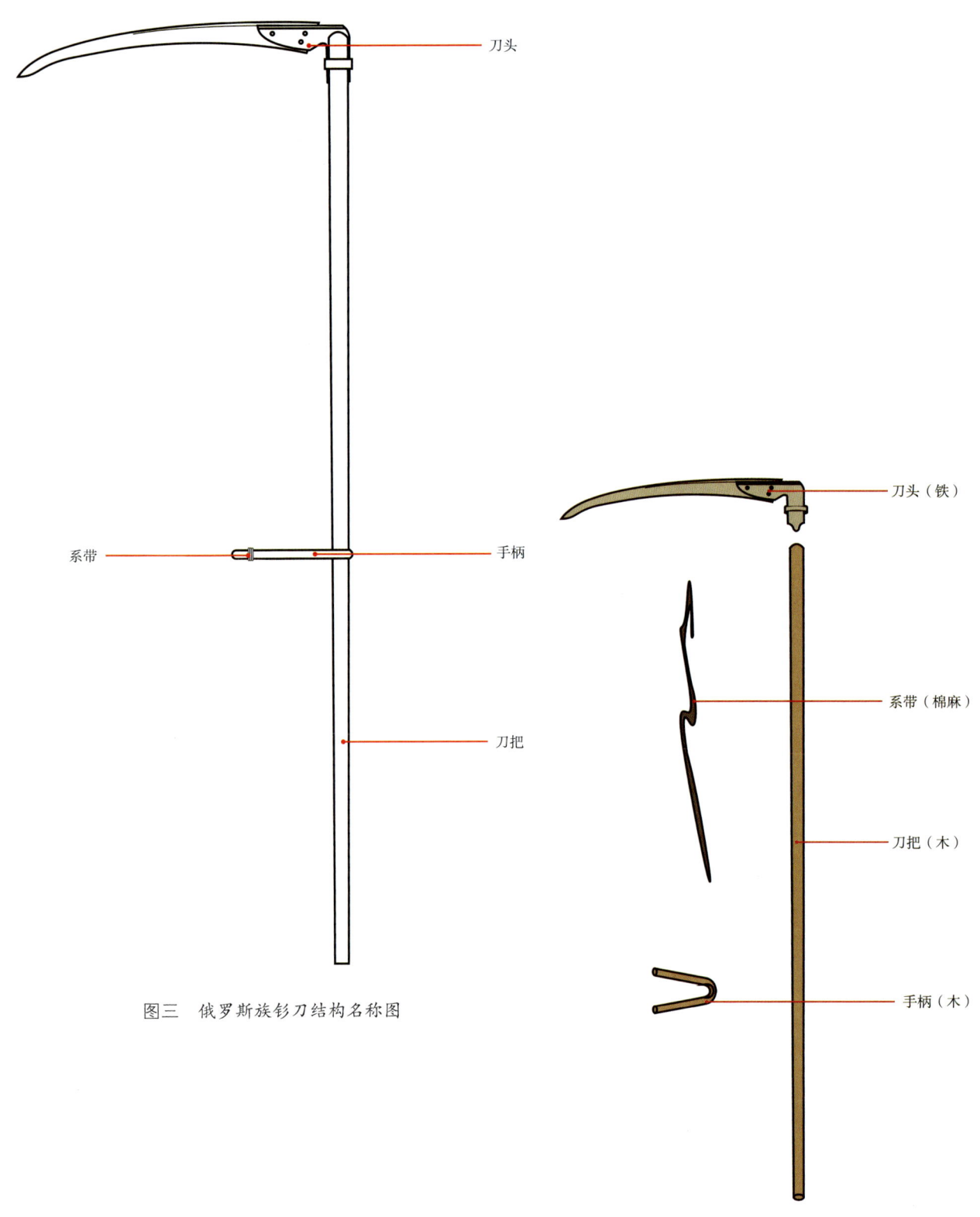

图三　俄罗斯族钐刀结构名称图

图四　俄罗斯族钐刀解析图

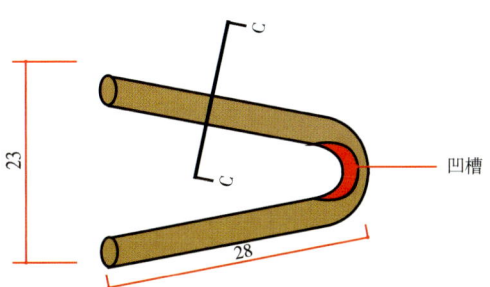
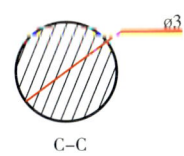

图五 俄罗斯族钐刀手柄尺寸图(单位:cm)

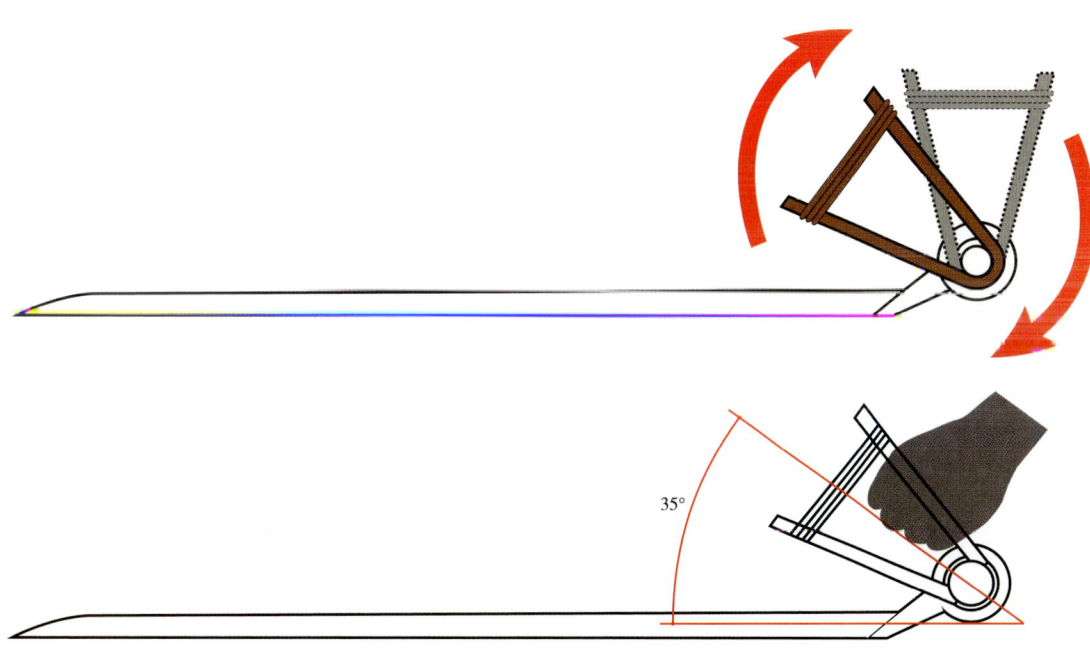

图六 俄罗斯族钐刀手柄操作示意图

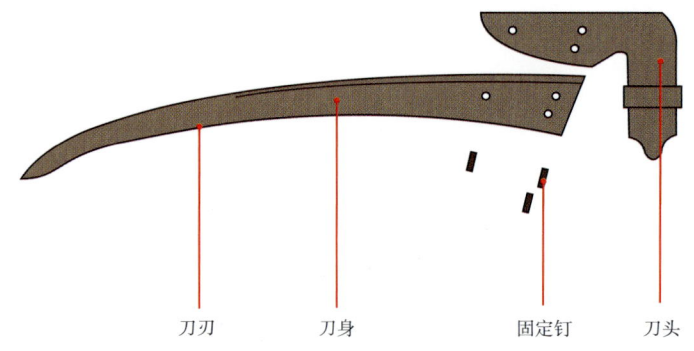

图七 俄罗斯族钐刀刀具解析图

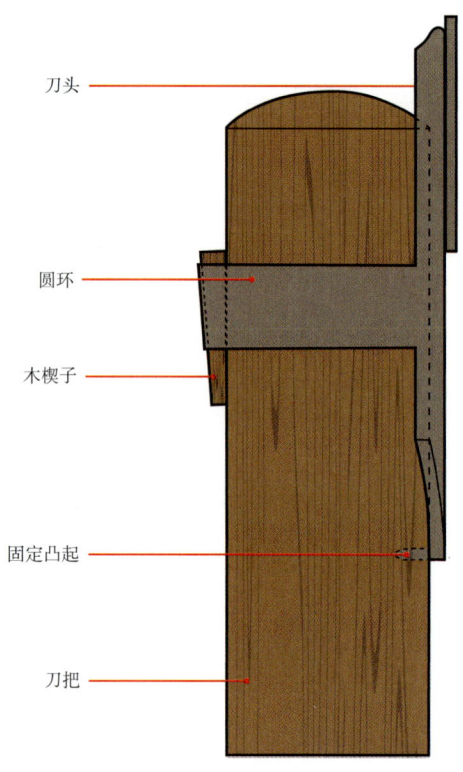

图八 俄罗斯族钐刀刀具与刀把连接工艺分析图

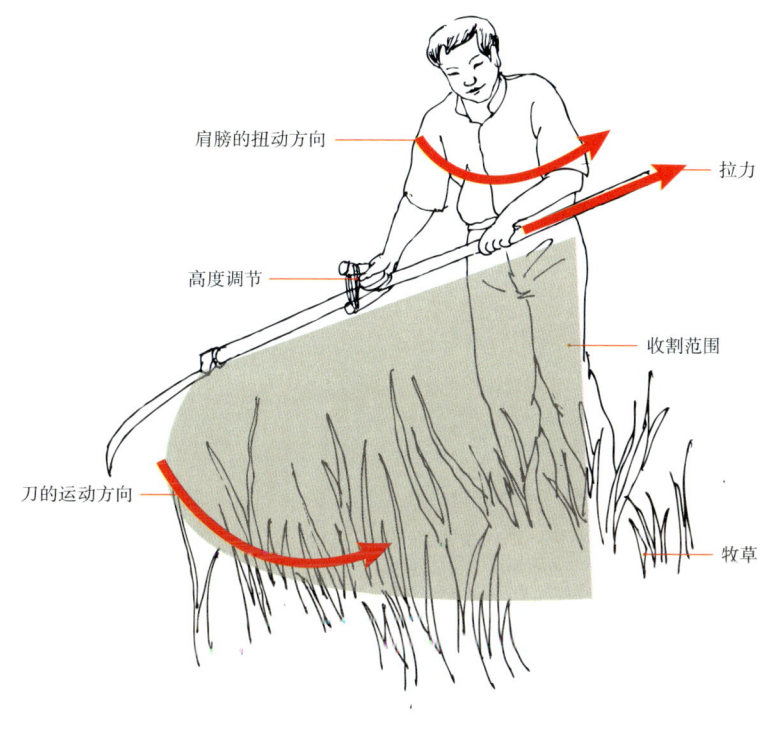

图九 俄罗斯族钐刀操作示意图

图十 俄罗斯族钐刀使用情境图

俄罗斯族锄子

锄子是俄罗斯族的传统农具之一，主要用于翻土和除草。本案例采集于内蒙古额尔古纳市恩和俄罗斯民俗博物馆，属近代物品，总长173厘米，锄把长142厘米，锄头长31厘米，宽20厘米，整体呈L形。

锄子主要由锄把和锄头两部分组成，锄把为木制，多为当地盛产的落叶松、樟子松、白桦等。锄头部分为铁制，锄刃部分较为锋利。使用锄子时，双手握住锄把，根据使用者的身高不同，调整锄头的角度。通常锄子和地平面呈45度，锄刃嵌入土地1～3厘米，向后用力，利用锋利的锄刃，翻开泥土，除去杂草。本案例在工艺上，锄头为弯钩状，锄头与锄把的连接部位为空心，呈上大下小的锥体。弯曲部分较细，为实心，横切面由圆形慢慢渐变成方形，方形部分与锄头部分相连接。锄头底部与锄刃部分整体约为椭圆状，长20厘米，宽8厘米。锄刃可以最大化地翻土和除草，而中间弯曲部分较细，最大限度地减小了泥土和杂草的阻力，提高了劳动效率。锄把末端凸起呈锥状，与锄头的上部锥状凹槽相契合，连接部分用铁钉固定，牢固结实。从形态上看，锄子整体细长，上部为圆柱体，下部侧面整体呈钩状，锄头底部呈椭圆形，锄头上部细长且呈弯曲状。俄罗斯族锄子与内地的锄头在形制上差异较大，使用起来更轻便省力。

图片来源
图一　郭立忠　摄影
图二至图八　郭立忠　制图

图一　俄罗斯族锄子主图

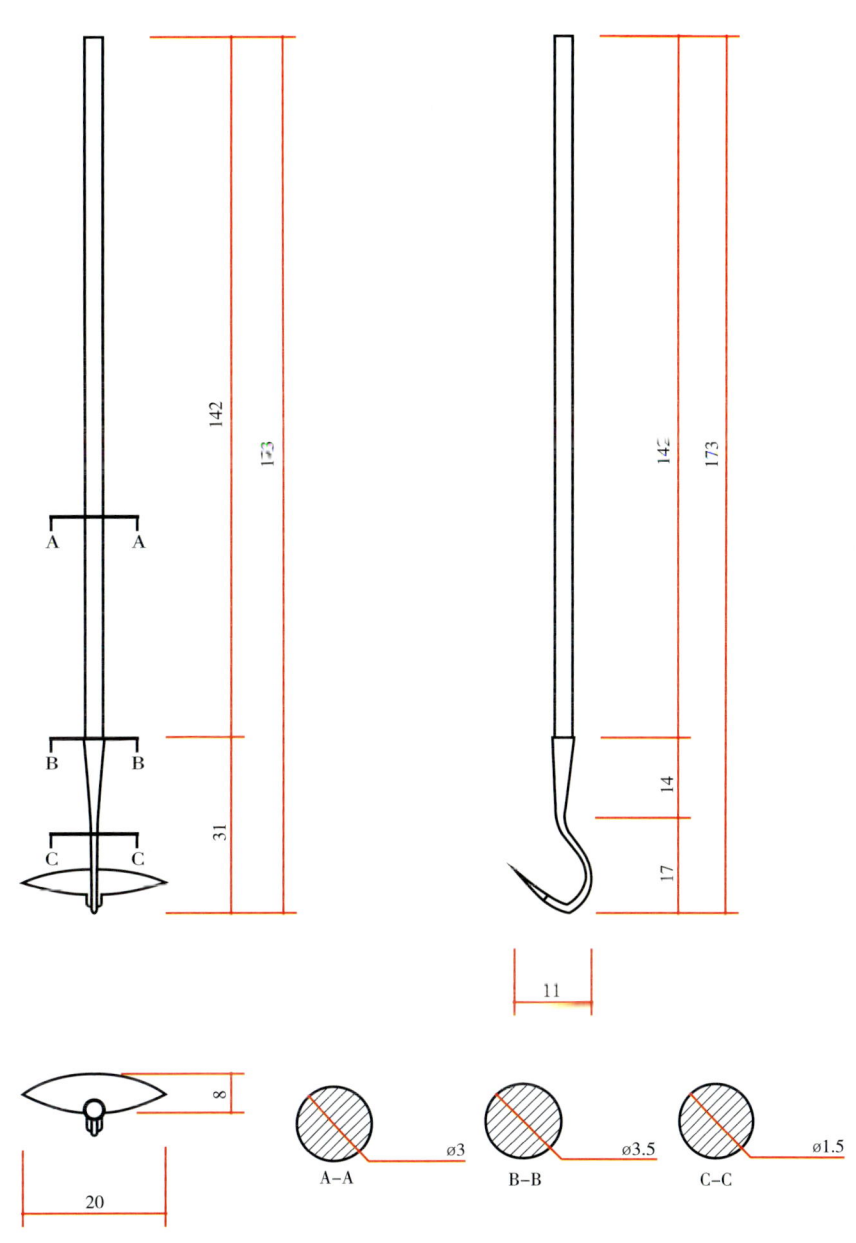

图二　俄罗斯族锄子尺寸图（单位：cm）

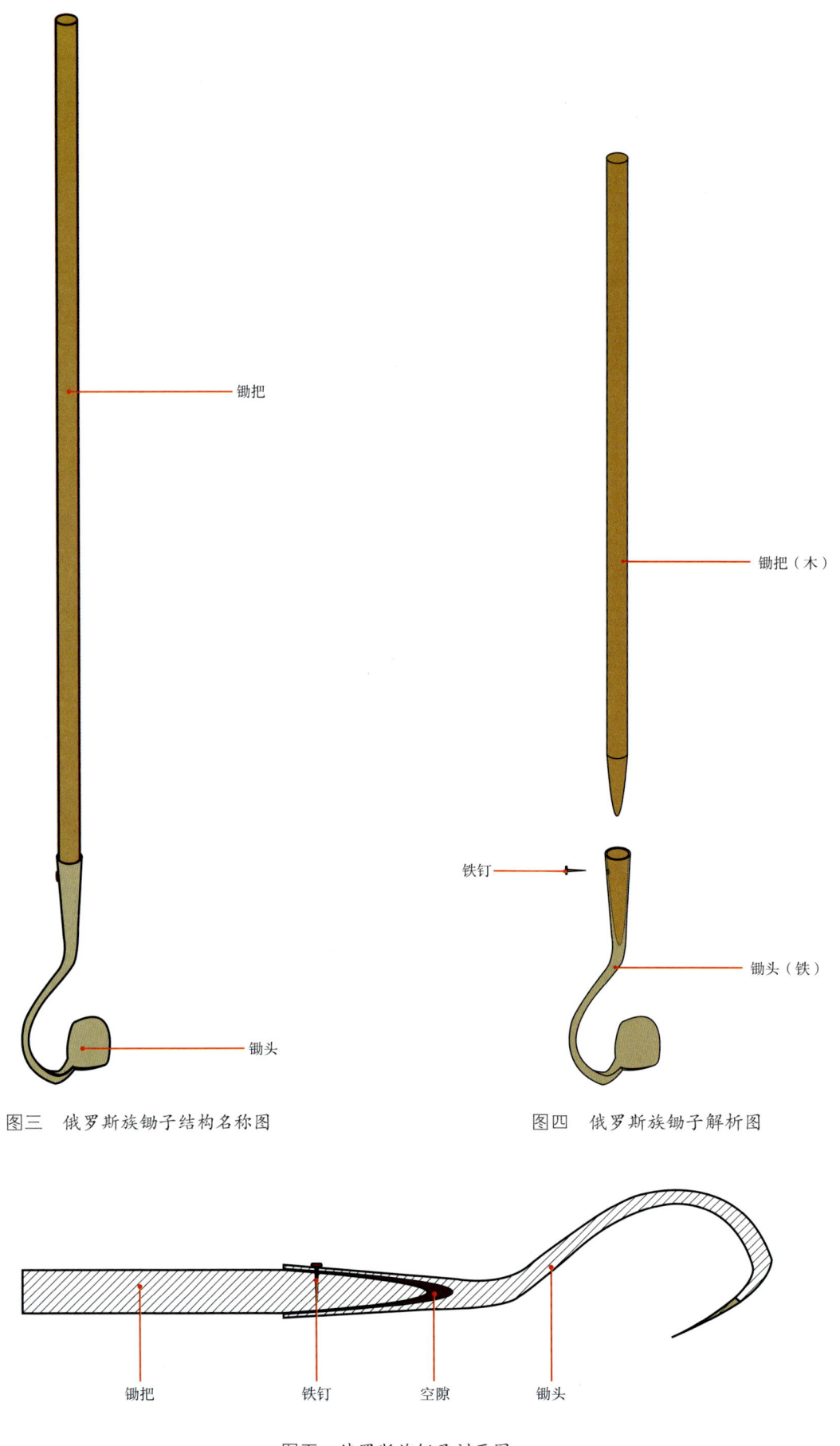

图三　俄罗斯族锄子结构名称图

图四　俄罗斯族锄子解析图

图五　俄罗斯族锄子剖面图

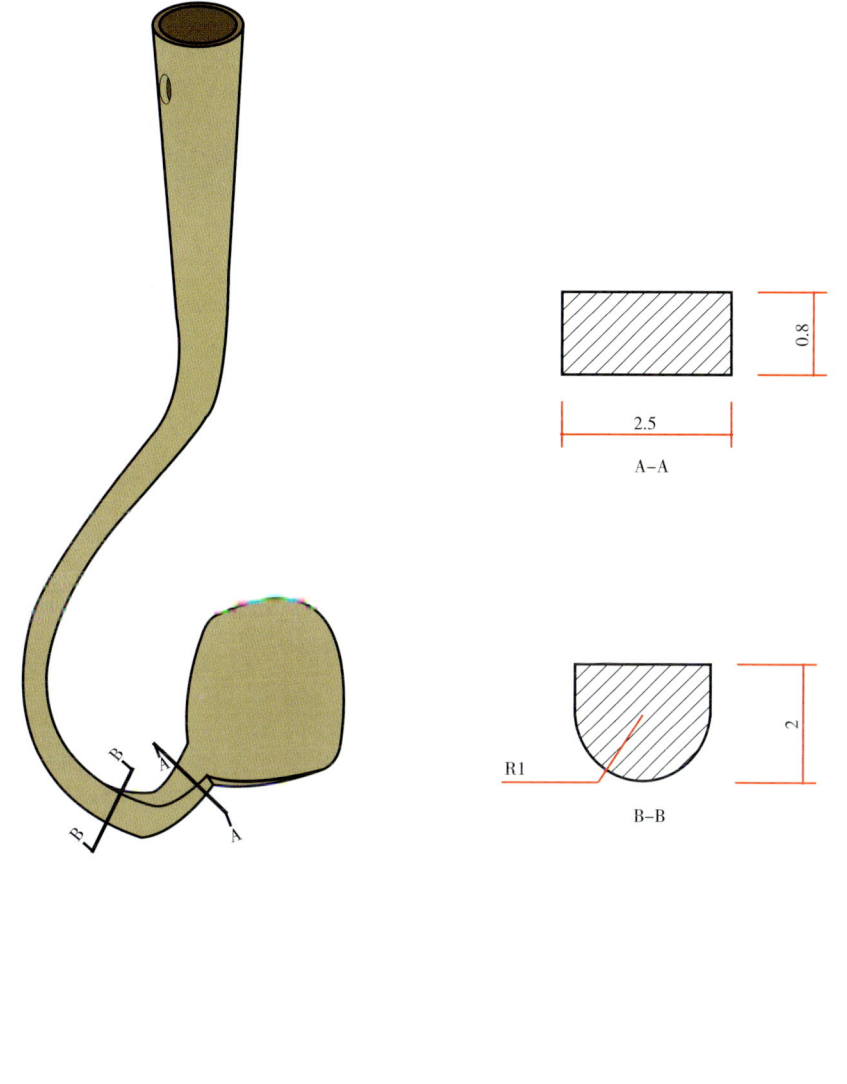

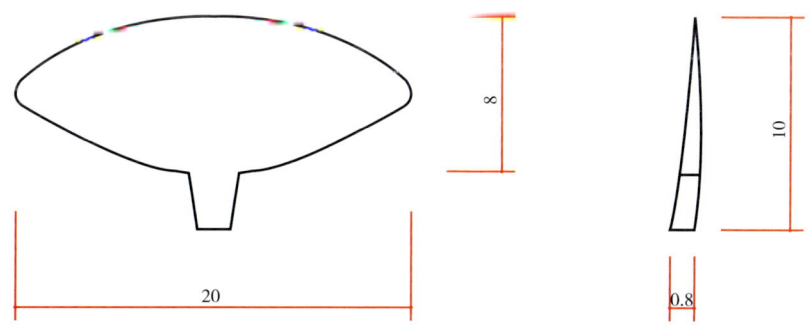

图六 俄罗斯族锄子锄头剖面、尺寸图（单位：cm）

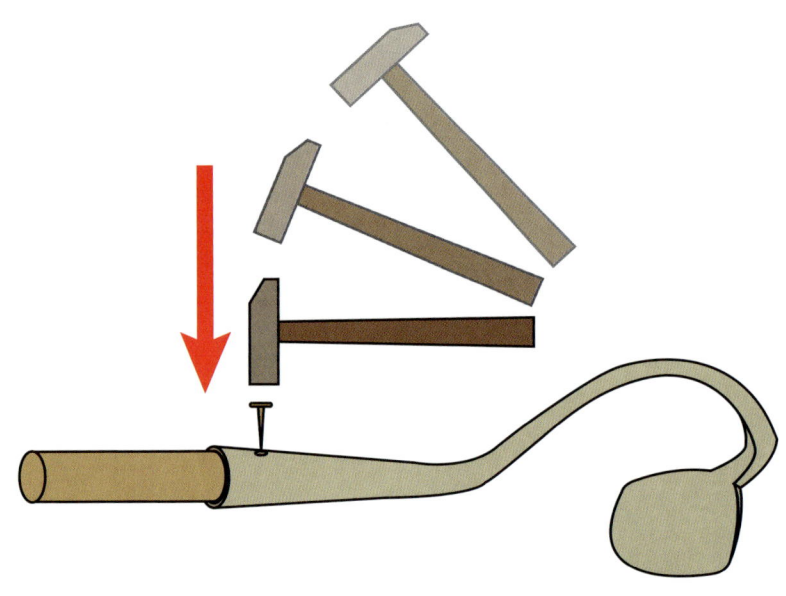

图七　俄罗斯族锄子锄头安装工艺分析图

图八　俄罗斯族锄子操作示意图

俄罗斯族斧头

图一 俄罗斯族斧头主图

斧头是一种金属砍削工具，用一块较厚的金属开刃，然后装在斧柄上而成，刃口与柄平行，以便砍削，主要用于伐木、劈柴。斧头是俄罗斯族最为常用的木作工具之一。本案例采集于内蒙古额尔古纳市恩和村，属现代物品，长48厘米，宽13.5厘米，斧刃长10厘米。

斧头主要由斧头和斧柄两部分组成。其中斧头为铁制，斧柄为木制。铁质的斧刃锋利，在砍削时较为省力。在使用过程中，可以根据加工对象的不同，选择不同的操持方式。当操作对象较小、用力较少时，可以手握斧柄的中部，砍削较为方便；当操作对象较大、用力较猛时，可以手握斧柄末端，通过挥动手臂劈砍对象。俄罗斯族斧头的斧柄在形制上与普通斧头的斧柄有很大区别，普通斧头的斧柄多为直的，而俄罗斯族斧头的斧柄采用了"一弯三翘"的结构。斧头造型也颇为精巧，斧头的侧面整体呈上大下小的倒三角形，下部内收，刀刃锋利。由于斧头多用于砍削，此结构运用斧头上部的重量，加上手臂提供的力量，使操作更加容易。在整体设计上，斧头正面的下部主要分为阴钩和阳钩两部分，斧头的外侧为阳钩，内侧为阴钩，前部较低，后部较高。在实际使用过程中，外侧的阳钩比内侧的阴钩使用频率更高。在斧头和斧柄的连接部位，采用了木楔子嵌入的处理方式。木楔子上厚下薄，用凿子在斧柄顶部开口，将木楔子嵌入，运用锤子敲击，通过木楔子的张力，使斧头和斧柄牢固地连接在一起。

目前，俄罗斯族人仍在大量使用它。

图片来源
图一、图八至图九　郭立忠　摄影
图二至图六　郭立忠　制图
图七　郭立忠　摄影、制图

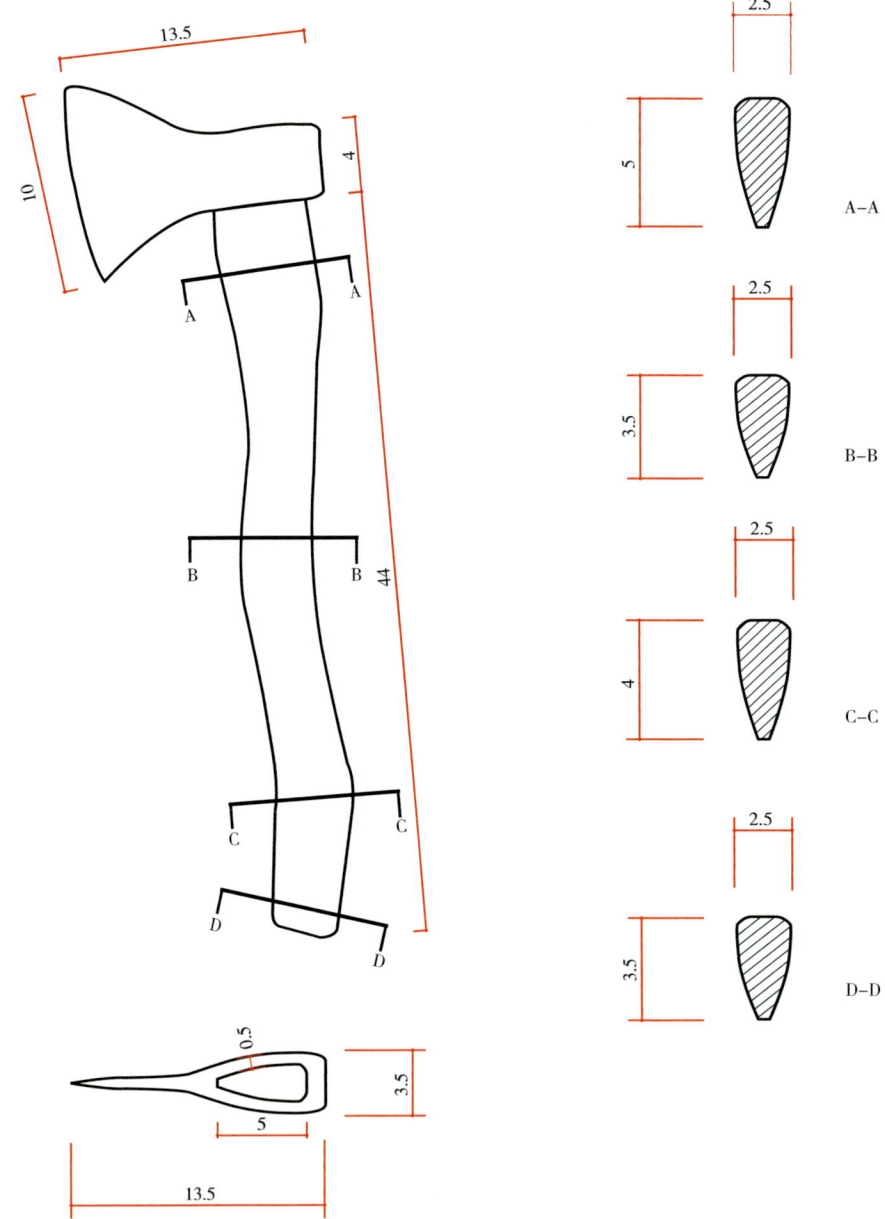

图二 俄罗斯族斧头尺寸图（单位：cm）

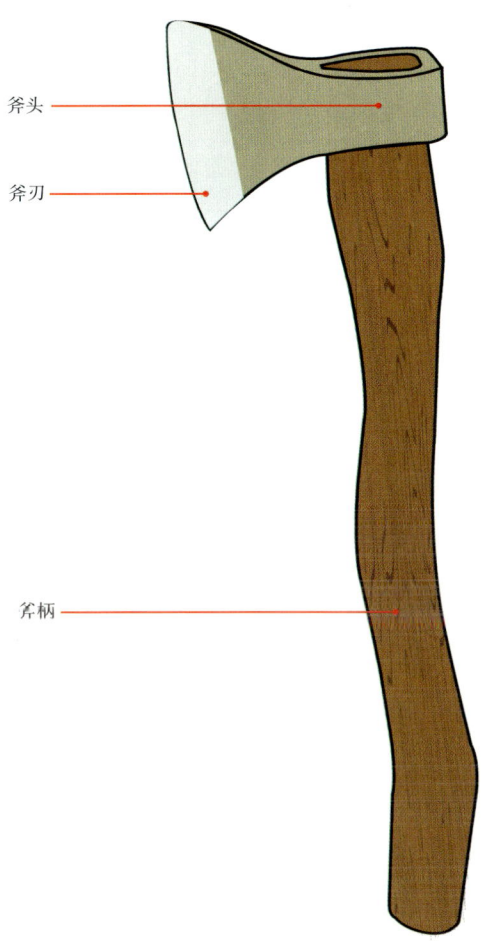

图三 俄罗斯族斧头结构名称图

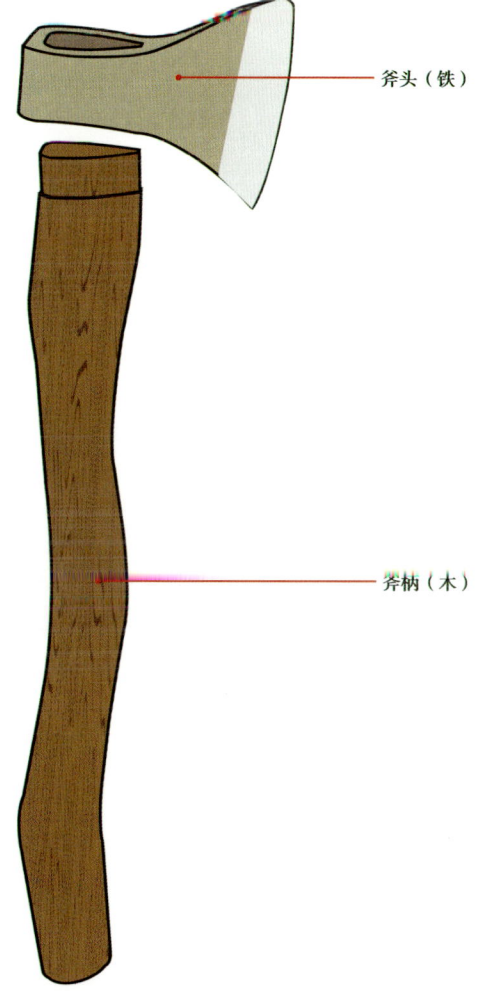

图四 俄罗斯族斧头解析图

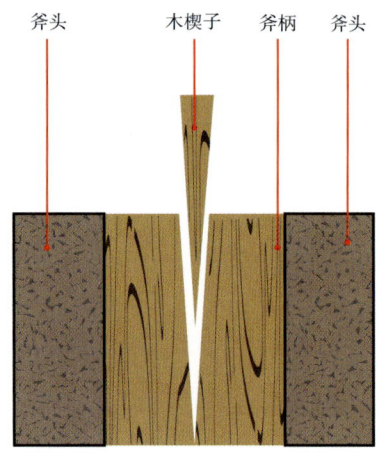
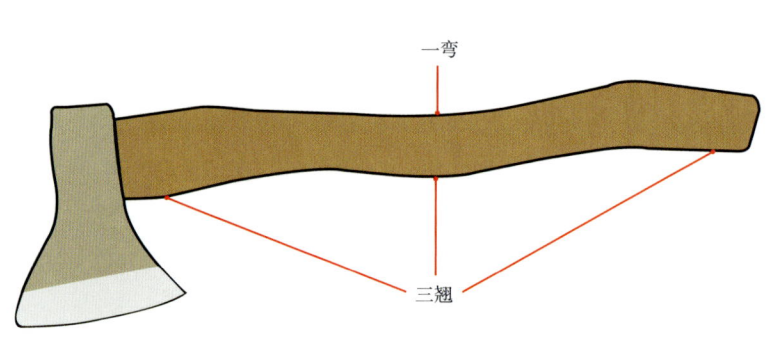

图五　俄罗斯族斧头斧头与斧柄连接处剖面图

图六　俄罗斯族斧头斧柄工艺分析图

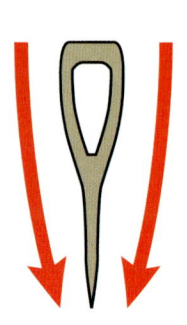
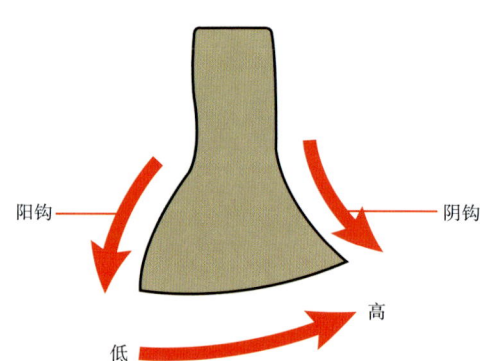

图七　俄罗斯族斧头木楔子使用示意图

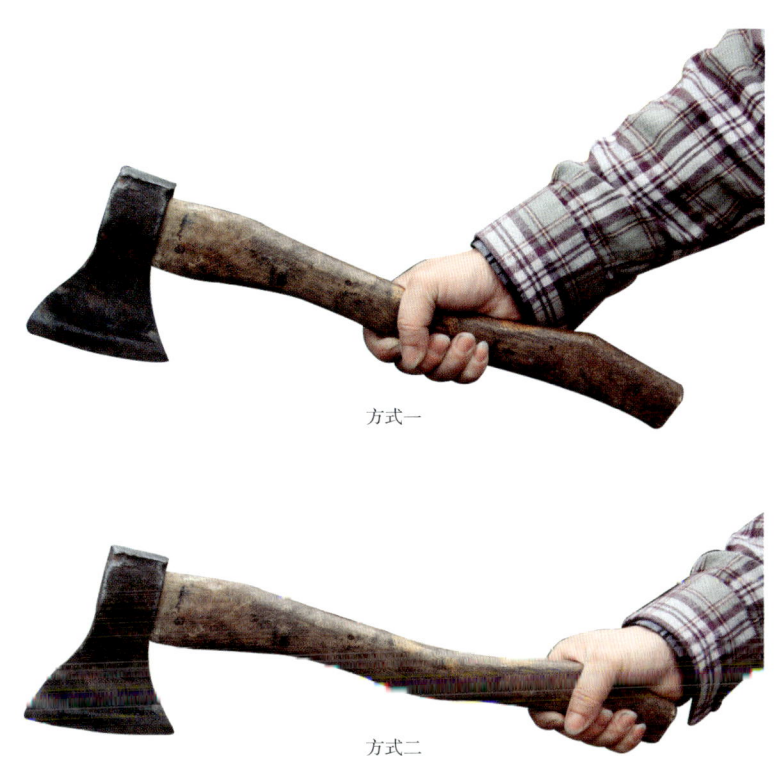

方式一

方式二

图八 俄罗斯族斧头操作示意图

图九 俄罗斯族斧头使用情境图

俄罗斯族扁担

图一　俄罗斯族扁担主图

扁担是俄罗斯族常用的农具之一，主要用于挑谷物等重物。本案例采集于内蒙古额尔古纳市室韦俄罗斯族民俗博物馆的图片资料，扁担长120厘米，高50厘米。俄罗斯族扁担与汉族扁担在形制方面有很大的差异，汉族扁担为直的，而俄罗斯族扁担为弯的，整体呈半圆形。

俄罗斯族扁担主要由扁担身、麻布、挂钩三部分组成。扁担身为木制，不易折断。包在扁担上的为麻布，提高了使用者的舒适性。扁担两端为钢筋挂钩，并用铁丝固定，使扁担更好地融为一个整体。使用时只需将扁担放置在肩上，用挂钩挂住物体即可。通常为双肩挑，但也可单肩挑。扁担半圆形的造型，合理地分解了扁担挑起物体的重量，这样可比单肩挑起来更加轻松。本案例的制作工艺相对简单：一、选择树木上较为弯曲的枝桠。二、用火烤使其弯曲变形。三、弯曲成需要的形状。四、在扁担两端位置钻孔，将挂钩一端弯曲成半圆形，便于挂东西，另一端加工成L形，便于插入扁担的两端。五、用铁丝捆绑固定住挂钩。六、在扁担中部包裹麻布完成。

俄罗斯族扁担体积小，携带方便，使用

灵活。正因为有这么多的优点，目前，俄罗斯族人仍在使用它。

图片来源
图一　郭立忠　摄影
图二至图八　郭立忠　制图

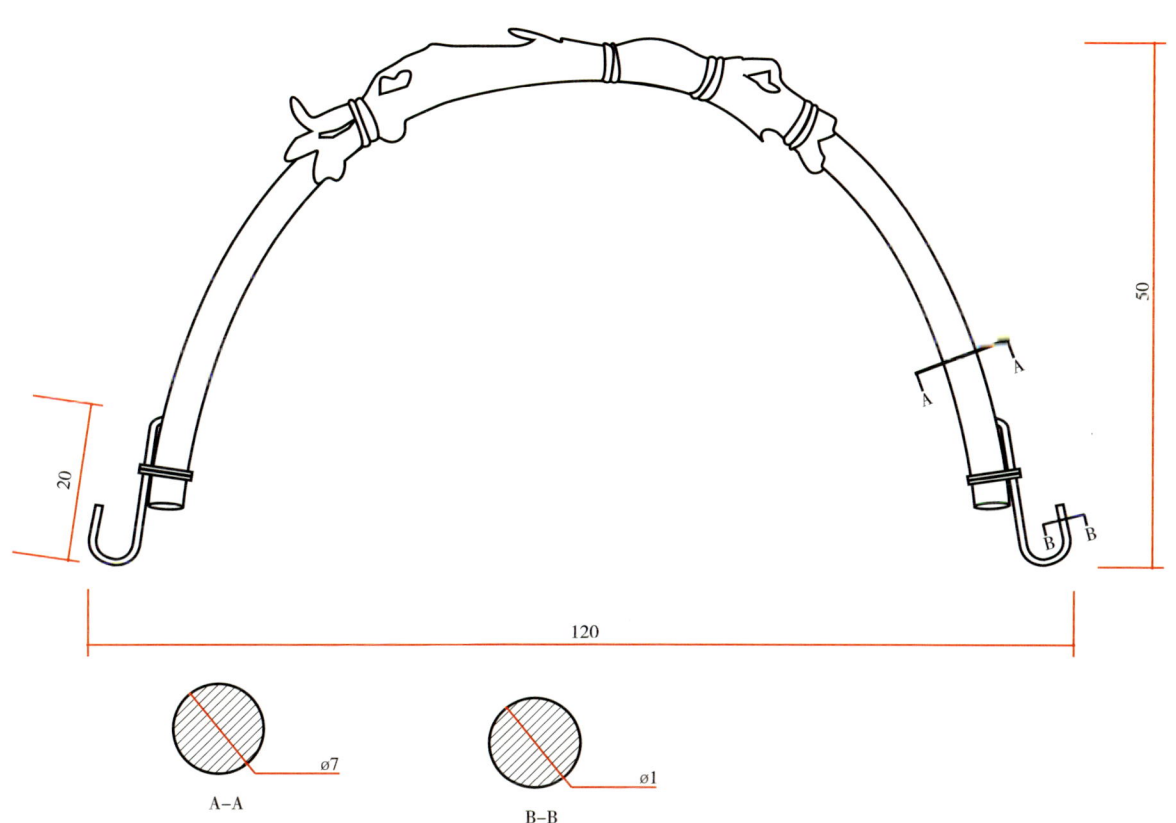

图二　俄罗斯族扁担尺寸图（单位：cm）

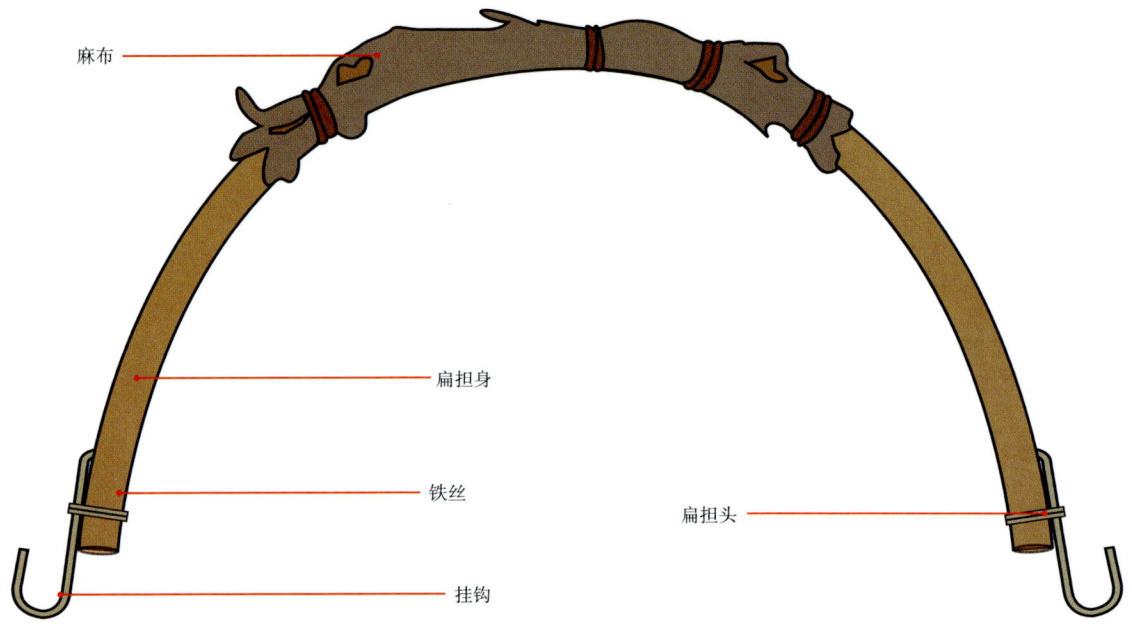

图三 俄罗斯族扁担结构名称图

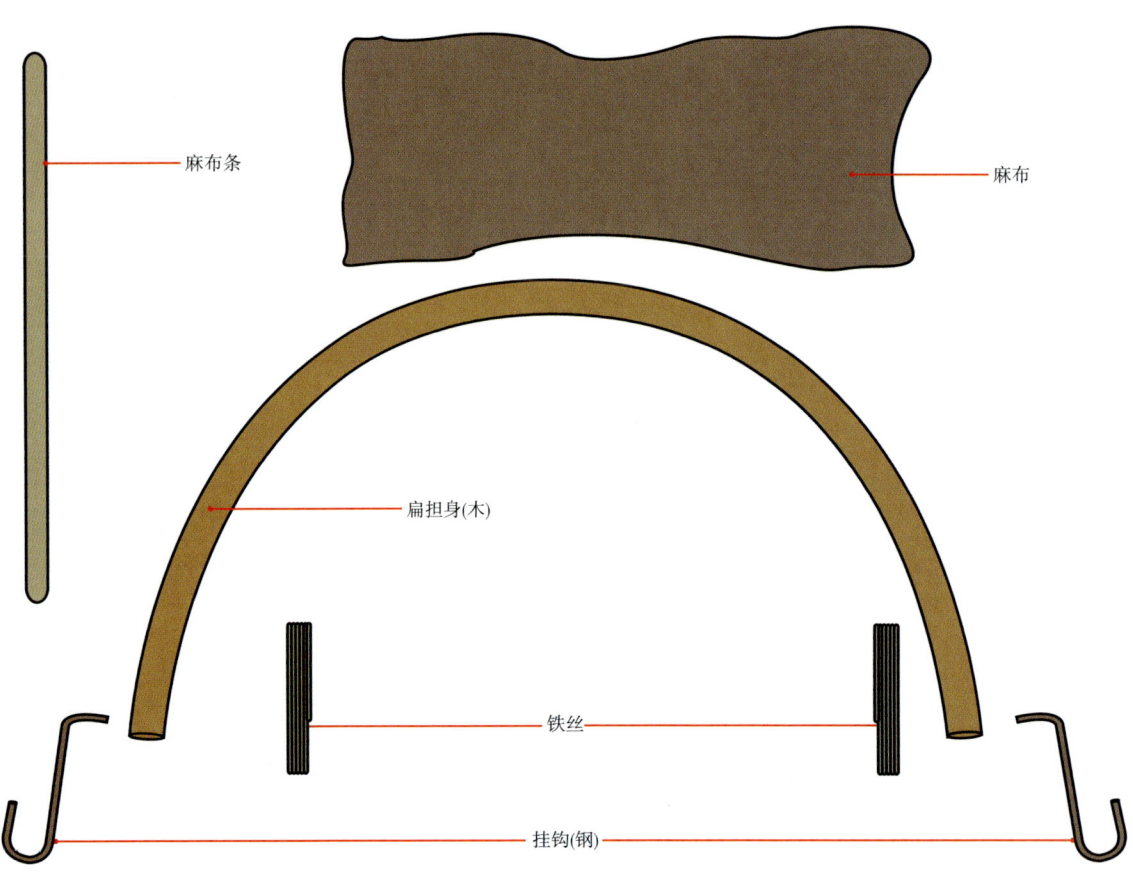

图四 俄罗斯族扁担解析图

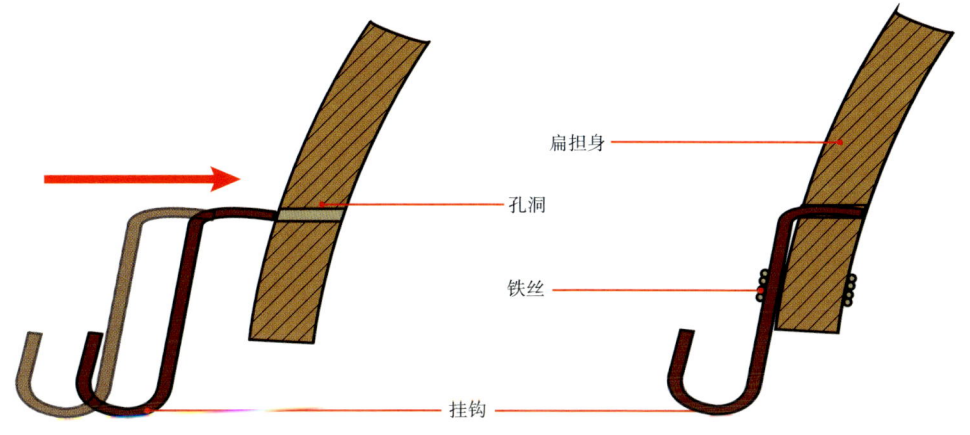

图五　俄罗斯族扁担扁担头剖面图

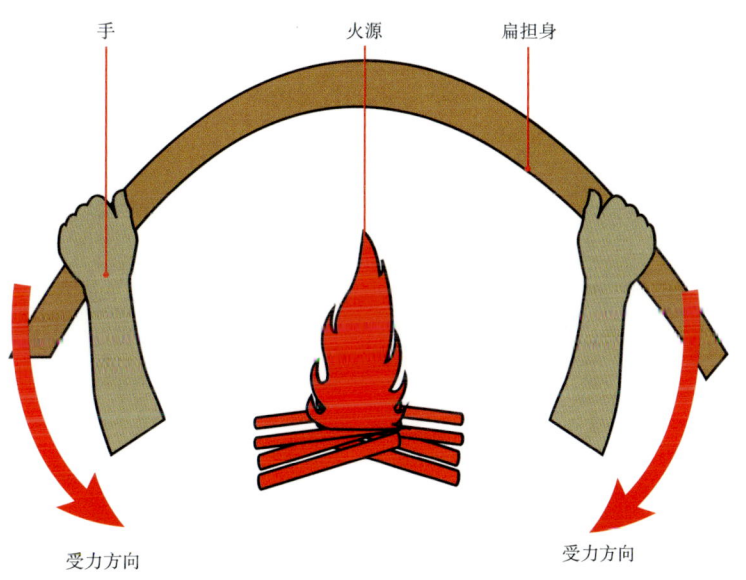

图六　俄罗斯族扁担工艺分析图

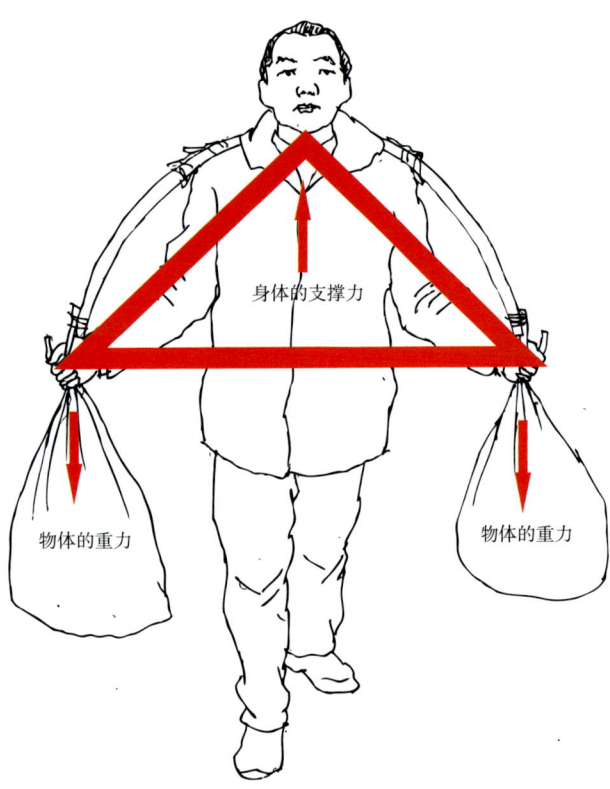

图七　俄罗斯族扁担力学分析图

图八　俄罗斯族扁担使用情境图

俄罗斯族爬犁

图一　俄罗斯族爬犁主图

雪橇俗称爬犁，是俄罗斯族人冬季使用最多的交通运输工具之一，一般分为单马和双马拉的爬犁，双马拉的爬犁俄语称为"嘎什瓦"。俄罗斯族聚集地多为冬季较为寒冷的北方地区，降雪较多，运输较为不便，爬犁的出现很好地解决了这个难题。爬犁有木制、木材和铁质混合使用制作的。本案例采集于内蒙古额尔古纳市恩和俄罗斯民俗博物馆，属近代物品，单马爬犁，长261厘米，高70厘米，宽80厘米，整体呈长方体，前端向上翘起，后部平整。

爬犁所用木材为桦木，由顶板、底板、立柱、横梁几部分组成。在操作方式上，爬犁用拉杆连接，利用两根细长的木材，一端固定在爬犁前端的立柱上，另一端固定在马套上，驾驶爬犁者手拿缰绳坐在爬犁上，利用马的拉力拉动爬犁。当爬犁所拉物体较长时（如木材等），可以向后延伸；当物体较宽时，也可以往左右扩展，最大化地利用爬犁的空间。底板与顶板用立柱连接，连接部分主要为榫卯结构，充分运用木材的张力进行固定，使其形成一个完美的整体。底板前端翘起，与地面成25度角，这样减少了与地面摩擦产生的阻力，提高了爬犁的速度。前端翘起处变薄内收，锯口开槽，使其在弯曲时内口有弯曲的空间，采用火烤的办法弯曲并定型。横梁部分为完整的原木，按照立柱的尺寸凿空，火烤弯曲，并拢用铁丝固定。

物体的压力通过顶板和横梁间接地转移到了两个底板上,利用两根拉杆,运用马的牵引力,顺利地拉动物体。顶板约在爬犁1/2处,用横梁连接。横梁为物体的主要承载部分,原木的运用增加了结构强度,提高了整个爬犁的牢固程度。

爬犁造型简洁,材料环保,与俄罗斯族人所处的地理环境及生产生活方式紧密联系,充分反映了俄罗斯族人造物的思维方式。

爬犁作为冬季不可缺少的交通工具,至今在俄罗斯族中广泛使用。

图片来源
图一　郭立忠　摄影
图二、图四　刘毅　制图
图三、图五、图九至图十一　郭立忠　制图
图六至图八　郭立忠　摄影、制图

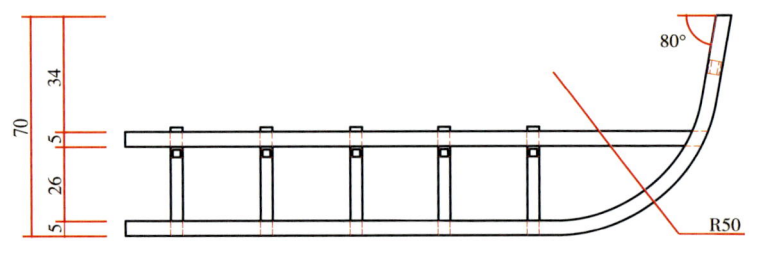
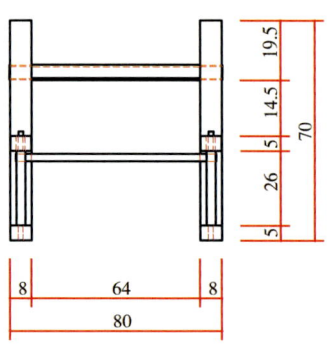
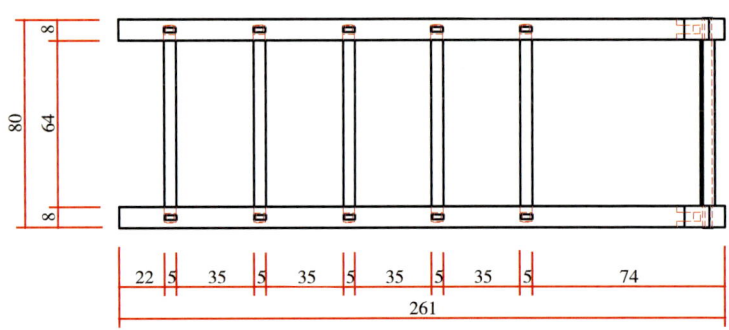

图二　俄罗斯族爬犁尺寸图(单位：cm)

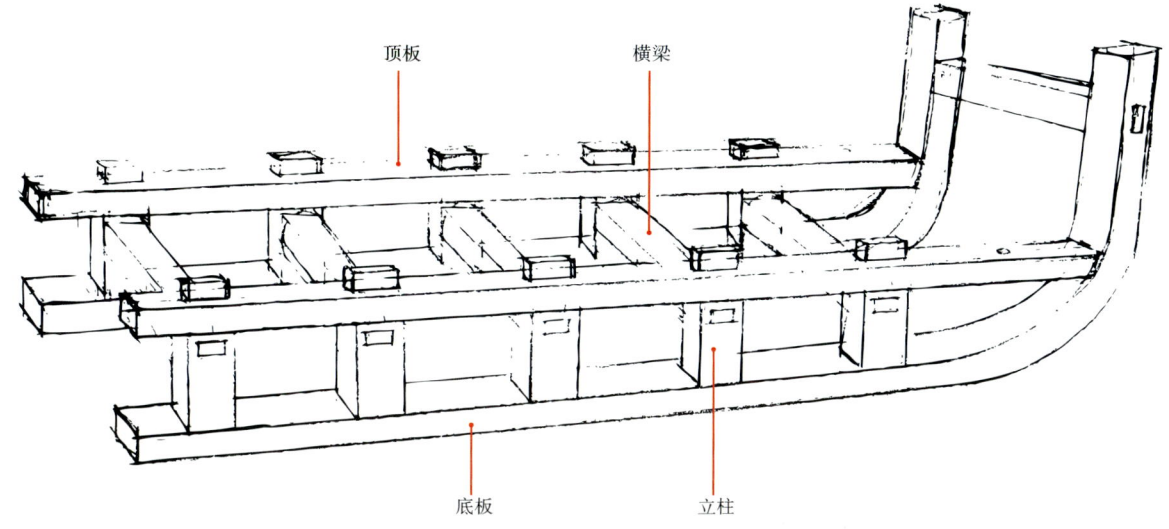

图三 俄罗斯族爬犁结构名称图

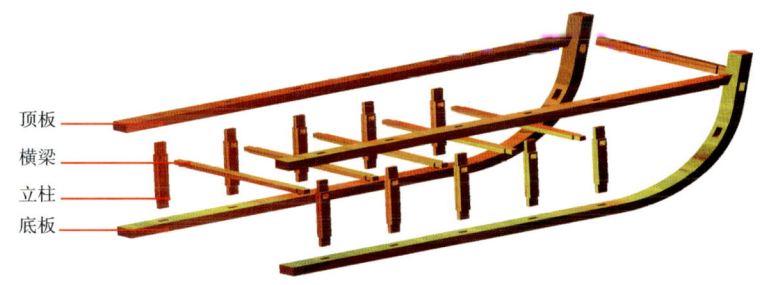

图四 俄罗斯族爬犁解析图

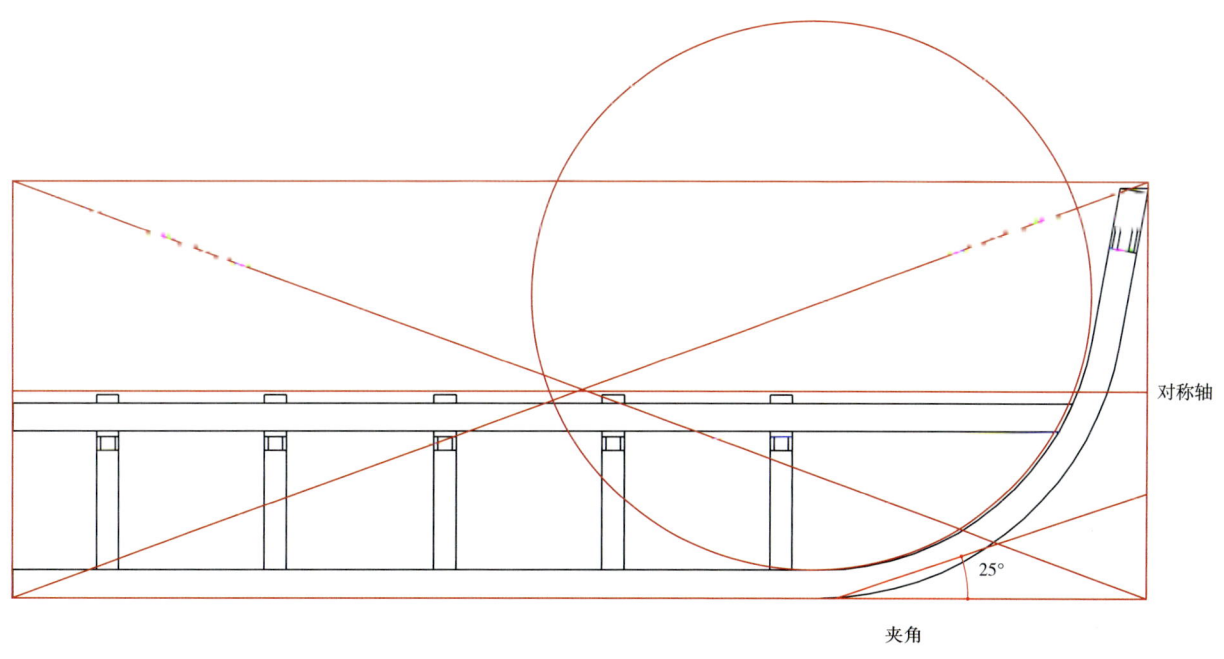

图五 俄罗斯族爬犁视觉分析图

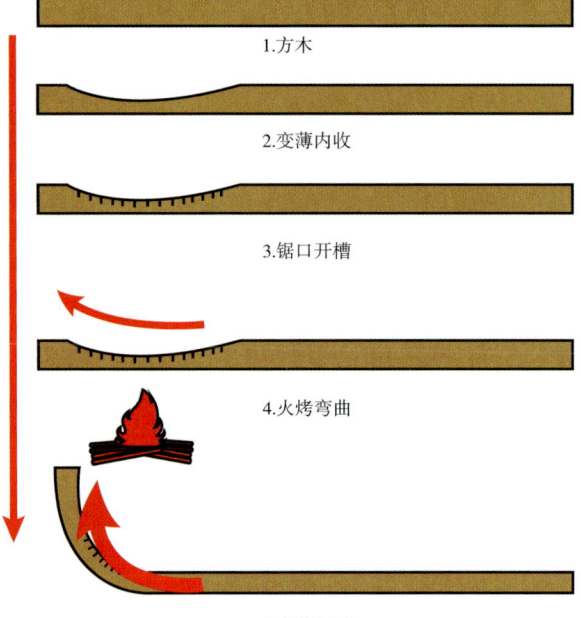

1. 方木
2. 变薄内收
3. 锯口开槽
4. 火烤弯曲
5. 弯曲定型

图六 俄罗斯族爬犁榫卯结构工艺分析图

图七 俄罗斯族爬犁底板弯曲工艺分析图

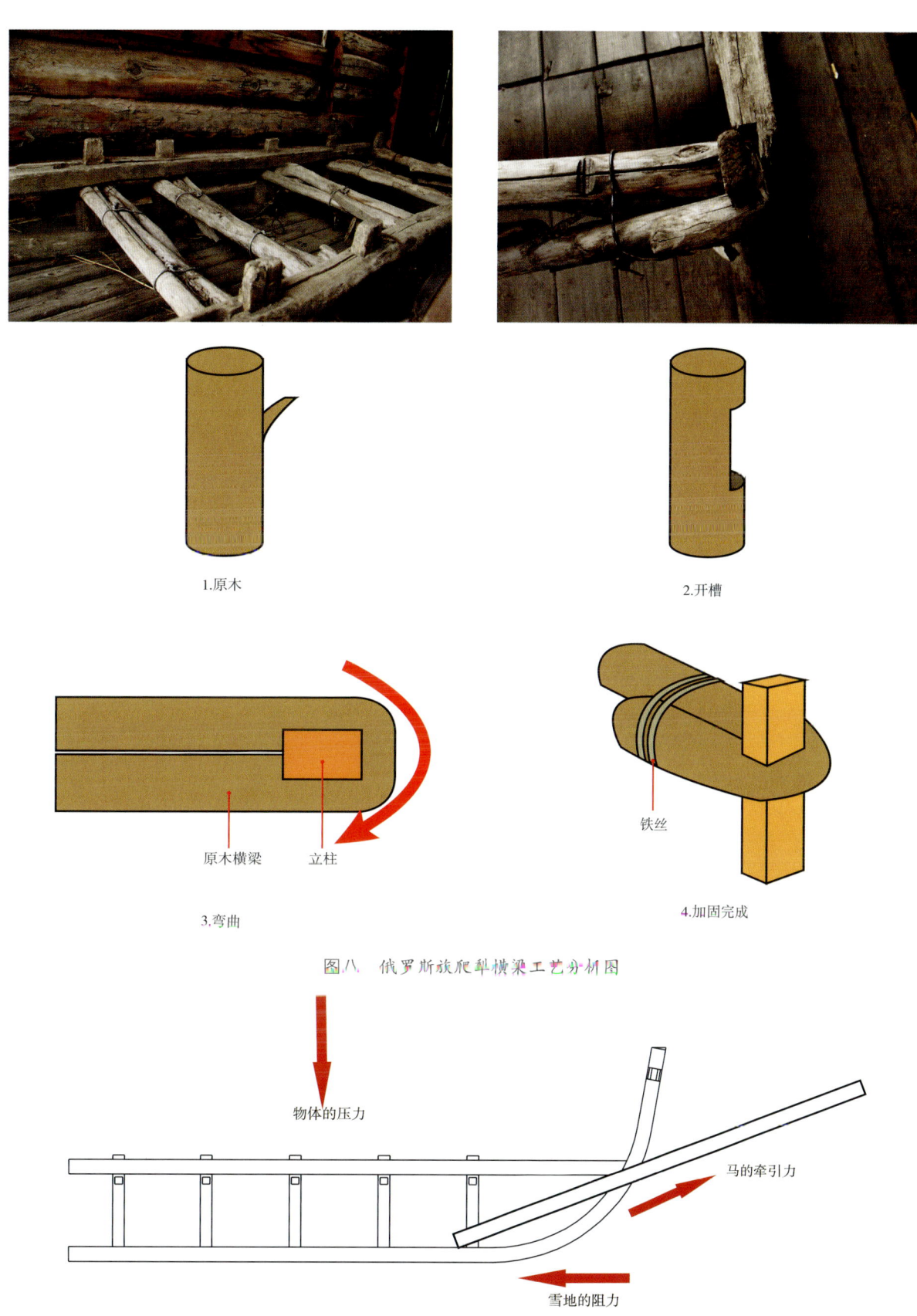

1.原木　　2.开槽

铁丝

原木横梁　立柱

3.弯曲　　4.加固完成

图八　俄罗斯族爬犁横梁工艺分析图

物体的压力　　马的牵引力　　雪地的阻力

图九　俄罗斯族爬犁力学分析图

第五章　俄罗斯族传统生产工具

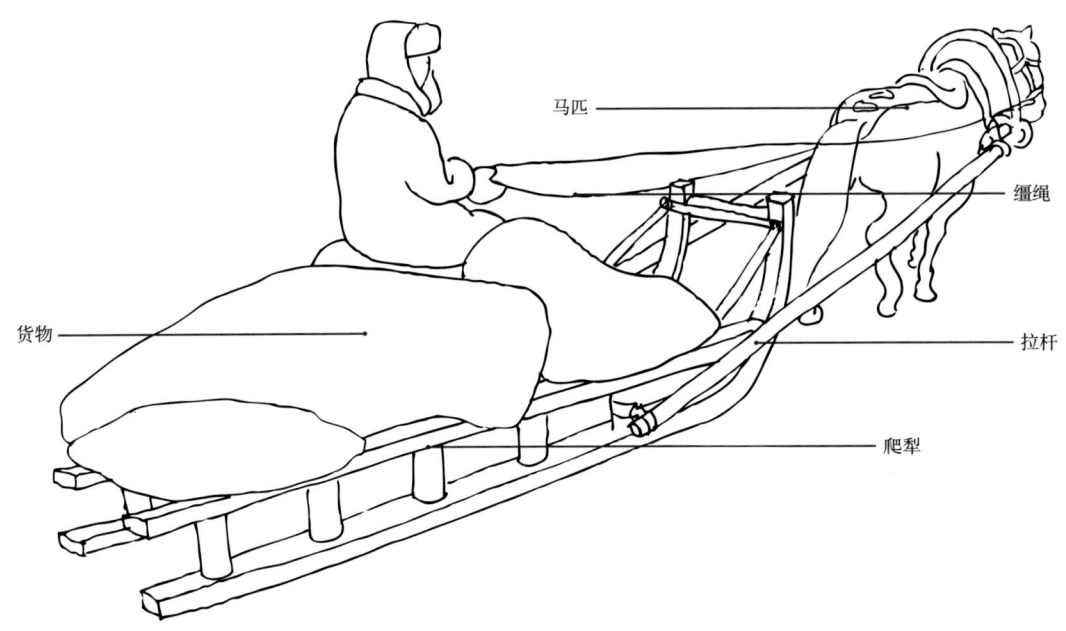

图十　俄罗斯族爬犁操作示意图

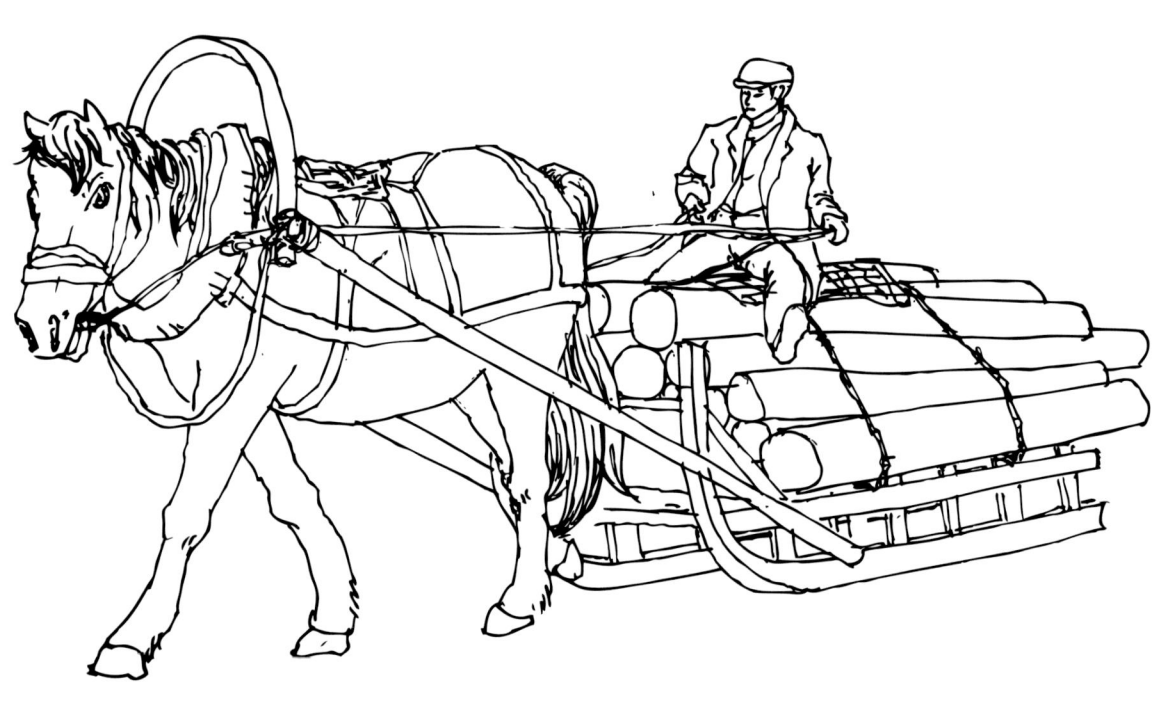

图十一　俄罗斯族爬犁使用情境图

俄罗斯族小镰刀

图一 俄罗斯族小镰刀主图

小镰刀是俄罗斯族常用的农具之一，主要用于收割庄稼、割草。本案例采集于内蒙古额尔古纳市恩和村，长36.5厘米，宽29厘米。俄罗斯族小镰刀与汉族镰刀在形制方面有很大的差异，汉族镰刀多为直的和弧状的，而俄罗斯族小镰刀为月牙状，刀刃呈锯齿状，整体呈半圆形。

俄罗斯族小镰刀主要由刀身和刀柄两部分组成。刀身部分为钢材，铝制柄帽，刀柄部分为木制。使用小镰刀时，右手握刀柄，用刀身钩住所要收割的对象。由于小镰刀刀身部分呈月牙状且长，钩住的对象范围较大，因而切割速度较快。当刀身钩住所要收割的对象时，左手顺势抓住，右手向前发力，然后旋转，通过锯齿状的刀刃，将所要收割的对象锯开。小镰刀的刀身下部末端为锥状，这种设计便于安装刀柄。通过锤子敲砸刀身的下部转折处，将其嵌入木制刀柄中。

小镰刀体积小，携带方便，使用灵活舒适，是俄罗斯族人民在实际劳动中不断改进和优化的结果，并一直沿用至今。

图片来源
图一、图八　郭立忠　摄影
图二至图四、图七　郭立忠　制图
图五至图六　郭立忠　摄影、制图

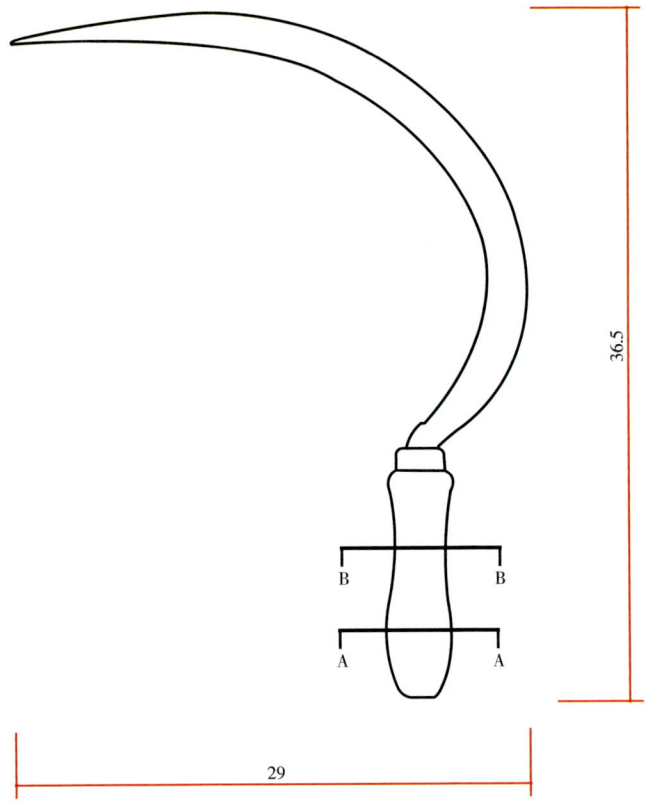

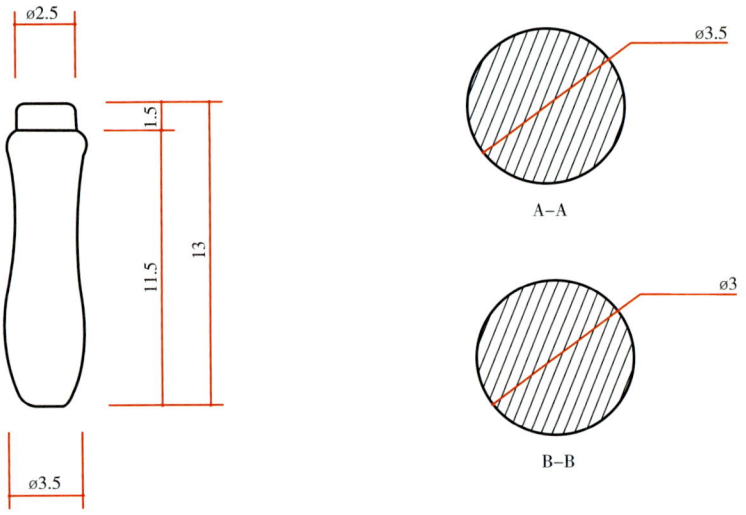

图二　俄罗斯族小镰刀尺寸图（单位：cm）

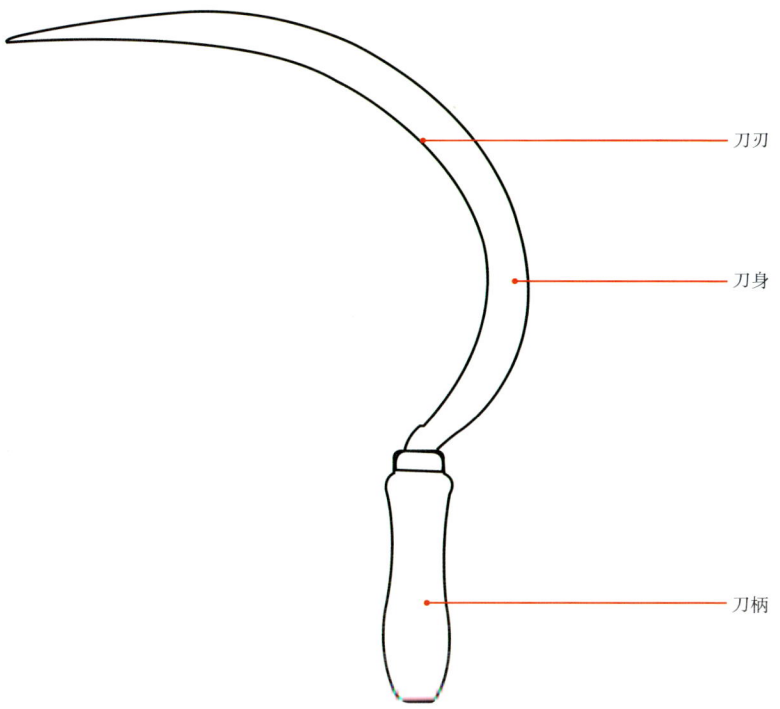

图三　俄罗斯族小镰刀结构名称图

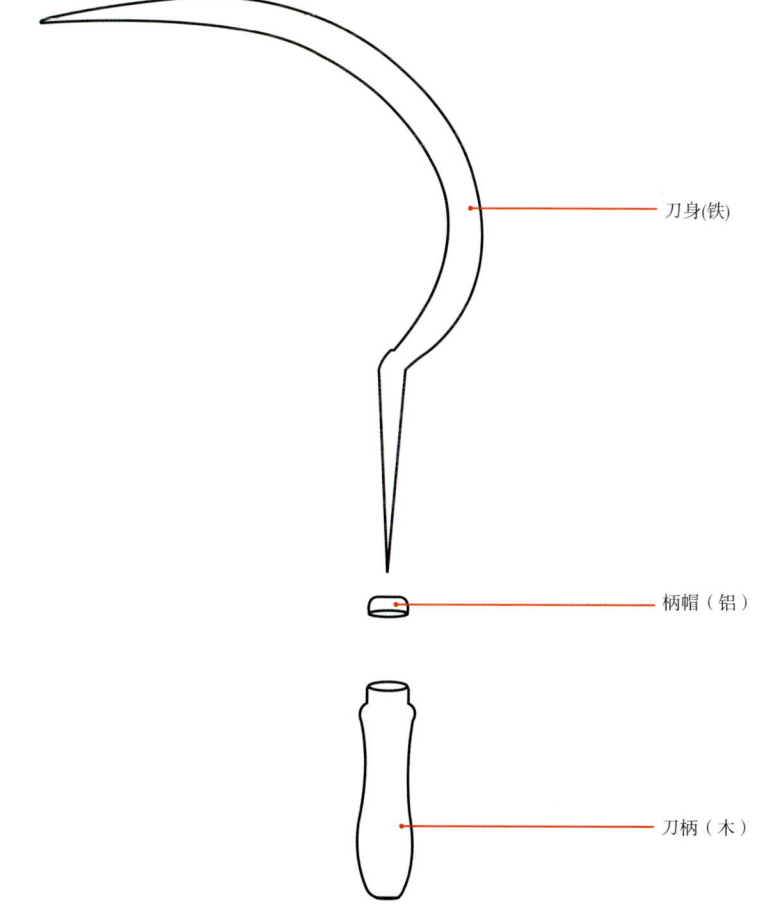

图四　俄罗斯族小镰刀解析图

第五章　俄罗斯族传统生产工具

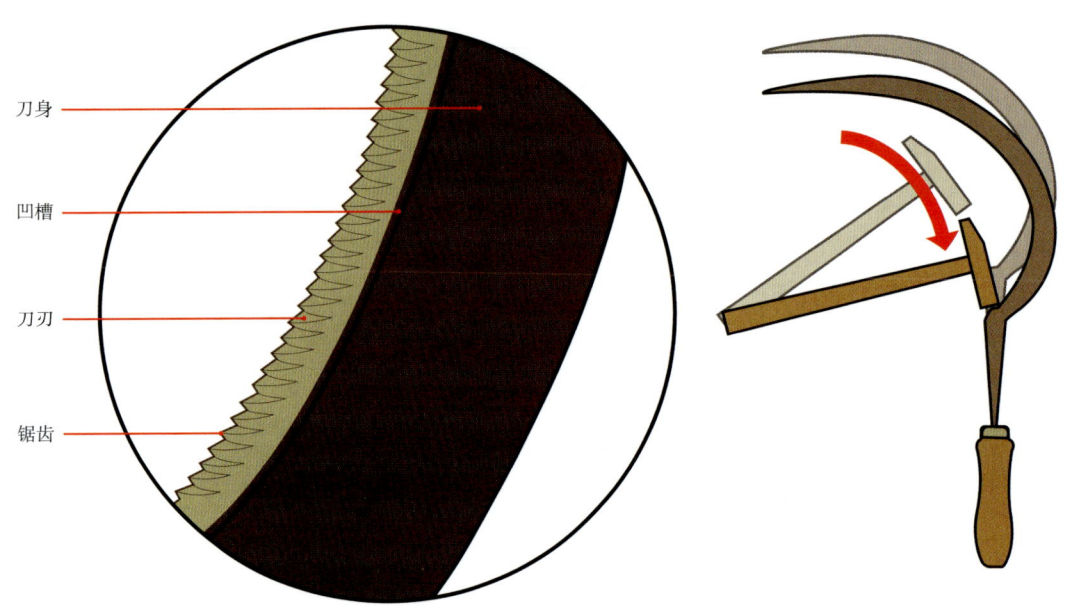

图五　俄罗斯族小镰刀锯齿结构名称图　　图六　俄罗斯族小镰刀刀身与刀柄连接工艺分析图

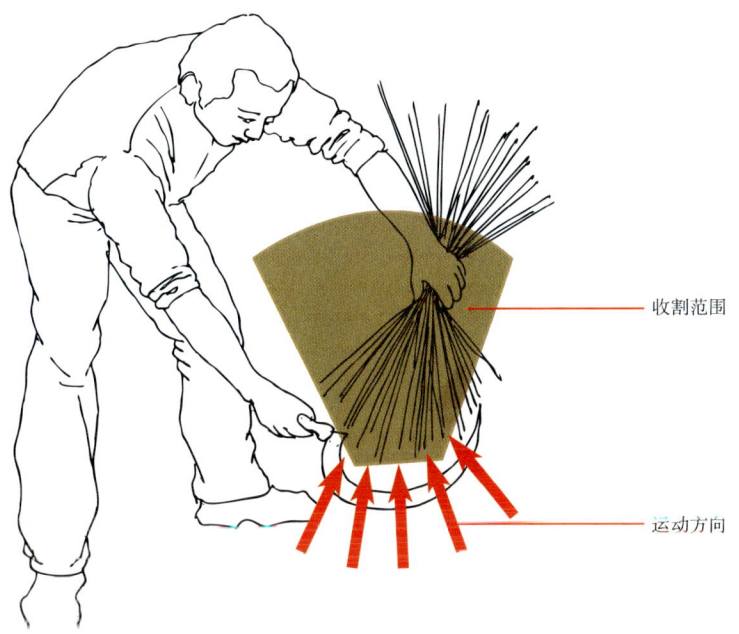

— 收割范围

— 运动方向

图八　俄罗斯族小镰刀使用情境图

— 用力方向

图七　俄罗斯族小镰刀操作示意图

第五章　俄罗斯族传统生产工具

俄罗斯族铁叉

图一　俄罗斯族铁叉主图

铁叉是俄罗斯族常用的农具之一，主要用于挖土豆等物。本案例采集于内蒙古额尔古纳市恩和俄罗斯族民俗博物馆，长140厘米，宽24厘米，叉头高39厘米。铁叉与汉族锹类的功能类似，但在形制方面有很大的差异，一般的锹多为片状，而铁叉呈四齿叉状，中间微微鼓起，如鱼叉。

铁叉主要由叉头和叉柄组成。叉柄为木制，叉头为铁制，上部有一圆孔，方便铁钉固定。使用铁叉时，左手握住叉柄尾部，右手握住叉柄中部，以控制叉头的方向和角度。右脚踩住叉头的右侧，运用身体的重量和脚的压力把叉头插入土里，然后左手握住叉柄尾部用力下压，右手握住叉柄中部向上用力，运用杠杆原理，将叉头部分抬起，如土豆、红薯等果实就会露出地面，而小块的泥土就顺着叉头中间的缝隙漏了下去，既收获了果实，又翻了土地，一举两得。在整体设计上，木制叉柄约呈上细下粗的圆柱体，叉柄和叉头连接部位为空心圆柱体，上细下粗的圆柱体叉柄方便插入叉头，又能防止叉头脱落。为了增加其牢固程度，在叉柄上部打一个圆孔，用铁钉固定，使铁叉更加坚固耐用。工艺上，叉齿部分设计成弧状，比直线设计更加结实牢固，在受力情况下，不易弯曲变形。

铁叉造型简洁，结构简单，取材方便。在实际使用过程中操持方便，是俄罗斯族人在劳动过程中不断发展创新的产物。目前，这种简单实用的生产工具还在被俄罗斯族人广泛使用。

图片来源
图一、图八　郭立忠　摄影
图二至图七　郭立忠　制图

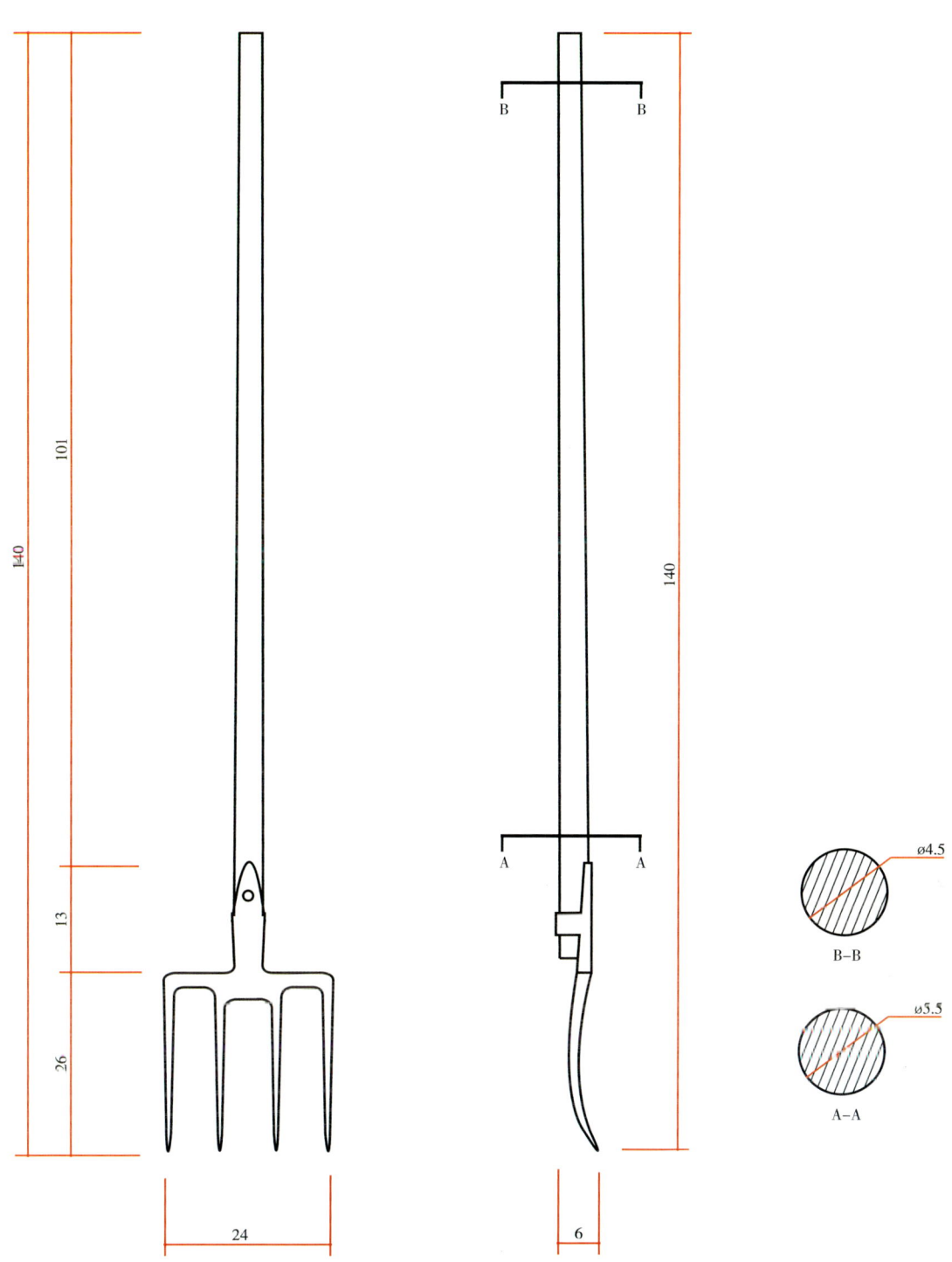

图二 俄罗斯族铁叉尺寸图（单位：cm）

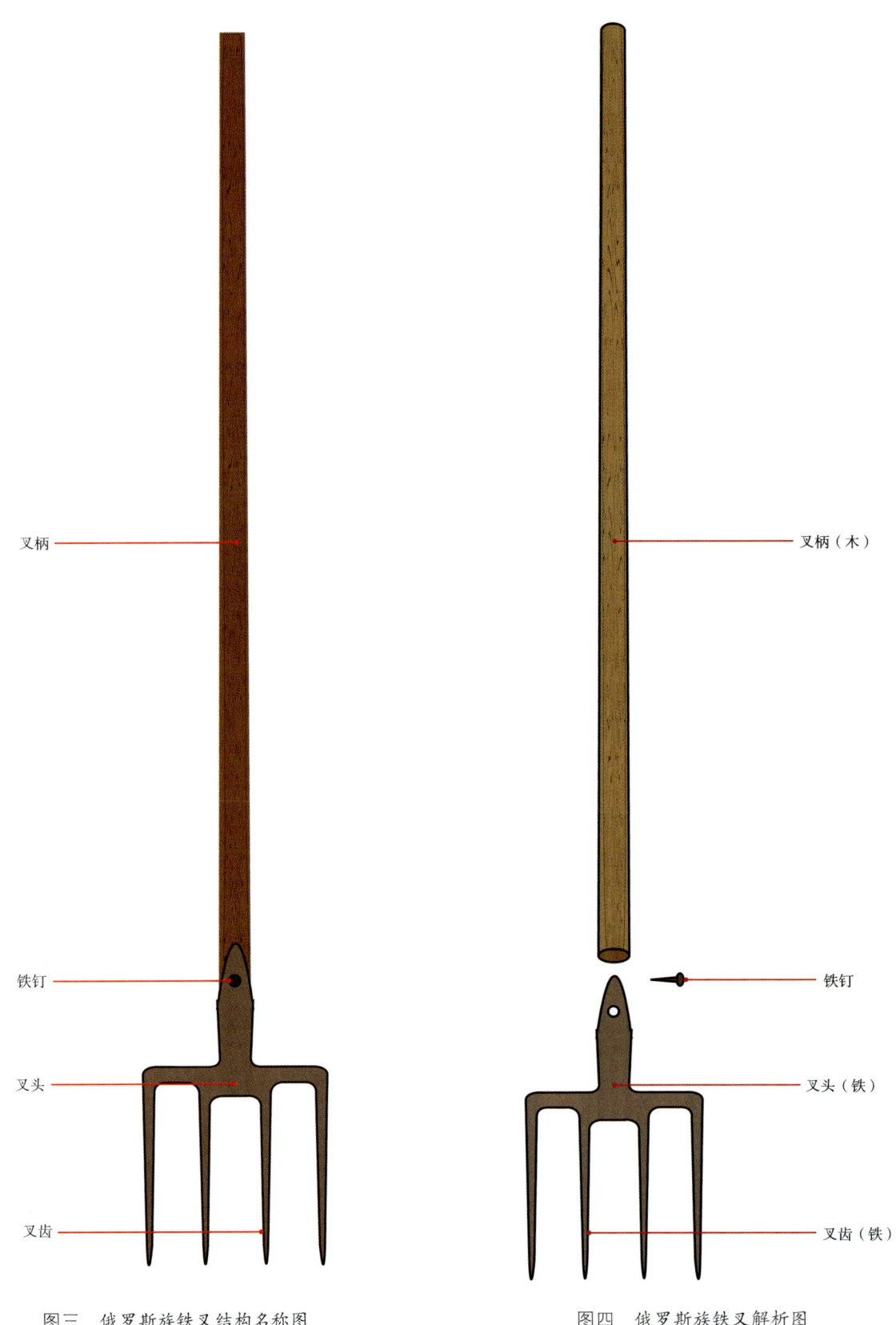

图三　俄罗斯族铁叉结构名称图

图四　俄罗斯族铁叉解析图

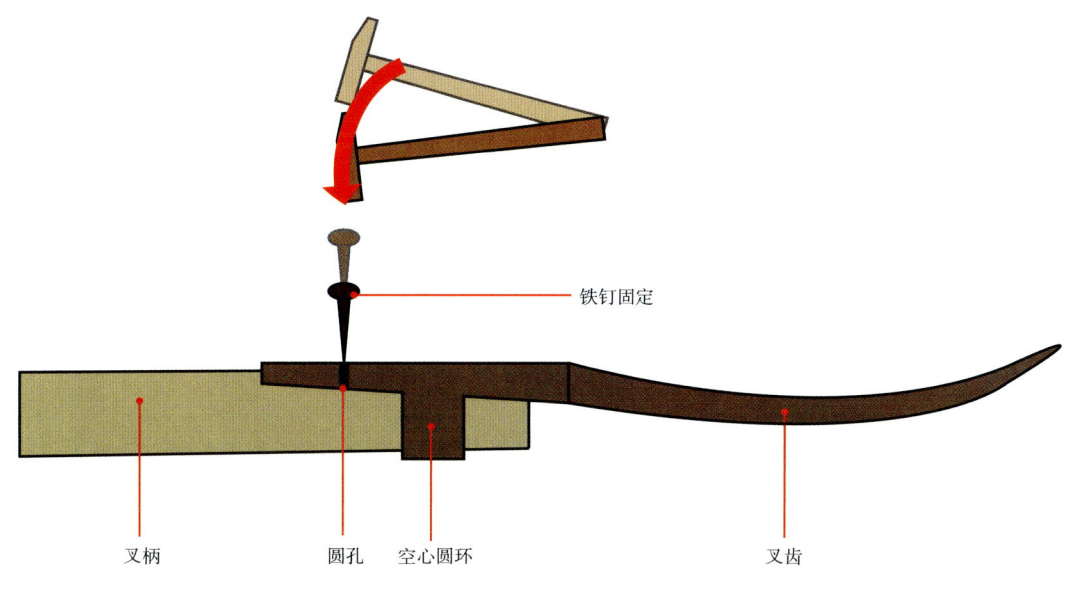

图五　俄罗斯族铁叉工艺分析图

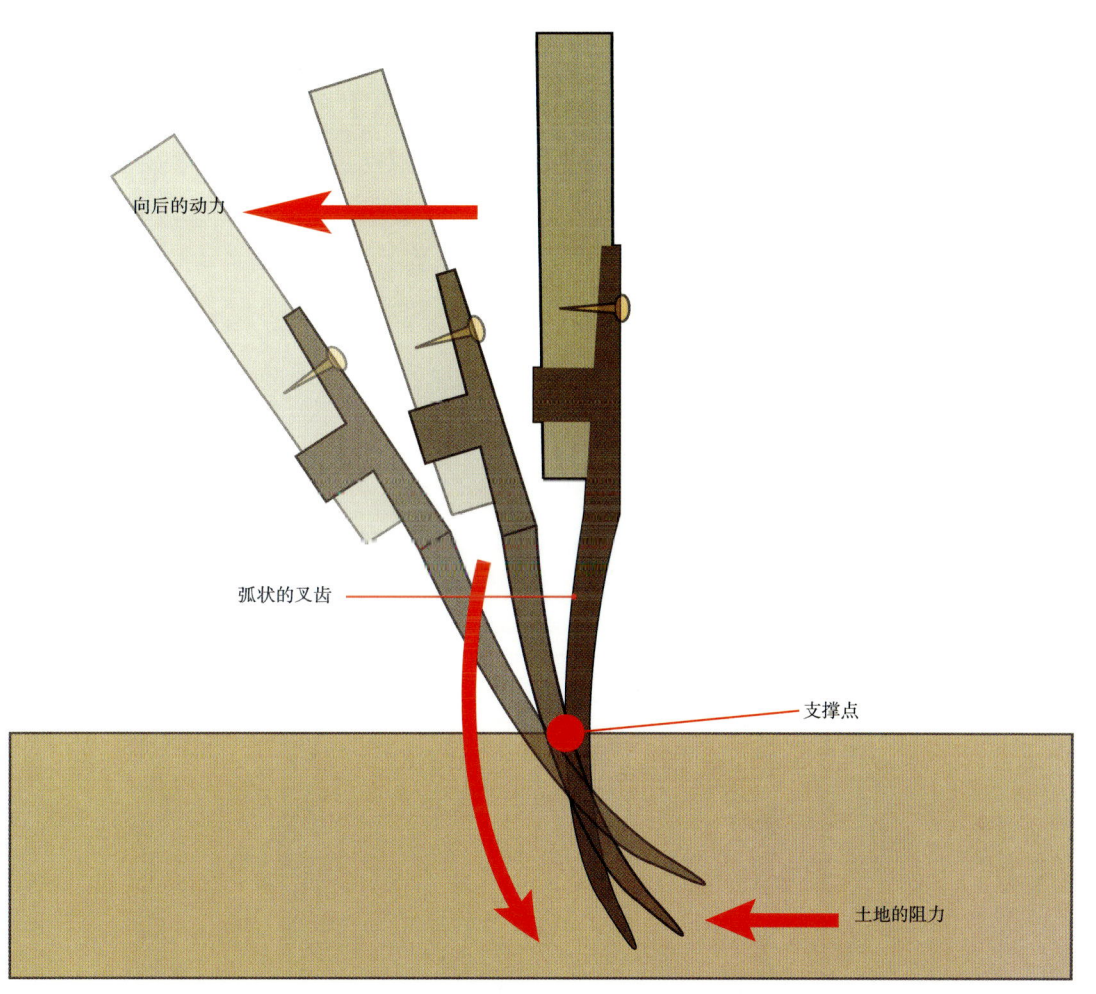

图六　俄罗斯族铁叉叉齿设计分析图

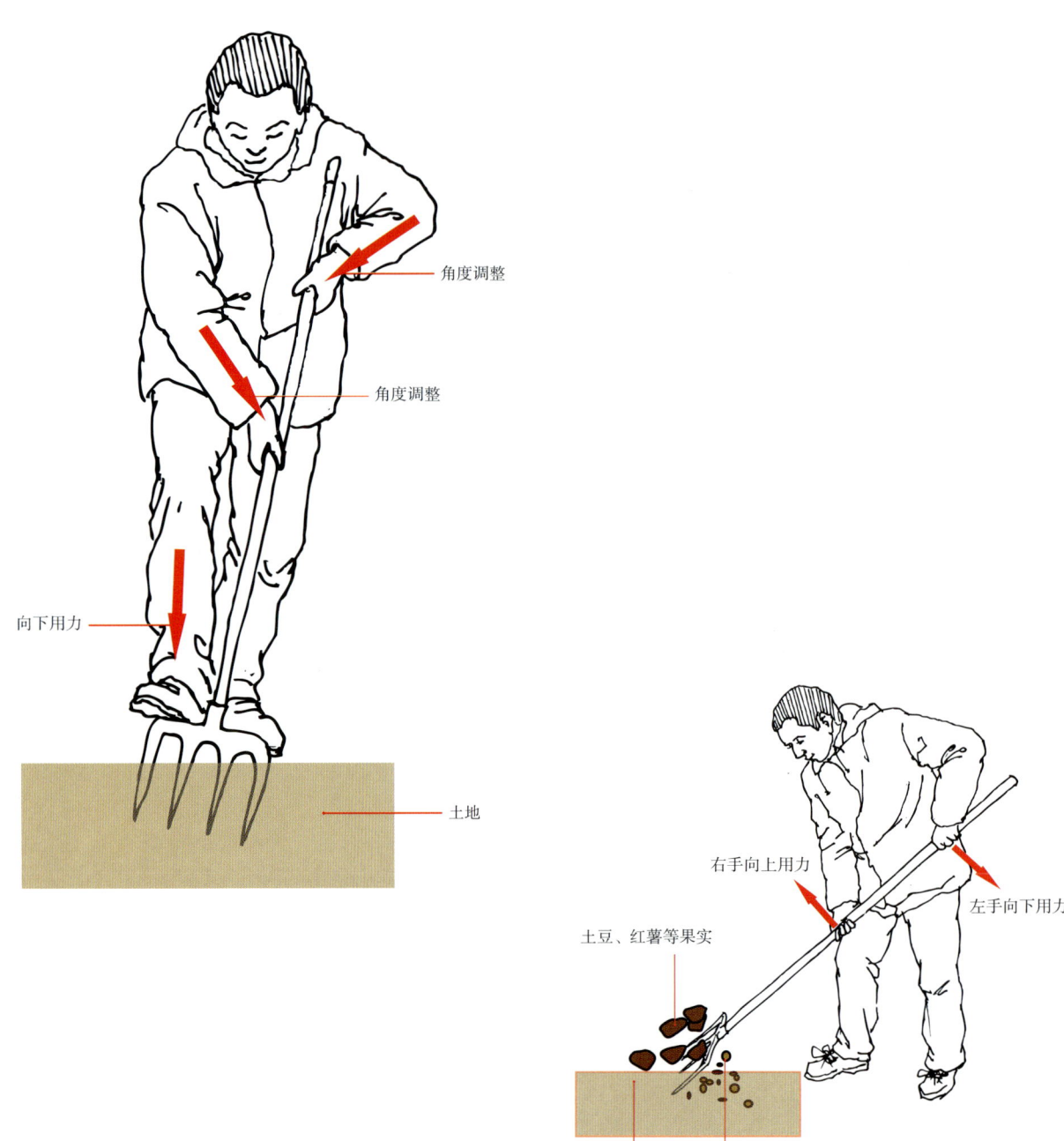

图七　俄罗斯族铁叉操作示意图

图八　俄罗斯族铁叉使用情境图

俄罗斯族鱼叉

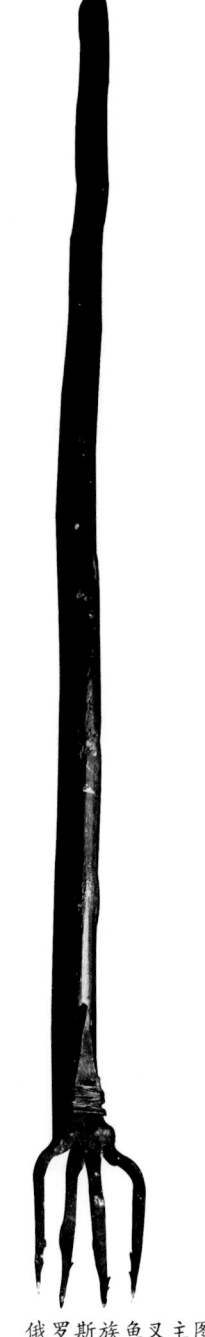

图一 俄罗斯族鱼叉主图

鱼叉是俄罗斯族人常用的传统渔业工具之一，用于捕捉鱼类。本案例采集于内蒙古额尔古纳市恩和俄罗斯族民俗博物馆，属近代物品，总长195厘米，宽10厘米，叉头长27厘米。俄罗斯族鱼叉与汉族鱼叉在形制方面有很大差异，汉族鱼叉多为两股或三股，而俄罗斯族鱼叉为四股，而且叉头前部还带有倒刺，叉柄较长。

俄罗斯族鱼叉主要由叉头和叉柄组成。叉头主要由四根带倒刺的锥体组成，钢制，硬度较高，经久耐用。叉柄为木制。使用鱼叉时，通常右手持叉，观察鱼的游动方向。由于阳光照射湖面，湖底的鱼会产生光的折射，位置会产生变化，这就要求捕鱼者做出预判，找准时机，用力投掷鱼叉，通过鱼叉的惯性，将其插入鱼的体内，达到捕鱼的目的。工艺上，用锤子敲击，将叉头砸入叉柄。叉头最外侧两根叉齿呈L状。叉头有两个圆孔，用铁钉将其与叉柄固定，最后再用铁丝缠绕加固。叉头光滑、锋利，当叉头与鱼身接触时，接触面越小叉头就越容易进入鱼的体内。当然，越光滑、锋利的叉头插入后，由于接触面小，鱼也容易挣脱。鱼叉的倒刺设计就大大减少了捕鱼过程中挣脱的情况。倒刺工艺丝毫没有减少鱼叉的锋利程度，当捕鱼成功后，在提拿的过程中，将倒刺刺入鱼身中，增大接触面积，鱼越挣脱，倒刺刺得越紧，从而提高捕鱼效率。

鱼叉的这种形态和结构与俄罗斯族人长

期的生产生活方式紧密相连。随着时代的发展，鱼叉慢慢地被淘汰，但是在特定时期，鱼叉起到了非常重要的作用，其在设计思维和理念上，对现代的许多产品依然有着深远的影响，如鱼钩等。

图片来源

图一　郭立忠　摄影

图二至图九　郭立忠　制图

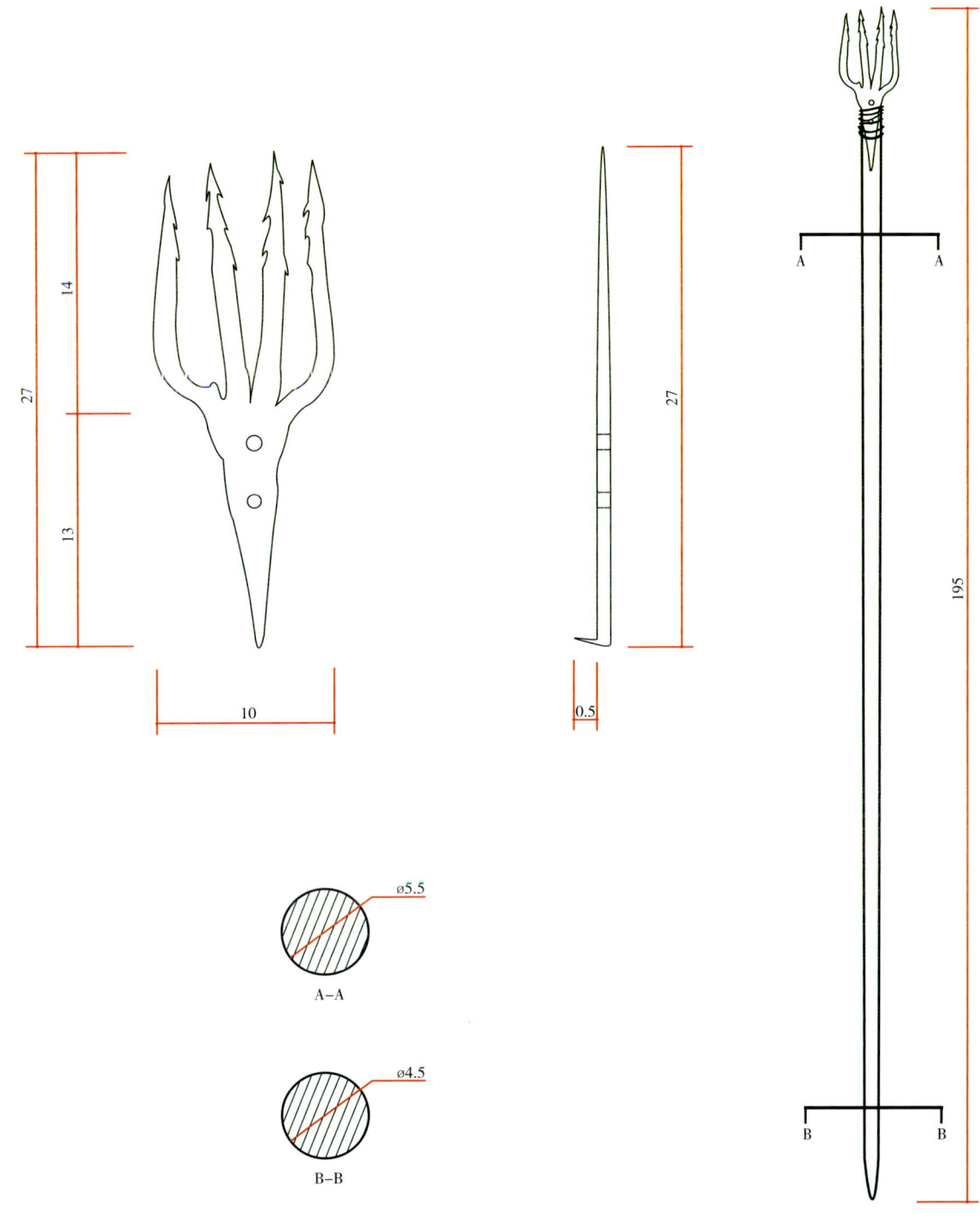

图二　俄罗斯族鱼叉尺寸图（单位：cm）

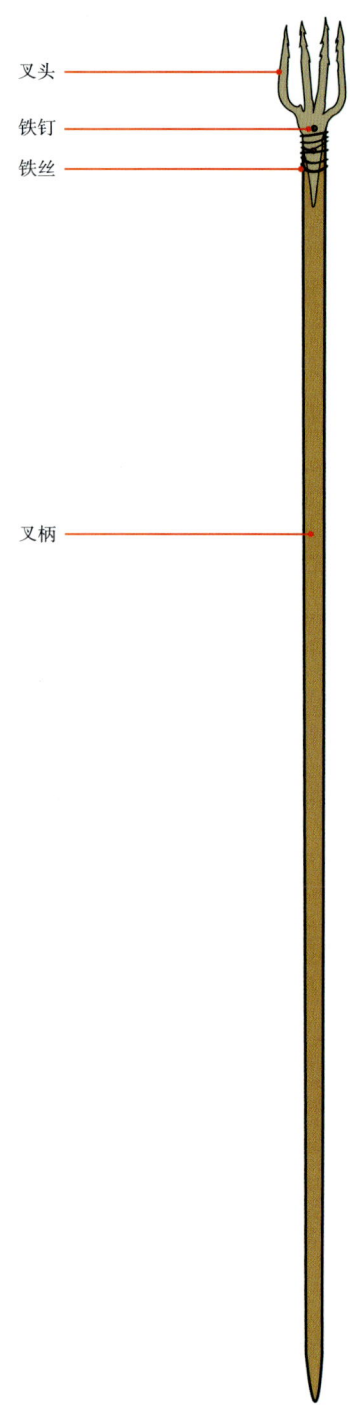
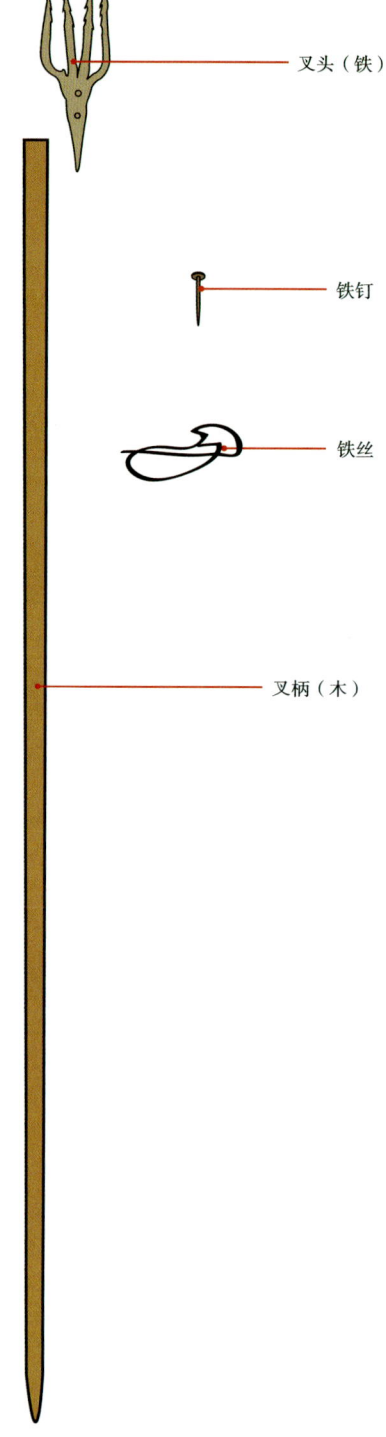

图三　俄罗斯族鱼叉结构名称图　　　　图四　俄罗斯族鱼叉解析图

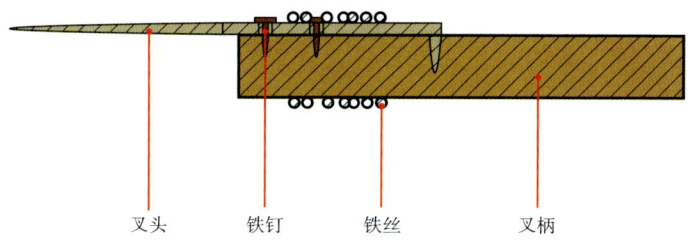

叉头　铁钉　铁丝　叉柄

图五　俄罗斯族鱼叉连接处剖面图

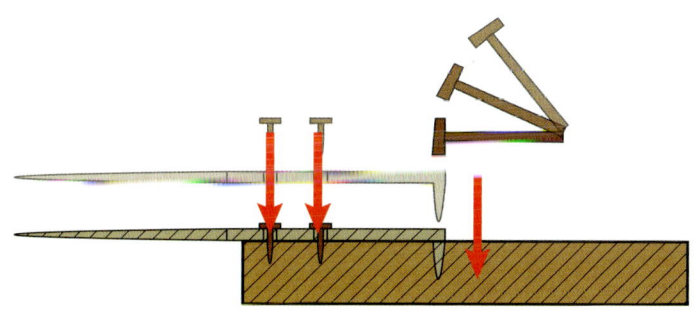

图六　俄罗斯族鱼叉连接处工艺分析图

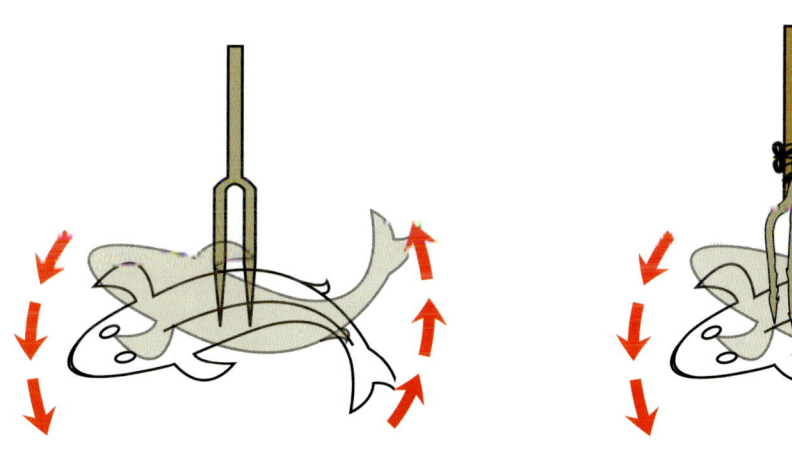

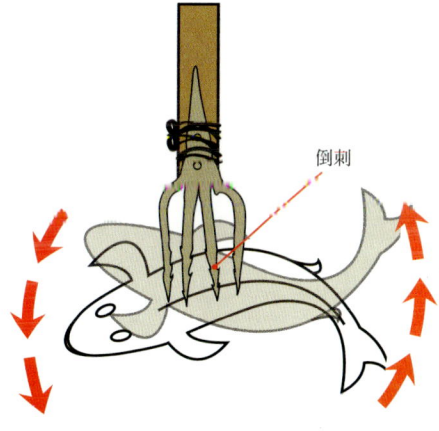

倒刺

鱼在挣脱过程中会滑落　　　　　　　　　鱼在挣脱过程中不会滑落

图七　俄罗斯族鱼叉比较分析图

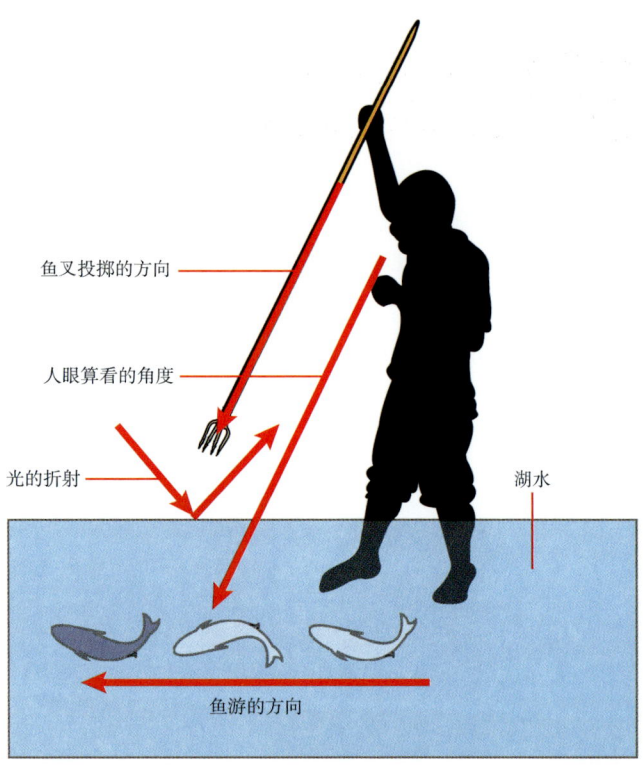

图八 俄罗斯族鱼叉操作示意图

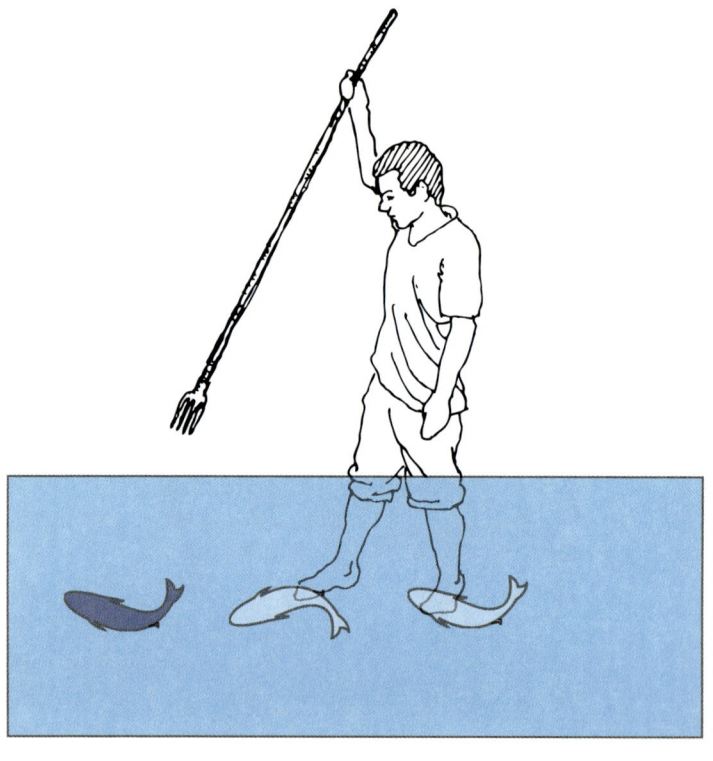

图九 俄罗斯族鱼叉使用情境图

俄罗斯族木叉

木叉是俄罗斯族的传统农具之一，主要用于收割庄稼和牧草。本案例采集于内蒙古额尔古纳市恩和俄罗斯民俗博物馆，属近代物品，总长268厘米，叉头长80厘米，副叉长50厘米。整体造型修长，叉头部分呈三齿状。

木叉主要由叉柄和叉头组成，多为桦木，其中叉头由两个主叉和一个副叉组成。两个主叉和叉柄是由一根完整的枝桠制作而成，利用木材自身的结构变化，增加了木叉的牢固程度，提高了木叉的使用寿命。副叉也为木制，通过铁质的垫片与螺丝和螺母固定，另用铁丝加固，使其形成一个整体。木叉制作比较简单，选取合适做木叉的枝桠将其锯下，进行粗加工，砍削出木叉的大致形状，在此过程中要将木叉头削得稍尖一点，这样便于插入庄稼和牧草。通过火烤弯曲成所需要的形状，然后再砍削其他较小的枝桠成副叉，并将其固定就可以了。两个主叉由于没有阻挡，形不成合围，靠近叉柄地方的庄稼和牧草容易掉落；副叉使得庄稼和牧草更加聚拢，三齿形成合围将其卡住，不易掉落。

木叉操作简单，在收割、运输和存储庄稼和牧草的过程中，减轻了劳动者的劳动强度，提高了工作效率，使用较为广泛。

图片来源
图一　郭立忠　摄影
图二至图八　郭立忠　制图

图一　俄罗斯族木叉主图

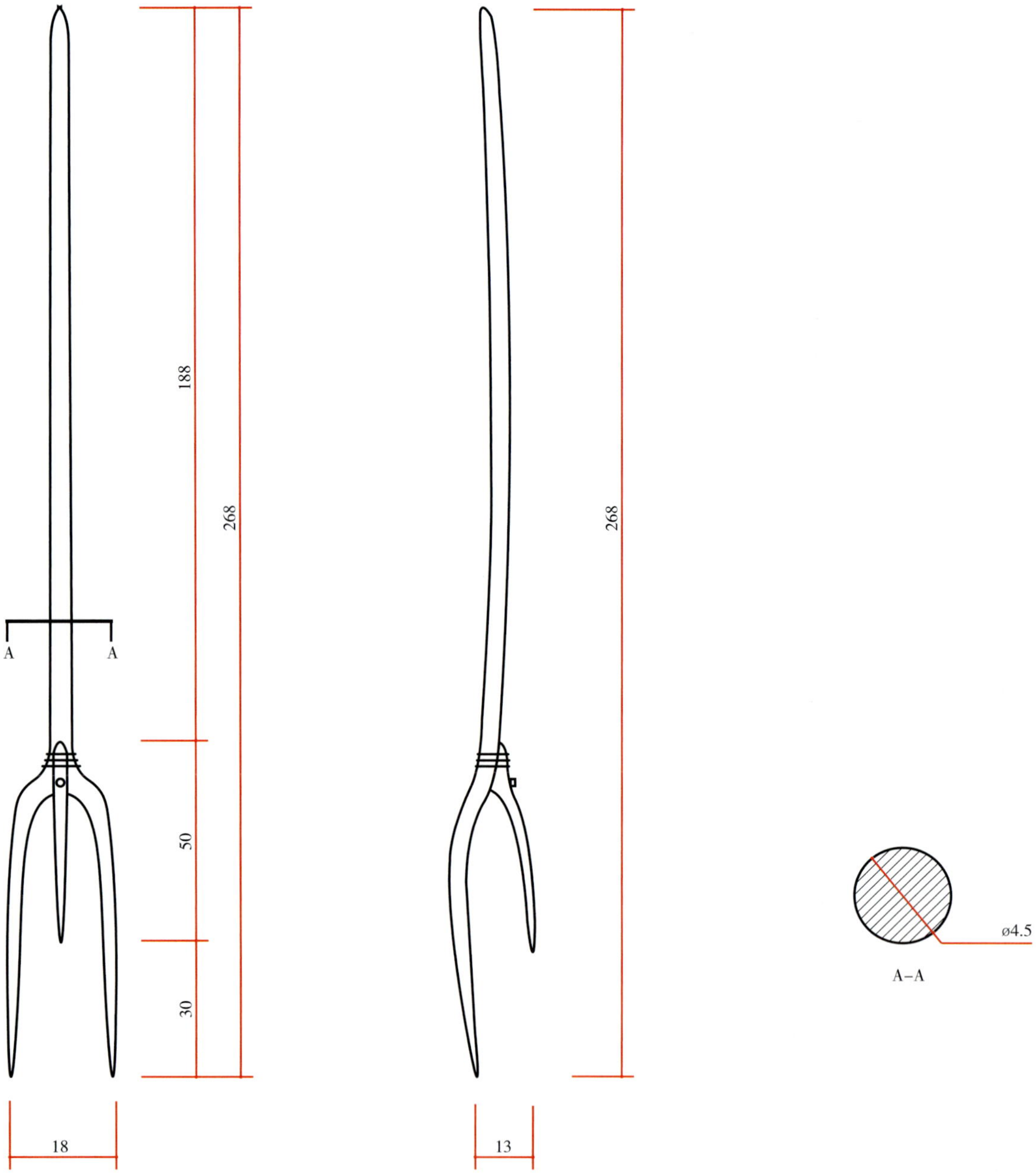

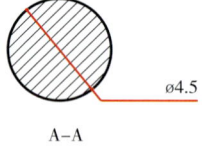

图二　俄罗斯族木叉尺寸图（单位：cm）

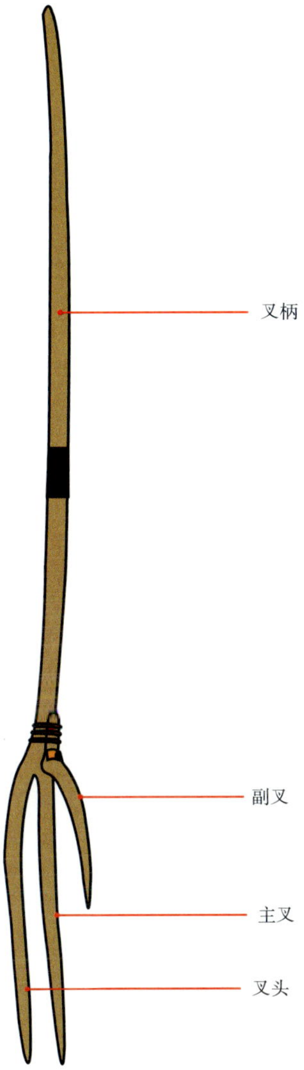

图三　俄罗斯族木叉结构名称图

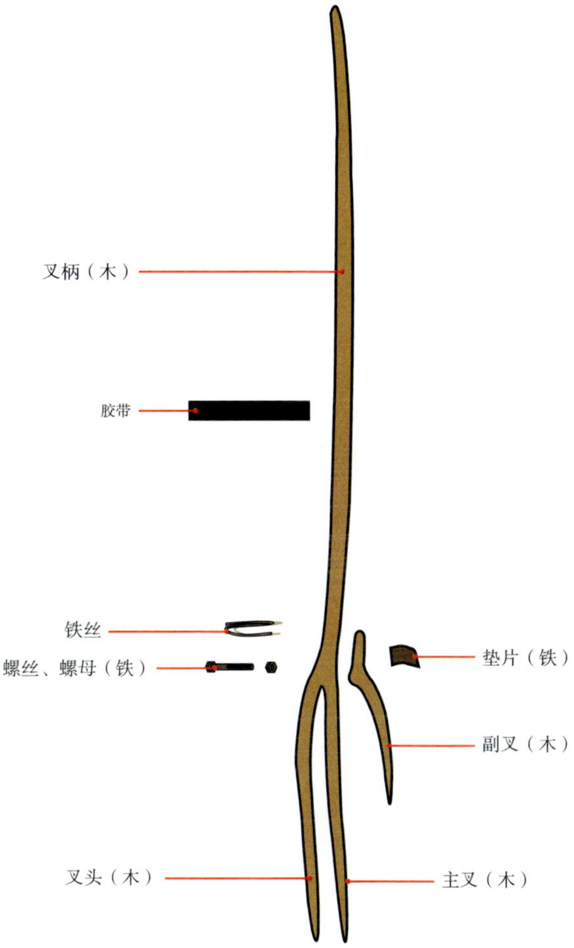

图四　俄罗斯族木叉解析图

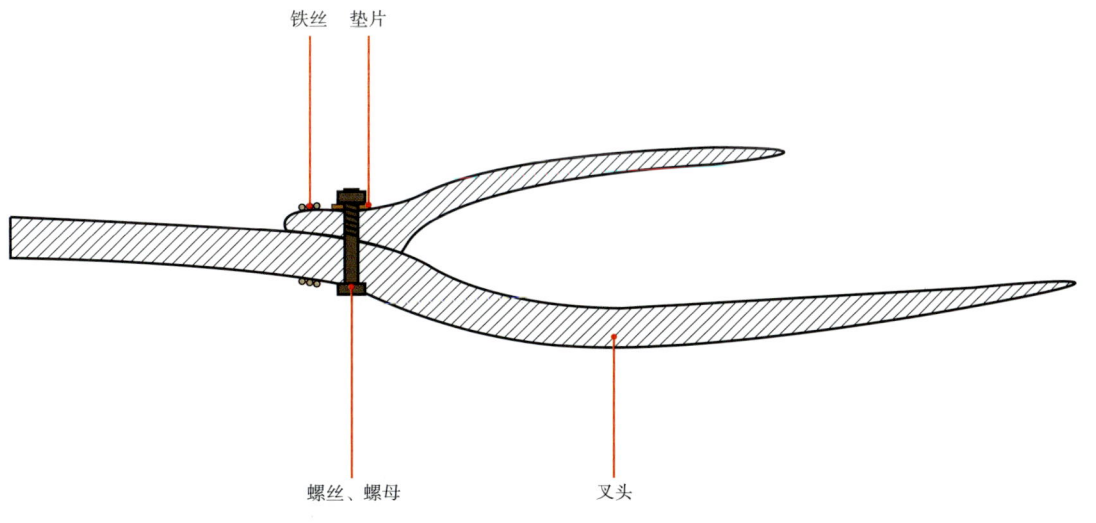

图五　俄罗斯族木叉叉头剖面图

第五章　俄罗斯族传统生产工具

1.取材

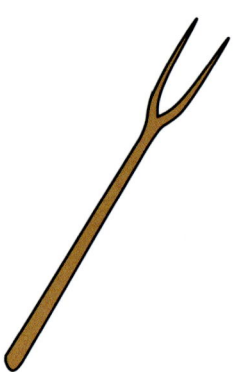
2.砍削整理

3.弯曲成型

4.安装副叉

5.制作完成

图六 俄罗斯族木叉制作流程图

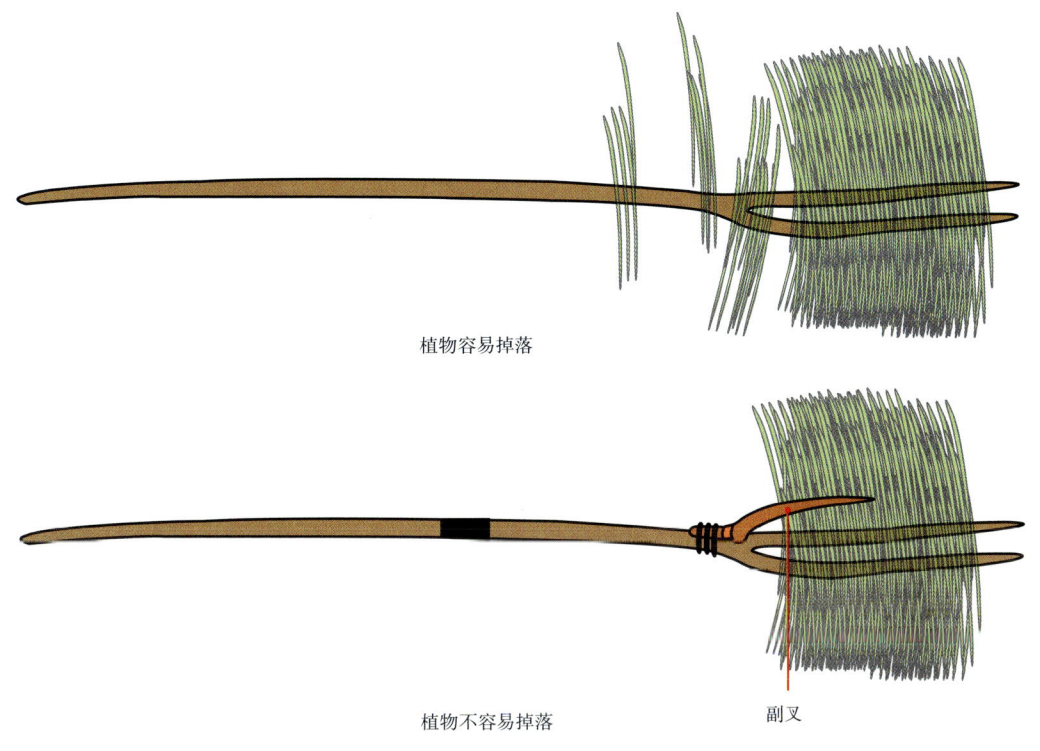

植物容易掉落

植物不容易掉落　　　　　　　　　　　副叉

图七　俄罗斯族木叉比较分析图

图八　俄罗斯族木叉使用情境图

第六章 俄罗斯族传统手工艺

俄罗斯族套娃

图一　俄罗斯族套娃主图

套娃是一种俄罗斯族的木制玩具和家庭常用装饰品,俄语称"玛特罗什卡"。一般由多个题材统一、图案相似的空心木娃娃一个套一个组成,最多可达十几个,通常为蛋形,底部平坦可以直立。按照肚子里含有小娃娃个数的不同,套娃通常可以分成5件套、7件套、12件套、15件套等。本案例采集于内蒙古额尔古纳市室韦镇,属现代物品,为5件套套娃。上部略小,中间微凸,整体呈柱状。第一层套娃高12厘米,底部直径5.5厘米,第五层套娃高3厘米,底部直径1.5厘米。

套娃在结构上,主要分为上部、下部和底座三大部分,其中最外层到第四层套娃都可以打开，第五层套娃是一个整体。整组套娃从大到小体积逐渐减小，层层相扣，最小的第五层套娃居于中央。这种结构表达了俄罗斯族女性的美好愿望，多子多福。做套娃的木材通常为桦木、落叶松、椴木等，件套越多，对木材的要求也越高。将选好的木材剥皮晾干，根据要做套娃的尺寸决定晾干的时间，通常2~5年不等。俄罗斯套娃的制作工艺十分考究，需以下几道工序手工完成：一、选择比较直的树干，砍去枝桠，剥去树皮，晾干。二、把木材加工成需要的柱状。三、把柱状木材加工成套娃的基本形状。四、挖空套娃内部，使套娃内部厚薄均匀，上部与下部结合完整。五、描绘图案，根据需要或烫花，或镶金，内容不限，多为人物。六、上清漆，晾干完成。套娃的结合处连接紧密，从外部几乎看不出缝隙。把玩时只需将上部打开，取出排列即可；放置时只需将上部盖上通过圆弧状的倒角，套娃上下咬合，结合完整。

套娃自14世纪传承至今，已经逐渐形成了自己独特的形制和风格，被世界人民所接受。

图片来源
图一、图四、图七、图九　郭立忠　摄影
图二至图三、图五、图八　郭立忠　制图
图六　郭立忠　摄影、制图

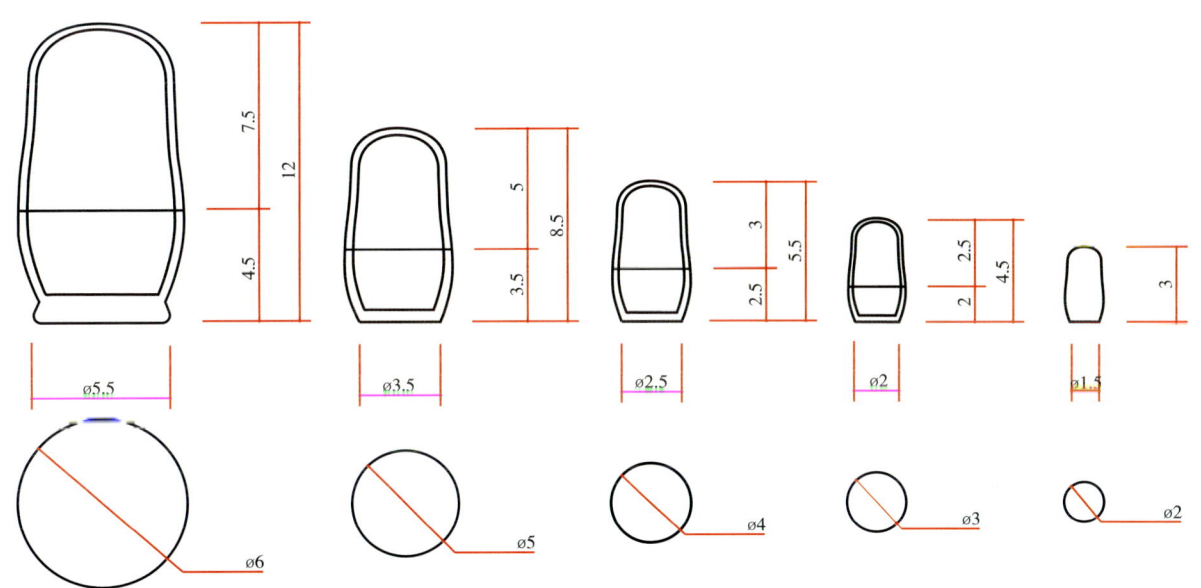

图二　俄罗斯族套娃尺寸图（单位：cm）

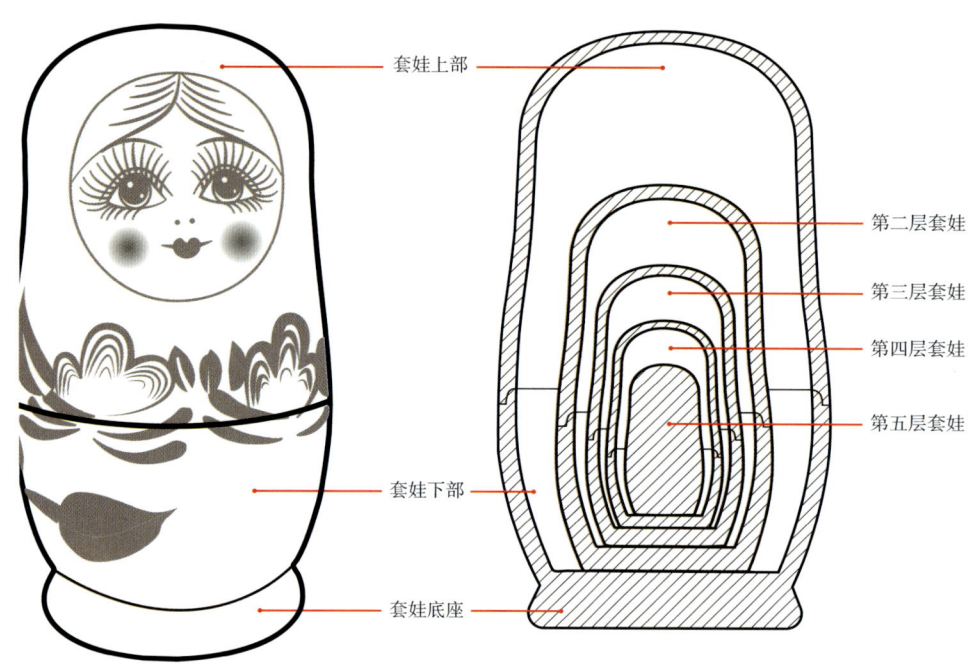

图三 俄罗斯族套娃结构名称图

图四 俄罗斯族套娃解析图

1.将所选木材砍去多余枝桠

4.挖空内部，使其厚薄均匀

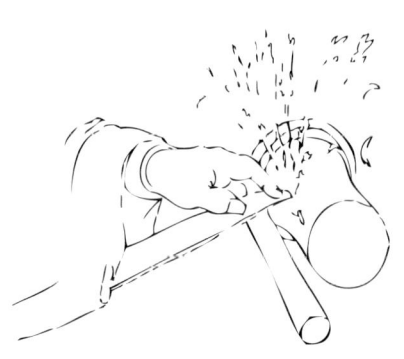

2.用机器加工成柱状

5.画上图案，美化装饰

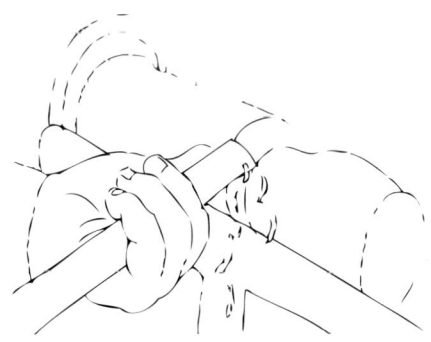

3.把柱状木材加工成套娃的基本形状

6.刷上清漆，晾干，制作完成

图五　俄罗斯族套娃制作流程图

图六　俄罗斯族套娃操作示意图

图七　俄罗斯族套娃开口处效果示意图

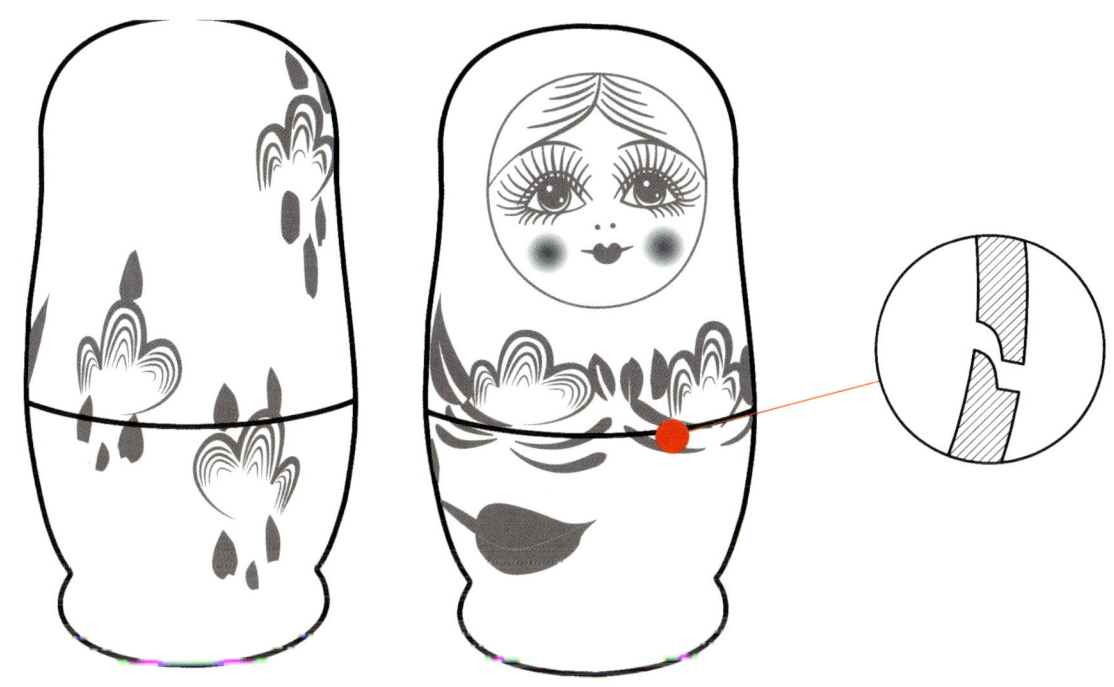

图八 俄罗斯族套娃结合处剖面图

图九 俄罗斯族套娃效果示意图

第六章 俄罗斯族传统手工艺

277

俄罗斯族木勺

图一　俄罗斯族木勺主图

木勺是俄罗斯族最为常见的一种传统餐饮器具，主要是在吃饭、喝汤时使用。整体造型上小下大，下部呈椭圆形，中部略细。本案例采集于安徽蚌埠，为私人藏品。木勺长 20.5 厘米，宽 5.8 厘米，高 4 厘米。俄罗斯族木勺做工考究，样式繁多，一般使用桦木或者松木等作为原料，除了具有普通餐具耐用保温、不烫手的优点外，还不变形，至今广受俄罗斯族人的青睐。

木勺主要由勺把和勺头两部分组成，勺把为用餐者用手操持的地方，勺头为吃饭盛汤的部分。整体造型与普通勺子相似，勺把扁平，勺头呈圆形的水滴状，整体沿中轴线对称，侧视勺头下部比上部略深，线条流畅，造型优美。在色彩上，木勺以暖色为主，褐色为主要颜色，花卉部分为红色，花蕊为柠檬黄。木勺的主要纹饰为花草图案，勺头的凹槽部分为满构图的花草，一朵红色大花和绿叶在底部，上部为红色花朵和枝叶。勺头背部为三个红色花苞和枝蔓、绿叶。勺把的正面也有三个红色的花苞和枝干，周围散布黄色花蕊。勺把背部有一红色花苞，下部为枝蔓。整个木勺色彩优美，内容丰富。勺头的凹槽在设计上构思精巧，比汉族木勺有较大变化。汉族木勺的凹槽部分呈规则的弧状，上下部相对均匀，而俄罗斯族木勺的勺头部分下部凹进去的相对较多，弧度较深，上部则相对较浅。俄罗斯族木勺造型各异，其中勺把有圆柱状的、方形的、扇形的等，勺头有半圆形的、椭圆形的。结构上，有将勺头与勺把拼接而成的，也有用原木整体雕琢而成的。本案例为用原木整体雕琢而成。有盛汤用的大木勺，也有吃饭用的小木勺。制作木勺一般有以下几个步骤：一、加工木勺原胚。二、将晾干、打磨过的原胚上一道清漆，再晾干、打磨。三、描绘图案纹饰，晾干。四、再上一道清漆完成。

木勺材料环保，造型优美，是在俄罗斯

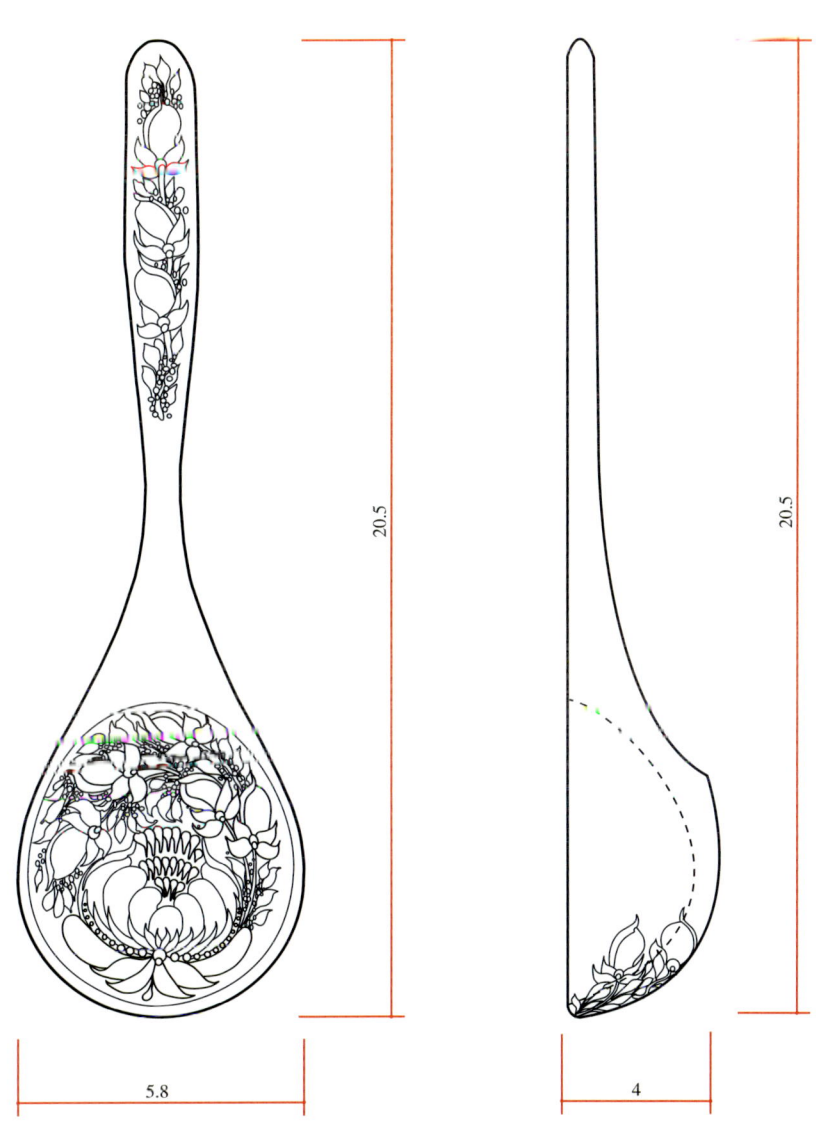

图二　俄罗斯族木勺尺寸图（单位：cm）

族人民长期使用的过程中不断优化的结果，在实用性和宜人性的基础上，更多地考虑到了美化装饰，以至于现在的俄罗斯族木勺被游客当作旅游纪念品，为当地居民带来可观的经济效益，可谓一举两得。

图片来源
图一、图七　黄晓蔓　摄影
图二至图三、图六　黄晓蔓　制图
图四至图五　黄晓蔓　摄影、制图
图八　郭立忠　制图

对称轴　　　　　　　　　对称轴

图三　俄罗斯族木勺视觉分析图

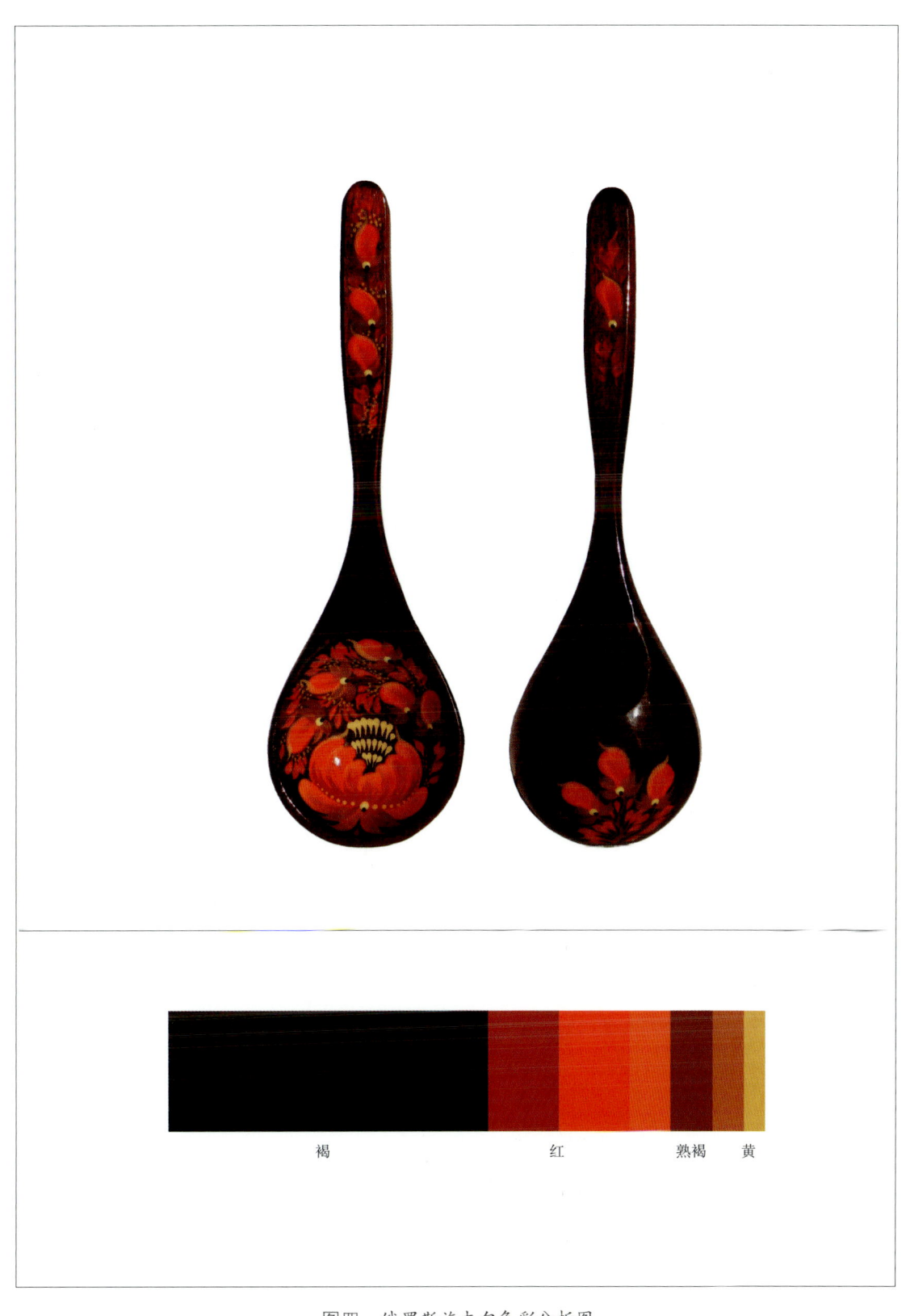

图四　俄罗斯族木勺色彩分析图

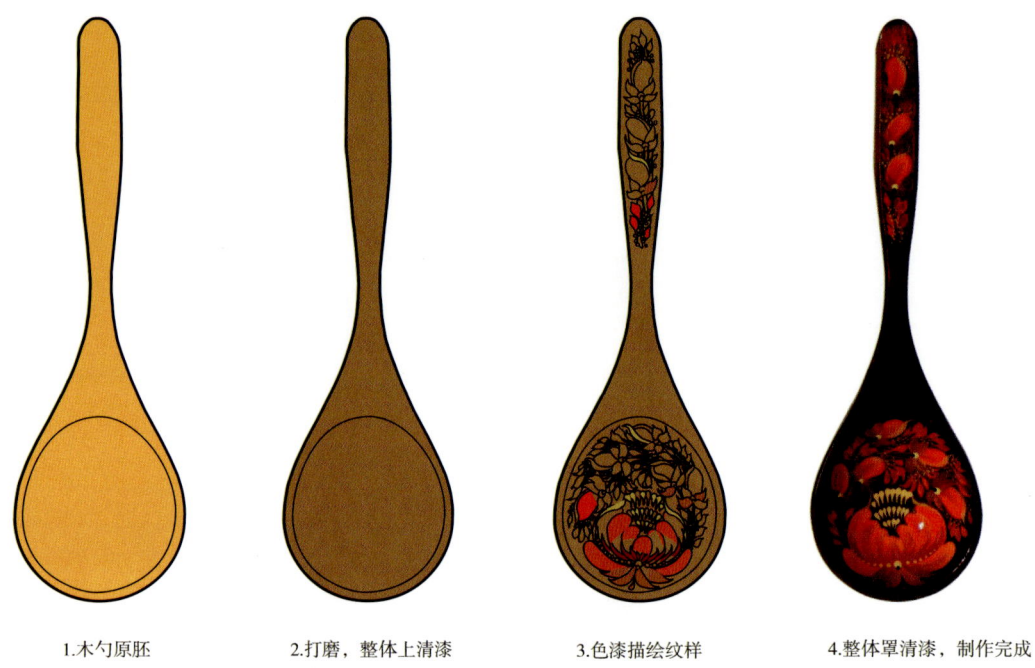

1.木勺原胚　　2.打磨，整体上清漆　　3.色漆描绘纹样　　4.整体罩清漆，制作完成

图五　俄罗斯族木勺制作流程图

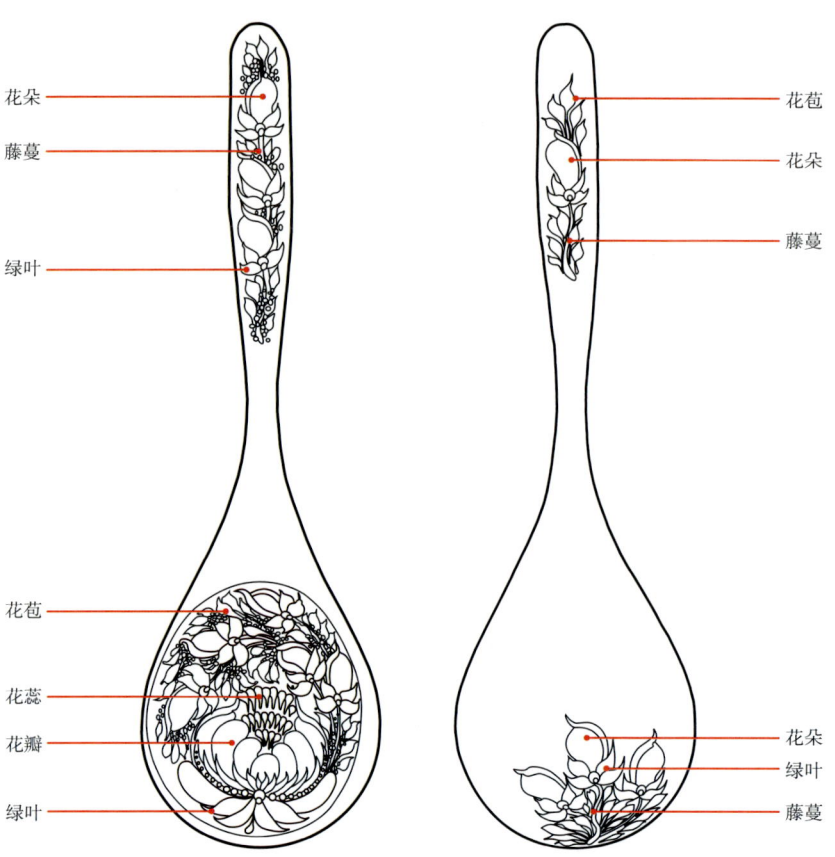

图六　俄罗斯族木勺纹样效果示意图

方形把手，半圆形勺头　　　　　圆柱状把手，椭圆形勺头　　　　扁平状把手，椭圆形勺头

图七　俄罗斯族木勺比较分析图

图八　俄罗斯族木勺使用情境图

第六章　俄罗斯族传统手工艺

283

俄罗斯族挑花针织桌布

图一　俄罗斯族挑花针织桌布主图

桌布是俄罗斯族传统挑花针织品之一，它采用纯手工制作而成。俄罗斯族挑花针织桌布没有太多的实用功能，主要起到遮挡桌面，进而美化居室的目的。本案例采集于新疆乌鲁木齐博物馆，属近代物品，长宽各150厘米，呈正方形。

白色挑花针织品是传统俄罗斯族家庭最常用的装饰手段之一，在枕头、窗帘、床幔、沙发巾、门帘、桌布等处大量使用，使居室显得格外清新淡雅。桌布作为挑花针织品的代表之一，左右沿中线对称，造型方正，中间为大面积的挑花图案，四周为网格状的花边，张弛有度，图案对比强烈。本案例桌布用白色棉线手工挑花制作而成，由于线条较细，所以中间有大面积的镂空，因而放在不同材质的桌面上，所产生的效果也就不同。

桌布的图案主要由三种单独纹样组成：正方形单独纹样、雪花状单独纹样和花状单独纹样。正方形图案的四方连续组成花边，雪花状单独纹样和花状单独纹样组成四方连续，为桌布中间大面积的挑花图案，整个图案疏密、繁简对比鲜明。在制作工艺上，主要是挑花针织工艺手法的运用，通过不同的针法，能编结出各式各样的图案。

俄罗斯族人非常注重室内装饰，用各种针织品做装饰，不仅美化了居室，而且满足了他们的审美追求。直至今天，各种针织用品，如枕巾、围巾、桌布等仍然在俄罗斯族人的生活中被广泛使用。

图片来源
图一、图七　贾伟国　摄影
图二至图六　郭立忠　制图

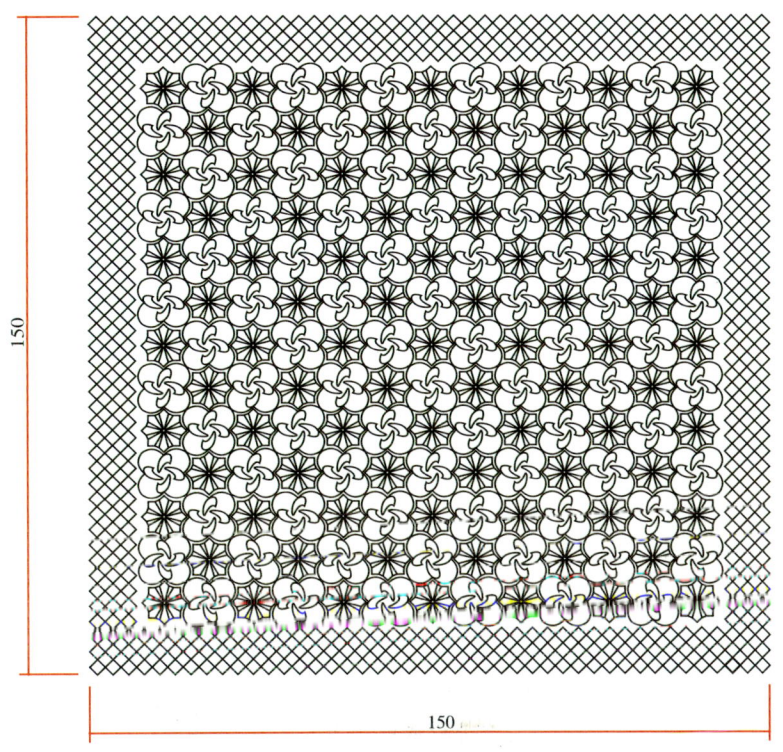

图二 俄罗斯族挑花针织桌布尺寸图（单位：cm）

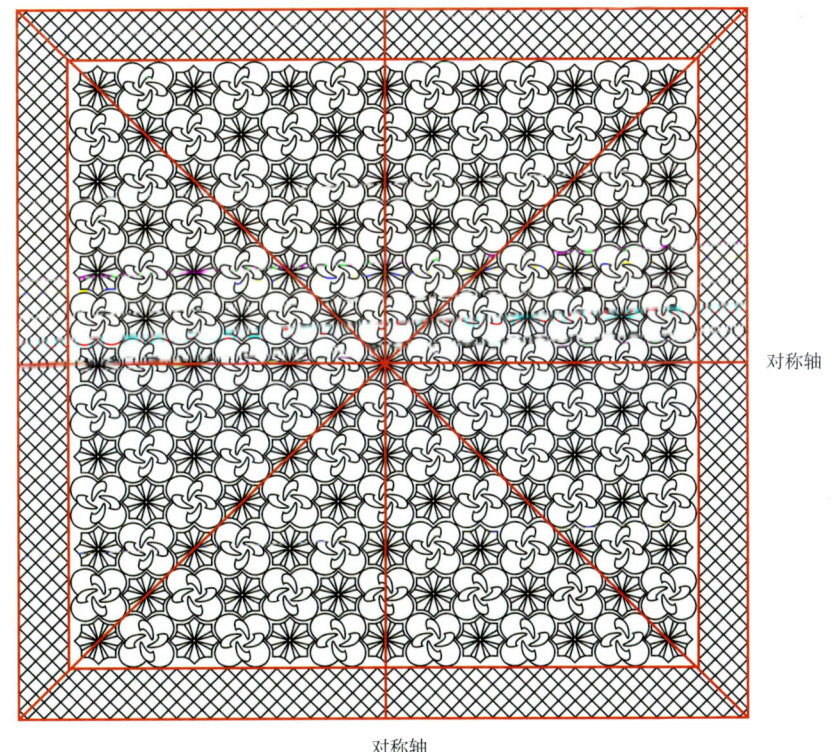

图三 俄罗斯族挑花针织桌布视觉分析图

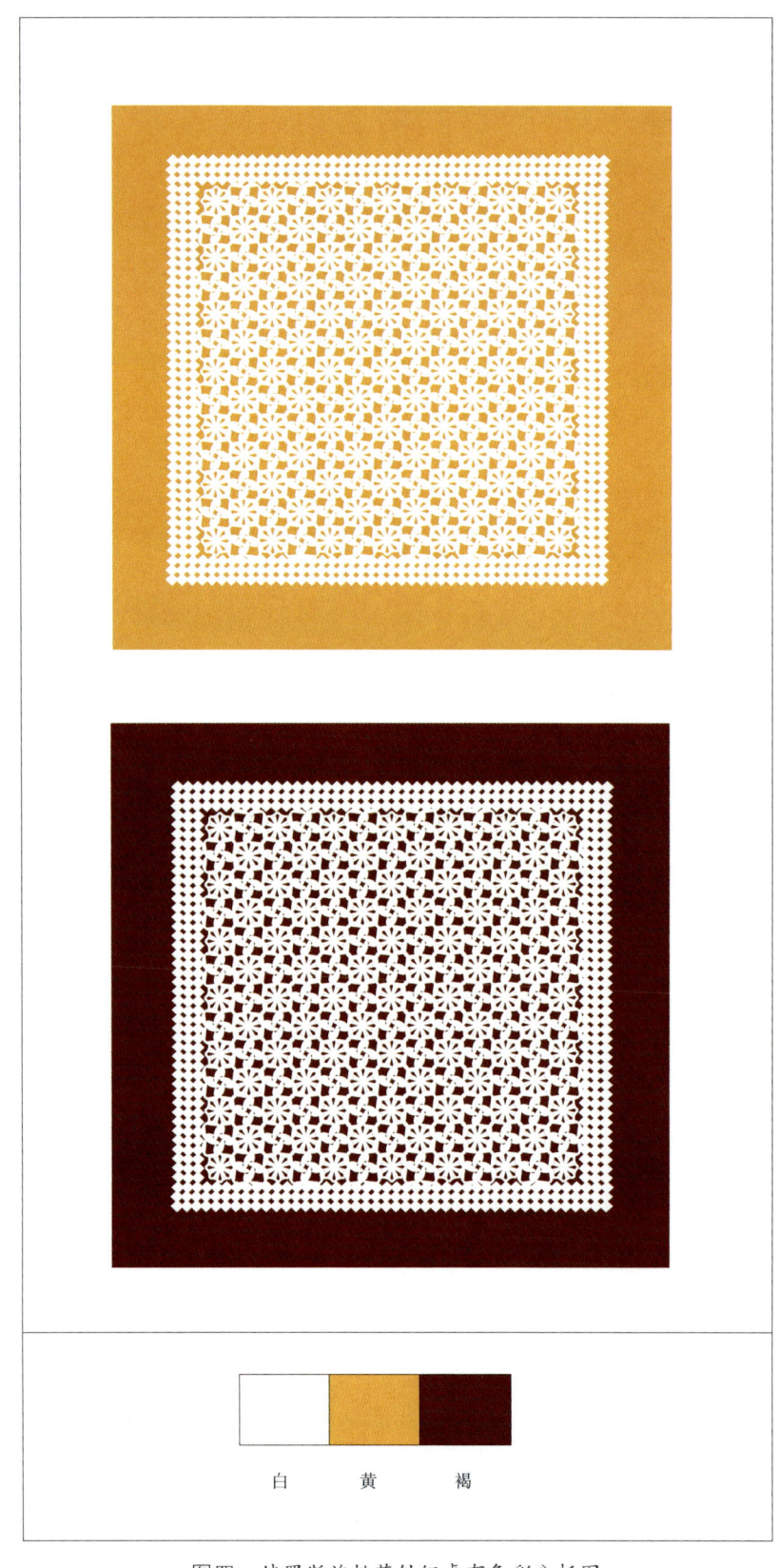

图四 俄罗斯族挑花针织桌布色彩分析图

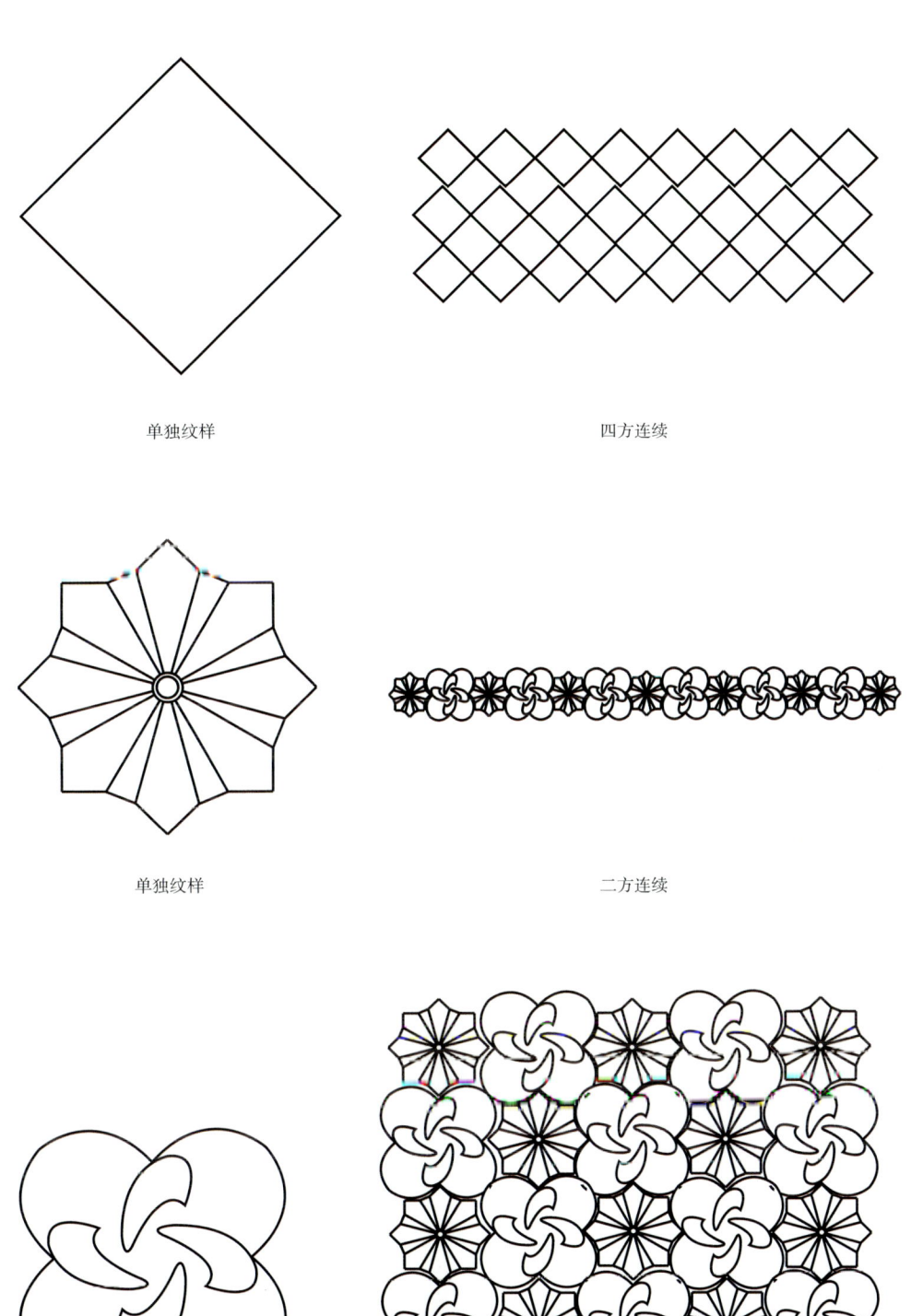

图五 俄罗斯族挑花针织桌布纹样效果示意图

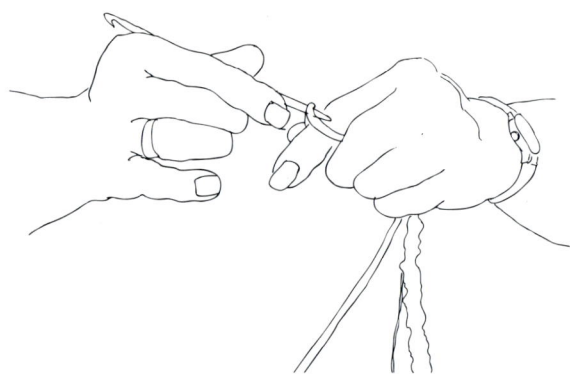

手法一

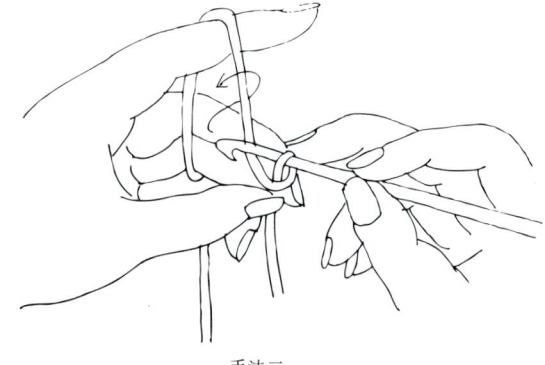

手法二

图六　俄罗斯族挑花针织桌布针织手法分析图

图七　俄罗斯族挑花针织桌布使用情境图

俄罗斯族针织壁挂

图一　俄罗斯族针织壁挂主图

针织壁挂是俄罗斯族家庭常用的室内装饰之一,主要用于美化居室。本案例采集于内蒙古额尔古纳市恩和村,属近代物品,长70厘米,高50厘米。

本案例壁挂为长方形,上部有两个用于悬挂的绳扣,中间为色织图案的主要部分,为一幅风景画,下部为鱼鳞状的装饰花边,视觉中心集中在画面的中心偏下位置及风景画部分,地平线约在黄金分割线位置,整个画面构图饱满,内容丰富。所用材料主要为毛线。画面的整个色调为冷色,多为蓝和绿,中间穿插有少量中性颜色,色调变化柔和,色彩丰富,意境优美。风景画主要有房屋、树木、道路、草地、蓝天等,一派田园风光,充分反映出了俄罗斯族人对美好生活的向往。所使用的工具主要是钩针,钩针由弯钩、针轴、捏手和针杆组成,钩针长12厘米,最宽处1.7厘米。使用时,首先要观察针尖是否光洁细滑,弯钩部分不能太尖,以免使钩起的毛线分叉。此外,钩针的弯钩深浅也要适宜,太深则会使钩出的毛线不易脱钩,太浅了毛线就不易被钩住。弯钩的深度要根据钩针的大小而定,弯钩与针轴之间的夹角一般为60度。钩针的型号有多种,可根据使用毛线的粗细、纹样造型选用不同尺寸的钩针。钩织图案时，通常左手持线，右手拿钩针，双手协调，通过钩针和线的相互交叉，织出各种图案。常用的针法有辫子针、短针、中长针、长针等。在钩织过程中可以根据实际需要，做成台布、坐垫等物品，图案可以自己设计。

针织品在俄罗斯族人的生活中起到了重要作用，直至今天，各种针织品，如坐垫、围巾、桌布等在俄罗斯族人的生活中仍被广泛使用。

图片来源
图一、图八　郭立忠　摄影
图二至图四、图六至图七　郭立忠　制图
图五　郭立忠　摄影、制图

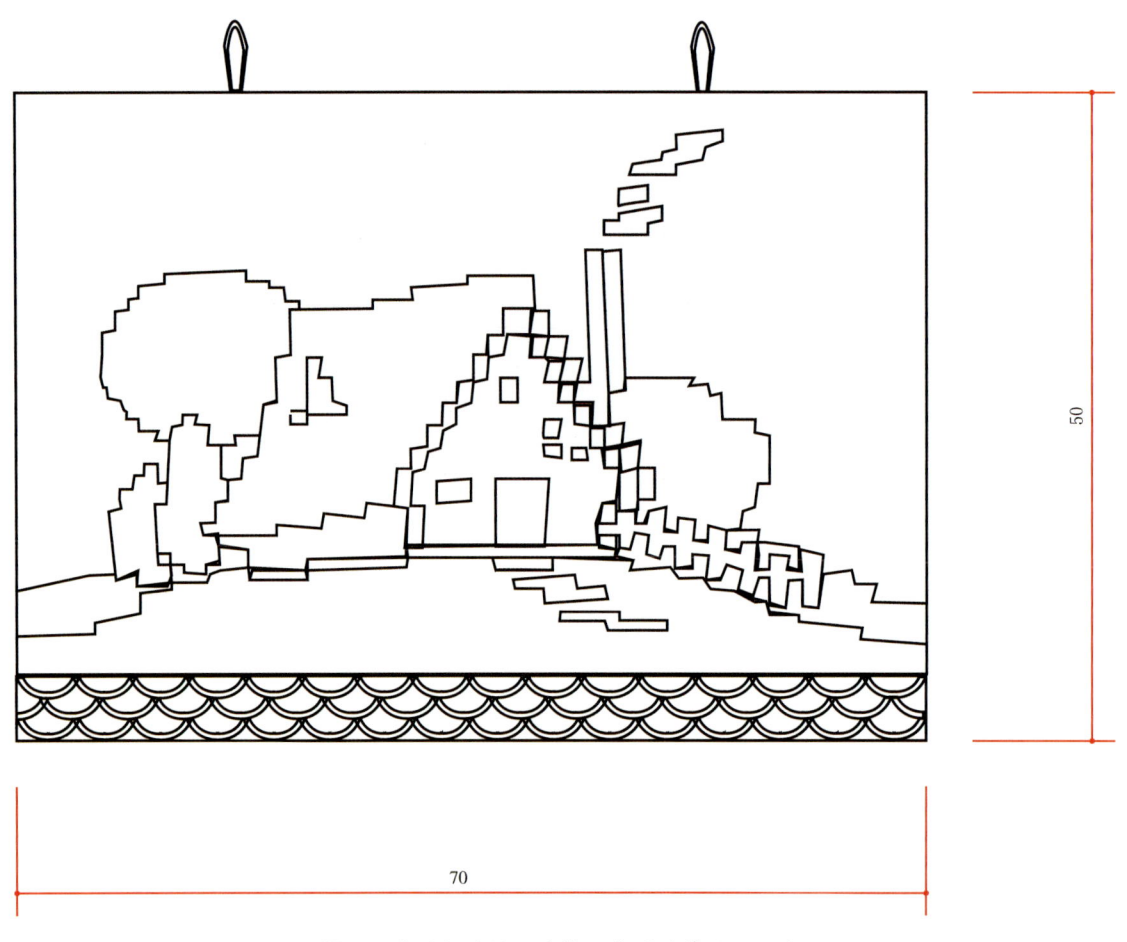

图二　俄罗斯族针织壁挂尺寸图（单位：cm）

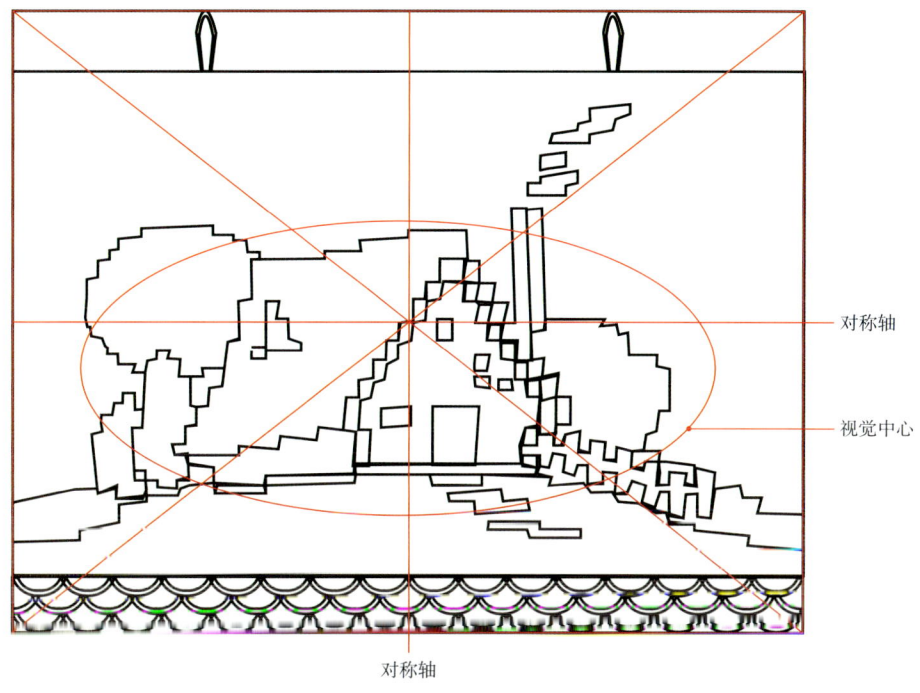

图三 俄罗斯族针织壁挂视觉分析图

图四 俄罗斯族针织壁挂色彩分析图

第六章 俄罗斯族传统手工艺

291

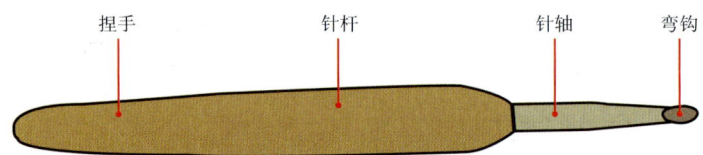

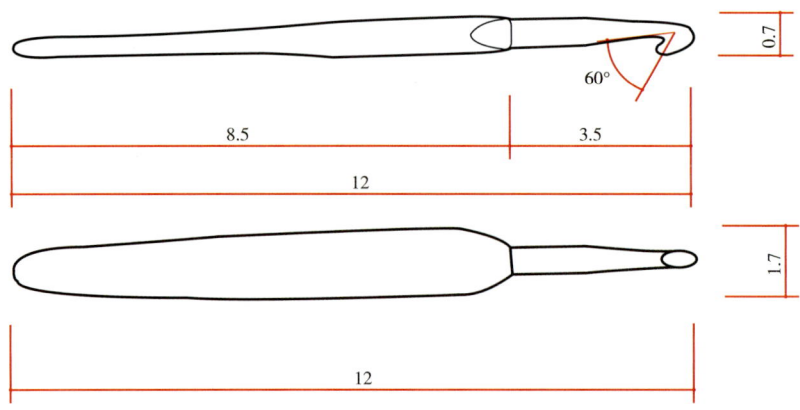

图五　俄罗斯族针织壁挂钩针结构名称、尺寸图（单位：cm）

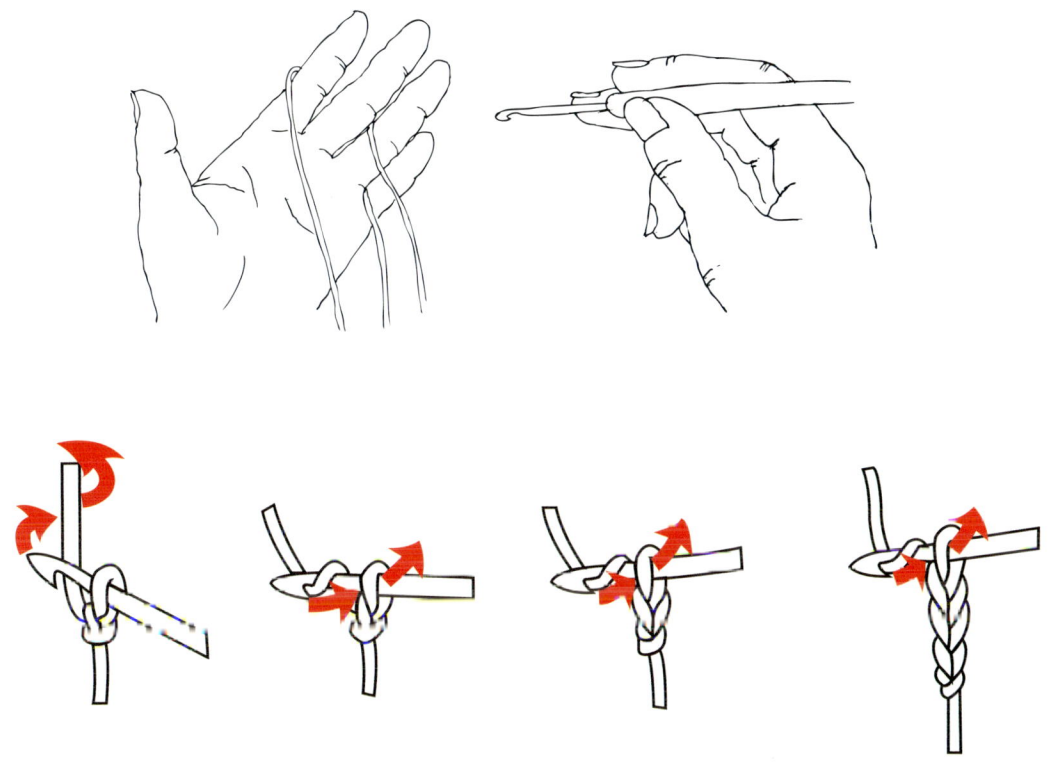

图六　俄罗斯族针织壁挂针织手法分析图

图七　俄罗斯族针织壁挂纹样效果示意图

第六章　俄罗斯族传统手工艺

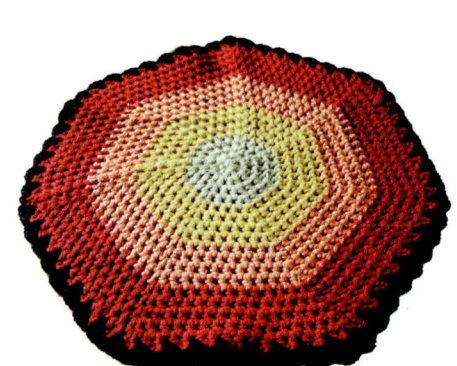

图八　俄罗斯族针织壁挂纹样比较分析图

俄罗斯族桦树皮果盘

图一　俄罗斯族桦树皮果盘主图

　　桦树皮果盘是俄罗斯族人用桦树皮制作的众多器具当中的一种，主要用来盛水果、杂物。整体造型上大下小，呈斗状。本案例采集于内蒙古额尔古纳市恩和俄罗斯民俗博物馆，长33厘米，宽27厘米，高3厘米，盘底长21厘米。

　　本案例侧视成倒梯形，左右对称，盘底长方形，边框为四个梯形，用牛皮绳拴系而成。盘底图案纹样为两匹马拉雪橇，上部云纹装饰，四周用四块倒梯形的勾连云纹做装饰，纹样左右对称。桦树皮果盘颜色呈黄色，也是桦木的固有颜色，纹饰的凹陷部分为褐色。桦树皮果盘的制作步骤主要有：一、把桦树皮剥离树干，收集加工，使其厚薄均匀。二、绘制图案，机器压制成型。三、根据所要制作的具体尺寸，用刀具裁切。四、打孔，将裁切好的桦树皮四周，打成约3厘米间距、直径约2厘米的圆孔。五、将牛皮加工裁切成宽约2厘米的长条，制作成牛皮绳；用牛皮绳穿连各个部件，把线头埋入其中，使其成为一个整体。六、上漆，调整完成。

　　在过去落后的经济条件下，桦树皮果盘在一定程度上满足了俄罗斯族人摆放和存储物品的需要，直至今天，桦树皮果盘仍然在俄罗斯族人的生活中被广泛使用。

图片来源
图一、图六、图八　郭立忠　摄影
图二至图五、图七　郭立忠　制图

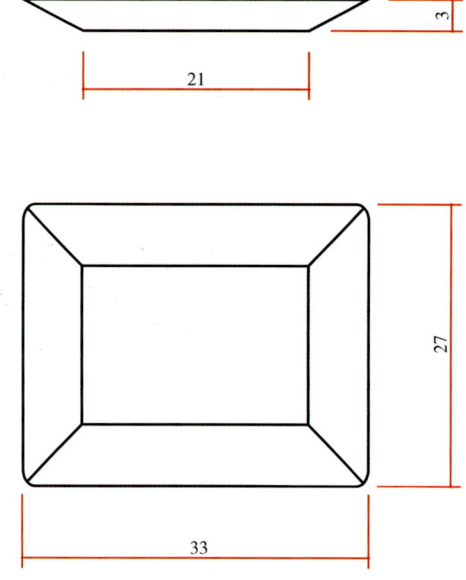

图二　俄罗斯族桦树皮果盘尺寸图（单位：cm）

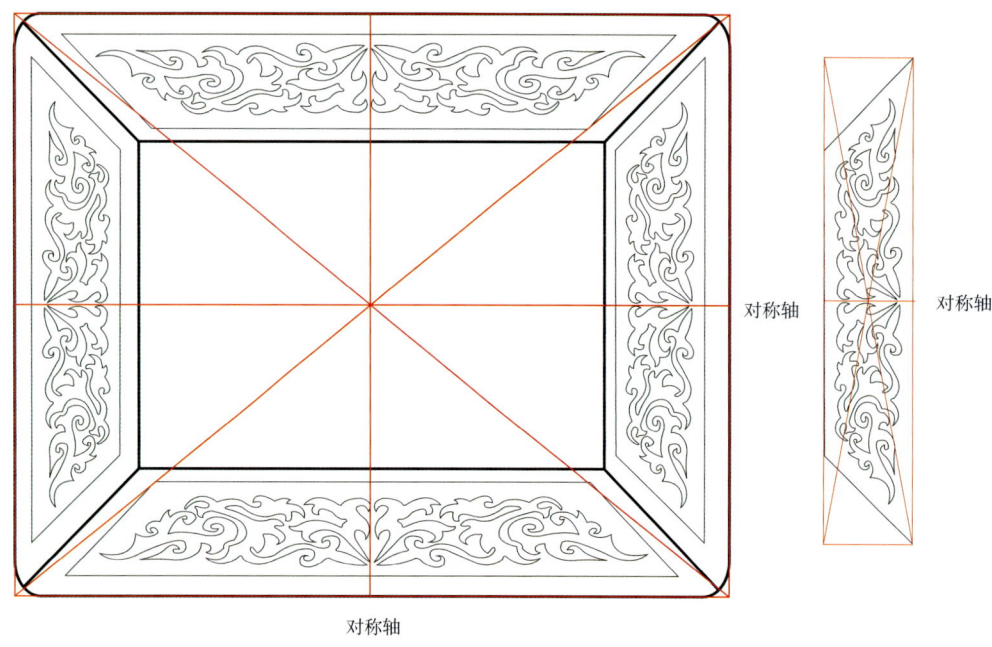

图三　俄罗斯族桦树皮果盘视觉分析图

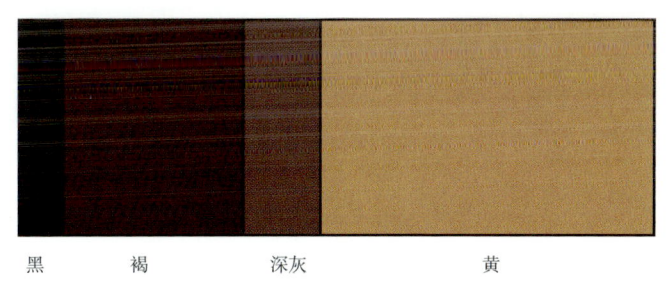

| 黑 | 褐 | 深灰 | 黄 |

图四　俄罗斯族桦树皮果盘色彩分析图

1. 将桦树皮加工处理

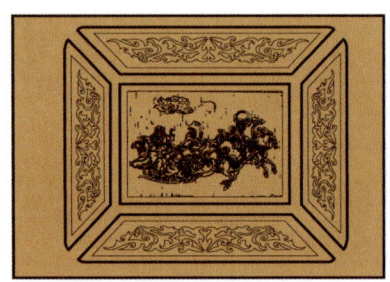

2. 绘制图案，压制成型

3. 根据所需尺寸裁切

4. 打孔

5. 用牛皮绳拴系，使其成为一个整体

6. 上漆，调整，制作完成

图五　俄罗斯族桦树皮果盘制作流程图

 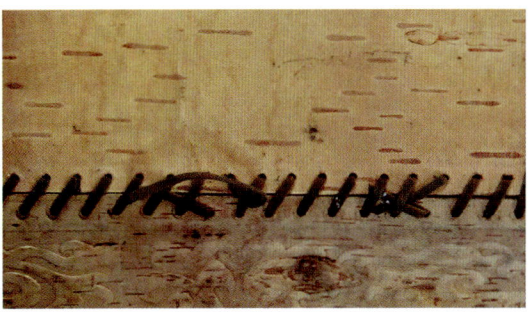

图六 俄罗斯族桦树皮果盘牛皮绳拴系工艺分析图

对称式勾连云

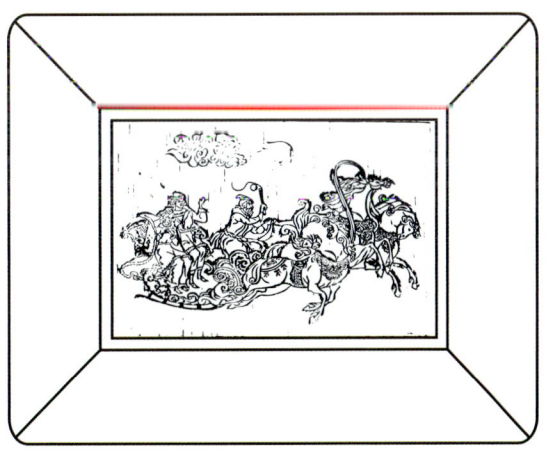

场景

图七 俄罗斯族桦树皮果盘纹样效果示意图

第六章 俄罗斯族传统手工艺

299

图八　俄罗斯族桦树皮果盘使用情境图

俄罗斯族木雕镶板

图一　俄罗斯族木雕镶板主图

木雕镶板是俄罗斯族家庭中常用的雕刻装饰，主要用来美化居室。本案例采集于内蒙古额尔古纳市恩和俄罗斯族民俗博物馆，属近代物品，长55厘米，高43厘米。

木雕镶板选材为白桦木。桦木纹理清晰，质地软硬适中，便于雕刻加工。木雕镶板主要由三块横板、三块竖板和四根柱子组成，三块横板表面平整，只是在造型上略有变化。变化最为丰富的还是三块竖着的镶板，内部纹饰细腻，密不透风。这与四根柱子和三块横板形成强烈的对比，充满张力。四根柱子由不同造型的圆柱体组成，带有浓郁的俄罗斯特色。在雕刻工艺上，通常是先设计纹样，将纹样贴在所要雕刻的木板上，然后根据需要，用凿子进行雕刻。雕刻通常分为阴刻和阳刻，阴刻就是将所要的线条雕去，把不要的空白部分保留下来；阳刻则是将所要的线条保留下来，挖去不要的部分。木案例所采用的是阳刻工艺。木雕镶板的整体造型是沿中线对称，其中三块镶板也是对称的，三块镶板内的纹样为藤蔓与树叶，线条流畅，两端的镶板上部中间位置为圆形的花卉。木雕镶板整体色彩呈淡褐色至红褐色，色彩柔和。俄罗斯族木雕镶板形态变化丰富，可以根据需要做成不同造型、不同风格的装饰品，和木刻楞建筑很好地融为一体。直至今天，木雕镶板仍作为装饰物被俄罗斯族家庭所使用。

图片来源
图一、图九　郭立忠　摄影
图二至图四、图六、图八　郭立忠　制图
图五、图七　郭立忠　摄影、制图

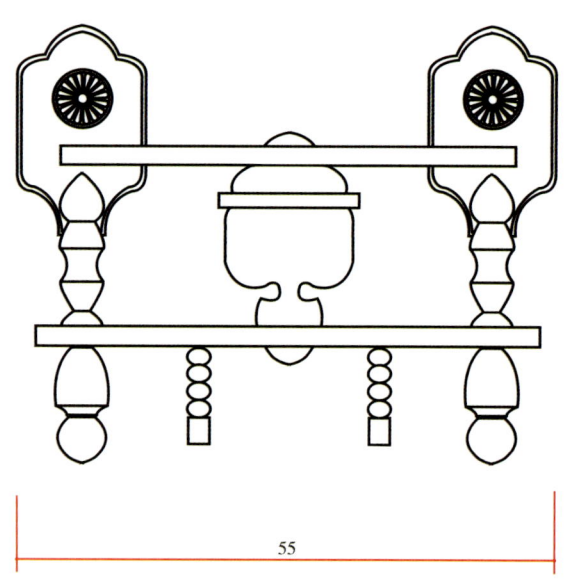
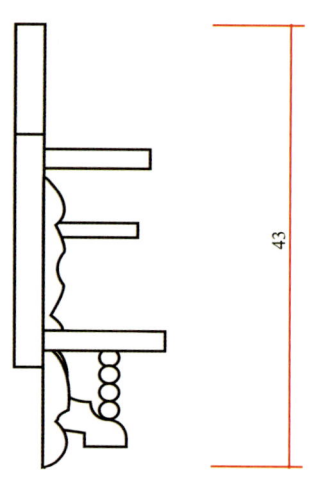

图二　俄罗斯族木雕镶板尺寸图（单位：cm）

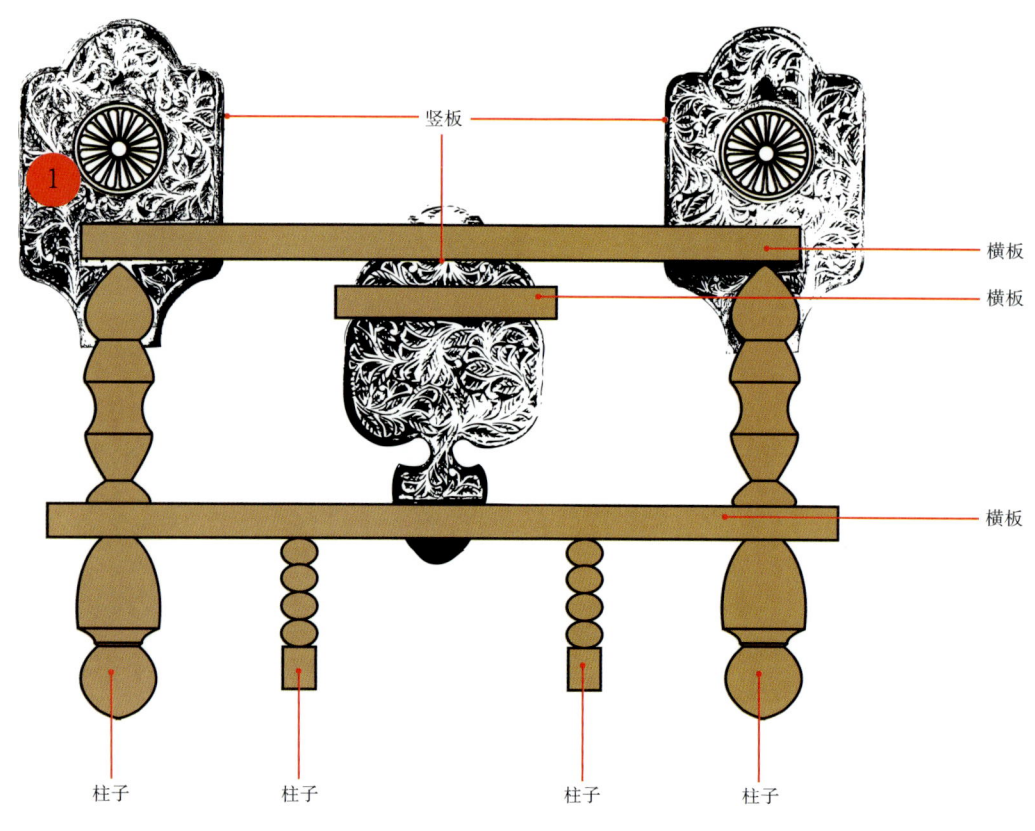

图三　俄罗斯族木雕镶板结构名称图

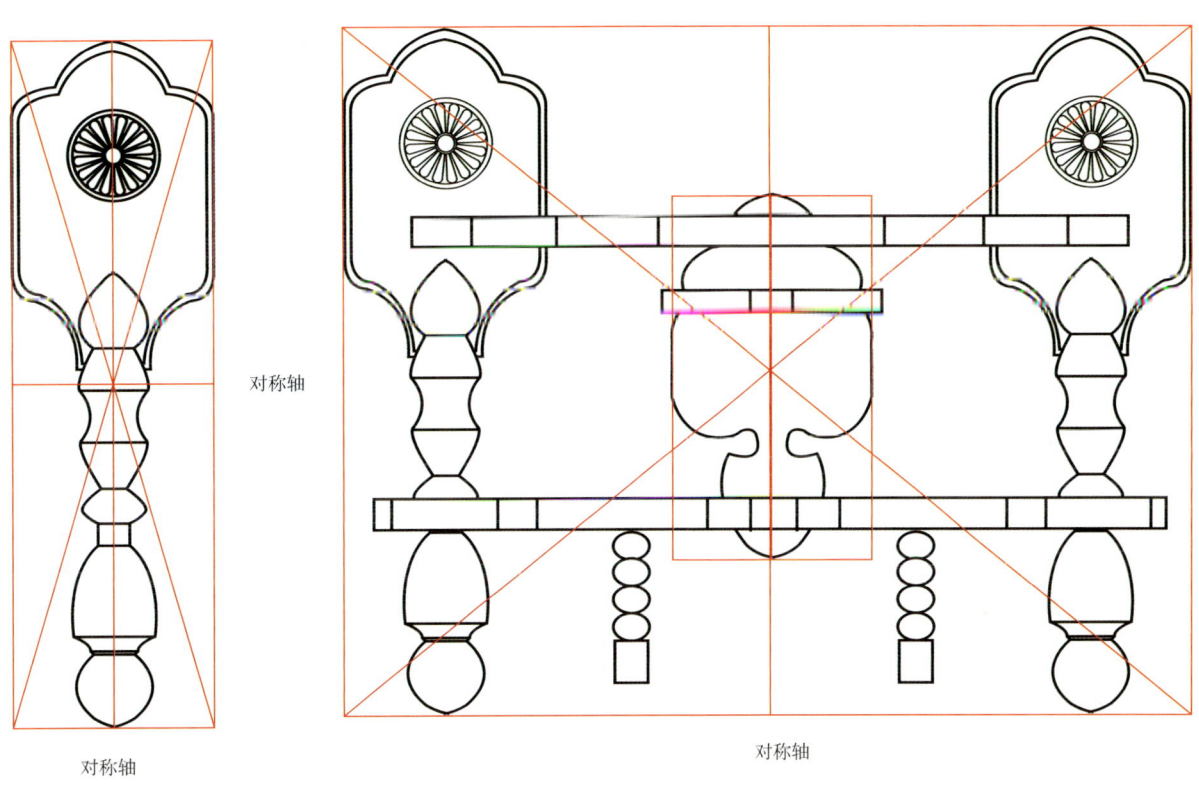

图四 俄罗斯族木雕镶板视觉分析图

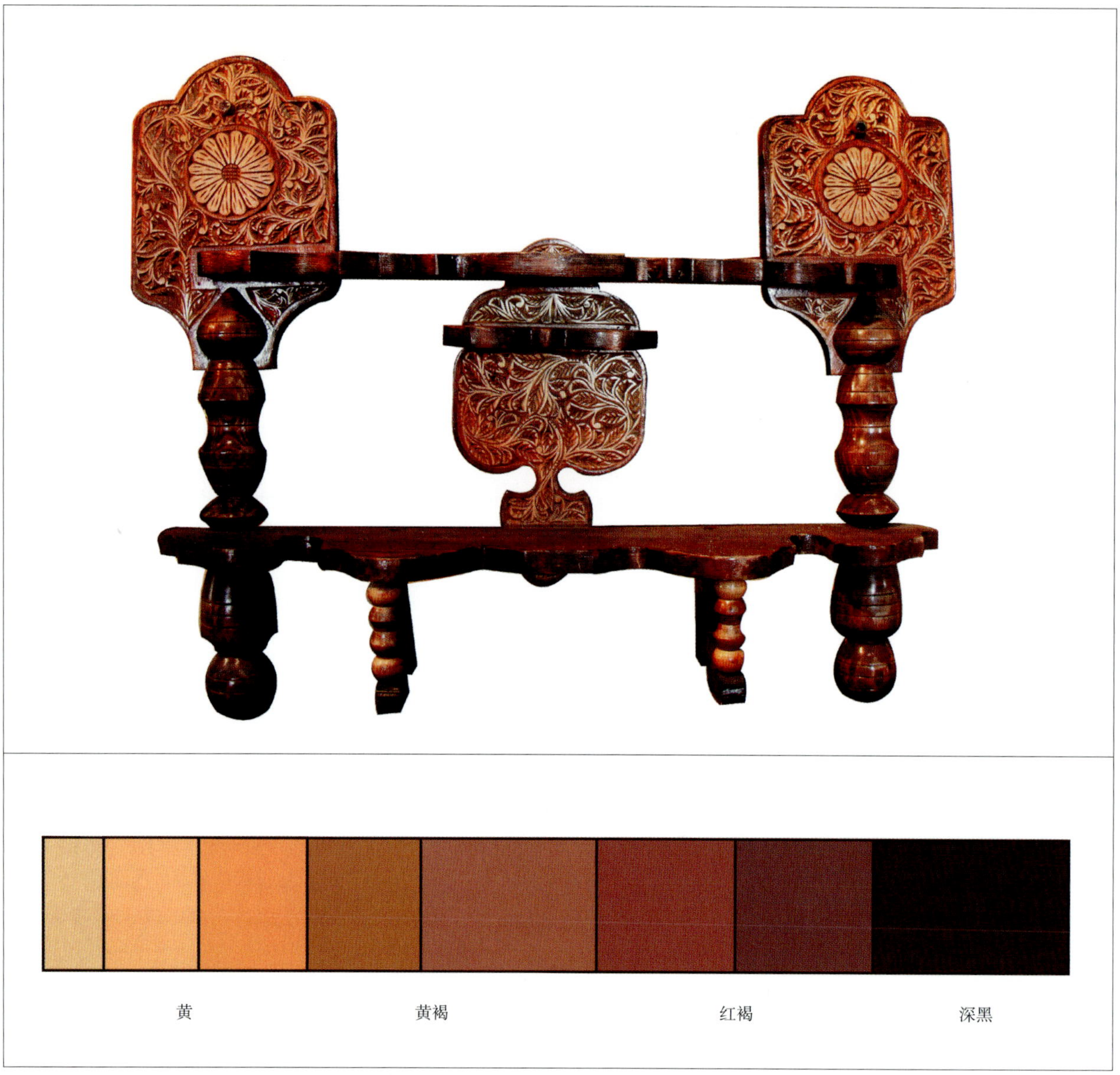

| 黄 | | | 黄褐 | | 红褐 | | 深黑 |

图五　俄罗斯族木雕镶板色彩分析图

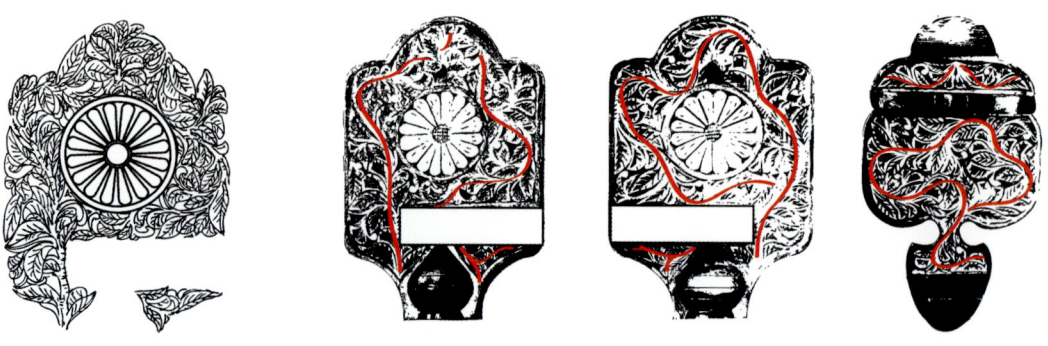

图六　俄罗斯族木雕镶板纹样对比分析图

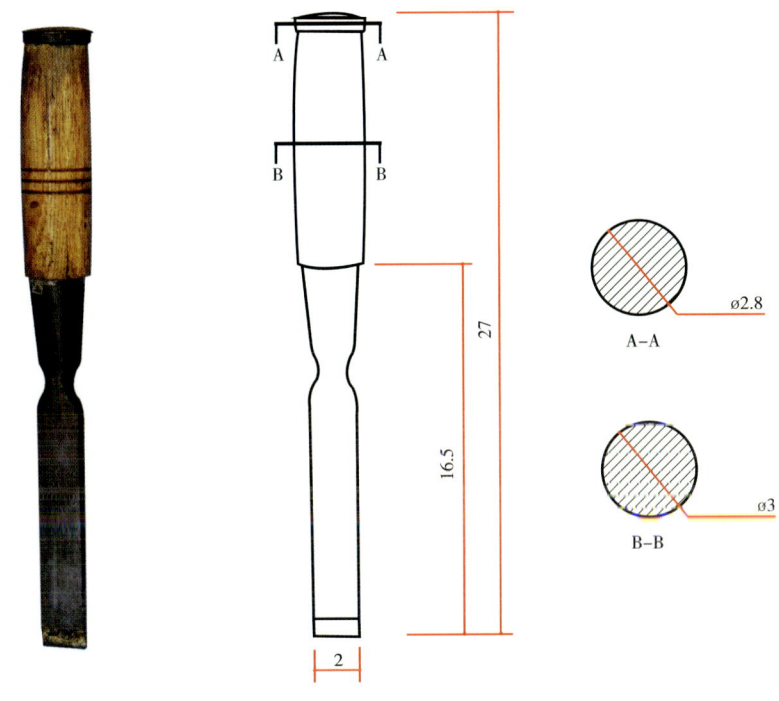

图七 俄罗斯族木雕镶板凿子尺寸图（单位：cm）

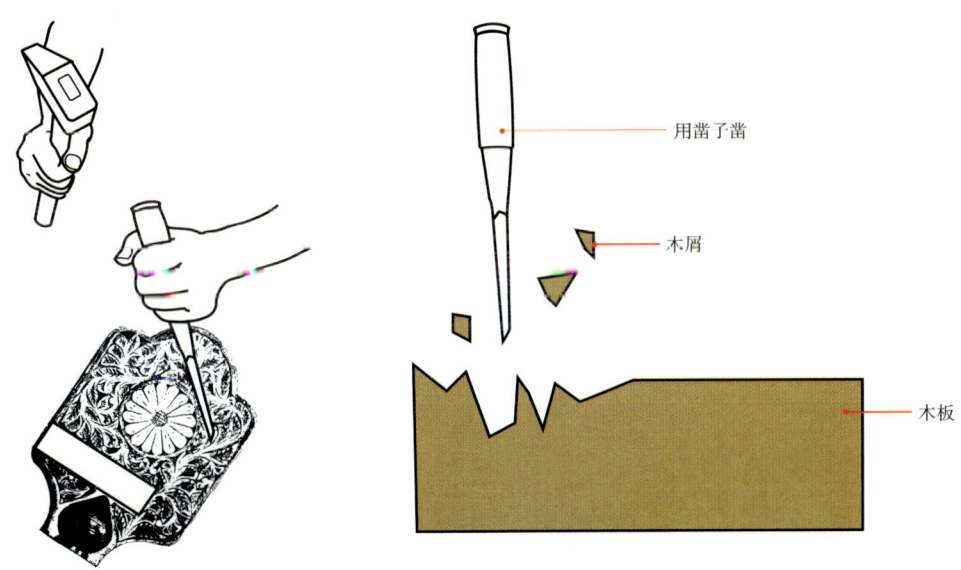

图八 俄罗斯族木雕镶板工艺分析图

图九　俄罗斯族木雕镶板使用情境图

第七章
俄罗斯族传统民俗和宗教造像

俄罗斯族巴斯克节

图一 俄罗斯族巴斯克节主图

作为俄罗斯族最隆重的巴斯克节，又称耶稣复活节，带有浓郁的宗教色彩，在每年春分月圆后第一个星期天（4月4日~5月10日）举行。本案例采集于内蒙古额尔古纳市恩和村，整个节日活动可以分为三个阶段：节前、节中、节后。

俄罗斯族信仰东正教，按照东正教的习惯，在巴斯克节前七周为大斋，就要开始吃素忌荤，信徒是绝对不可以吃鸡蛋和肉类的。每天一顿饱餐，两餐半饱，用这种特殊的方式来纪念耶稣升天。在大斋期间人们就为巴斯克节开始做准备了，美化居室，制作不同口味的面点和甜点。尤其是被称为巴斯克节蛋糕的古力其，做工考究，味道香甜。除了进贡神灵，也是招待贵客的佳品。做法和列巴相似，但更为复杂。复活节的前一天，俄罗斯族人就开始制作彩蛋了，将新鲜的鸡蛋放入锅内煮熟，放入盛不同矿物颜料的碗内，使整个鸡蛋均匀地染上颜色后取出，放置晾干即可。每个俄罗斯族家庭都在房间的东南角设置有神龛，在俄罗斯族最重要的节日里，神龛布置是必不可少的。神龛中间放置耶稣、圣母像，两边放置的物品不同，一般为面包、古力其和彩蛋，有时放置一束柳树枝条（俄罗斯族人称之为"毛毛狗"）。彩蛋要放置一年，第二年巴斯克节才撤下，通常中间放置一支为东正教堂特制的土黄色蜡烛。有的神龛用帷幔装饰,也有在整个神龛四周用塑料花做装饰的,造型上有一层的、二层的和三层的。晚上,男女老少都要穿上新衣服,就像汉族过春节一样,守护在神龛旁,点燃蜡烛。当指针指到12点时,人们相互庆祝耶稣复活,小孩要给长辈请安祝福,长辈要给小孩礼物。第二天,人们要到亲戚、长辈家里去问候祝福,像汉族春节的拜年一样。在这七天里,亲朋好友相互宴请,款待客人,开怀畅饮,载歌载舞。

在巴斯克节期间,人们还会荡秋千,热闹非凡。巴斯克节后的第二个星期二,有的一家或者几家一起,各自带上美酒、彩蛋等物品,去祭祀亲人,祝福亡灵升天。

作为俄罗斯族典型的节日,巴斯克节经

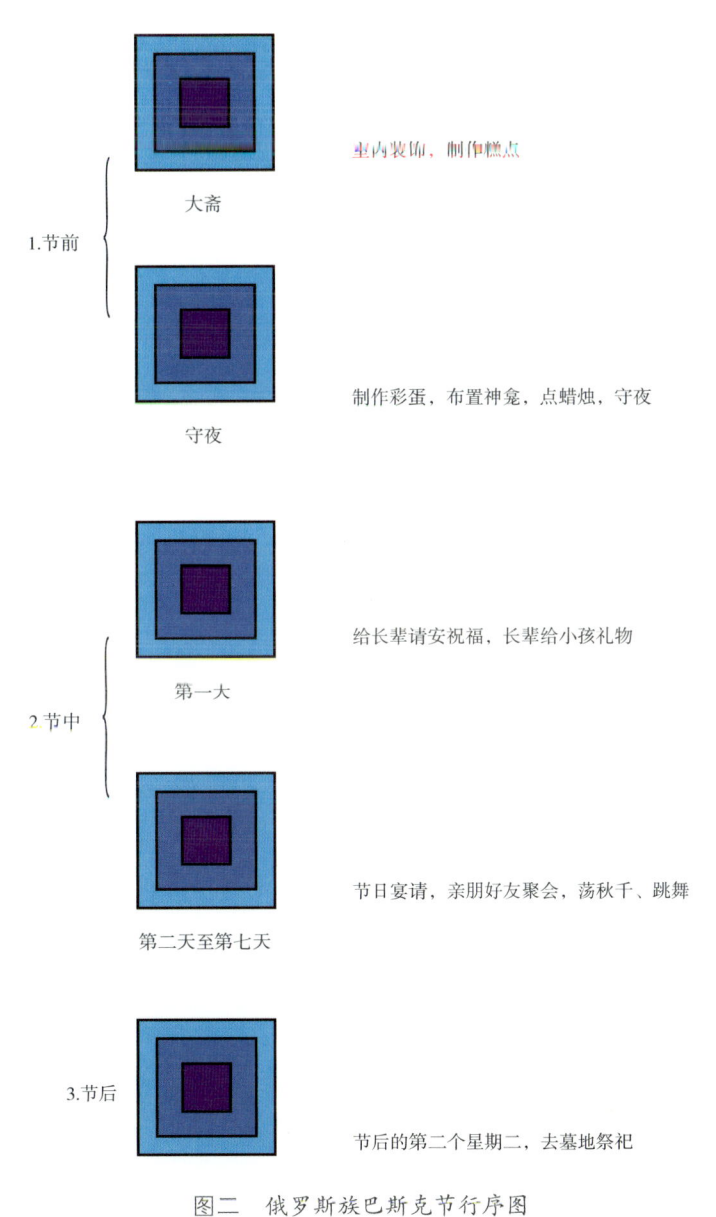

图二　俄罗斯族巴斯克节行序图

历了漫长的发展历程，由于受诸多历史原因的影响，巴斯克节的习俗已经有了较大的变化，但是其节日的本质未变，受重视程度不减。

图片来源
图一、图六　王泽　摄影
图二至图三　郭立忠　制图
图四至图五、图七至图八　郭立忠　摄影

1. 将列巴花引子泡开做面酵子，发酵后加面粉、食盐和牛奶

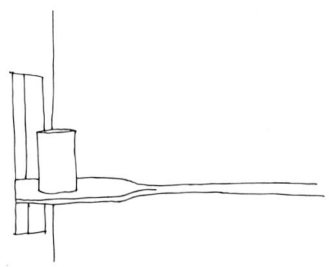

2. 将发酵好的面揉成大小一致的球形，装入制作古力其的柱状容器中，面团不易过大

3. 将烤炉装满桦树柴火，点火加热烤室

4. 用扒灰钩扒出炭灰，清空烤室

5. 用木铲锹将装有面团的柱状容器送入烤室，关上炉门

6. 50分钟左右，古力其就烤好了，从柱状容器中取出

7. 搅拌蛋清，直至泡沫状，将其涂抹在古力其上，并写上X、B两个字母，可以写在顶上，也可以写在侧面

图三　俄罗斯族巴斯克节古力其制作流程图

1. 选新鲜鸡蛋

5. 将熟鸡蛋放入颜料碗中

2. 将鸡蛋煮熟

6. 上色

3. 选矿物颜料

7. 将彩蛋取出晾干

4. 将矿物颜料加水调匀

8. 装盘完成

图四　俄罗斯族巴斯克节彩蛋制作流程图

图五　俄罗斯族巴斯克节神龛使用情境图

图六　俄罗斯族巴斯克节荡秋千欢庆场景图

图七 俄罗斯族巴斯克节聚会欢庆场景图

图八 俄罗斯族巴斯克节墓地祭祀图

俄罗斯族婚庆

图一　俄罗斯族婚庆主图

俄罗斯族婚姻制度非常注重血缘关系，禁止近亲结婚，主张氏族外通婚。俄罗斯族人一向重视婚庆礼俗。婚庆过程从开始到结束总共要经历六大仪式：说媒、相亲、订婚、出嫁、迎亲、婚宴。仪式规模虽不同，但都包含设宴、唱歌、跳舞和进行各种极富俄罗斯民族特色的娱乐活动。本案例采集于内蒙古额尔古纳市恩和村。

一、说媒仪式。媒人一般晚上去女方家去说媒，通常带上撒了盐的列巴等礼品。如果姑娘的父母答应这门亲事，媒人会绕桌子走三圈，然后对着神像画个十字。姑娘亲自切开列巴分给大家品尝。

二、相亲仪式。男女双方见面后，如果男青年对姑娘母亲递上来的糖水一饮而尽，并把杯子还回去，就表示相亲成功。

三、订婚仪式。男女双方都同意亲事后，男方要请几位德高望重的老人和女方父母熟悉的亲友，带上礼金和美酒到女方家去商定具体的结婚日期。姑娘的父母要举行祝福仪式，带着女儿对着各个方向行鞠躬礼七个，并向大家宣布，女儿已许配了人家，从此要改为未婚夫的姓。新郎会赠送给新娘一枚戒指。

四、出嫁仪式。在迎亲队伍到达之前，要举行一个简单的出嫁告别仪式。通常在地上铺放一件羊皮袄，新娘跪在皮袄上，父亲拿着列巴，母亲拿着圣母像，父亲一边画着十字，一边叮嘱一些话。

五、迎亲仪式。迎亲时，新郎身穿西服，手捧鲜花，与迎亲人员乘坐装饰一新的马车去迎接新娘。当到女方家门口时，女方家人会献上美酒，迎亲人员要喝掉美酒，然后要去叫门，并付给开门钱。开门进入后，新郎要找到新娘亲朋好友藏起来的鞋子，并为新娘穿上。然后迎亲主持人会带着新郎去拜见岳父岳母，并改口称爸爸妈妈，这时岳父岳母要付改口钱。这个仪式结束后，女方家人会坐满摆满美食的桌子，迎亲主持人会付买座钱，只有付了买座钱，女方的亲朋好友才会让座，迎亲人员就可以享用女方家人准备

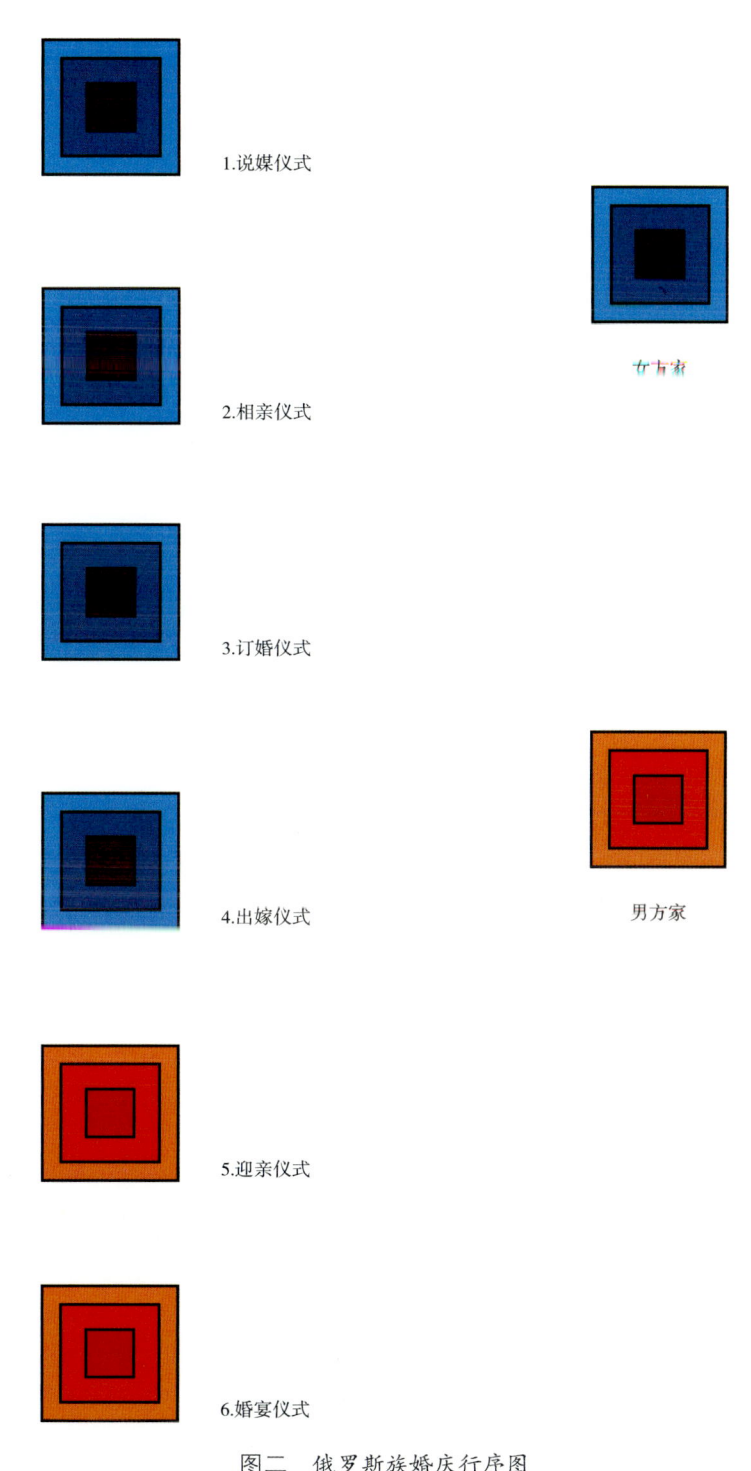

图二　俄罗斯族婚庆行序图

的丰盛美食了。享用完美食后,就可以接走新娘了。通常以上程序都要在中午12点之前完成。新郎接到新娘后通常会绕自己的村庄一周,接受大家的祝福。在新娘进家门之前,送亲的人员也要喝掉男方家准备的美酒。新郎抱着新娘进入家门后,新娘要付给送嫁妆的兄弟姐妹压箱钱,并为提供服务的人员送上红包。然后由迎亲主持人带领新郎新娘拜见父母,并改口称爸爸妈妈,新郎父母送上祝福的红包。

六、婚宴仪式。婚宴仪式一般会在家里或者较大的饭店举行,新郎新娘和亲朋好友一起步行去。在主持人的主持下,新郎新娘互换戒指,父母致辞。在喝酒的过程中会有歌手和乐师奏乐歌唱,新郎新娘会跳第一支舞,然后其他人也会相继进入舞池跳舞,逐渐将婚宴推向高潮。

俄罗斯族婚庆礼仪具有浓厚的宗教和宗法色彩,但在经济全球化和社会现代化进程中,传统的俄罗斯族婚庆礼仪正受

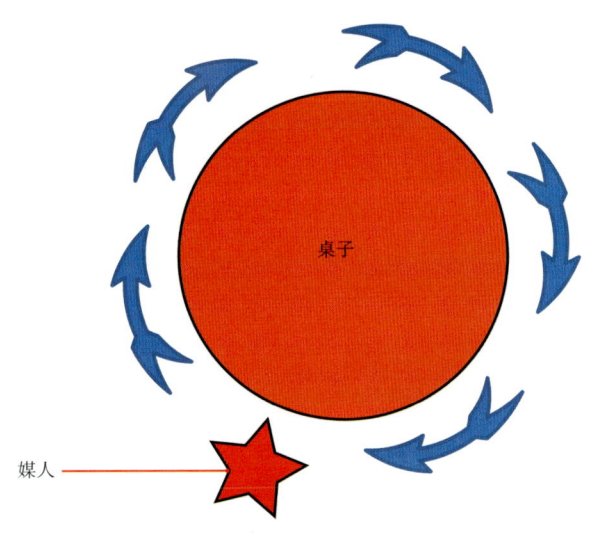

媒人围着桌子走三圈

分食列巴

图三　俄罗斯族婚庆说媒仪式

图四　俄罗斯族婚庆相亲仪式

到强劲的冲击,传统的婚庆习俗逐渐被简化,汉化的婚礼仪式逐渐被人们所接受和采用。

图片来源

图一、图五至图七　孙冬夫妇　提供

图二、图四　郭立忠　制图

图三　郭立忠　摄影、制图

1. 新郎穿戴整齐,手捧鲜花,乘坐装扮一新的马车去迎接新娘

四种礼品:
1. 带有排骨的猪肉一条
2. 粉条四捆
3. 罐头四瓶
4. 白酒四瓶

4. 新郎要找到女方亲朋藏起来的鞋子,并给新娘穿上

2. 迎亲人员要喝掉女方家人送上的美酒

5. 迎亲主持人带领新郎拜见新娘父母,并改口称爸爸妈妈,新娘父母给新郎改口钱

3. 迎亲主持人要支付开门钱

6. 迎亲主持人付买座钱后,迎亲人员享用女方家准备的丰盛食物

图五　俄罗斯族婚庆迎亲仪式1

第七章　俄罗斯族传统民俗和宗教造像

1. 新郎新娘的马车绕村子一周，接受大家的祝福

2. 送亲的人员要喝掉男方家人送上的美酒

3. 进门后新娘要象征性地给服务人员红包

4. 拜见新郎父母，并改口叫爸爸妈妈，新郎父母送上祝福的红包

图六　俄罗斯族婚庆迎亲仪式 2

图七　俄罗斯族婚庆婚宴仪式

俄罗斯族丧葬

图一　俄罗斯族丧葬主图

　　俄罗斯族丧葬不仅兼有汉族和俄罗斯族的文化特点，而且东正教文化也融入其中。本案例采集于内蒙古额尔古纳市恩和村。丧葬的整个过程可以分为六个仪式：一、沐浴更衣，停放遗体。二、守灵，制作棺木。三、入殓。四、出殡。五、下葬。六、修坟。俄罗斯族普遍实行土葬，随葬物品很少，整个过程庄重而肃穆。

　　一、沐浴更衣，停放遗体仪式。俄罗斯族人去世后，一般由东正教神职人员为其沐浴。在此仪式中，要用干净的温水、新毛巾为死者从头至脚擦洗一遍，然后为其更衣，梳理头发，现多为女性老者为其沐浴更衣。停放遗体时，遗体可放在床上或者用两条板凳支起来的木板上。在木板上铺白色床单，放白色枕头。遗体放置好后，要将死者的双手交叉，呈十字状，左手压在右手上，双脚并拢，然后上盖白布至胸部。

　　二、守灵，制作棺木仪式。人死之后才开始制作棺木，多选用松木，木板厚5～8厘米。棺木总高86厘米，长220厘米，宽108厘米。棺木尺寸是根据死者的身高来定制的，大小不固定。一般情况下，棺木的长宽比遗体多出约20厘米。在停放遗体的室内，要放置死者的遗像，遗体旁要放置点燃的蜡烛和一碗米饭，蜡烛不能熄灭。死者的亲属要穿黑色或素色的衣服，妇女要戴黑色头巾，姑娘要扎黑色头带。守灵时，在家里的神龛圣像前要放置一碗水和点燃的蜡烛。

　　三、入殓仪式。棺木底部用白色的被褥

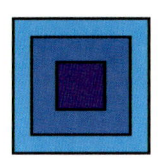
1. 沐浴、更衣，停放遗体
第一天

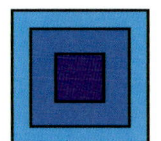
2. 制作棺木，守灵
第二、三天

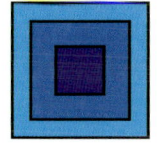
3. 入殓
第三天

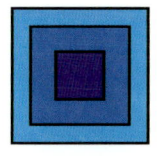
4. 出殡
第三天

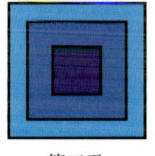
5. 下葬
第三天

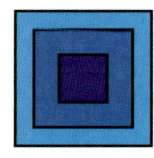
6. 修坟
第三天

图二　俄罗斯族丧葬行序图

铺垫，枕白色枕头，将遗体放入，自然平躺，死者的双手呈十字交叉状，双脚并拢，遗体上用有东正教十字团的白色布单至胸部覆盖。遗体入棺后不盖棺盖，将棺木移至室外，放置在两条板凳上，供亲人与遗体告别。

四、出殡仪式。一般在10点钟之前出殡，由六个男性壮年用三根长约3米的白布起灵（也有用黑布的）。棺盖和棺身一般分开来抬，也有将棺盖放在棺身上的，用白布捆绑固定，但不钉长钉。在送葬的路上，棺木不能落地。现在多用汽车或马车拉至墓地门口，再用人抬。

五、下葬仪式。送葬队伍来到墓地后，将棺木放在两条板凳上，亲人要进行遗体告别。告别仪式结束后，将白布从胸前上拉至头部，将棺盖盖上，并用四根长钉按照上、下、右、左的顺序将棺盖与棺身固定。墓穴呈东西方向，长方形，由六个人用六条白布将棺木放入墓穴内，脚部朝东，头部朝西。

六、修坟。当棺木放入墓穴后，用挖墓穴取出的土进行回填。将十字架立于坟墓的东侧，即死者的脚部。十字架的顶端放置有装裱好的耶稣像，第一根横梁下第二根横梁上放置死者的遗像。为了防止雨水冲走耶稣像和遗像，在十字架的顶端加上人字形顶。现在的俄罗斯族墓地多用顶部削尖的木板或铁栅栏将墓地围成一圈，围栏上有门，供人们祭祀时进入。

俄罗斯族丧葬礼仪充分反映了该民族的宗教、习俗、观念等，随着历史的发展，俄罗斯族的丧葬礼仪也在发生变化。

图片来源
图一　郭立忠　摄影
图二至图十三　郭立忠　制图

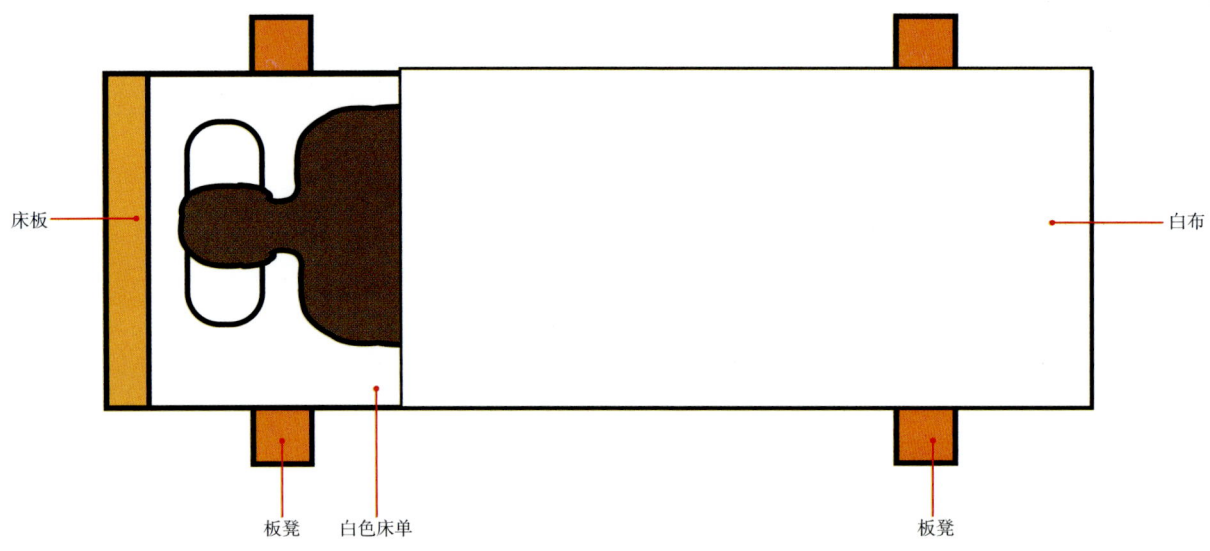

图三　俄罗斯族丧葬逝者摆放示意图

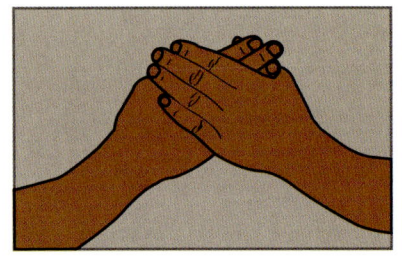
双手交叉，左手压在右手上

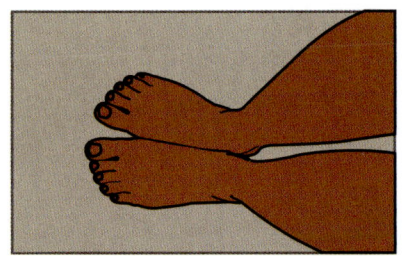
双脚并拢

图四　俄罗斯族丧葬逝者手脚摆放示意图

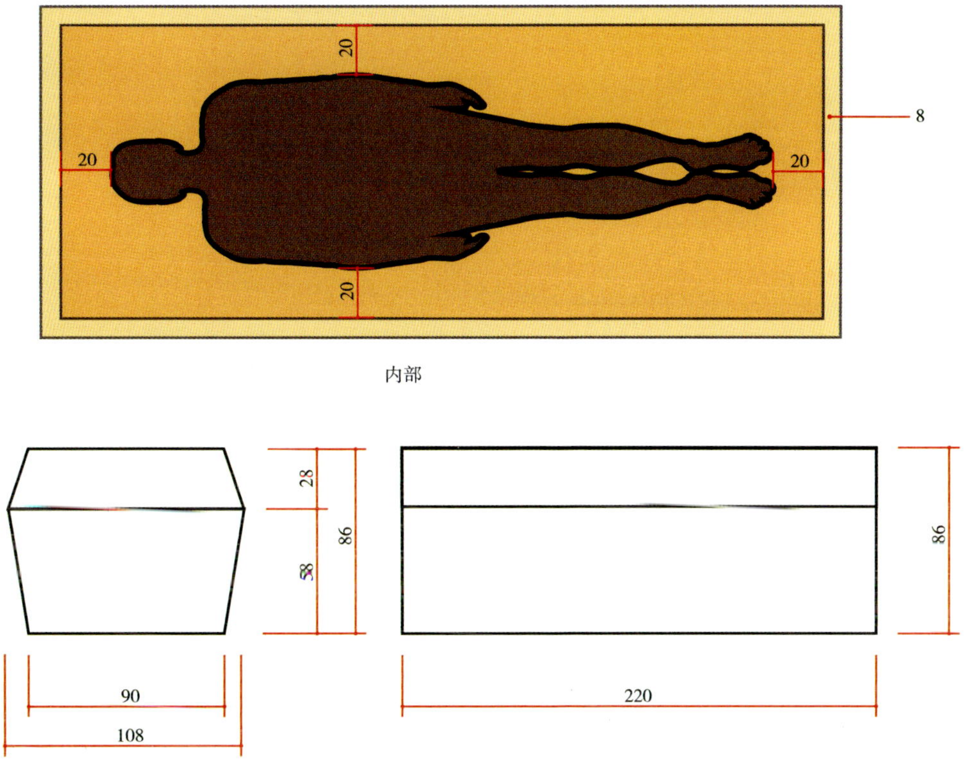

图五 俄罗斯族丧葬棺木尺寸图（单位：cm）

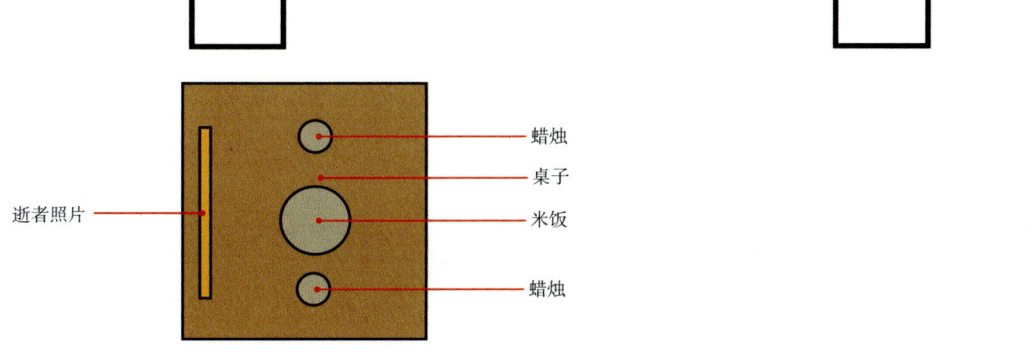

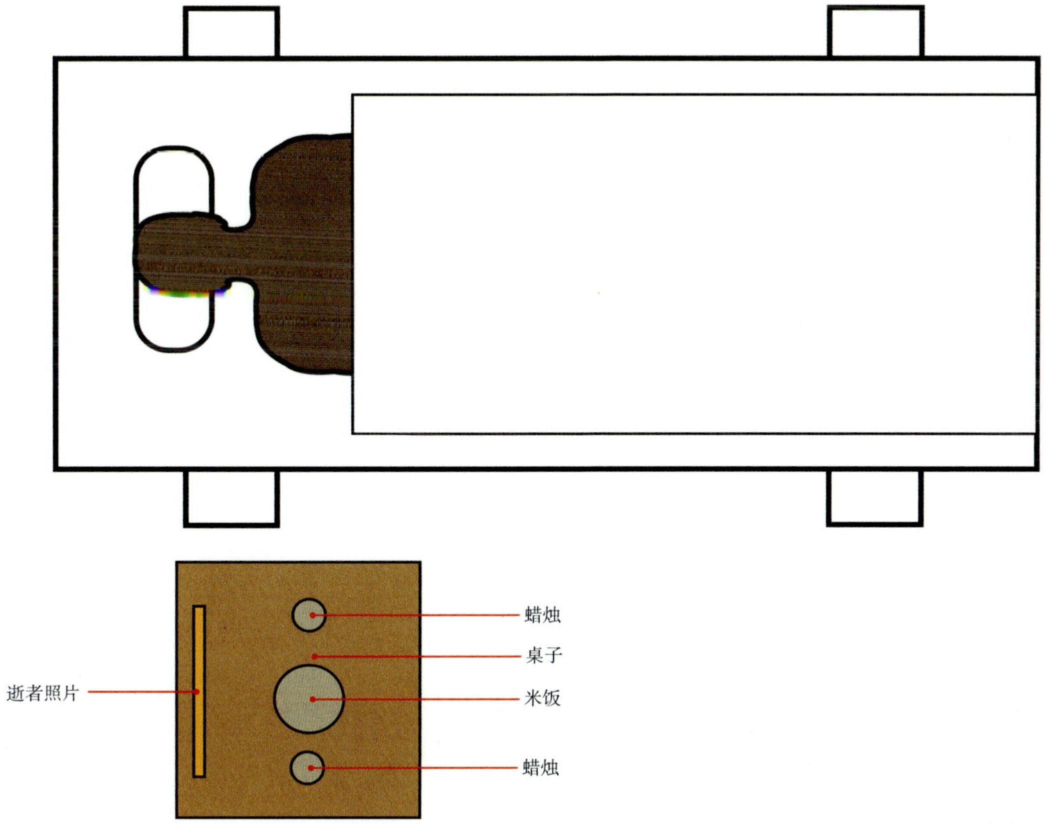

图六 俄罗斯族丧葬守灵、逝者摆放位置示意图

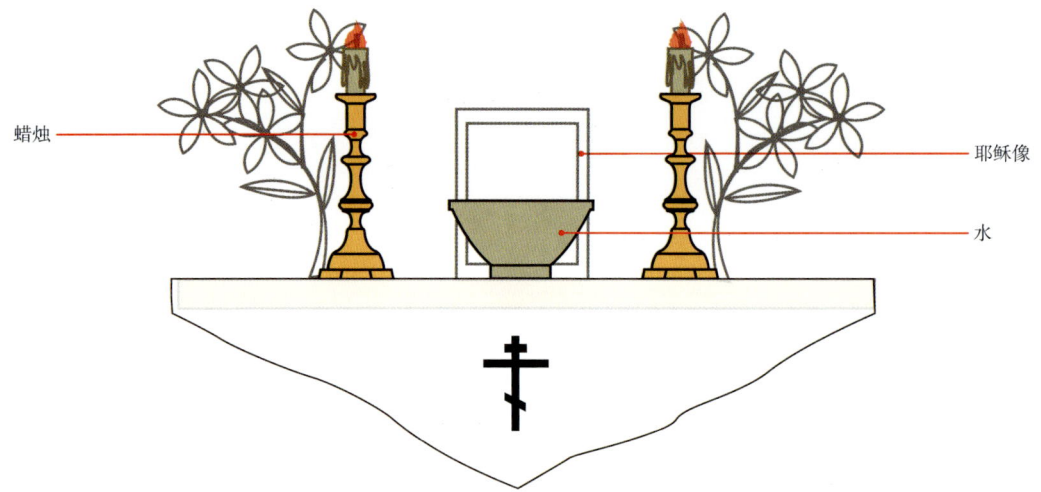

图七　俄罗斯族丧葬神龛布置示意图

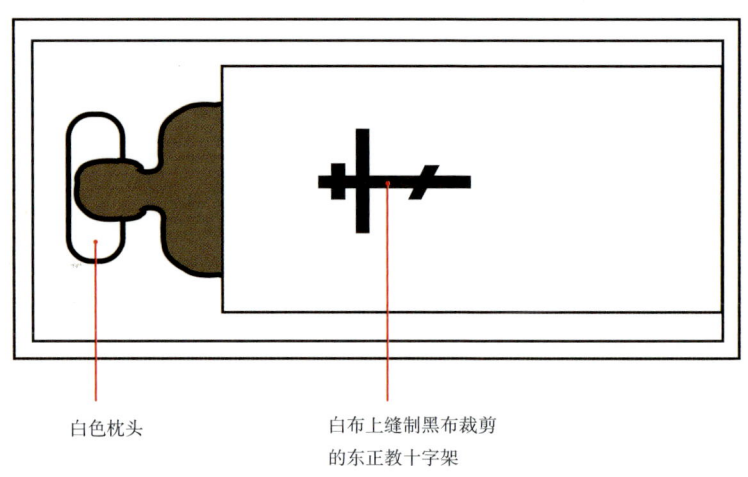

棺内布置

棺木摆放

图八　俄罗斯族丧葬入殓示意图

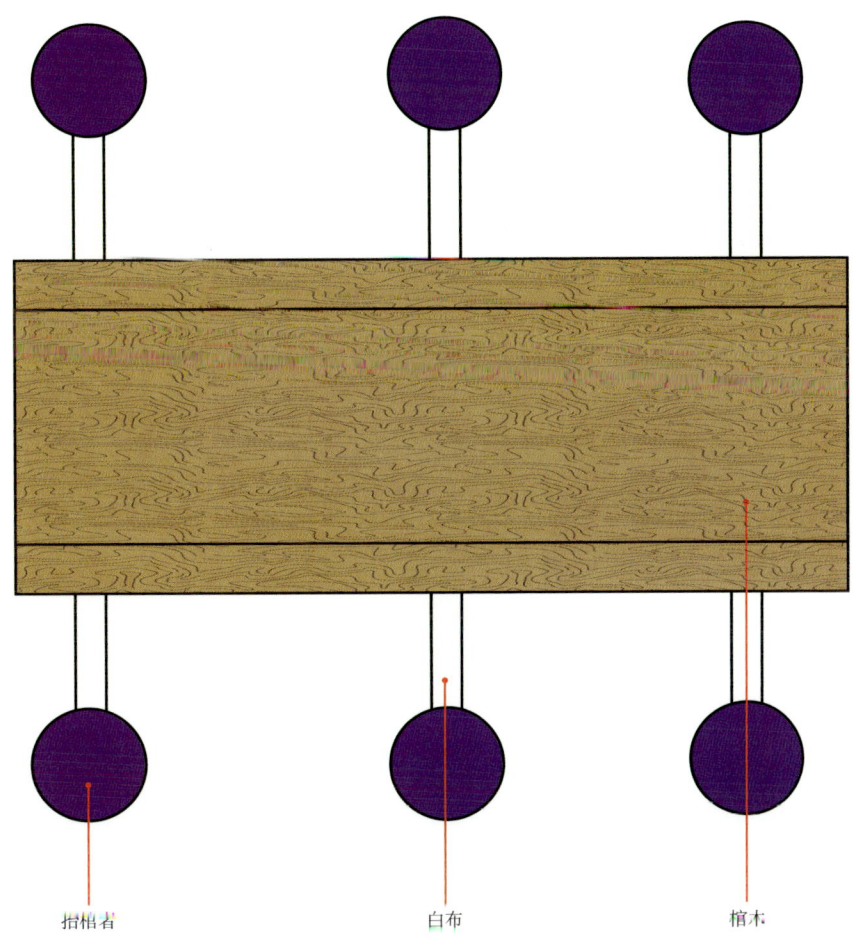

图九 俄罗斯族丧葬出殡棺木抬放示意图

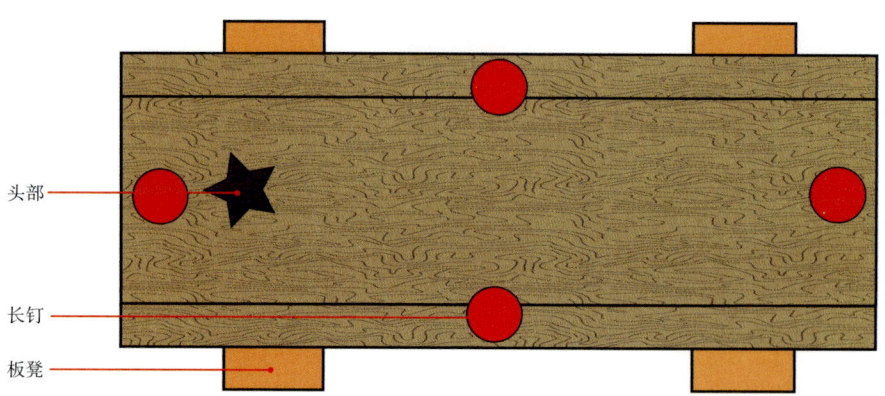

图十　俄罗斯族丧葬下葬棺木长钉位置示意图

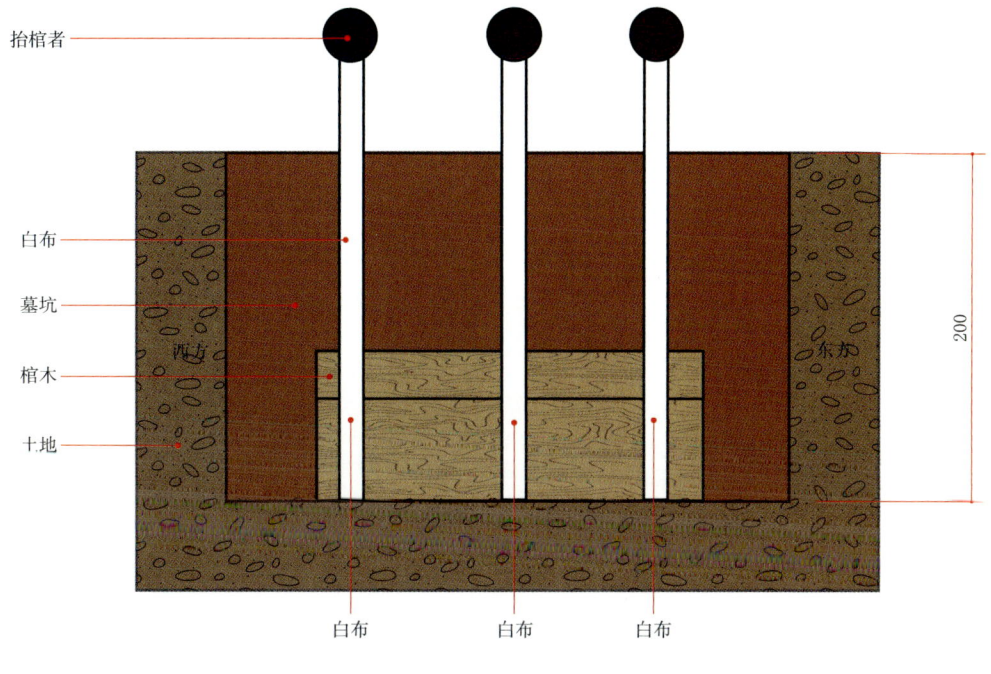

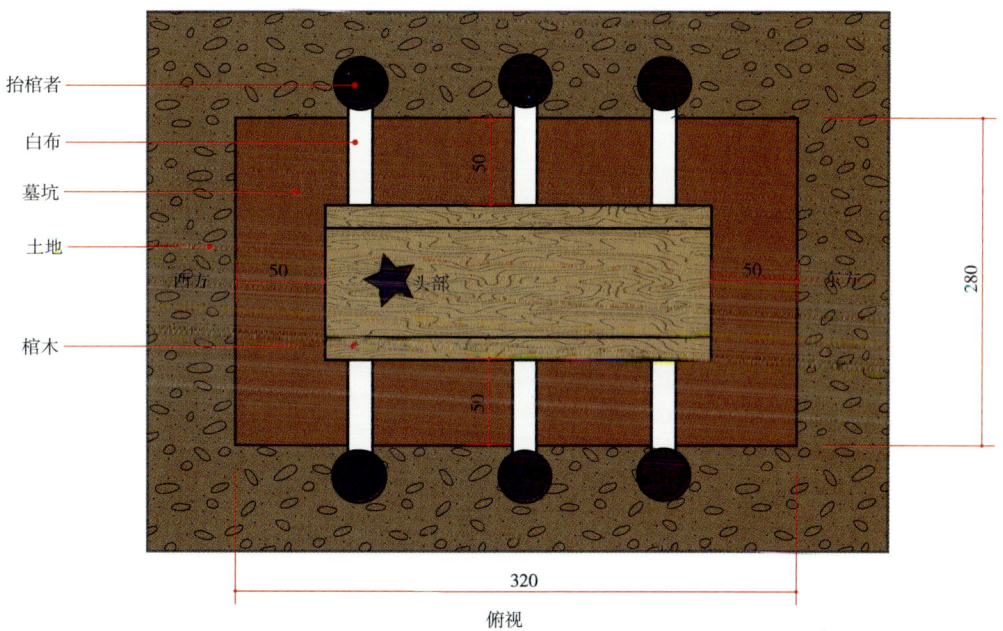

图十一　俄罗斯族丧葬下葬视角、墓地尺寸图（单位：cm）

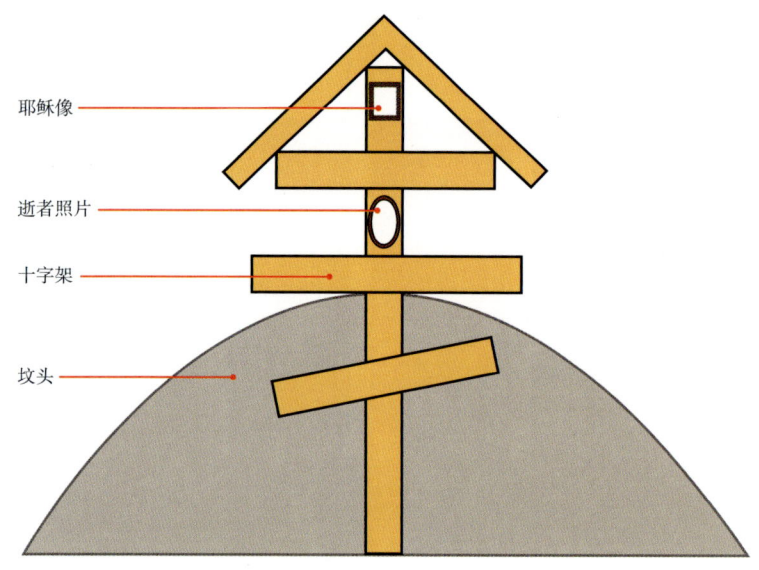

图十二　俄罗斯族丧葬修坟十字架结构名称图

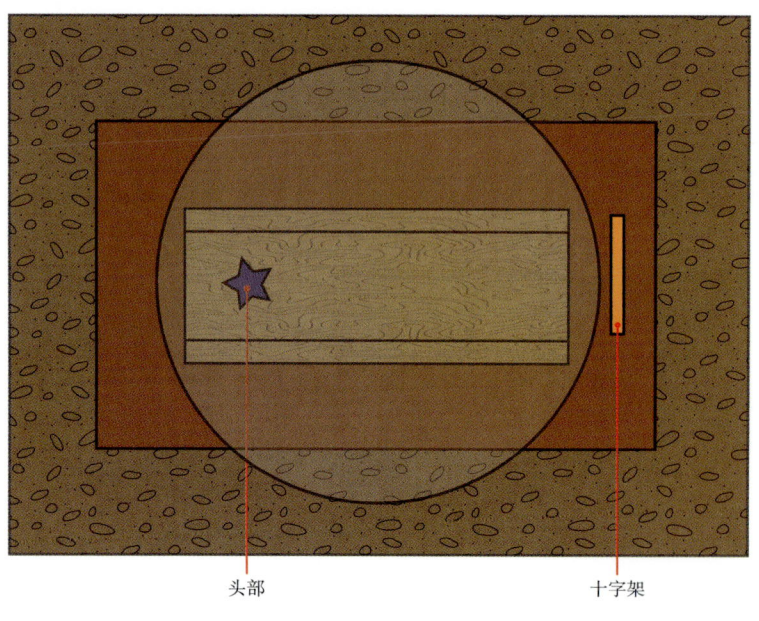

图十三　俄罗斯族丧葬修坟十字架位置示意图

俄罗斯族神龛

图一　俄罗斯族神龛主图

神龛是俄罗斯族家庭必备的祭祀用器之一，俗称"小三角"，主要供奉耶稣和圣母像。本案例采集于内蒙古额尔古纳市恩和民俗博物馆，宽80厘米，总高95厘米，深45厘米，整体呈三角形。

神龛主要由祭台、顶板、耶稣像、帷幔、干花、古力其等几部分组成。神龛的顶板和祭台为木板，边缘部分多做几何形纹饰。帷幔多为挑花针织品，白底，上绣红花绿叶，也常用假花成串作为装饰。底部白布帷幔上绣有图案，此图案为东正教特有图案，寓意为我们属于基督。除了放置古力其外，有时还放置彩蛋、水果、蜡烛等物品。耶稣和圣母像一般放置在中间位置，多为印刷品，有时一个相框内装多张照片。制作神龛通常有以下步骤：一、选择位置，确定高度，制作三角形的台板，固定刷漆。二、布置帷幔或者用干花穿成串做装饰。三、放置祭祀用品。下部用白帷幔遮挡，上绣东正教图案，有的布上绣 X、B 两个字母，寓意基督复活。神龛多设置在客厅的东南角或西南角，镶嵌在距离地面 180～200 厘米处，通常进门就能看见。虔诚的俄罗斯族东正教教徒都在家里开展宗教活动，每日三餐前后、就寝前和起床后都要面对圣像进行祷告、忏悔等活动。

神龛满足了俄罗斯族人宗教信仰的需求，至今还在普遍使用。

图片来源

图一、图八　郭立忠　摄影

图二至图七　刘毅　制图

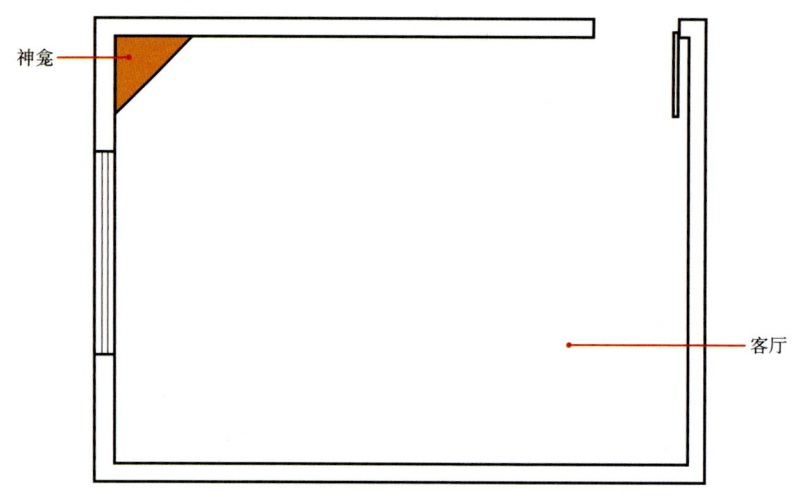

图二　俄罗斯族神龛位置示意图

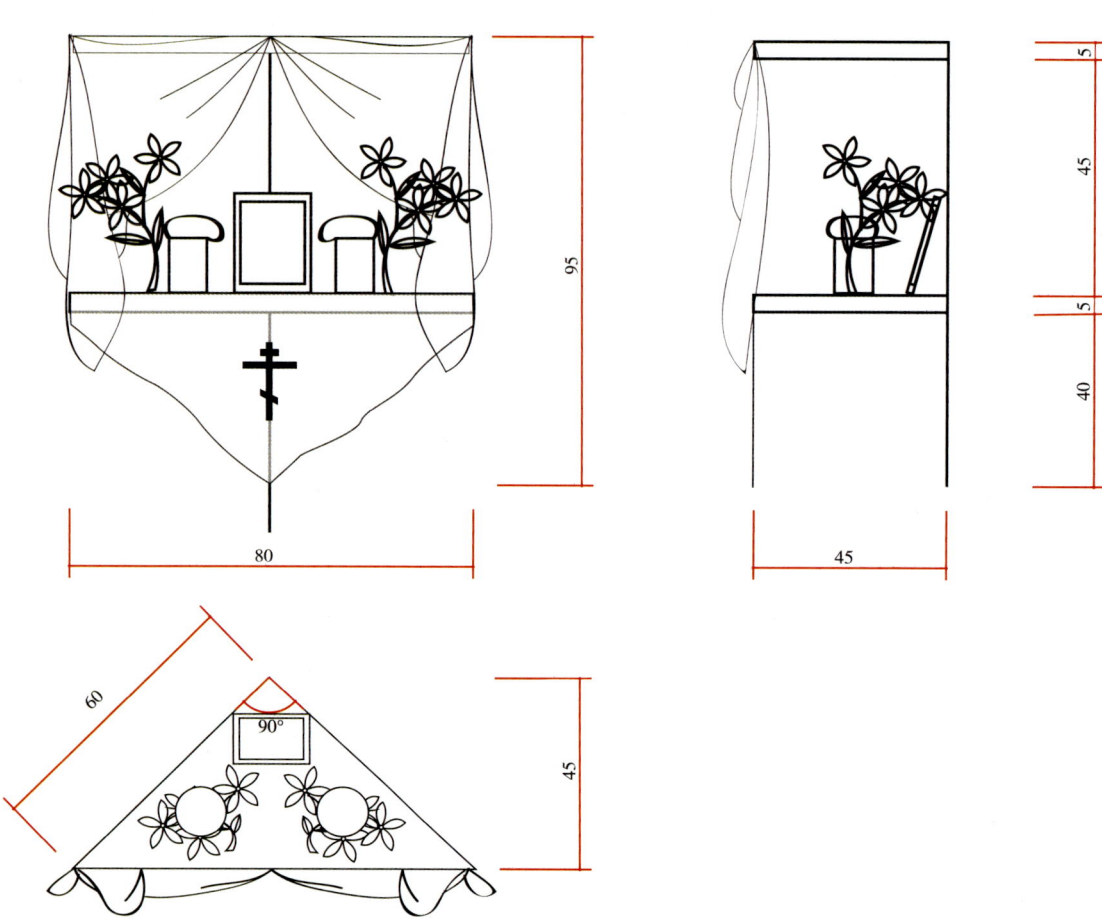

图三　俄罗斯族神龛尺寸图（单位：cm）

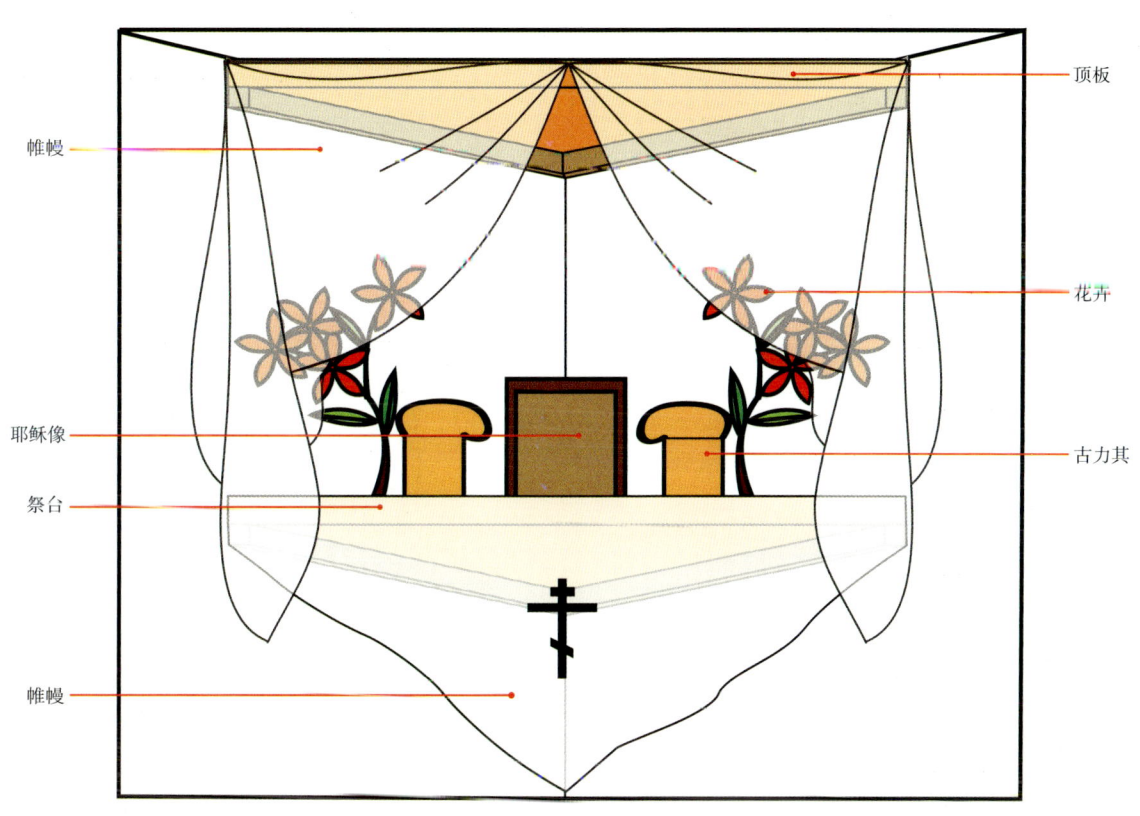

图四 俄罗斯族神龛结构名称图

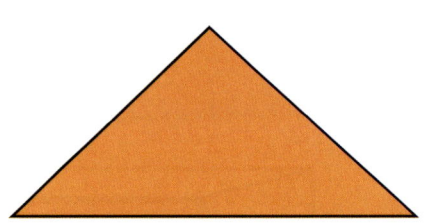

祭台的顶板和祭台的台面部分为木材，外边缘部分多做几何形图案处理

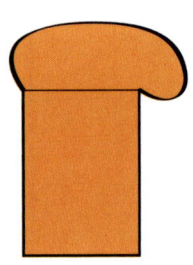

古力其，俄罗斯族的一种面包

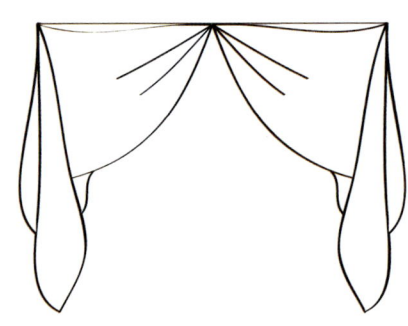

上部帷幔部分为挑花针织品，白底，上绣红花绿叶，也常用假花成串作为装饰

干花，表达对耶稣的怀恋和敬仰；有时还放置一些鲜花和水果

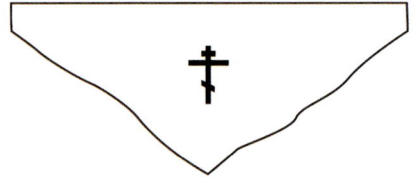

耶稣像，有时一个相框里装很多东正教题材的图片

底部帷幔多为白布上绣黑色的 ✝ 图案作为装饰。本图案为东正教特有图形，早期教父视之为基督徒额头的印记，寓意我们属于基督

图五　俄罗斯族神龛解析图

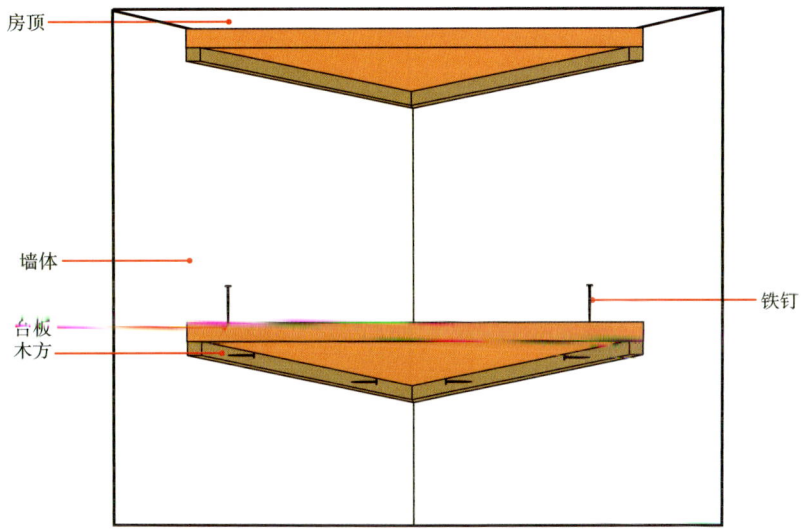

图六 俄罗斯族神龛台板结构名称图

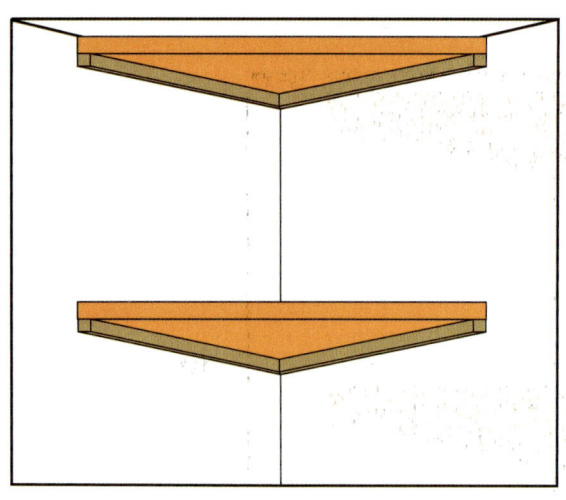

1.制作三角形台板，底部用4厘米左右宽的方木支撑，位置为离房顶45厘米处

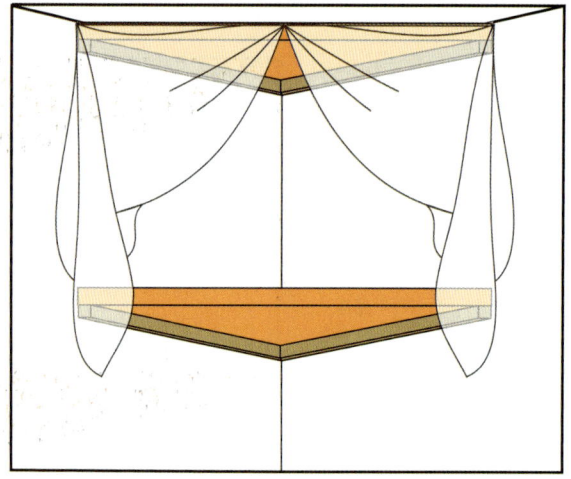

2.布置帷幔，或用鲜花做装饰

3.放置耶稣像、圣母像、干花、古力其等

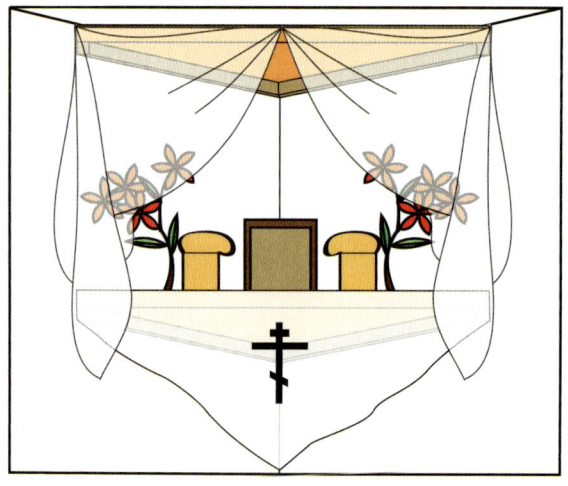

4.下部通常用白布遮挡，白布上绣东正教✝图案

图七　俄罗斯族神龛制作流程图

图八 俄罗斯族神龛使用情境图

声　明

本书编写时收入的个别图片，因条件所限，未能同相关著作权人取得联系，获得授权，敬请谅解。请相关著作权人及时与编者联系，以便奉上稿酬。谢谢！